U0153707

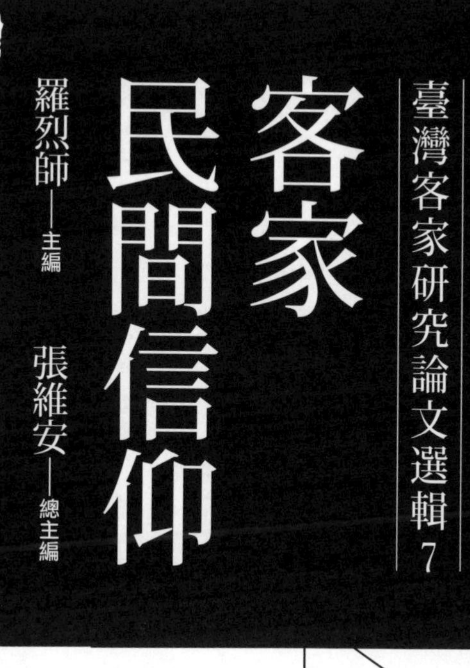
臺灣客家研究論文選輯 7
客家民間信仰
羅烈師——主編
張維安——總主編

編者及作者介紹

主編

羅烈師

臺灣新竹縣湖口老街人，海陸腔客家話為母語，國立交通大學客家文化學院人文社會系副教授，國立師範大學國文系學士、國立清華大學人類學研究所碩士與博士。學術專長為文化人類學，以傳統地方社會之延續與轉型為核心關懷，藉由宗教信仰、文化資產、社區營造、語言傳承等面向，投入臺灣與馬來西亞之客庄研究與社會實踐。學術研究方面，博士論文《臺灣客家之形成：以竹塹地區為中心的觀察》為臺灣「客家形成」觀點的首篇博士論文，隨後開啟了臺灣此一觀點的理論建構研究；著有義民、媽祖、伯公、三官大帝與醮典等民間信仰學術論著十餘篇論文與專書；2011 年起，以臺灣客庄的研究成果，展開馬來西亞客家華人社會的比較研究，發表數篇論文及專書。社會實踐方面，長期投入湖口老街社區營造事務，並以此經驗參與砂拉越新堯灣老街的文化遺產保存與活化；同時也以策展人身分協助或主持臺灣客家相關館舍展示。

作者群

尹章義 臺灣歷史學家，國立臺灣大學歷史研究所碩士，輔仁大學歷史學系教授，後轉任中國文化大學史學系教授退休。早年專攻明史及中國史學史，後投入臺灣史研究，專長領域為田野調查、臺灣史，晚年投入醫學及科學史研究。

邱彥貴 祖籍為桃園中壢、出生於新竹湖口。國立政治大學邊政研究所碩士，（1988），主修滿洲研究。2013 年起任國立臺灣藝術大學古蹟藝術修護學系與佛光大學歷史學系兼任助理教授。研究旨趣為區域研究、民間信仰、民俗類文化資產、客家研究。

賴玉玲 國立臺灣大學歷史學博士，曾任中央研究院臺灣史研究所研究助理，現職國立故宮博物院南院處副研究員，學術專長為臺灣社會史、嘉義發展史、客家義民信仰研究。

羅烈師 國立交通大學客家文化學院人文社會學系副教授。國立清華大學清華大學人類學博士，臺灣新竹湖口老街人，母語為海陸腔客語。研究興趣包含客家研究、漢人地方社會、民間信仰、臺灣史、文化資產、社區營造及客語復興，並以臺灣與馬來西亞為主要研究區域。

范明煥 國立中央大學歷史研究所碩士，曾任中國科技大學、大華科技大學、玄奘大學、陸軍專科學校通識中心兼任講師，及國立中央大學客家語文暨社會科學學系兼任講師。現任明新科大通識中心兼任講師。學術專長為客家移墾史、客家歷史研究、客家民間信仰。

林美容 美國加州大學 Irvine 分校社會科學博士，現任中研院民族所兼任研究員、慈濟大學宗教所兼任教授、臺灣宗教學會創會會長。學術專長為文化人類學、親屬研究、民間信仰、民間佛教、臺灣民俗。代表作有《漢語親屬稱謂的結構分析》、《媽祖信仰與臺灣社會》、《魔神仔的人類學想像》等。

方美玲　國立臺灣大學中國文學系、國立臺北藝術大學傳統藝術研究所畢業。曾參與王爺信仰、媽祖信仰、臺灣漢人地方史、臺灣中部地區文武館閣（中央研究院民族學研究所）等研究，以及臺灣宗教調查資料庫數位典藏計畫（中央研究院民族學、臺灣史研究所）。現職為臺北市文獻館「城南文獻史料調查與記錄」專案。研究興趣為民族音樂學、臺灣漢人地方史。

林秀幸　法國巴黎第五大學人文社會科學院社會學博士，現任國立交通大學客家文化學院人文社會學系副教授。專長領域為客家社會與文化、社群學、宗教與象徵、族群與文化。

洪馨蘭　國立清華大學社會人類學碩士、人類學博士。現任國立高雄師範大學客家文化研究所副教授兼所長。學術興趣包括鄉民社會發展變遷、社區營造與公民參與、傳統社會結構適應與再現等議題。主持過科技部人文司、客家委員會、中研院人社中心客家研究子題等十餘項計畫。

李豐楙　師範大學中國文學系學士、政治大學中國文學研究所碩士、博士。曾任政治大學文學院講座教授暨宗教研究所教授、中央研究院中國文哲研究所合聘研究員、中國古典文學學會理事及臺灣宗教學會理事長、理事。現為政治大學名譽講座教授。研究領域以中國文學、道教文學、道教文化、華人宗教、身體文化為主。

學術研究與客家發展：
《臺灣客家研究論文選輯》主題叢書序

張維安

客家族群的發展，打從其浮現初期就和客家族群的論述有密切的關係。特別是從「自在的客家」發展到「自為的客家」過程中，客家族群意識的凝聚與確定，顯示出客家族群相關論述扮演了重要的角色，尤其是立足於客家研究而來的客家族群論述所帶來的影響。有客語語言家族的「客觀」存在（自在的客家），還不能說客家族群已經誕生，也就是說客家族群還未主觀的、有意識的存在（自為的客家）。兩者之間的差異與轉換，主要是族群意識與族群論述。

族群意識的誕生，可能來自客語語言家族經過與他族的接觸經驗、人群界線的劃分，以及漫長的族群形塑過程。不過人群分類的「科學」根據和「歷史」解釋，卻需要綿密的客家族群論述為基礎。從客家族群形成的過程來看，客家研究扮演了非常關鍵的角色，甚至可以說「沒有客家研究就沒有客家族群」。

歷史上，羅香林的《客家源流考》（1950）、《客家研究導論》（1933）和《客家史料彙編》（1965）為客家選定作為中原漢族的身分，提供了安身立命的論述基礎。更早的時期，徐旭曾的〈豐湖雜記〉（1808）、林達泉的〈客說〉（1866）、賴際熙的《[民國] 赤溪縣志》（1867）、溫仲和所纂的《廣東省嘉應州志》（1868），以及黃釗的《石窟一徵》（1870）等，提供了羅香林論述的基礎觀察。當然還有一些外國傳教士之論述也發揮很大的作用，例如

Ernest John Eitel（1873）的 *An Outline History of the Hakkas*。關於西方傳教士的客家論述與華南客家族群的浮現方面，施添福與林正慧等已有精彩的研究。客家研究奠定了客家族群存在的樣貌。

客家研究與客家族群的浮現與發展關係，是多層次的。從民間學者到學院教授，從族譜記載到生物基因，從文化圖騰到語言發音，豐富了客家族群文化的內涵，增進了客家族群的意識與認同。其中語言學家對南方漢語中客語分類的認定與命名，使得客語人群的身影逐漸清晰。近年來臺灣客家研究的興起對臺灣、東南亞或中國客家文化的發展與認同都有清楚的影響。

基於客家相關的學術研究對客家發展的重要性，客家委員會從設立以來便相當重視客家知識體系的發展，設立客家學術發展委員會指導推動客家學術研究與發展之業務，厚植客家研究的基礎。客家研究如果要成為一門學問，不只是要有研究計畫，必需有課程規劃、教科書、專業期刊、客家研究學會、學術研討會、嚴格審查的專書、有主題的叢書與論文集彙編。《臺灣客家研究論文選輯》主題叢書的出版計畫，具有此一脈絡的意義。

《臺灣客家研究論文選輯》主題叢書的出版構想，源於客家委員會的客家學術發展委員會，目標是將分散於各學術期刊的優質論文，依主題性質加以挑選、整理、編輯，重新編印出版，嘉惠對客家議題有興趣的讀者，深化客家議題的討論，增益客家社會建構的能量。論文來源以學術期刊論文為主，作者無限制，中英文皆可，主要是論文議題要與「臺灣客家」相關，跨區域比較也可。以主題或次領域為臺灣客家研究系列叢書編輯的原則，能讓國內外客家研究學者乃至一般讀者，迅速掌握過去學術界對該主題的研究累積，通過認識臺灣「客家研究」的各種面向，理解臺灣客家社會文化的諸多特質，作為國家與客家族群發展知識基礎。叢書，除了彙整臺灣客家研究的各主題（特色），也望能促進學、政雙方，乃至臺灣民間社會共同省思臺灣客家的未來。

由於各篇論文原來所刊登的期刊，各有其所要求的格式。為了尊重原期刊的特性，本叢書各輯的論文仍保留原有的格式性質，例如註解的方式各篇並未一致，又因版面重新編輯，原有的頁數已經有所改變，這是需要跟讀者特別說明的。

《臺灣客家研究論文選輯》主題叢書之問世，特別要感謝客家委員會李永得主任委員的支持，客家學術發展委員會召集人蕭新煌教授的指導，各分冊主編的教授師長，一次又一次的來交通大學開會，從書本的命名到封面的討論，看見大家的投入和付出，非常感激。交通大學國際客家研究中心博士後研究員劉瑞超博士、交通大學出版社程惠芳小姐和專任助理陳韻婷協助規劃與執行，克服重重困難，誠摯表示感謝。

張維安

于國立交通學客家文化學院人文社會學系

2018-6-7

目錄

《客家民間信仰》導論

羅烈師

本書設定主題為「客家民間信仰」，其內涵有兩層次，其一為地方社會層次，客家族群民間信仰自身的特殊性與臺灣漢人的一般性；其二則為族群認同的層次，民間信仰作為臺灣客家族群論述的一環。其實質對象包含三山國王、媽祖、三官大帝、伯公與義民，以下先以三山國王信仰的族群屬性談起，其次展開地方社會構成原理的討論，最後收攝於義民與族群認同議題。

一、信仰中的族群歷史線索

以民間信仰為進路的客家研究始於歷史學者尹章義，1985 年尹章義發表了〈閩粵移民的協和與對立：客屬潮州人開發臺北與新莊三山國王廟的興衰史〉一文，其文以新莊廣福宮廟史為中心，依族譜、老字據與官方檔案等資料，發現了臺北平原的拓墾者並無閩、粵、漳、泉先後之分，亦無平原丘陵之分；拓墾之初的臺北是一個雖有若干個體矛盾衝突，整體而言卻稱得上和睦雜處的墾殖社會。這一各籍移民雜處的情形在清道光年間發生變化：

> 道光六年今苗栗中港溪一帶閩粵械鬪，十三年桃園一帶閩粵各庄造謠分類，互相殘殺，苗栗銅鑼一帶，靠山粵匪無故焚掠閩莊，公然掠搶，十四年蔓延到八里岔、新莊一帶，閩粵遂展開長達六年的纏

> 鬪，直到道光二十年中，英鴉片戰起，英艦進窺臺灣，臺灣情勢緊急，粵人變賣田業，遷到今桃園、新竹、苗栗一帶的粵人區後才停止。（尹章義 1985）

尹章義把這一段從 18 世紀末到 19 世紀中，閩粵共同開發臺北，由容忍相安、矛盾衝突到對立血戰的歷史，導致粵人遷離臺北地區的史實，稱為「臺灣內部整合運動」，也因此論文名為「協和與對立」。尹文的主要貢獻為勾勒了各祖籍漢人移墾新莊平原的歷史；同時，其文也暗示了臺灣祖籍人群區域分布之態勢，係閩粵械鬥衝突導致的結果。然而，就本書之民間信仰取向而言，其文更大的影響力在於以客屬潮州人（或者潮州客家）與三山國王信仰之關係，拈出族群與民間信仰之關係這一研究議題。

祖籍人群與特定主神信仰之間的關係往往被用來區別人群的重要文化特質，常見的說法是「泉州安溪人信仰清水祖師，同安人信仰保生大帝，汀州人信奉定光古佛，漳州人信仰開漳聖王」。儘管尹文已明示「客屬潮州人」，但是上述特定族群信仰特定主神的觀念，仍引用至客家族群，產生了「客家信仰三山國王」的說法，甚至一度書寫於國民教育的教科書中，這自然是過度解讀乃至誤判的結果，邱彥貴（1993）為此用力甚深。邱彥貴認為三山國王信仰究竟能否作為客家方言群／族群識別的標誌，進而追溯其遷徙、融化諸作用，必須討論三個問題：

> 「三山國王是臺灣客家的特有信仰」的論述完整嗎？
> 「三山國王是臺灣客家的特有信仰」的命題本身有無需要檢討？
> 三山國王也是其他區域客家特有的信仰？而第三個問題是基礎，必先完成。（邱彥貴 1993）

邱彥貴於是以粵東方志為史料，發現 18、19 世紀時，三山國王是主要分布於潮州府全境及惠州府、嘉應州部分地區的地域性信仰，信徒包括福佬和客家兩種，似乎並無方言群／族群的區隔。如果用此信仰去分類臺灣的移民社群，大概僅足以識別移民所來自的地域。換言之，如未深入了解移民的祖籍及祖籍所屬的方言區域，僅憑三山國王信仰是無法辨別一個社區所原屬的方言群／族群。

邱彥貴進一步討論他所提的第一個問題，亦即是否在不同時代的臺灣客家曾經以三山國王為主要信仰。研究發現，日治以前文獻充其量只會說三山國王是粵人信仰，然而日治開始官民皆將粵人誤為客人，於是乃有三山國王是客家信仰的說法。至於前述第二個問題，邱彥貴則以非潮汕人群的三山國王信仰，反詰以對。由於漳州即有三山國王廟，吾人理應提問「宜蘭為數眾多的三山國王是否與漳州人群之間有關聯？」而且，宜蘭三山國王有眾多近山防「番」的印象，但這一問題未曾被認真討論過。

這一研究進路不是只為了確認「三山國王是否為客家信仰」而已，重點在於追溯其信仰的遷徙與融化諸作用，隨後陳春聲（1996）的研究即置焦點於臺灣社會轉型與三山國王神格轉變的討論，這也匯入了神格屬性與漢人地方社會構成法則之討論。

二、祭祀圈與地域社會

「祭祀圈」由日本學者岡田謙提出，定義是「共同奉祀一主祭神的居民所居住的地域」（岡田謙 1960）；戰後的研究者以這一概念在中臺灣展開調查研究，還進一步提出「信仰圈」概念（施振民 1973，許嘉明 1978，林美容 1988），成為臺灣漢人社會構成原理法則最重要的理論典範，而這一觀念也幾乎成為常民用語。這一區域性祭祀組織充分表現在臺灣普遍的媽祖信仰中，例如大甲媽 53 庄、梧棲大庄媽 53 庄、大肚頂街媽 53 庄、枋橋頭媽 72 庄、寶斗媽 53 庄、彰化媽三百多庄的信仰圈等。區域性祭典組織外，村庄性、聯庄性、鄉鎮性的媽祖信仰也非常普遍，而本書所選臺灣中部客庄新社之九庄媽祭祀組織即為一例，可以視為是客庄有神無廟之小地區聯庄祭祀的典型，這樣的例子在桃竹苗地區也十分普遍。

> 這一個祭祀圈是以九庄媽爲信仰中心，雖無實質的廟宇，但九庄媽的相關祭祀活動，包括請媽祖、過爐、 出巡、到食水粦刈香，以及其祭祀費用皆由九庄内輪值的庄頭負擔，有頭家爐主的組織，有巡境的範圍，可說是一個有神無廟的地方性祭祀圈。（林美容、方美玲 2006）

這一進路確認了祭祀圈可以視為民間信仰意義下的空間範圍與界限，然而祭祀圈內是否可以視為一個社群整體（community）呢？同時，形塑這一範圍的還有哪些力量？彼此之間的關係如何？對此，張珣建議「後祭祀圈理論」研究可朝二個方向進行，一為「結構功能理論」，應討論市場、宗族與村落祭祀三者的共構關係，將祭祀圈擺進社會史脈絡中；二為「文化象徵理論」，視祭祀為權威來源，探討村落與國家官方之間的互動關係（2003：98-100）。

張珣呼籲祭祀圈研究應注意社會史及官民互動之時，施添福（2001a, 2001b, 2001c, 2004, 2005）琢磨多年後提出「地域社會」理論，同時也以媽祖信仰個案說明。限於篇幅，本書並未收錄施添福著作，簡說其定義與個案如下：

> 「地域社會」一詞係指「以一定空間範圍爲基礎，建立和維繫人群關係的社會」，或所謂「土親」社會。……街庄民空間……警察官

> 空間……部落民空間，（三者）層次分明，界限清楚，而且統合內疊；既成爲國家深入民間、行使權力的管道，亦提供地方人民建立和發展不同層次地域社會的場域。（施添福 2001c）

這一定義著重於祭祀圈所指涉的空間範圍，特別是日治之後，國家看起來是這個地域空間範圍的設定者，也是定義者。但是清代苗栗內山地域社會的研究中，國家的影響力較低，環境與社會本身的重要性則被突顯：

> 清代的罩蘭埔，一者位居內山，遠離行政中心，國家權力行使薄弱，是典型的邊區；二者所在地點，形勢孤立封閉，水災頻仍，而又族群衝突激烈，是一個環境威脅大的地區……佃首面對國家權力弱，而環境威脅大，爲了使墾務順利推展，乃創立「頭家拓墾制」；而頭家則透過「同方言相招」和「同姓相招」的機制，淨化社會的成員，而使罩蘭埔成爲客家民系，特別是來自廣東省潮州府饒平縣詹姓一族的天下（施添福 2004：203）。

> 開闢（雞隆溪流域）之初，（墾民）爲了防番聯合設隘；墾地日廣聯合守隘的區域也日益擴大……咸豐年間以降，後龍溪頻發的水災，卻使東西兩岸的居民爲了築隄而陷入嚴重的紛爭和對抗。西岸居民在長期動員對抗過程中，不但逐漸弭平內部分裂的傷痕，同時孕育了生死與共的鄉黨感情……促使五庄人聯合建廟和北港進香，以具體行動展現「芎中七石隆興」是「五庄一宮人」的區域意識。（施添福 2005：239）

換言之，苗栗這兩例顯示，村落基於外在環境危機的利害得失而相互聯結，使村落社會逐漸趨向區域化，成為一個地域社會。至於地域社會之「地域化」是如何達成的呢？施添福的論點與人類學界之宗族與祭祀圈研究成果相同，亦即蒸嘗、神明會及公廟等，扮演了凝聚人群的角色。施添福這一模式是個貫時性分析架構，始於生態環境，終於象徵，而通貫其間的是跨村落的地域認同。在一特定生態區域內的生產模式所塑造的團體認同本來應該是施添福地域社會模式的核心概念，但是施添福顯然更重視形成這一意識的歷史地理因素。下兩節分別以媽祖信仰、民間道壇以及三官一伯公信仰，說明地域認同的內外在面向。

三、跨界與認同

施添福討論無多的認同意識，林美容在新社九庄媽信仰已略略提及，九庄媽在地方拓墾的歷史記憶中，海神形象轉型為山區水神，成為形構「新社地方」的精神動力，也成為地方文化發展的根基。對於這一文化象徵理路的討論，[1] 林秀幸（2003, 2008）用力最深。

林秀幸認為客庄的媽祖婆進香儀式是向外學習的，因此她以行動者的視角、主觀的感受與認知來詮釋媽祖婆信仰如何被「採用」與「納進」的過程。關於客庄媽祖信仰的觀察，一如林美容，林秀幸認為客庄一年之宗教祭儀，以上、中、下元，以及春祭和秋祭為經緯而構成，春祭和秋祭與農作期有較直接的關係，開春是一年中農人難得清閒的時節，趁此機會酬神演戲、娛神娛人，所以將媽祖納入當地的慶典活動，其別名就是「春祭」。然而，林秀幸比林美

---

1 張珣的後祭祀圈主張雖然強調文化象徵，但是聚焦於文化象徵作為一權威來源，等於又回到社會與國家的討論，而非文化象徵體系本身。

容走得遠一些，試圖詮釋這種配合年俗的現象。苗栗大湖的媽祖祭典活動定名為「媽子戲」而非「繞境」，因此媽子戲在某種程度上是此客庄人為了「鬧熱」緣故而同意舉辦的。此地客庄地方廟宇內的神明除了聖母之外，每一位神祇都是鎮守、穩定、不動如山的形象，因此客庄信仰的流動性應該始自對「媽祖」的信奉，這樣的「流動」的「價值」和「意義」逐漸地被接受。

進香過程中，香灰與香旗等聖物出了廟門就由廟裡的「部分」轉變成旅途中的「整體」，代表村落與另一個「整體」北港的媽祖廟進行交會、理解和溝通。所有的聖物經由越過每一個爐的手續而連結了一次這個「整體」，進香成員再帶回這個 「整體」的感知、經驗、象徵，重新循線回到自身所在，回到自身「整體」的倫理，完成進香旅程。也因此，村落年復一年跨越界線與他者相會，理解了自我，也創造了認同。

相對於林秀幸的思路是異質文化的跨界交流，李豐楙（1998）的進路幾乎完全相反，〈臺灣中部紅頭司與客屬聚落的醮儀行事〉一文的主要討論對象是臺中、彰化與雲林的三個紅頭司道壇，三個道壇與特定聚落保持密切關係。田家威振壇系統與西螺二崙港尾一帶 25 個村落關係密切，這些村落大致上都是已經福佬化的福建漳州詔安客家。蔡家鎮興壇系統的主要執業地理範圍則是埔心、永靖、田尾、溪湖、埤頭與竹塘等，這些聚落也有大量的廣東潮州饒平客家；曾家廣應壇系統則是豐原地區的廣東潮州大埔客家。三個紅頭司道壇系統皆屬正一派，其行業圈與客屬聚落分布範圍大致相合，這是因為道士與地方社會有相同祖籍，而且長期維持密切關係。道士日常為聚落家戶執行補運等小型儀式，遇有建醮等大週期性祭典，則調集同系統道壇人手辦理。正一派道士與鄉民有相同的宇宙觀，於是這些客仔師可以擔任鄉民祈求與重建超自然秩序的中介身分。即使這些聚落已經福佬化，傳統語言已消失，但是信仰習俗反而韌性地保存下來。

四、深層信仰

前文林美容（2006）與林秀幸（2003, 2008）都注意到外來神明（媽祖）信仰與社區內固有年節習俗的配合，羅烈師（2010, 2018）也在苗栗銅鑼與西湖觀察到一樣的現象。關於與年節習俗的配合，重點不是時間的巧合，重點在於內在於社區的信仰生活法則，而這一法則即是配合上元與下元之「天公—伯公」信仰的許福還福儀式。

「天公—伯公」信仰體制係建立在小農水田生產模式上，數戶擁有小塊田園的自耕農組成的散村聚落共同祭祀一座伯公；同一灌溉系統內的聚落群以三官大帝（天公）為主神，臨時搭建簡易祭壇，以「爐主與首事」身分，輪值辦理許福還福儀式。伯公信仰所標誌的跨家戶聚落可以視為傳統地方社會的最小單位，三官大帝信仰則在其上，以水利灌溉系統所構成的村落範圍，輪值辦理許福還福儀式，從而建立了這種「天公—伯公」的緊密關係。這種緊密關係如前所述，既可能被視為伯公信仰，而使得伯公成為福神；也可能被當成三官大帝信仰，而被研究者認為三官大帝與灌溉之間有非常密切的關係（例如田金昌 2005、賴奇廷 2008、傅寶玉 2011 等）。這一儀式的本質是許福與還福，而福神即為天公伯（三官大帝之賜福天官），伯公則接受聚落群的託付，轉奏三官乃至玉皇大帝。因此，聚落伯公信仰成為家戶以上，人群整合的最小基本單位。從象徵的角度觀察，祭壇天地案之地案上，香桶內的每一支伯公牌指涉著一個特定小聚落；而天案上的天神爐則代表社區。對於這些聚落群而言，由於社群（community）與空間係不可區分的，因此社群也包含了地方（locality），二者相同地不可區分。亦即人與人的關係（社群）係建立在與土地的共同關係上（地方），同時依傳統言語，這是一個天地人三合一的格局。

伯公廟代表最小的基本聚落單位（自然村為典型），幾座伯公廟所聯合奉祀無廟的天公爐則代表村落或村以下的聚落群（行政村為典型）。聯合幾個行政村則會形成地方公廟，其主神可以是關帝、媽祖、三山國王或五穀農神等，但是其年度祭儀往往仍以許福還福為最盛大儀式，主神千秋聖誕則居次。當然這一層級的地方公廟如果就是三官大帝，也十分順理成章，桃園、新竹兩縣這種現象最為普遍。

范明煥以傳統文獻說明三官大帝之淵源，再以田野調查所見，描述此一信仰在常民生活中相關的儀式、組織及空間安排，大致上呈現了臺灣客庄三官大帝信仰的面貌。然而，范文的重點在於解釋三官大帝主廟的分布趨勢，全臺計有 80 餘座三官大帝廟宇，而桃竹苗占了一半，反之，六堆地區則無，為何如此呢？范文以族群關係為論點，主張三官信仰易為客家與平埔跨族群拓墾團隊接受，因此廣泛建廟。然而，此一主張必先舉證桃竹以外之客庄並無跨族群拓墾團隊，方能證成。其他可能的原因至少包含移民祖籍、獨立歷史事件影響或地區性傳播採借等，可待深究。姑且不論其發生學上的原因，對本書而言，在「天公—伯公」信仰的普同架構下，以三官大帝為主神，在桃竹地區大量建廟，是可以理解的。

洪馨蘭（2013）〈「社官」信仰在廣東蕉嶺與臺灣美濃的比較研究〉一文著眼於確認社官信仰之神格屬性，依文獻記錄，里社真官應是明初即存在之官方性質的鄉里層級社稷之神，而全臺唯三的「里社真官壇」都位於高雄美濃。作者前往移民原鄉廣東蕉嶺縣進行實地田野調查，發現位於蕉嶺之社官，似受盛行當地公王崇拜影響，成為兼司管理水鬼（水域）與陽間官場政治的「公王／社官」混合體，並呈現設壇於具威脅之水域邊的區位特性。這個合成的信仰文化於清初被帶到臺灣美濃，又再被移墾社會新設的大量土地伯公信仰所吸納，逐漸變成「伯公化的」「公王／社官」合成文化。洪馨蘭認為經由這一回溯研究中，重新「發現」了地方歷史。社官在移民原鄉的傳統已有官方與地方文化交融的現象，再傳至臺灣客家地區，又與盛行之土地伯公信仰出現文化會遇（encounter）現象。洪馨蘭確實解決了美濃社官信仰的神格屬性問題，不過，就本書而言，里社真官與王公信仰合成，又再被吸納進伯公信仰，正好顯示本節所強調「天公—伯公」信仰結構的簡潔與力量。天地人格局提供了一個架構，本來就是土地神性質的官方社稷信仰，會被地方定位為類似伯公的神格，是可以理解的。

五、地方社會、族群與國家

選文至此，皆以地方社會為視野，討論民間信仰與客家之關係，賴玉玲（2002）即以地方社會為焦點，描述 1998 年桃園之楊梅聯庄輪值辦理義民祭典的方式。此一運作方式以家族為要角，在總正爐主陳泰春主持下，一方面 29 個地方家族用「公號」之名，擔任爐主、四柱、緣首，組成祭典委員會，共同策畫及執行祭典；另一方面，聯庄區域內施行領調和奉飯辦法，號召家戶參與，還有地方社團配合祭典推行義民節活動。這些組織、制度與活動所構成的動員機制，使得枋寮義民廟的義民信仰得以跨區域傳播，從而構成楊梅庄地方社會。

賴玉玲所指係 15 年一輪之地方社會運作機制，實際上此一機制係建立前節所討論之三官大帝為主神的地方公廟之上；同時，此一研究成果更意謂著 15 個聯庄之間，在同一信仰組織架構內，相互學習與競爭，從而凝聚了聯庄內部的社群意識。尚有進者，羅烈師（2006b）以綰合宗教與社會聖俗兩體系的階序體系，說明 15 聯庄龐大的信仰體系之整合。

> 枋寮義民信仰創造了一個包含神位、祿位與調位的階序體系，這一體系以義民神位爲核心，將捐施與經理廟產有功者的祿位與祭典區內所有信徒的調位收納爲一。這個體系的原動力是竹塹城外居民無

主的恐慌，而決定階序高低的因素是財產的捐施與管理，但是國家卻因其封神的權力高坐頂端，也因此將信仰帶來族群的異音。

所謂族群的異音係指義民信仰向來與族群議題息息相關，部分閩南社區甚至視義民廟為「客人廟」。然而，實際上林爽文事件後，乾隆皇帝頒了四塊匾額，分別是泉州之旌義、漳州人的思義、廣東入的褒忠與平埔的效順；而且儘管褒忠亭香火最盛，但雲林亦有頗負盛名的旌義亭。然而，早在 19 世紀中期時，竹塹地區的義民論述與粵人論述已相互結合，互為表裡，塑造了粵人保庄衛國的忠義形象，因而在臺灣的人群中，明確地區分出「粵人」這一身分認同的族群（羅烈師 2006：255-274）。隨後一百年，粵人身分認同輾轉成為客家認同，而義民信仰也與客家的關係也由之密不可分。1988 臺北發生還我母語大遊行，那年正是枋寮褒忠義民廟二百週年廟慶，大臺北地區開辦義民祭（嘉年華）祭典活動，迄今 30 年，義民信仰已成臺灣客家最重要的族群象徵。

六、結語：地方社會與族群

本書以三山國王、媽祖、三官大帝、土地公及義民爺等主神信仰為主要範圍，從地方社會與族群兩個層次，討論臺灣客家信仰的特殊性。在地方社會的層次，正如所收錄兩篇與引述一篇共三篇媽祖相關研究，三位作者皆知其個案為客家，但全文未及客家論述，因此，一個以全島為範圍的媽祖信仰文化交流現象，是跨越族群而普同於臺灣漢人社會的。然而，這些無廟或陪祀媽祖之祭典係鑲嵌於其地方主神及更深層的「伯公—天公」信仰儀式生活，吾人可以察知客家所獨鍾之宇宙觀。

在族群層次，三山國王與義民本來都不是客家獨有之信仰，也不是所有客家人的信仰，然而都曾某種程度地被冠上客家信仰的標誌。經過研究者之爬梳，三山國王被誤為客家信仰已大致釐清；然而，義民爺作為客家信仰則在臺灣特定的族群區位下，在真實的生活中，持續被塑造與強化。

本書以民間信仰為範圍，惟礙於篇幅，其他普同於臺灣漢人社會，但是客家有其特殊性的恩主公或觀音等信仰，未能納入；儀式層面的醮典或者還老愿之類的習俗，也觸及無多，難免遺珠之憾。最後是都會化與跨華人生活區域的比較方面，前者之社會轉型及人口流向都市的現象，實際上已完全改變客家生活樣貌，其信仰的地域性（locality）與社群性（community）已全然鬆動，研究者必須改絃更張；後者則涉及截然不同的生態、產業、族群與國族等外環境，必定是臺灣客家研究的他山之石。

參考文獻

尹章義，1985，〈閩粵移民的協和與對立：以客屬潮州人開發臺北及新莊三山國王廟為中心所做的研究〉。《臺北文獻》74：1-27。

田金昌，2005，〈北臺灣客家人的三官大帝信仰初探〉。《新竹文獻》18：92-106。

李豐楙，1998，〈臺灣中部紅頭司與客屬聚落的醮儀行事〉。《臺灣文獻》49（4）：187-206。

岡田謙，1960[1938]，〈臺灣北部村落之祭祀範圍〉。《臺北文物》9（4）：14-29。

林美容，1988，〈由祭祀圈到信仰圈：臺灣民間社會的地域構成與發展〉。收錄於張炎憲編，《第三屆中國海洋發展史論文集》。

林美容、方美玲，2006，〈臺中縣新社鄉九庄媽的信仰型態〉。頁 291-326，收錄於林美容，《媽祖信仰與臺灣社會》。

邱彥貴，1993，〈粵東三山國王信仰的分布與信仰的族群：從三山國王是臺灣客屬的特有信仰論起〉。《東方宗教研究》3：107+109-146。

施振民，1973，〈祭祀圈與社會組織：彰化平原聚落發展模式的探討〉。《中央研究院民族學研究所集刊》36：191-208。

洪馨蘭，2013，〈「社官」信仰在廣東蕉嶺與臺灣美濃的比較研究〉。《民俗曲藝》180：83-130。

范明煥，2005，〈臺灣客家三官大帝信仰文化〉。《臺灣史學雜誌》1：67-91。

張　珣，2003，〈打破圈圈：從「祭祀圈」到「後祭祀圈」〉。頁 64-107，收錄於張珣、江燦騰主編，《研究典範的追尋：臺灣本土宗教研究的新視野和新思維》。臺北：南天。

許嘉明，1978，〈祭祀圈之於居臺漢人社會的獨特性〉。《中華文化復興月刊》11（6）：59-68。

陳春聲，1996，〈三山國王信仰與臺灣移民社會〉。《民族學研究所集刊》80：61-114。

傅寶玉，2011，〈水利空間與地域建構：社子溪流域的水圳、祭典與儀式社群〉。《民俗曲藝》174：359-416。

賴玉玲，2002，〈楊梅的義民信仰聯庄與祭典〉。《民俗曲藝》137：165-202。

賴奇廷，2008，《新屋鄉埤圳空間、水利社群與祭祀圈變遷之研究》。東海大學建築研究所碩士論文。

羅烈師，2006a，《臺灣客家之形成：以竹塹地區為核心的觀察》。國立清華大學人類所博士論文。

______，2006b，〈臺灣枋寮義民廟階序體系之形成〉。《客家研究》1：97-145。

______，2010，〈階序下的交陪：一個客家地區的媽祖信仰〉。頁 301-335，收錄於莊英章、簡美玲編，《客家的形成與變遷》。新竹：國立交通大學出版社。

羅烈師、邱曉燕，2018，〈社群與地方：伯公信仰與北臺灣傳統社會之構成〉。頁 91-110，收錄於徐雨村、張維安與羅烈師編，《土地神信仰的跨國比較研究：歷史、族群、節慶與文化遺產》。苗栗三灣：桂冠。

閩粵移民的協和與對立：以客屬潮州人開發臺北以及新莊三山國王廟的興衰史為中心所作的研究[*]

尹章義

一、以「三山國王」為主神的宗教信仰

廣福宮又名三山國王廟，以「三山國王」為主神。「三山國王」是粵東潮州府轄下九縣客家人的福神。關於「三山國王」信仰的起源和東傳臺灣的情形，乾隆 9 年（1744）在臺南三山國王廟裡所立的一方古碑「三山明貺廟記」有相當詳細的描述，其原文如下：

> 潮之明貺三山之神，其來尚矣。夫潮屬之揭陽，於漢爲郡，後改爲邑。邑兩百里有獨山，越四十里有奇峰，曰玉峰；玉峰之右，有眾石激端，東潮、西惠，以石爲界，渡水爲明山；西接梅州，州以爲鎮，三十里有巾山，地名霖田。三山鼎峙，英靈所鍾。當隋時失其甲子二月下旬五日，有神三人，出於巾山。自稱昆季受命於天，分鎮三山，託靈於玉峰之右，廟食於此地，前有古楓樹，後有石穴。降神

* 本文原刊登於《臺北文獻》，1985，74 期，頁 1-27。因收錄於本專書，略做增刪，謹此說明。作者尹章義為中國文化大學史學系退休教授，撰稿時為輔仁大學史學系教授。

之日，上生蓮花絳白色，大者盈尺。鄉民陳姓者白晝見三人乘馬而來，招己爲從者。未幾，陳遂與神俱化。眾異之，乃即巾山之麓，置祠合祭。既而降神以人言，封陳爲將軍。赫聲濯靈，日以益著，人遂尊爲化王，以爲界石之神。唐元和十四年，昌黎韓公刺潮州，霪雨害稼，眾禱於神而響答：爰命屬官以少牢致祀，祝以文曰：「淫雨臨霽，蠶穀以成，織女耕男，欣欣衎衎。其神之保庇於人，敢不明受其賜！」宋藝祖開基，劉鋹拒命，王師南討。潮守王侍監赴禱於神，果雷電風雨；鋹兵遂北，南海乃平。迨太宗征太原，次於城下，忽睹金甲神人揮戈馳馬，師遂大捷，魁渠劉繼元以降。凱旋之日，有旌見城上雲中，曰「潮州三山神」。乃命韓指揮舍人，詔封巾山爲「清化威德報國王」、明山爲「助政明肅寧國王」、獨山爲「惠威弘應豐國王」，祀廟額曰「明貺」；敕本部增廣廟宇，歲時合祭。明道中，復加封「靈廣」二字。蓋肇跡於隋，顯靈於唐，受封於宋，數百年來，赫赫若前日事！嗚呼！神之豐功盛烈，庇於國、於民亦大矣哉！

潮之諸邑，在在有廟，莫不祇祀，水旱疾疫，有禱必應。夫惟神之明，故能鑒人之誠；惟人之誠，故能格神之明。神人交孚，其機如此，謹書之，俾海內人士歲時拜於祠下者，有所考而無懈於誠焉。

賜進士第、資德大夫、正治上卿、太子少保、禮部尚書、前左春坊左庶子、翰林侍讀、經筵講官同修國史郡人盛端明撰。

三山國王者，吾潮合郡之福神也。自親友佩爐香過臺，而赫聲濯靈遂顯於東土。蒙神庥，咸欣欣建立廟宇，爲敦誠致祭之所；但往往以神之護國庇民、豐功盛烈未知備細爲憾。動等讀親友來翰，適得明禮部尚書盛諱端明所作廟記一篇，甚詳且悉。因盥手繕書，敬刊於左上之廟中。俾東土人士亦有所考而無憾於誠者，未必非神之靈爲之也。

時乾隆九年歲次甲子上元吉旦，沐恩弟子洪啓勳、陳可元、許天旭、周突沛、梁朝舉、洪肇興、伍朝章、舉義忠、陳傑生、曾可誠、洪良舉。[1]

臺南三山國王廟是乾隆 7 年臺灣知縣楊允璽、鎮標左營遊擊林夢熊等潮籍官吏倡導捐建的寺廟，同時也是潮州同鄉會館，是地方色彩很濃的祖籍廟。

「三山明貺廟記」原來是明代弘治年間（1488-1505）進士盛端明的作品。盛端明是潮州饒平人，字希道，號玉華子，好道術，自稱能煉製長生不老的藥，因而受到皇帝的寵信，嘉靖 24 年（1545）得任禮部尚書。[2]

盛端明是第一個將「明貺三山之神」信仰系統化、理論化的人。「三山明貺廟記」原碑，在潮州揭陽縣界巾山之麓阿婆墟的祖廟中，臺灣的潮州同鄉籌建三山國王廟，才託人從故鄉抄錄寄到臺灣來，刻碑立匾的日子——乾隆 9 年（1744），大約就是三山國王廟落成的時間。

中國民間信仰的神祇包含自然神和人格神。也就是通常所謂的天神、地祇、人鬼三界神靈。天神包括玉皇上帝、日月星辰和風伯雨神等神；地祇則包含土地、社稷、百物和山岳河海等神；人鬼則包含先王、功臣、先祖、先師以及一切知名或不知名的具有超人能力的「神格化人」或「鬼格化人」。

1 原碑為木質，懸於臺南市立人街三山國王廟內，稱之為匾也無不可。碑文採自《臺灣文獻叢刊》第二一九種（臺灣南部碑文集頁 36-37）。

2 明史卷三百七佞倖列傳頁 29。

根據盛端明的說法——這也是三山國王信仰的主旨——三山國王顯然最初是獨山、明山、巾山三山的自然神（山神、地祇），後來加上陳姓鄉民的「人鬼」，日久「靈驗」之蹟累積，達到「人神交孚」的地步，而成為一個具有地祇、人鬼雙重性格的神。

近世有一些人或許認為三個山和一個陳姓無名鬼「神氣」不足，於是附會南宋的亡國之君趙昺為巾山神，忠臣張世傑為獨山神，陸秀夫為明山神；不過，凡是讀過盛端明「三山明貺廟記」的人，大抵都不採此說。[3] 至於日久以忠臣取代無名鬼之說是否能為大家所接受，那就有待時間的考驗了。

中國的「神界」也直接反映「人間」的一切，崇敬一神，往往也將「人間」的人事關係如妻妾、子女、僚屬、賓客等配屬於該神，因此，民間信仰的寺廟主神如為男神，大抵都有後殿以配祀其妻妾子女。三山國王的性格雖如上述的三個自然神加上一個無名鬼或者一個亡國之君加上兩個忠臣，但是一般百姓只求靈驗，而並不細究，往往視「三山國王」為三「男神」，而以三個女性「三山國王夫人」配祀，臺南的三山國王如此，[4] 新莊廣福宮亦然。

二、客屬潮州移民的拓墾與三山國王信仰在臺灣的傳播

康熙 22 年（1683）延平王國敗降。施琅復臺，此後即積極從事撫輯、招徠的工作。〈清海將軍侯施公功德碑〉曾說明施琅「念弁目之新附未輯也，兆

---

3 譬如日本學者國分直一、前島信次和中國學者連景初都未採此說（見連景初：三山國王廟，臺灣風物二十三卷一期）。採此說的大抵都未曾讀過盛端明的「三山明貺廟記」或乾隆 9 年的碑記都無引述必要。此為乃引自廣福宮管理委員會民國 66 年 7 月所填的「臺灣省臺北縣寺廟調查表」。不過，民國 69 年 11 月 21 日上午筆者研究助理賴麗卿訪問連文輕時，連氏兄弟仍據盛端明的「三山明貺廟記」，敘述「三山國王」的由來。

4 連景初前揭文所錄國分直一調查報告。

庶之棄業虧課也，則又委參將陳君諱遠致者，加意鈐束之，殫心招徠之」。[5] 首任臺灣總兵楊文魁曾立了一個〈臺灣記略碑〉。也說：「靡蕪極目，藉人耕墾始無曠土：奈阻於洪濤，招徠不易」。[6] 康熙 55 年（1716）纂修的諸羅縣志秩官志立傳的只有兩人；其一以經始臺灣府志入傳，另一個是康熙 29 年至 34 年間任諸羅知縣的張玶，以「見邑治新造多曠土，招徠墾闢，撫綏多方，流民歸者如市」入傳，[7] 足證招徠墾闢是當時的要政。

康熙中葉，移民東渡的大抵都是閩南人，郁永河到臺灣來親見：「臺民皆漳、泉寄籍人」，[8] 康熙 40 年（1701）以後，惠、潮粵籍人才逐漸東移。第一任巡臺御史（康熙 61 年任）黃淑璥的「番俗六考」北路諸羅番之四載：

> 羅漢內門、外門田，皆大傑嶺社地也。康熙四十二年，臺、諸民人招汀州屬縣民墾治，自後往來漸眾。[9]

「汀州屬縣民」即所謂「汀州客」，即閩籍客人，因此惠、潮客家人也當於此時東渡。康熙 50 年（1711）3 月，臺灣知府周元文「申請嚴禁偷販米穀詳稿」云：「閩、廣之梯航日眾，綜稽簿籍，每歲以十數萬計」。[10] 康熙 60 年（1721）藍鼎元隨兄廷珍統軍渡臺平朱一貴之亂，曾經「上窮淡水；下盡郎

---

5 高拱乾：《臺灣府志》卷十藝文志（中華大典方志彙編）頁 255 錄其碑文。

6 前書頁 259 錄其碑記。

7 周鍾瑄：《諸羅縣志》卷三秩官志列傳（臺灣銀行經濟研究編印臺灣方誌彙刊本）頁 49。

8 都永河：《裨海紀遊》卷下（臺灣文獻叢刊第四四種方豪校訂本）頁 32。

9 黃叔璥：《臺海使槎錄》（臺灣銀行臺灣文獻叢刊第四種本）卷五番俗六考北路諸羅番四附載，頁 112。

10 周元文：續修《臺灣府志》卷十藝文志（中華大典方志彙編本）頁 122。

嬌」「深諳全臺地理情形」，[11] 其「覆制軍臺疆經理書」云：

> 國家初設郡縣、管轄不過百里，距今未四十年，而開墾流移之眾延袤二千餘里，糖穀之利甲天下……北至淡水、雞籠，南盡沙馬磯頭，皆欣然樂郊，爭趨若鶩。[12]

黃淑璥又謂：「南路淡水卅三莊皆粵民墾耕」，[13] 陳夢林於康熙 55、56 年間撰述，「諸羅縣志」時亦謂：「今流民大半潮之饒平、大埔、程鄉、鎮平、惠之海豐」。[14] 陳夢林、黃叔璥都是康熙末期、雍正初期親自到臺灣目睹實際情況的人，因此，閩西汀州客民和粵東潮州、海豐客家人對於臺灣的開拓貢獻極大是毫無疑問的。[15] 黃淑璥所謂的「南路淡水卅三莊」，指今高雄、屏東一帶；陳夢林所謂「流民」的活動區則指今彰化一帶，正是今天三山國王廟的主要分布區。

由於三山國王是客屬潮州九縣人民的福神，潮州人要移民外出時，往往都帶著三山國王廟的「爐香」作為護身之用。移民臺灣時也如此，臺南三山國王廟中乾隆 9 年所立的碑後附有「跋文」，文中曾謂「三山國王」：「自親友佩爐香過臺而赫聲濯靈遂顯於東土」。能安全抵達臺灣的，都以為是得到「三山國王」神的保佑，所以「咸欣欣建立廟宇」，因此，三山國王的信仰就隨著潮屬九縣客家人的腳步，散布於全臺各地。

---

11 藍鼎元：東征集卷首（臺灣文獻叢刊第十二種本）藍廷珍序。

12 前書卷三頁 34。

13 黃叔璥前引書頁 93 自記語。

14《諸羅縣志》卷七兵防志陸路防汎，頁 78。

15 此節參見拙著〈北臺拓墾初期通事所扮演之角色及其功能〉一文（臺北文獻直字第五九、六十期合刊本，71 年 6 月）第四章。

興築或維持一座三山國王廟必須有相當數量的客屬潮州九縣移民，並有相當的資金足以建廟。因此我們可以視三山國王廟的分布為研究潮屬九縣移民的一項重要資源。由於三山國王廟的創建時間有先後，而乾隆末期以後，臺灣又經過長時期的內部整合運動，若干地區由昔日的閩、粵雜處，慢慢形成分區而居的形勢。譬如原先散布於臺北平原各處的粵人經過嘉慶、道光年間激烈的整合運動之後，多半遷徙到今天的桃、竹、苗和宜蘭等客屬地區，少數留在臺北平原上的客家人，由於人數較少，反而坐看閩南人自行拚鬥，有時候也幫助其中一方與他方拚鬥，這些少數客家人多有「福佬化」的傾向而成為「福佬客」，其中也有人已經杳然而不知自己原為客屬了。在這種情況下，客屬潮州九縣人民所信仰的三山國王廟和其他的地方性神祇一樣，他們所代表的歷史意義就相當複雜。

根據民國 48、49 年劉枝萬先生所作的調查；三山國王廟分布較密的地區是今天的宜蘭、屏東、彰化、新竹四縣，其次是臺中、高雄、嘉義、雲林等四縣。屏東的佳冬有 4 座三山國王廟，萬巒、內埔有 3 座，潮州、高樹、新埤 2 座，屏東、恆春、長治、九如、麟洛、竹田、林邊、車城各 1 座。其中屏東的三山國王廟成於乾隆 16 年，林邊的忠福宮、佳冬的千山公侯宮、國王宮、王爺廟、車城的保安宮都成於乾隆年間，而九如的三山國王廟比前述各廟更早，顯示這些地方是潮屬客家人移民早而且多的地區，與黃叔璥在〈番俗六考〉中的敘述相符。

彰化的永靖有 4 座三山國王廟，竹塘 3 座，彰化市、員林、埔鹽、埔心 2 座，溪湖、社頭、田尾、溪州各 1 座。此外彰化市也有祠汀州客屬人士的福神——定光佛的定光廟 1 座。其中員林的廣寧宮成於雍正 13 年，彰化的福安宮、埔心的霖鳳宮、霖興宮、社頭的鎮安宮都成於乾隆年間，鹿港的霖肇宮更是霖興等宮的祖廟，年代當更早，正是陳夢林在《諸羅縣志》中敘述的景況。

新竹的竹東有4座三山國王廟，橫山、芎林3座，寶山2座，峨眉、新埔各1座。竹東的國王宮成於嘉慶年間，新埔的廣和宮，寶山的新豐宮成於道光年間。宜蘭的冬山有9座三山國王廟，員山7座、蘇澳4座、礁溪3座、宜蘭市2座，羅東、三星各1座。蘇澳的保安廟成於嘉慶20年，羅東的興安宮成於道光年間，蘇澳的王爺廟和員山的讚化宮成於咸豐年間，其他的都是光緒以後才新建的。[16]

新竹的丘陵區和宜蘭地區開發較晚，兩地的三山國王廟，除卻少數幾座成於嘉慶末年和道光年間外，多半的都成於咸豐、同治以後。劉枝萬於1959年前後調查的三山國王廟分布情形與1927年（民國16年、昭和元年）左右所作的「臺灣在籍民族鄉貫別調查」報告中，客屬潮州人的分布情形一致。[17]二者都顯示今天的新竹丘陵區和宜蘭地區，是臺灣住民內部整合運動時期和第二波拓墾運動時期客屬潮州人的新天地。

根據劉枝萬的調查，臺北平原上也有兩座以「三山國王」為主神的廟，其一為位於今新莊市新莊路的廣福宮，其一為土城鄉土城村的慶安宮。兩廟由於信徒人數太少，連平日香火都難以維持，更無力整修早已呈現破敗的情況，慶安宮的「神明」由於乏人祭拜，無法維持且有「福佬化」的傾向。

新莊廣福宮三山國王廟原是一相當壯麗精緻的廟，慶安官也不是最簡陋的廟，當年興建的時候，必定有相當多的客屬潮人信徒而且達到一定的生活水平，才可能產生像新莊廣福宮這樣美輪美奐的三山國王廟。什麼歷史背景之下興建了廣福宮？何以廣福宮又因為乏人奉祀而破敗呢？這不僅是有關廣福宮興衰的問題，也是有關臺北開拓史和客屬潮州人在臺北平原上發展史的問題。

---

16 以上大抵是根據劉枝萬：臺灣省寺廟教堂名稱主神地址調查表（臺灣文獻十一卷二期，49年6月）所作的分析。

17 該報告於昭和3年（民國17年、西元1928）由臺灣總督府官房調查課編印出版。

三、先住民、福客移民雜處共墾關係的演變

有人說：泉州人先至，開發了濱海原野；漳州人後至，開闢近山地區；客屬各籍移民最後來，才進入丘陵山區。這種說法對於初至的拓墾者必先尋求水源，而以山腳、坑口最為優先這一特色缺乏基本的認識；另一方面，也忽略了18世紀末期綿延至19世紀中期的長期械鬥所導致的臺灣社會整合運動的重要現象——大遷徙，而以為19世紀末期以來的漳、泉和福、客籍移民分區聚居的現象就是17世紀、18世紀臺灣拓墾時期的現象。更重要的是：這種說法自伊能嘉矩以來，都缺乏實徵研究的支持，謂之信口開河亦不為過。[18]

關於早期拓墾區的散布，康熙末期完成的《諸羅縣志》是人盡皆知的重要史料，該書封域志山川門有拓墾區的紀錄，由南而北，摘記於下：

> 琅包山：「下有曠埔，漢人耕種其中」。關仔嶺山：「下有漢人耕種其中」。梅仔坑山：「山之西有漢人耕種其中」。阿拔泉山、竹腳寮山：「內有林（王冀）埔，漢人耕作其中」。貓霧捒山：「東有曠埔，漢人耕作其中」。眩眩山：「下爲竹塹埔，漢人耕種其中」。

18 持此說皆直接或間接襲自伊能嘉矩、再加以膨脹、曲解，故此處不必一一列舉。伊能嘉矩之《臺灣文化志》（昭和3年、刀江書店）第十四篇第四章「臺灣に於ける移殖漢民の原籍及拓地の年代」極為簡略，全章僅9頁，其中7頁半為拓殖年代表，一頁半敘述閩先至、粵後至以及閩人在「海洋平野、粵人在『山腳丘原』。全章未引證任何文獻，與伊能氏一貫的風格不符。且年表中所列拓殖年代也與同篇第一章『開墾の沿革』中所記載的各地拓殖年代也不同。此章若非伊能氏初至臺灣未經深入研究時的草稿，則是後人失察所竄入。近人寫有關臺灣史的文章，多以抄襲、編譯伊能氏的著作為能事而缺乏實徵精神，既不尋求原始史料深究史實又欠思辨。因此，此說雖然錯得離譜，卻仍瀰漫於文獻界的出版品甚至學院的論文中。

〈諸羅縣志〉記載的「港」——海灣、潮汐影響所及的河，則不外是「商船輳集」、「捕魚」。鹿港、二林以北的商船「載脂麻、粟豆」，笨港以南的商船才「載五穀貨物」。比較特別的是淡水港，「澳內可泊大船數百，商船到此載五穀，鹿脯貨物」。[19]

讀過前述《諸羅縣志》，應當不致於仍有「開發了濱海原野再進墾近山地區再進墾丘陵山區」的純以地理差異為推理基礎的簡單想法；而應當從事以拓墾者的需求——亦即以人文主義為基礎的思考與研究。

筆者對於臺北地區拓墾史以墾照、開墾合同等老字據所作的實徵研究，也證實拓墾者首先考慮的是水源問題。因此，今天長道坑、五股、泰山、樹林地區的開發就遠早於今天三重、蘆洲地區；而今土城、中和一帶的開發也早於板橋、永和地區。[20]

其次再談籍貫問題：

如前章所述，康熙 40 年（1701）以前的移民多是閩南的泉州、漳州人，拓墾區大抵局限於今臺南一帶。康熙 40 年以後，福建汀州和廣東潮州、惠州、嘉應州的客屬移民大量東渡之後，新墾區就形成各籍移民雜處的局面了。

陳夢林說諸羅縣境內：「今之流民大半潮之饒平、大埔、程鄉、鎮平、惠之海豐」；黃叔璥說：「南路淡水卅三莊皆粵民墾耕」。也就是說，除了現在的臺南一帶以外的新墾區，康熙末期拓墾者的語群結構已經大變；現在的高、屏地區，以客家移民為主而間雜以福佬移民，現在的嘉義、彰化和彰化以北的諸羅縣轄區，則大半是客家移民，部分為福佬移民。

19 見於《諸羅縣志》每一封域志山川門頁 33-37。

20 參見拙著：〈臺北平原拓墾史研究〉（1697-1772）載於臺北文獻直字第五十三、五十四期合刊本，70 年 4 月）。

我們必須牢記郁永河康熙36年來臺時，在《裨海紀遊》一書中所描述的情況：郡治臺灣縣城是漢番雜處，諸羅、鳳山兩縣不僅極少漢移民，連兩縣衙署、學官也都在臺灣縣內，[21] 因此，前述福、客移民籍貫的變化，散布在整個臺灣西部平原上，相對於先住民而言，仍是少數人的質量變化。

在移墾社會中，血緣和地緣關係固然是一種凝聚力，但是，不同宗、不同籍貫也並不構成拒斥的理由。相對於番人，同為漢人也形成另一層次的凝聚力。在已經開發的臺灣縣如此，沃野千里、需要大量勞動力的諸羅、鳳山兩縣新墾區尤其如此。

「諸羅縣志」風俗志漢俗考對於當時血緣、地緣關係的發展留下深刻的記錄。關於血緣在「婚姻喪祭」門中有如下記載：

> 凡祭於大宗……臺無聚族者，同姓皆與焉。

社會上又盛行螟蛉之風，「以非我族類承祀」，甚至「援壯夫為子，授之室而承祀」（雜俗門），不僅是血緣團體駁而不純，一家之中也是眾姓並陳。關於地緣關係的情況在「雜俗」門中有如下記載：

> 土著既鮮，流寓者無期功強近之親，同鄉井如骨肉。凡流寓，客庄最多，漳、泉次之，興化、福州又次之。初闢時，風最近古，先至者各主其本郡，後至之人不必齎糧也，厥後乃有緣事波累，或久而反噬，以德爲怨，於是有閉門相拒者。

21 郁永河：《裨海紀遊》（臺灣文獻叢刊第四四種本）頁11、頁16。

地緣關係固然是一種凝聚力；但是，利害衝突時，也必然形成拒斥力。顯然的利害關係在拓墾者做選擇時，其優先秩序高於地緣關係。此外，在新墾區移民身處番社、荒埔之中，亟需勞動人口又不容易見到漢人，因此勞動力成為優先考慮的對象，同為漢移民也成為凝聚力。「諸羅縣志雜俗門」載：

> 失路之夫，不知何許人，纔一借寓，同姓則爲弟姪，異性則爲中表、爲妻族，如至親者然，此種草地最多；亦有利其強力，輒招來家，作息與共。[22]

「不知何許人」也可以「如至親然」，顯然「漢移民意識」高於語群、地緣和血緣關係，而利害關係又高於前者。綜前所述，臺灣荒地廣闊，只要得到番社允諾，移民之間沒有土地資源缺乏和分配不均的問題；反而有勞動力不足的問題。優先考慮利害關係的結果，同語群、同鄉、同姓固然是一種凝聚力，「漢移民意識」也是另一種凝聚力，不同語群並不構成拒斥的原因，利害衝突才造成「閉門相拒」的情況。因此，各語群移民合作開墾或互為主佃，彼此相安合作，不僅是臺稱西部開墾時的普遍現象，晚期的宜蘭平原、新竹一帶的丘陵區和埔里盆地群的開墾也莫不如此。只是相安一段時間之後，彼此的矛盾逐漸激起了「群體意識」——特別是「漢移民意識」之下的「語群意識」、「祖籍意識」，[23] 遂因利害的衝突致使「群體意識」高漲而導致激烈的拚鬥。

---

22 本處所引皆見於《諸羅縣志》卷八風俗志（臺灣研究叢刊第五五種本）（頁 84-89）。

23 籍貫意識不止是臺灣一時一地的產物，也是中國歷史的產物。籍貫意識不僅是感性的產物，也涉及賦稅、科學名額等實質利益。參見拙著：〈張士箱家族移民發展史——清初閩南士族移民臺灣之一個案研究〉（1702-1983）第二章第二節清初閩南土人東渡移民臺灣的原因。以及乾隆 20 年諸羅縣邑立「嚴禁冒籍應考條例碑記」（臺灣文獻叢刊第二一八種：臺灣南部碑文集成，頁 384-385。

由於近年有關若干地區開發史的實徵研究陸續有了結果，也使我們對於拓墾初期各籍移民彼此相安、協力開發臺灣的情形瞭解的更深刻。此處僅就筆者研究所得摘要敘述。

首先以客屬潮州移民為領袖的臺中平原開發史為例：

張達京是潮州大埔人。精通番語、瞭解番情，是清代著名的「通事」。來臺之初，在今天彰化員林、埔心、社頭一帶拓墾，正是陳夢林在「諸羅縣志」中所描述的「潮之大埔流民」。後來又到今天臺中一帶發展。康熙54年（1715）臺中平原上的「岸裡大社」番「內附」，張達京就是第一任通事，而且一任幾十年，直到乾隆38年（1773）死時方休。康熙54年之前，岸裡社經他「傳譯教導飲食、起居、習尚、禮義、倫理」，他也教導番眾「耕種、鑿飲、開闢」，因此「前為化王異類，今則為盛世王民」而成為化番。[24]張達京也是番駙馬，所娶的番女，直至他死時至少還有兩位健在，[25]乾隆16年（1751）地方大吏認為他和另一通事林秀俊（成祖，漳州人）「充北路通事數十年，田園房屋到處散布」，而有意密訪二人「勾結民番盤剝致富實蹟」，最後又因不得不依賴二人偵破「柳樹湳」一帶「番漢勾結成黨與另一股番漢勾結成黨，相互殺戮且戮及官兵」的大刑案而作罷。

張達京和客屬潮州人當時的力量顯然不足以開發臺中平原，於是連絡了所謂「六館業戶」——包括不同籍貫、不同語群和不同職業的六股投資者——和岸裡等社番共同開發臺中平原。[26]

24 伊能嘉矩：臺灣蕃政志（臺灣總督府殖產局、明治37年3月）卷下第四篇第一章第一節「岸裏社總土官に給やし信牌」。

25 臨時臺灣舊貫調查會第一部調查第三回報告書：臺灣私法附錄參考書第二章第一節第二款第一段田園の業主權，第五十八之二例，大租權找絕杜賣例。

26 參見前提「通事」一文第八章「張達京之通事生涯及其與臺中平原拓墾之關係」。

臺北平原的情形和臺灣各地也無不同。林秀俊（成祖）是與張達京齊名而且關係密切的通事，林秀俊不僅對於大甲、後壠、苗栗一帶的開發有很大的貢獻，對於臺北的淡水、八里、士林、新莊、板橋、中和、永和、新店安坑、內湖以及臺北市區的開發也有很大的貢獻，[27]「張廣福文件」編號（3－B1－3），乾隆2年所立的一份配股合約中，就很明白的留下康熙59年（1720）他與陳夢蘭、朱焜侯、陳化伯等合作開墾「北路淡水大加臘、八芝連林、滬尾、八里坌、興直等五庄草地」的紀錄，[28]大加臘即今臺北市區，八芝連林即今士林，滬尾即今淡水，八里坌即今八里鄉，興直即今新莊市。

林秀俊是漳州府漳浦縣人。[29]

康熙末期著名的淡水社通事賴科以及他所組成的許多墾號合夥人，目前還都沒有史料足資斷定他們的籍貫，只有承接陳和議墾號所墾「海山庄、內北投、坑仔口三處草地」之一海山庄的胡詔，我們知道他是泉州同安烈嶼人（今金門人）。[30]

海山庄的鄰庄是興直庄，那是客屬汀州貢生胡焯猷帶頭開墾的。

汀州貢生胡焯猷是最常為人所稱道的拓墾者，乾隆17年（1752）獻地建大士觀於興直山西雲岩。胡焯猷獻建奉祠觀音菩薩的大士觀之後，人們就逐漸習稱八里坌山為觀音山了。

乾隆25年（1761）胡焯猷又在新莊米市倡建關帝廟，[31]28年（1763）又

27 參見前揭「通事」一文第七章「林秀俊之通事生涯及其與北臺拓墾之關係」。

28 拙著：〈臺北平原拓墾史研究（1697-1772）〉，（臺北文獻直字五十三，五十四期合刊）一文所附圖版五。

29 同27。據林氏子孫所藏「漳浦盤龍社林氏宗族」。

30 余文儀：《續修臺灣府志》（乾隆30年）雜記志寺廟、頁650。

31 新莊關帝廟內同治7年捐建武廟碑：「自乾隆二十五年間，董事胡焯猷等建立武廟一間於米市，此權與託始之意也」。又，淡水廳志典禮志祠祀頁149同。

呈請捐獻水田80甲零和平頂山（今林口台地）腳的莊園、房舍、水塘等創辦了「明志書院」，[32]明志書院是淡水第一個書院，其次的「學海書院」較它晚了將近百年。繼胡焯猷之後，捐獻龐大產業（田160餘甲、園近30甲）給明志書院的監生郭宗嘏則是漳州府龍溪縣人。[33]

在今臺北縣新店市開鑿青潭大圳（俗稱瑠公圳）灌溉今天臺北市區的郭錫瑠則是漳州南靖人。[34]

以上都是根據族譜、老字據、官方檔案考證而得的拓墾者籍貫和語群，顯然他們既沒有閩、粵；潭、泉先後之分，而且同在臺北平原之中，更沒有平原、丘陵之分，當時的臺北是一個和睦雜處的墾殖社會。

與新莊、土城兩地三山國王廟相關的客屬潮州人又如何呢？

由於嘉慶、道光以後激烈的整合運動，使得臺北平原上的粵人雖大多數都遷到今天宜蘭和桃、竹、苗地區去了，因此，我們能得到的資料很少。可是臺北地區既然在新莊、土城地區存在著祭祀客屬潮州人的福神三山國王的宏偉廟宇，則客屬潮州人在此區必定有極大的勢力。

新莊三山國王廟與潮州移民在臺北平原上極有勢力的劉姓家族有密切的關係，劉家在新莊平原上開鑿劉厝圳（萬安圳）的年代（乾隆28年，1763），比泉州張姓家族所鑿的張厝圳（永安圳）的年代（乾隆30年-37）還要早。劉厝圳完成後，潮州庄的旱田成為水田，生產力大增，促使三山國王廟於乾隆45年（1780）創建，比位於淡水的鄞山寺——以汀州人的福神定光佛為主神，兼為汀州會館——的創建年代（道光2年，1822）早了將近40年，而且贏得「宏

32 余文儀德修府志卷二十二藝文志（三）閩浙總督楊廷璋：「明志書院碑記」以及中央圖書館臺灣分館藏：「明志書院案底」（臺灣總督府圖書館抄本）。

33 鄭明枝：《郭氏宗族北臺移民拓墾史》（74年1月作者自印本）第五章頁60。

34 同28揭文第八章第一章「金順興、金合興與大坪林、青潭大圳（瑠公訓）」。

壯美觀實為全臺第一」的美譽，[35] 都足以顯示潮州人財力與氣勢非凡，這一些暫且留待下一節敘述。

四、客屬潮州人開發臺北、新莊平原史

新莊平原是臺北最先開發的地區。

不同籍貫的人雜居共墾是臺灣拓墾史上普遍的現象。新莊亦然。

新莊街在雍正、乾隆年間是北臺的政治、社會、經濟中心，有三座宏偉的廟宇幾乎以等距離聳立在新莊街上。最先是雍正 9 年（1713）建的以媽祖為主神的慈祐宮，媽祖原是閩南討海人的福神。其次是乾隆 25 年（1760）客屬汀州貢生胡焯猷倡建的關帝廟，關帝廟位於慈祐宮之南，所奉祀的關羽是全國性的神祇，該廟現存同治 7 年重立的「張穆奉獻錫口田園碑」序文中亦有「廣東嘉應州鎮平縣人張穆將錫口庄田園獻於廟內以為香祀之資」的記錄（鎮平原為潮屬，雍正 9 年（1731）新設嘉應州，改隸），當時張穆所獻的地「每年得收園稅銀共叁拾陸員」，足以顯示客籍移民在臺北地區的雄厚財力與慷慨大度。

其次則是乾隆 45 年（1752）的三山國王廟，廟在慈祐宮之北。此外，乾隆 17 年（1752）觀音山麓西雲岩的大士觀和乾隆 27 年（1762）的明志書院，都是客家人胡焯猷捐獻的。

以上所舉，都曾在歷次所修「臺灣府志」和同治 10 年所修「淡水廳志」中留下明確的記錄，足以顯示客籍移民當時的社會、經濟力量。

35 這段文字自「臺北廳－社寺廟宇：關スル調查」（中央圖書館臺灣分館藏手稿本，無頁碼。這份調查報告是大正 4 年（1915）年完成的，距廣福宮光緒 15 年至 17 年（1891）重修才 13 年，應當是可靠的調查報告。

根據筆者實徵研究的結果，新莊平原由南而北各籍、各語群移民的分布情況大略如下：

土城、柑林到樹林彭厝一帶是客屬潮州人集中的地方；[36] 樹林、後港、瓊林、新莊以及中港厝一帶是閩南漳、泉人比較占優勢的地區（著名的墾首有漳州人林成祖、泉州人張必榮、張廣福、胡詔和漳州人郭宗嘏）。[37] 稍北頭、二重埔是平埔番武勝灣北勢社的分布區，[38] 而今新莊、三重、五股的接壤區則是南港社的分布區。[39] 今二、三重埔和蘆洲、五股一帶則是粵籍潮州人較多的地區。而林口臺地邊緣、水源充分的泰山、五股地帶則是以客屬汀州人為主的地區（以胡焯猷為代表），新莊街則是各籍移民集中的商業區、貨物集散地、吞吐港。[40]

當然，前述只是大略的情況。筆者蒐集的胡焯猷、林成祖、劉和林、張必榮等人的佃戶名冊中雖有詳細的田畝紀錄，卻沒籍貫紀錄。由於嘉慶、道光以後的移民整合運動，客屬移民大抵都遷往他處，相關史料的蒐集倍感困難。

所幸樹林大墾首張必榮的裔孫張福錄所寶藏的原始資料中有一份「永泰租業淡水契總」，其中「撥歸三股內小租契券」第一契即為乾隆 18 年正月劉偉近典賣海山庄樹林水田三甲餘的賣絕契。劉偉近是乾隆初期客屬潮州移民的

36 此區調查尚未得到原始資料。此處根據客籍潮州人祖墳以及土城村的三山國王廟所做的推斷。口碑中也得到相同的結果。此外，昭和 3 年出版的「臺灣在籍漢民鄉貫別調查」報告，臺北州海山郡有潮州人五百、嘉應州和惠州人各一百（頁五），亦可作為佐證。

37 參見拙著：《新莊志卷首：新莊（臺北）平原拓墾史》，第四、五、六章（新莊市公所，70 年 1 月）。

38 前揭臺北平原拓墾史研究第八章第三節〈番耕、番墾與番仔圳〉頁 177-178。

39 前書第七章頁 112。

40 參見拙著《新莊發展史》（69 年 7 月 1 日新莊市公所）以及《新莊志卷首新莊（臺北）平原拓墾史》（70 年 1 月 20 日新莊市公所）。

領袖，他是向泉州人胡詔「承贌海山楮樹林埔地一所墾成水田經丈六甲三分」，劉偉近墾成的田賣給洪敬侯，再賣給泉州人張必榮。[41] 此契很明顯的說明了客屬潮州人和閩南泉州人在今新莊瓊林地區雜居共墾的情形。

日人領臺後兩、三年（光緒 23、24 年，1897-1898）山田伸吾奉命調查臺北縣的農村經濟，他所寫的〈臺北縣下農家經濟調查書〉，為我們留下幾件關於客屬潮州人劉氏家族拓墾北新莊平原的原始文件，其中乾隆 43 年劉世昌與武勝社番所立的合約敘事最詳，甚至精詳地描繪當時北新莊平原的地理形勢，是瞭解古代北新莊平原的重要史料，筆者將它節錄於下：

> 同立合約字南港通事貴天、萬宗、加里珍業户劉世昌等曰昌祖劉和林，雍正年間，明買社番君孝等荒埔一所，座落土名武勝灣，東至頭重埔崁下古屋庄角瀉水溝爲界，西至興直庄爲界，南至搭流坑溪爲界，北至關渡爲界，原價補償銀兩，載明契内，年納社番銀參拾兩，番租粟伍十石，二次報陞共開五十甲零，乾隆二十六年，昌父承纘費用工本，開築埤圳灌溉，至三十二年墾成水田，昌叔承傳遂首請前分憲段丈明，續報田一百九十二甲，詳報陞科，因先後互控，蒙前府憲鄒恤番至意駁議，將續報一百九十一甲零歸番，原報五十甲零歸傳……契界尚有河墘新浮沙埔水窟……二比又在前憲任内互控，但該處實係水沖沙湧之地，三冬一收，溪埔眾番共見，原屬傳契界内之地……墾蒙淡分憲兼理番憲成明斷，傳之姪世昌，每年加貼番租四十石，永爲定例，……
>
> 乾隆肆拾參年拾貳月 日[42]

41 永渠租業淡水契總原抄本。參見前揭臺北平原拓墾史研究第五章第三節頁 68。

這份合約告訴我們以下的事實：

一、劉和林於雍正年間（1723-1735）直接自南港社番取得北新莊平原的開墾權，他在雍正與乾隆初年陸續報陞 50 甲。乾隆 26 年其子承纘「開築埤圳灌溉」，至 32 年報陞水田 192 甲，財力大增。

二、樹林頭庄（在今五股與珍村）以北至洲仔尾、關渡一帶，原屬「水沖沙湧」、載沉載浮的河埔新生地，經劉承傳兄弟「開築堤岸」之後，可以種「地瓜什物」，但仍然是「時有時無」不堪丈報。

三、墾號與社番問地權之爭，若無番契為依據，雖然「詳報陞科」，亦難抵擋社番的控訴，雖然劉氏屢次反訴，歸番之田，番仍得收早租。顯示政府對於護番政策相當堅持。

劉和林康熙末年到臺北任通事，雍正年間取得新莊平原北部墾權，乾隆 18 年（1753）曾經豎旗舉事要「統領八社番民，以翦貪官」[43] 而震驚地方並達及北京的中央政府，閩浙總督的奏摺中轉引淡水同知的詳文，認為劉和林的動機是「欲奪郭騰琚所充通事」，發展自己的勢力。[44] 由以上簡單的資料來看，劉和林在此以前既為八社通事，他取得的墾區必定不止「加里珍庄」一處而已。

劉和林父、子、孫三代除了開墾幾百甲土地之外，最大的貢獻是開鑿了「劉厝圳」。

劉和林所墾位於今五股的加里珍等庄，所需水量既大，距離水源既遠，所需圳地亦鉅，又得跨越多條溪澗和他人所鑿的圳渠，工程之浩大可想而知，他

42 所引合同見於山田仲吾所著「臺北縣下農家經濟調查書（明治 32 年 8 月，臺灣總督府民政部殖產科發行）第四章第五節「北臺大小租、蕃租、水租之起因」。附參考資料（一），頁 41-43。

43 清高宗實錄卷四四七乾隆 18 年 7 月「是月」條。

44 前書卷四三七乾隆 18 年 4 月「是月」條。

的長子劉承纘積極準備開圳。乾隆 24 年 8 月內山洪水泛濫，將海山庄東南勢一帶田園沖崩 200 餘甲，石頭溪且因而改道。由於當時的八里坌巡檢包瀜曾經屢次諭令各業戶開圳灌田，劉承纘認為這是絕佳的機會，便向包瀜具呈，請得開圳許可告示，就在石頭溪頭潭底在界內「率眾數百人壅水築圳」。當時海山庄管事洪克篤，庄佃劉此萬、蕭氏、姚氏等佃戶與小租戶心有未甘，便到八里坌巡檢司去控告劉承纘，並和他發生衝突。包瀜既然鼓勵業戶鑿渠灌溉，劉承纘又曾得到他的許可，便在「業戶張必榮」的狀紙上批：「爾等沖失之田，可成水道，或以價買，或以田換，則當成人之美，慎勿忌而阻之」。在庄佃劉此萬的狀紙上批：「已經沖廢不能墾復處所，聽人引水灌溉，令彼以田折半對換，庶幾兩有裨益。」張必榮墾戶上告於淡水廳同知，也被歷任淡水同知擱置。劉和林父子就全力進行鑿圳的工作，劉承纘毅然以高價買斷蕭、姚的小租權，減少鑿渠的阻力。開鑿一段之後，因為乏資，幾乎停滯。眾佃戶集資支援，終於在乾隆28年鑿成，定名為「萬安陂大圳」，萬安圳長20里許，南起潭底石頭溪，北達二重埔、加里珍、洲仔尾，貫穿了整個新莊平原，總灌溉面積在 1300 甲左右，嘉慶 8 年劉建昌和佃人整理大租和水租，重立了一份合同，合同內容顯示，劉厝圳已由四個水汴增加為 8 個水汴，灌溉區應當也擴大不少。

劉家「不惜巨資用銀購地開鑿水圳」（嘉慶 8 年重立合同語），直到嘉慶 8 年（1803），不僅能和番社和平相處，得到灌溉區內移民的愛戴，也長享墾殖之利，造福地方。[45]

劉厝圳的開鑿使新莊北部的生產力大增，加上乾隆中期臺北平原全域的重大水利設施完成，[46] 全部旱田都水田化，單位面積的產量倍增，使得客屬潮州

45 本節文字乃節錄自拙著：《臺北平原拓墾史研究（1697-1772）》第七章第一節「劉和林、劉承纘與萬安圳」，引文部分示贅注，請參閱原文。

46 參見前文各章有關水利開發部分。

移民有足夠的財力興建一座美侖美奐的廟宇來奉祀他們的福神——三山國王。

三山國王廟的完成，在北臺灣史的發展上是一個重要的預警號誌，它顯示了不同祖籍移民的「群體意識」的高張。

潮州系劉厝圳的開鑿，分享了泉州系張厝圳的水源，劉家「率眾數百人壅水築圳」，已經呈現強烈的暴力傾向，纏訟數年，雖以分水、付水租給張家收場，但是已使閩、粵之間形成難以彌補的裂痕。出錢、出力、合作、抗爭終能完成大水圳這種「眾志成圳」的快感與實利，使「群體意識」更形高張，也促使新莊平原上的客屬移民放棄原來的協和路線——捐修全國性主神的大士觀和關帝廟——而走向表現「群體意識」，顯示不同籍貫移民彼此對立的路線——興建祖籍地方色彩強烈的「三山國王廟」。

閩粵移民拓墾新莊平原的初期，由於土地資源的豐富和勞動力的缺乏，籍貫和語群不成為相互拒斥的理由，彼此也沒有強烈的衝突。但是，不同籍貫、不同的習俗和宗教信仰，終究仍有若干矛盾存在。移民漸多、土地資源的分配漸趨穩定，彼此相處日久而逐漸各自形成「群體意識」，競鑿灌溉渠、互爭水源利益的衝突，使「群體意識」高張，也使同籍移民更形團結而升高了不同籍貫移民的對立形勢。新莊三山國王廟的興建，一方面顯示了不同祖籍移民間從容忍相安以至矛盾、衝突、對立的過程，一方面也加強了不同祖籍移民的「群體意識」，升高了對立的情勢，種下了福、客移民分類械鬥的遠因，終使客屬潮州移民不得不離開興建了奉祀客屬潮州人的福神——三山國王廟的臺北平原。

五、福客移民的矛盾對立與新莊三山國王廟的興衰史

閩、粵移民的矛盾可上溯自乾隆初年。新莊三山國王廟中現存一方乾隆 15 年（1750）所立的「奉兩憲示禁碑」是研究福客移民之間的矛盾和新莊三

山國王廟創建年代的重要史料，茲將該碑的釋文節錄於下：

……本年三月十八日據淡水子民劉能詒、黃其進、黃初日等稟稱，緣淡水兩保地方離治遐遠，向遭虎保薙粉庄民奉上造冊，敢每名苛銀三錢六分；又另索户頭谷一石，民難堪命。乾隆十一年保內劉偉近等願炤通臺大例，每名給紙張銀三分僉呈前憲勒碑，新直街土地祠豎立示禁，暫得兩年平安。殊虎保鷹眼未化，乘十三年火災，新直街借修土地祠爲名，欺前憲陞任，將禁碑碎滅，仍叛前禁簡苛派如故。詒等慘受剝膚難堪，抄粘禁諭、匍控憲轅，查案示禁、除害安民等情。據此案查，先爲匿示不挂等事，於乾隆十一年八月初八日，據淡水保民劉偉近、吳成龍等稟稱：切冊費原有定規，近時淡水兩保……苛派近等於本年五月內赴憲稟請示禁……差貪兜留，至今藐抗無間。茲値隆冬在邇、冊費將收，若不預行張挂，庄民無知，疇不復遭酷剝，懇飭垂示等情。據此業經前任曾示禁在案，茲據劉能詒等具稟前來，合再給示嚴禁。乾隆十五年參月　日給閣淡子民

劉偉近 能詒　曾國揚 林日陽 等同立石

（原碑仍存新莊三山國王廟右廡壁上，釋文乃筆者根據臺北縣民政局文獻課所藏拓本作成）

碑文告訴我們客屬潮州移民領袖劉偉近、劉能詒、黃其進、黃初日等人不干被地保勒派，自乾隆 11 年起，再三向淡水同知請願，一再立碑禁止勒派的故事。

碑文中說乾隆 11 年「勒碑新直街土地祠豎立示禁」，又說「乘十三年火

災新直街，借修土地祠為名，欺前憲陞任，將禁碑碎滅」，顯示乾隆 11 年的示禁碑立在土地祠中而不似「奉兩憲示禁碑」置於三山國王廟中而有所依託。福、客移民因戶稅而產生矛盾，客屬潮人爭來的示禁碑又因立於土地祠中缺乏護恃而遭毀損，「群體意識」抬頭和亟需奉祀原籍福神寺廟的要求也由此顯現。

新莊的三山國王廟興建於何時呢？「淡水廳志」典禮志祠廟門國王廟條載：

> 國王廟：一在新莊街，乾隆四十五年粵人捐建；一在貓裏街，道光元年劉蘭斯等捐建。主祀三山國王，乃潮人所奉。三山者，即潮之明山、巾山、獨山也。[47]

大正 4 年（民國 4 年，1915）臺北廳的寺廟調查報告（手稿本）載：

> 廣福宮，俗稱國王廟。乾隆四十五年粵東潮州九縣籍移民捐金數萬元興築，其宏壯美觀，在當時可說是全臺第一。[48]（原爲日文，筆者中譯）。

新莊三山國王廟的興築，如前所述，是「群體意識」高張和水利設施完備、生產力倍增、儲蓄遽長的結果，有一定的社會和經濟條件。其創建年代《淡水廳志》和日治初期的調查報告都有明確的記載，素無異辭。民國 52 年 6 月，有人到新莊三山國王廟走了一遭之後，竟然宣稱：「據其廟內古碑所載，其創建時期為清乾隆十五年三月」。[49]

47 《淡水廳志》卷六典禮志祠廟門頁 86。
48 前揭臺北廳寺廟調查報告。

筆者民國 69 年數度到新莊三山國王廟調查，並沒有見到一方古碑說明該廟創建於乾隆 15 年 3 月，《淡水廳志》的纂修人和日治時代的調查人，顯然也沒有見過這樣一方碑。筆者所見的前述「奉兩憲示禁碑」固然是立於乾隆 15 年 3 月，但是它是禁止勒派的碑，而碑的內容，卻正顯示客屬潮州人缺乏奉祀本籍福神——三山國王——的廟來護持禁碑。因此，民國 52 年的「調查者」，若不是見到另一方古人和筆者都未曾見過的不知碑文內容的碑；那就是只看碑末年代而不讀碑文內容就信口開河。可惜的是近年談論三山國王廟的作者們，只抄襲該「調查人」錯得離譜的報導而不實地勘察，為世人憑添不少困擾。

廟中的另一方古碑，因風化太甚、字跡漫漶，僅能確認是劉炎光、劉南山等數十人樂捐題銀明買廟前店地的碑，但是碑後的年代已經無法確認。[50] 此碑說明建廟之後，曾經有增購廟前店地之舉，是否為擴大廟前廣場之用抑或作為廟產以生息作香火之用則難斷定。

乾陸 51 年林爽文起事，淡水王作、林小文等漳州人響應，泉州人與客家人為義民助官兵平亂。漳州人因而與泉、客家人生隙，52 年 5 年，今天臺北縣土城與臺北市內湖一帶福、客人雜居的地方發生「分莊互殺」的情形，[51] 與康熙末年朱一貴事件時臺灣南部為平亂生隙而發生閩、粵械鬥的情形類似，視之為林爽文事件的一部分可，視之為分類械鬥之釁亦無不可。但此事並未擴大。

嘉慶初年，以漳人為首，與泉、客人合作入墾今頭城、宜蘭一帶，其中領袖之一的趙隆盛就是潮州系劉厝圳水利系統中的大地主，[52] 嘉慶 4、5 年間因

---

49 林衡道：《臺北近郊史蹟調查》（臺灣勝蹟探訪冊頁 90）。

50 漢光建築師事務所拓本。

51 淡水廳志卷十四祥異考兵燹門，乾隆 52 年 5 月 8 日條。

52 見拙著〈臺北平原拓墾史研究（1697-1772）〉第七章第一節頁 117。

分地不均而發生粵泉人械鬥，漳人調和之，因為規模很小，隨即相安無事。[53] 此後，宜蘭械鬥不已、三籍人互有分合，都是因利害關係而分類械鬥，沒有專因籍貫不同而起釁相鬥的。

此時，新莊平原尚是一片和睦，如前所述，劉厝圳業主與租佃之間還重立合同，而張穆也將錫口庄業獻給新莊關帝廟。

道光 6 年（1862），今苗栗中港溪一帶，福、客械鬥，[54]13 年，桃園一帶「閩粵各庄、造謠分類、互相殘殺」，苗栗銅鑼一帶「靠山粵匪無故焚掠閩莊，公然掠搶」，[55]14 年（1834）蔓延到八里坌、新莊一帶，福、客遂展開長達 6 年的纏鬥，直到道光 20 年（1840）中、英鴉片戰起，英艦進窺臺灣、臺北情勢緊急，客家人變賣田業，遷到今桃園、新竹、苗栗一帶的粵人區之後才停立。[56]

粵人遷離後，臺北漳、泉人拼鬥不已。泉屬之三邑人（晉江、南安、惠安）和同安人亦拚鬥不休（俗稱頂下郊拼），咸豐年間，幾乎居無寧日，新莊關帝廟於咸豐 3（1853）年因械鬥而燒燬，臺北地區最高的行政長官新莊縣丞的衙門也不能免，[57] 直到同治 5 年署理縣丞張國楷才勸捐重建縣丞衙門。[58] 由此觀之，客家人之棄地遠颺，未嘗不是明智的抉擇。

53 姚瑩：《東槎紀略卷三》噶瑪蘭原始頁 71。

54 同註 51。

55《淡水廳志》卷十五文徵附婁雲所撰「莊規禁約」（頁 169）。

56 淡水廳志卷十四祥異考兵燹門道光 14 年條。淡水廳志記載此事甚為簡略，日人伊能嘉矩研究稍詳。章義按：與三山國王廟關係密切之黃氏家族，有一部分人謙即遷往今竹北（據連文輕藏：黃氏家譜）。

57 關帝廟內同治 7 年重修武廟碑。

58 淡水廳志卷三建置志廨署門艋舺縣丞署條，頁 46。參見拙著〈新莊縣丞未曾移駐艋舺考」〉（臺北文獻直字第五七、五八期合刊本、73 年 3 月出版）。

潮屬客家人離去後，三山國王廟的香火立衰，廟也乏人照顧，直到光緒 8 年 6 月 16 日為附近民宅火災波及而燬於大火。[59] 有人說道光 26 年（1846）此廟曾經重修，依常理而言，此廟創建於乾隆 45 年（1780），距此已達 60 餘年，局部整修是理所當然，惟筆者未得確證，姑誌於此，以待來茲。不過，潮客人棄地、方去未久，新天地尚未妥適，且不及新莊一帶肥沃繁榮，是否有心關注於此廟之整修？是否有財力整修？都不能無疑。假若曾經整修，可能也是局部性的。

光緒 8（1882）年三山國王廟燬於大火之後，無人整修，直到光緒 14（1888）年，才由新埔潮籍士紳陳朝網（調查書如此寫法，疑為朝綱之誤）出面，[60] 領導潮籍人士捐今重建。本章前此曾譯引日人調查報告，接著譯引如下：

> 明治廿一年（光緒十四年、戊子、一八八八）六月廿日，新竹廳新埔街紳士陳朝網等潮屬九縣民醵金著手重新建一座三山國王廟，其結構之美觀比前廟稍微遜色，但是其宏壯堅牢，較之昔日未嘗稍讓。（筆者中譯）

從日治時代的調杳報告看來，並無道光 26 年重修的說法，縱使曾經整修，可能範圍因為不太大而為人忽略。光緒 8 年的大火則是徹底地焚燬，因此日人調查報告的原文是「新築」。我們現在所能見到的三山國王廟的基本印象，無疑是光緒 14 年重建新廟的印象。光緒 14 年 6 月 20 日動工建廟，建築的時間

59 日治時代臺北廳調查報告。

60 黃煉石：南庄開闢來歷緣由（中央圖書館臺北分館藏手稿本）有「地方紳士陳朝綱及黃南球……」之記載。按我國命名原則，以朝綱為宜，朝網可能是錯寫。日人原稿中即將粵東誤為奥東。

前後長達數年，以石柱上對聯所刻的年代為例：

正門對聯是光緒 17 年辛卯（1891）；廟內第一對柱聯是光緒 16 年庚寅（1890），第二對是 17 年辛卯，第三對是 16 年庚寅，第四對是 17 年辛卯，第五對是 17 辛卯，第六對是 16 年庚寅。木結構上則有「光緒庚寅年」（光緒 16，1890）以及「重脩大廟」兩組標識。光緒 17 年仍在建築中當無疑問。

廟內木結構未經油漆粉飾，有人說這是全省唯一未經油漆的白木殿建築，恐怕也是信口開河，應當是沒有立意不加油漆粉飾的道理，因為油漆不僅是為了美觀、也是為了保護木結構經久耐用，彩繪是傳統廟宇很重要的一部分。據採訪所得，於此有二說：一說謂廟尚未建妥醵金用盡，待再募得油漆費用，臺灣已經割讓給日本了，兵馬倥傯中已無人主持其事[61] 一說謂油漆費 190 銀元為劉某帶走而無法油漆。[62] 孰是孰非已無從查考。

民國 25（1936）年又有重修之舉，除了少數仍留在臺北（尤其是新莊）的客屬潮州人子孫外，[63] 住在新莊閩南後裔都不願出資，而由當時在「新莊街役場」任「助役」的鄭福仁聯絡客屬同學、友人到各客家庄募捐才得順利整修。[64]

日治時代三山國王廟信徒組織神明會「三山國王會」管理三山國王廟，由黃新本任代表人。[65] 光復初期由黃新本繼任總經理人。[66] 現任（1980）管理人則為連文輕。[67]

---

61 民國 69 年 11 月 26 日，賴麗卿訪問三山國王廟管理人連文輕之訪問紀錄（臺北市柳州街）。

62 民國 69 年 11 月 26 日賴麗卿訪問廟內廟祝劉張心富之紀錄。

63 民國 69 年 11 月 26 日連文輕曾提供一份名單，皆為黃姓，似為同一家人。

64 民國 70 年 3 月 19 日賴麗卿訪問鄭聯鈞之訪問紀錄（臺北市士林仰德大道）。

65 連文輕所藏日治時代帳目收據上明示「三國王代表者黃新本殿」。

66 見該廟諸派下人決議書。

67 連文輕為黃新本親子，從母姓。

六、結論

臺灣是閩、粵外海的新墾區，除了康熙 23-35 年（1684-1696）間施琅限制粵人移民臺灣外，閩、粵百姓都將臺灣視為他們在海外的樂土，他們在臺灣拓墾時，也不因為籍貫的不同而有先後以及平原、丘陵之別。他們依到達的先後，透過請墾的過程並得到番社的允諾，雜居共墾、互為主佃、彼此相安，共同努力開闢沃土。

雜處既久，移民漸多，易墾地開發殆盡，土地資源的分配漸趨穩定；不同籍貫不同的習俗和宗教信仰由於「群體意識」的高漲，而形成若干矛盾現象，再加上彼此的利害衝突，同語群、同籍人乃團結援引，更升高了彼此的對立，形成一觸即發的緊張情勢，終於導致普遍而漫長的整合運動，不僅福、客互鬥、漳泉相拚，最後還分縣、分姓、分街庄拚鬥，甚至街庄中各自拚鬥；而最初福、客械鬥時期逐漸遷徙聚居的客家移民，反倒有成為旁觀者的趨勢。

新莊的三山國王廟的興建顯示了臺北平原上福、客移民很容忍相安以至矛盾、衝突、對立的過程，成為客屬潮州人「群體意識」發展到巔峰的象徵，同時也是福、客對立達到高潮的象徵。經過乾隆末期，嘉慶年間以至道光年間的長期紛爭，客家人終不敵閩人之力而他遷。

客屬潮州人他遷之後，新莊的三山國王廟乏人奉祀、香火立衰。臺北平原成為福佬人天下之後，三山國王廟破損、焚燬，福佬人以為非我福神，不願醵金修建而任其腐朽燬損，三山國王廟仍得依賴遠處桃園、新竹一帶的客屬人士的捐獻才能重建和整修。

新莊三山國王廟的一頁滄桑史，不僅反映了客家人參與開發臺北的歷史，也反映了不同語群的移民由容忍相安、矛盾衝突到對立、血戰的歷史。新莊三山國王廟昔日的巍然壯麗與今日的朽損殘破相映，令人不由得興起何勝浩嘆之感。逝者往矣，如何記取教訓、避免無謂的相殘互損，恐怕是今人最重要的課題。

1985 年 11 月 16 日開票完畢鞭炮聲中於新店萬山千水樓孤燈下

粵東三山國王信仰的分布與信仰的族群：
從三山國王是臺灣客家的特有信仰論起 *[1]

邱彥貴

一、問題的提出

近年對於臺灣客家民間信仰的研究，除了對祭祀組織跨越兩縣十數鄉鎮的枋寮義民廟及其他義民信仰的一貫專注外，對三山國王信仰的注意似乎有後來居上的趨勢，長久以來認定三山國王是客家特有信仰的說法又一再重提。然而三山國王信仰究竟能否作為客家方言群／族群識別的標誌，進而可以追溯其遷徙、融合諸作用，我們覺得需要通過下列三個問題的討論方能有此認定。

* 本文原刊登於《東方宗教研究》，1993，3 期，頁 107+109-146。因收錄於本專書，略做增刪，謹此說明。作者邱彥貴現任國立臺灣藝術大學古蹟藝術修護學系、佛光大學歷史學系兼任助理教授。

1 本文 1992 年摘要發表於《中央研究院臺灣史田野研究通訊》23 期，題為〈三山國王是臺灣客屬的特有信仰？粵東移民原居地文獻考察的檢討〉。1993 年題為〈粵東三山國王信仰的分布與信仰族群：從三山國王是臺灣客屬的特有信仰論起〉刊於《東方宗教研究》第三期。2003 年修訂版改題為：〈臺灣客家三山國王信仰淵源新論〉，收入張珣、江燦騰合編《臺灣本土宗教研究的新視野和新思維》臺北：南天書局。收入該書時除校定內容訛誤外，並略加添增新近研究成果、書目於註腳。本次使用 2003 年版本。

（一）「三山國王是臺灣客家的特有信仰」的論述完整嗎？

20 世紀以來的各種研究顯示，在臺灣，三山國王不只是為客家所信仰。以信徒而言，日治時期若干寺廟臺帳顯示某些三山國王已為「閩粵」一體奉祀；時至今日，一些地區的信徒甚至全屬福佬。以地理分布而言，現今客家聚居的地區與三山國王廟分布並非一致；有三山國王廟而無客家人的地方，許多學院或民間學者的研究可提供移民史的索隱，他們對於彰化平原（許嘉明 1975）、高雄鹽埕（曾玉昆 1984；1985）、宜蘭地區（白長川 1984，楊國鑫 1988）、新莊（尹章義 1985）、清水平原（洪麗完 1988）等地客家活動的來龍去脈，作了深入的分析或初步的報告，可以解答部分的疑惑。但仍有像臺南、鹿港、笨港地區及岡山地區等地是解釋的空白之處。而且反過來論證，何以桃園縣全境及相連的新竹縣北區湖口、新豐、竹北三鄉鎮，及苗栗縣內山一線的南庄、獅潭、大湖等客家地區，三山國王或未成為奉祀主神，或未見有三山國王廟，甚至有未曾聞有此種信仰者？所以這個命題在歷史中及現今似乎都不夠充分，而且經過筆者近幾年的探詢，凡客家人也不必然知悉此種信仰。所以，這樣的論述似乎不夠完整。

（二）「三山國王是臺灣客家的特有信仰」的命題本身有無需要檢討？

臺灣研究中慣見一組討論民間信仰與移民來源密切相關的陳述，即不同來源的移民有各自崇奉的鄉土神明；可能早先移民以原籍鄉土神明凝聚社群，因此在客觀上即形成識別移民來源的標誌，而且在最明顯的社會行動——械鬥中成為族群的象徵，信仰／社區活動中心的廟宇則成為攻擊的目標。日後，這種以信仰識別移民來源的原則漸次成為臺灣社會歷史研究的通識，以移民原居地的府級政區為區別條件者，有漳州府移民的「開漳聖王」，更細區分的則以縣為單位，有安溪移民的「清水祖師」、同安移民的「保生大帝」、南安移民的「廣澤尊王」等等。三山國王與客家之間的關係通常也被包含在這組說法之內。

但是以被徵引最多的王世慶樹林地區實證研究（1972）為例，其對象是僅限於福佬方言群／族群之內，各個不同地域群移民，所以「來源」一詞強調的應該是地域性。既然是在移民來源地域性的意義之下，「特有的信仰」定義，其實是指「地域性社群（或者加上族群？）特有的信仰」。它必須先要排除以行業或其它社群組織原則產生的特有信仰，再排除移民在臺定居後產生的地域性信仰，而專注於足以識別移民來源地域的特有信仰，定義方為周延完整。但王氏的實證研究對象僅限於福佬方言群／族群之內的各個地域群，這種識別分類標準可否由福佬方言群／族群之內地域性的識別擴而大之，逕自使用到客家與其它族群的辨識上呢？現今所見的研究，則似乎在尚未經過深入討論之前，已直接套用於移民來源跨越閩粵兩省五府州（嘉、惠、潮、汀、漳）的客家移民的識別上。

原先用來辨識同屬福佬方言群內各個小地域（一個府或縣）移民的方法，也用來指認來自不同大地域（數個府州），但同屬客家方言群全族群的標誌，是否自相矛盾？也就是說；這組解釋社群的凝聚表徵或信仰的社會界別的原則，可以直接由地域（locality）論點轉移至族群（ethnicity）論點。如此，方法上是否過於冒險。

（三）三山國王也是其他區域客家特有的信仰？

當然，可能三山國王是臺灣客家的特有信仰這個定論，不是在前述的研究模式中產生，無需以地域性等條件去規範，在此可以先驗的將其視為該族群中的特有信仰，客家區域中三山國王的空白處需要的是更深入的資料與田野加以補充，本文所提出的第一個問題，答案毫無疑問是肯定的。那麼，這個問題的答案也將會是肯定的。因為臺灣客家的祖先應該都是來自中國本土，而且所有臺灣三山國王廟的文獻或傳說都追溯到一個廣東省潮州府的祖廟，所以這個區域及其他地方的客家都應該會有此種信仰。以現今客家分布地域而言，除了熟知的粵東、閩西等臺灣客家移民原居地之外，中國本土的粵北、粵西南、贛南、廣西，甚至四川、貴州都有客家分布，再加上同樣自中國移出至南洋及世界各地的客家移民，他們都應該有這種「特有」的信仰，或者至少有蛛絲馬跡可追索。相信經由如此的參照，方能證明三山國王確實是客家的特有信仰，足以作為族群識別標誌。反之，如果原居地中國的三山國王信仰亦屬於區域性格局或其他屬性，未普遍於族群之中。那麼臺灣客家分布與三山國王信仰分布不一致的情況，或許也可能自其中得到部分解答。

三個問題的解決之道分述如下；第一個問題的答案自然是需要更多的文獻及田野，以尋求信仰和社群組織原則之間可能的相關。這種深入的門徑，是臺灣研究者的職責所在。第二個問題的困惑發生在研究設計之中，不完全的資料，可能過早提出的初步結論，會使後續的研究不斷跳出未預期的變數；這時修改假設或擴大資料是必須的。民間信仰的發生既然在幾種凝聚社群的原則中皆有可能，何不在重新嘗試或更深入論題之前，先恢復或擴大原始資料的蒐集呢？所以筆者想投入的是第三個問題——亦即參對的取向——轉而從信徒與移民的發源地去尋索信仰與社群分布互動的原先規則。但問題既然是在客家與三山國王之間的關聯上，我們想先縮小範圍；專注於所謂客家原始核心地區的粵閩贛三省交界地帶，而刪除與臺灣同屬移居區域的粵西南、廣西、貴州、四川諸省及中國域外，因為在臺灣發生的未知變數也可能出現在這些地區。況且這些分布廣大且零散的客家，其資料的收集也非這個小研究所能負載。

二、三山國王信仰在中國本土的分布

臺灣歷來的研究對三山國王在中國本土分布的著墨似乎不多，筆者眼界所及，大概僅有五例，其中只有黃榮洛氏註明出處。[2] 黃氏認為客家原鄉的三山國王廟僅僅有二；一在潮州府附郭海陽縣（民國改為潮安，現今屬潮州市），一則為三山國王的祖廟，在揭陽縣（黃 1991：14）。但是，這種以方志祀典——官方祭祀為準據去考查民間信仰的作法，是否會失之取材過簡？何況僅以記事簡略的省級、府級方志為據，對更接近於初級資料的縣志略而不述，得出的結論是否也會有所疏漏呢？所以本文依循黃氏的方向而更求深入，進行各種縣志的全面性考查。但是為了防範可能的變數產生，引用各志書皆為往臺灣移民期之前，或移民時期刊行者。然有時因資料受限，迫不得已必須採用年代較晚者，但也會採行一些補救參證的方法；方志之外，我們也以當時人的著作參對，相信沿此途徑當能復原向臺灣移民之前，中國，尤其是客家原居地的三山國王信仰分布。

臺灣三山國王信仰都追溯一個廣東潮州府的祖廟，至於其詳細地點歷來的說法不一；鈴木清一郎、吳瀛濤等認為是在民國時期饒平縣（鈴木 1934：336；吳 1969：76）。日治時期的若干寺廟臺帳與寺廟調查書亦有持此說者。但是另一種較多的說法，則是認為在揭陽縣的霖田都，彰化平原上三山國王信仰的祖廟溪湖霖肇宮亦持「肇基霖田」的說法；而 1980 年代晚期前往謁祖的宜蘭冬山振安宮亦找到了與文獻相符的祖廟，地點是 1965 年自揭陽分設的揭西縣。因此我們不妨就從潮州府開始文獻搜尋。

但是在進入潮州府的歷史時空之前，首先我們要釐清「潮州」這個行政地理名詞的歷史意義；因為廣義潮州與狹義潮州區域，或潮梅一而二，二而一的問題將會產生困擾。民國纂修的《潮州志》的〈沿革志〉中，對當時粵東地區行政統屬的分合有明晰的說明，摘要如下：在隋朝正式結束郡縣制時代後不久，

2 分別為：仇德哉（1983：29）、白長川（1984：180）、鄭志明（1990：168）、劉還月（1991a：105）及黃榮洛（1991：14）。前四位俱言潮屬九縣皆有立祠，但均未註明出處。又黃榮洛氏所引用之廣東通志當為阮元主修，陳昌齊等纂，道光 2 年（1822）成書者。

開皇 11 年（591），「潮州」之名首次出現，但其統轄範圍仍是橫跨今日閩粵省區，至唐初起才不復跨越今日省界。終唐之世，廣東境內的韓江流域一直同屬一個二級行政區——潮州，這個區域才較符合歷來對「廣義潮州」的印象。但自五代十國的南漢乾和 3 年（945）開始，經歷宋元兩朝，韓江流域中游區域一直在二級行政區「梅州」或三級行政區「程鄉縣」之間升降不定，僅僅指涉海陽、潮陽、揭陽「三陽」地區的「狹義潮州」概念由焉而生。明洪武 2 年（1369）廢梅州入潮州府，此後潮梅合一近 400 年。大致說來，明清兩代三陽地區漸次分割成九縣，梅州地區的縣份亦由一益為三。明朝雖然也有過再將兩區域分割的意圖，但是直到清朝的雍正 11 年（1733），原梅州地區加上惠州府原轄的兩縣成立嘉應直隸州，潮梅才又再度分立。以下行文中將以「潮州地區」來指稱涵蓋「三陽地區」及「梅州地區」的廣義潮州。而「潮州府」則用來專稱1733年以後的潮州府地域，範圍大致等同宋元明的「三陽地區」。而「梅州地區」與「嘉應州」的範圍則有區別。

（一）潮州府的三山國王廟分布

與三山國王信仰有關的傳說可能至少有兩個以上的系統，但是對於「三山」的核心陳述卻相當一致，指的是揭陽縣的巾山、明山與獨山，對於這「三山」信仰的紀錄，筆者所見現存年代最早而且完整的嘉靖《潮州府志》（1547 年刊）1/23〈地理志 ‧ 揭陽〉有載：

> 三山：一曰獨山，在縣西南一百五十里。一曰明山，離獨山四十里。一曰巾山，離明山二十里。（下注）脈自獨山來，如巾之高掛，因名。相傳有三神人出於巾山石穴，因祀焉。今廟猶存。

至於揭陽本地的記載則更詳細，乾隆《揭陽縣志》（1937 年本）1/15 b〈方輿志 · 山川〉云：

> 巾山；距城西一百五十里，狀如巾，故名，高約七百丈，周圍三十里，……山頂有石，巖內鐫：「巾子山白雲巖三山國王」數大字。相傳隋時有三神人顯化，因立廟以祀。宋藝祖時敕封三山國王，加賜額曰「廣靈三山國王」，詳藝文。

同書 1/23 b〈方輿志 · 古蹟〉又云：

> 巾山石穴，隋時三神人出現於空中，旋置祠致祭，與明山、獨山合名三山，禱雨輒應，宋時封爲王，賜額「明貺」。

同書 2/3 b〈建置志 · 廟宇〉：

> 明貺廟；在霖田都，祀巾明獨三山之神，隋時三神出現，有禱必應，因立祠，唐韓愈守潮日有祭界石文，宋封爲王，賜額明貺，碑記載藝文。

自府志及縣志中對三山國王信仰敘述，我們獲悉有篇文獻已將此信仰的沿革載錄，但這篇傳世超過六個半世紀的碑記有不同的文字差異及繁、簡版本，所以將其原文及相關考證列為附錄一。值得注意的是，這篇完成於西元 1332 年的碑記中，江南名士劉希孟對當時三山國王信仰的崇祀地域的說明是：「潮之三邑，梅惠二州，在在有祠」，這個範圍約略等於清代潮嘉惠三府州地區。

但是這種盛況有無延續與發展到 18、19 世紀，才是本節重點所在，我們想知道此時除了揭陽縣一隅之外，潮州府的其他區域是否也有三山國王的信仰。

茲引乾隆《揭陽縣志》2/1 a〈建置志 ‧ 壇祠〉：

> 制凡建邑分州，莫不有祀……，關帝、天后、城隍，則天下通事也。巾、明、獨三山之神，則潮郡獨祀也。

揭陽縣志作者此種敘述，為我們清楚區分了潮州府傳統民間信仰的兩種類別；一種是經過官方「標準化」（Watson1985〔潘自蓮譯 1988〕），「天下通事」的神明，另一種則是定位不甚明確的地域性神明，三山國王可能即屬此類地方信仰。縣志既然有此敘述，而我們的確也可以在潮州府所屬各縣中得到證實。首先是潮州府附郭海陽縣，乾隆《潮州府志》和雍正《海陽縣志》（1733 年刊）可以證明在向臺移民時期，海陽可能至少有兩座三山國王廟，[3] 而且日後在光緒《海陽縣志》（1900 年刊）20/17 a-18 a〈建置略四〉中，敘述前引幾座廟宇之後，自註：

> 三山國王廟，城鄉隨處有之，以皆民間私建，故略。

3 乾隆《潮州府志》25/5 a〈祀典 ‧ 海陽縣〉：「明貺廟，在韓山麓，祀三山國王。」此為其一，更早於 1733 年刊的雍正《海陽縣志》3/46 b〈神廟考〉：「白沙廟，在北門堤渡頭，向大河」未言奉祀神明為何，但是到了光緒《海陽縣志》20/17 a-18 b〈建置略四〉則明述：「明貺廟（下注：即三山國王廟），在韓山之麓，祀明巾獨三山之神。一在北門隄渡頭，為白沙廟。一在西關外。」故判斷同址同名的白沙廟為其二，光緒縣志所載之西關外者則為其三。

當然這條資料已超出我們的觀察時限，但是更早期的他縣志書亦作此論。雍正《惠來縣志》（1930 年本）3/20 a〈山川 ‧ 廟宇寺觀〉載：

> 三山廟，揭陽縣藍（當作霖）田都中（當作巾）山、明山、獨山之神也，今祀於惠：一在南郊墩上，一在先覺宮，一在西郊□（原字不明）窯，各鄉俱有廟。

嘉慶《澄海縣志》（1815 年刊）16/6 a〈祀典 ‧ 乾三宮〉載：

> 按：王爲揭陽明山、巾山、獨山之神，昔嘗顯靈禦寇救災，有「廣靈」、「明貺」之號。唐昌黎伯韓愈刺潮，嘗具少牢作文致祭焉。鄉邑多祀之。

依照海陽、惠來與澄海三縣縣志「城鄉隨處有之」、「各鄉俱有廟」、「鄉邑多祀之」的描述性說法，三山國王信仰呈現於官修志書中的面貌已是泱泱盛哉。而且時代稍晚的私人著作則可佐證，鄭昌時《韓江聞見錄》1/21 a-22 b〈三山國王〉：

> 三山國王，潮福神也，城市鄉村莫不祀之，有如古者之立社。[4]

4 這篇當地人士的著作亦因全文過長而附錄於後。雖然《韓江聞見錄》刊刻於道光 4 年（1824），但是楊廷科為此書的芻稿《禺山夜話》作序的時間卻更早在嘉慶 20 年（1815）。故可知鄭昌時所述至遲是 18 世紀晚期的信仰實況，而且信仰的流行可以上溯至明代。本身為海陽淇園里人的鄭氏，不僅以親身經驗證補海陽的信仰實況，而且以古代的「社」來比擬此信仰與社區的密切程度。

經過了這些印象式的敘述之後，我們進一步全面普查了潮州府屬各縣志相關卷志中可見的三山國王廟數量，得到了相對於真實數字的書面數字，所以這不是量化方法，茲將結果表列如下：[5]

海陽

名稱	地點	備註	卷 / 頁
明貺廟	韓山之麓		20/17 a
白沙廟	北門隄渡頭		20/18 a
明貺廟	西關外		20/18 a

資料來源：《海陽縣志》光緒 26 年（1900）刊本。

揭陽

名稱	地點	備註	卷 / 頁
明貺廟	霖田都		2/3 b
仁美宮	達道坊		2/4 a
賴蔡宮	魁元坊		2/4 a
北溪宮	魁隆坊		2/4 a
永安廟	西門內		2/4 a
國王宮	東門內	崇禎三年復建	2/4 a

資料來源：《揭陽縣志》乾隆 44 年（1779）纂，1937 年鉛印本。

5 以下各表設限於地方志所紀錄者，本文初次梓行後，筆者重點轉為臺灣的田野研究，中國的三山國王分布與研究，當然已見更多的敘述，詳參陳春聲（1994、1996），陳春聲、陳文惠（1993），吳金夫（1996），貝聞喜、楊方笙主編（1999）等。

饒平

名稱	地點	備註	卷／頁
三山國王廟	大埕界		3/23 a

資料來源：《饒平縣志》康熙 26 年（1687）刊本。

惠來

名稱	地點	備註	卷／頁
三山廟	南郊墩上		3/20 a
三山廟	先覺宮		3/20 a
三山廟	西郊□窯		3/20 a

資料來源：《惠來縣志》雍正九年 (1731) 纂，1930 年鉛印本。

大埔

名稱	地點	備註	卷／頁
下歷宮	同仁下歷		5/28 a
古城宮	同仁城裡		5/28 a
上洋宮	百侯溪南		5/28 b
筆竹宮	百侯溪北		5/28 b
青雲宮	黃砂光德鄉水口		5/29 b
國王宮	大富村首		5/30 a
社背宮	湖寮社背中	乾隆年間已有	5/33 a
國王廟	石雲樓		5/34 b

資料來源：《大埔縣志》1943 年排印本。

澄海

名稱	地點	備註	卷／頁
大宮廟	城內大隴社		16/6 a
廣靈廟	南門外嶺亭社	康熙十七年重修	16/6 b
三山國王宮	東湖鄉		16/7 a
廣靈明貺廟	冠隴鄉		16/7 b
玉窖古廟	玉窖鄉大路		16/7 b
龍田古廟	溪南社		16/8 a
龍田古廟	溪北社		16/8 a
龍尾王廟	歧山鄉	祀明山國王	16/8 a
東隴社廟	東隴下社		16/8 a
樟林社廟	樟林東社		16/8 b
樟林社廟	樟林南社		16/8 b

資料來源：《澄海縣志》嘉慶 20 年（1815）刊本。

普寧

名稱	地點	備註	卷／頁
三山國王廟	縣城北門內		2/7 b
三山國王廟	崑岡書院側	俗呼崑岡廟	2/7 b
三山國王廟	城南一里豪岡		2/7 b
三山國王廟	城西六里青嶼	即青嶼廟	2/7 b
三山國王廟	城南十里林惠山		2/7 b
三山國王廟	城東北十里石潭		2/7 b
三山國王廟	城東南十里龜背山		2/7 b

資料來源：《普寧縣志》乾隆 10 年（1745）纂，1934 年鉛印本。

豐順

名稱	地點	備註	卷／頁
三山國王廟	璜坑社坊頭		7/23 a
三山國王廟	松林社白沙宮		7/23 a

資料來源：《豐順縣志》乾隆 11 年（1746）刊本。

排列完潮州府各縣合祀或單祀其一的三山國王廟名單後，需要對取材及結果作些必要的說明。其中海陽、惠來的數字未超過上文引述，但也請同時配合前引的印象式敘述參考。同理，澄海的數量當然也可能不止如名單上的 11 座。揭陽的資料除霖田祖廟外都集中在縣城內，對照其他各縣的分布，揭陽城外應該不至於一座三山國王廟也沒有。饒平僅見一座，實因受限資料來源，數量當不只此。[6] 大埔方面亦受限資料，乾隆《大埔縣志》記事簡略，文不足徵。另一大埔縣志修成年代晚至民國 32 年，摘錄的資料中各個廟宇的創建年代也不明。但據乾隆《潮州府志》16/50 b〈大埔縣・山川・員潭〉條的敘述，乾隆年間湖寮已有三山國王廟。普寧計有七座。豐順僅見有二，但是需要增補這條資料；乾隆《豐順縣志》（1746 年刊）7/3 a〈風俗〉云：「平居極畏奉神，有所謂公王、國王者，不知何自？」其中提到不甚明確的「國王」信仰，或許可能即是三山國王信仰吧。潮陽縣部分，明清兩代潮陽縣志凡八修，然而筆者僅見的兩種，卻一致地不見有任何一座三山國王廟紀錄，但是光緒《潮陽縣志》

6 饒平自明成化 13 年（1477）置縣以來，輯纂縣志且完成者計有明嘉靖 8 年（1529）、清康熙 26 年（1687）、光緒 9 年（1883）等三次刊本，民國年間尚有光緒刊本續補與 1951 年的未刊抄本，以及 1994 年的新著，傳世數量不可不謂甚少。詳參《饒平縣志》附錄（饒平縣地方志編纂委員會，1994：1124-1125）。另饒平大埕這座三山國王廟迄今猶存，歷史早溯南宋，詳參陳天資纂修、王琳乾勘校《東里志》頁 65。該志係明萬曆 2 年（1574）初纂、1990 年由汕頭市地方志辦公室、饒平縣地方志辦公室刊行。

21/15 b-17 a〈藝文中〉收錄明代盛端明的〈三山明貺廟記〉，倒也可以間接證明三山國王信仰在明朝已流傳於潮陽甚至於全潮。[7]結合方志見載的廟宇數量與各種敘述參照，向臺移民時期前後潮州府的三山國王信仰之盛，可見一斑。

（二）嘉應直隸州的三山國王廟分布

劉希孟〈明貺廟記〉中元代「潮人之事神也，社而稷之」的信仰盛況，亦可自前引述的清代資料中復見。相對於宋元時期的狹義潮州（三陽）地區以外的梅州地區，彼時亦是「明山之鎮于梅者，有廟有碑」。大體而言，宋元的梅州，明代屬潮州府管轄，明末劃為程鄉、平遠、鎮平三縣，至清雍正 11 年（1733）時加上自惠州府來屬的興寧、長樂兩縣，成為嘉應州。其三山國王廟分布情形是我們更感興趣的，因為嘉應州是所謂的客家分布核心地帶。考察結果亦表列於下：

程鄉

名稱	地點	備註	卷／頁
三山山神祠	白土堡泮坑		17/19 a
明山神祠	白土堡櫪林	康熙庚寅重建	17/19 a
三山公王廟	大竹堡三葵約		17/19 b
三山公王廟	大竹堡大乍紫峰下		17/19 b
三山宮	小乍堡雄雞山麓	乾隆 56 年重修	17/21 a

7 盛端明（1470-1550），字希道，饒平（後劃入大埔）人。晚年以藥石方術迎合明世宗，官至禮部尚書，故當時士論不與，《明史》亦將盛氏入於〈佞倖傳〉。這篇應該是完成於 15、16 世紀之交左右的〈三山明貺廟記〉，其文句與劉希孟〈廟記〉雷同的程度驚人，所以不贅錄於此。但是光緒《潮陽縣志》引其序云：「三山國王廟，潮屬所在皆祀之，因神牌上未明何代封號，為紀一篇以補闕略。」盛氏文末亦稱：「……如此謹書，俾鄉人歲時拜於祠下者，有所考證焉。」明代中葉潮陽以至全潮三山國王信仰情況，由此可見。

名稱	地點	備註	卷／頁
三山國王祠	小乍堡松山岡西麓		17/21 a
三山國王宮	西陽堡塘坑口	康熙元年建	17/22 b
三山國王宮	西陽堡紫金洞口	國（清）初建	17/22 b
明山宮	西陽堡馬岡上	康熙 35 年建	17/23 a
明山宮	西陽堡白宮市	康熙 61 年建	17/23 a
明山宮	西陽堡獎坑仙家	乾隆 44 年建	17/23 a
明山宮	西陽堡神角壩	康熙 61 年建	17/23 a
明山宮	西陽堡李溪		17/23 a
鰲洲宮（明山國王）	西陽堡莆蔚河干	康熙元年建	17/23 a
明山廟	西陽堡黃坊禾盛田	明代萬曆復建	17/23 a
虎形三山宮	西陽堡九斗村	雍正 8 年建	17/23 b
象形三山宮	西陽堡	康熙 28 年建	17/23 b
三山宮	錦洲堡丙村墟		17/23 b

資料來源：《嘉應州志》光緒 24 年（1898）刊本。

興寧

名稱	地點	備註	卷／頁
香泉宮	縣西十五里	道光 26 年重修	1/73 b

資料來源：《興寧縣志》咸豐 6 年（1856）纂，1929 年鉛印本。

本文 1993 年初刊時，筆者無緣一窺康熙《程鄉縣志》、乾隆《嘉應州志》，所以別無選擇採用了 19 世紀末修成的《嘉應州志》，但這部其實僅是嘉應本州（原程鄉縣）的志書內，大部分三山國王廟的修建年代都載錄其中，所以也不致違反已經設定的考察時限原則。但是在檢索了本州及嘉屬其他四縣志書之後，所得的結果卻令人訝異。因為幾乎所有的三山國王廟都集中在嘉應本州，唯一的例外是在興寧。為了避免臺灣現有嘉屬方志所存不多而可能導致的錯覺，所以我們又突破考察時限，檢索了嘉應州各屬縣民國以後的各種資料，也僅僅發現羅濱提到興寧縣另有廟宇一處（羅 1990）。

（三）惠州府的三山國王廟分布

再次是惠州府，對一州十縣的各種志書經過一番的查閱，我們在濱海的海豐和陸豐兩縣見到有「國王廟」的分布。在蒐羅務廣的原則下，就先認定它們是三山國王的廟宇。表列如下：

海豐

名稱	地點	備註	卷／頁
國王廟	龍津橋東		建置 /15a

資料來源：《海豐縣志》同治 12 年（1873）纂，1931 年鉛印本

陸豐

名稱	地點	備註	卷／頁
國王廟	東海滘	萬曆 17 年建	3/12 b

資料來源：《陸豐縣志》乾隆 10 年（1745）刊本

1733 年起任海豐知縣的林寅描述距縣東一里龍津橋是「來往惠潮要區」（乾隆《海豐縣志》〈詞翰 · 修龍津橋序〉），信仰因交通而傳播自是可能。東海滘則是貫流陸豐縣境內的主要河川，明代在下游設有東海滘寨城，清雍正 9 年（1731）陸豐設縣後即以原寨城為基礎修建縣城，故國王廟應該即在城中。依乾隆《陸豐縣志》3/5-6〈建置〉的敘述，東海滘河谷為潮惠孔道；沿此道出府境即是揭陽霖田都河婆埠——三山國王祖廟的所在地。海豐與陸豐的「國

王廟」既然與其有如此重要的交通因素及相近地緣位置，信仰不無可能流布。

（四）其他地區的檢索

福建省汀州府全境以及與潮州府緊鄰的漳州府平和、詔安和南靖各縣亦是臺灣客家的來源地區，但方志中均未見有三山國王廟的紀錄。

及此，臺灣客家移民主要的來源地區已經完成三山國王信仰的方志普查，但是粵北及贛南亦是客家的原居地，所以我們參考了若干著作（羅香林 1933：93-96；林嘉書，林浩 1992：5-10），決定再對下列區域進行檢索，其結果是：

廣東韶州府各縣，未見。

江西贛州府、南安府、寧都直隸州各縣，未見。

歸納本章所見，以地方志為主的資料顯示：18、19 世紀向臺移民期間，中國本土三山國王信仰的分布範圍，其一為潮州府全境各縣。其二為嘉應州本州（原程鄉縣），及嘉應州屬的興寧縣。其三則為接壤揭陽的惠州府海豐及陸豐兩縣。

三、三山國王信仰分布區域的方言群考察

經由上節蒐尋的結果，我們得知 18、19 世紀時三山國王信仰分布於廣東的潮州府、嘉應州、惠州府三個區域之內，本節即擬進行這粵東三府州方言群分布的歷史考察。

當代漢語方言學者一致認為現今粵東潮汕地區為閩南方言區的延長（張振興 1985；熊正輝 1987；袁家驊等 1989：236；林倫倫 1991），但是這種分布的歷史面貌與細節為何呢？南宋的《輿地紀勝》100/7 a〈廣南東路 · 潮州 ·

四六〉引〈余崇龜賀潮州黃守〉言潮州：「雖境土有閩廣之異，而風俗無漳潮之分。」又引闕名作品：「初入五嶺，首稱一潮；土俗熙熙，有廣南福建之語。」

這是指南宋時的潮州，應有和閩南相近似的風俗和方言。語言學者也認為略有別於漳泉閩南方言的潮州話當在宋代之後形成（李新魁 1987：144；林倫倫 1991：73）。

細部的說明方面，永樂 5 年（1407）編成的《永樂大典》5343/12〈十三蕭．潮字．潮州府．風俗形勝〉引用應該是完成於明初的《圖經志》（饒宗頤 1965：3）說明粵東地區的方言分布：

> 潮之分域隸於廣，實古閩越地。其語言嗜欲與閩之下四州頗類，廣惠梅循操土音以與語，則大半不能譯，惟惠之海豐於潮爲近，語音不殊。

準此，今日語言學者畫定海陸豐亦屬閩語區的情況（張振興 1985：173；1989：58；熊正輝 1987：162），可上溯至元明之交。而且這整塊方言區自南宋起歷元明兩代並無決定性的變動發生，茲再引各種志書為證；明代王士性於萬曆 25 年（1597）序成的《廣志繹》卷四有載：

> 潮州……其俗之繁華既與漳同，而其語言又與漳泉二郡通，蓋惠作廣音而潮作閩音，故曰潮隸閩爲是。（參考李新魁 1987：145）

清代的方志則見更細膩的敘述；乾隆《潮州府志》12/11 a-b〈風俗．方言〉：

> 潮人言語侏離，多與閩同。故有其音而無其字，與諸郡之語每不相通。如髻曰莊，鬚曰秋，鼻曰鄙，耳曰繫，鴨曰啞，牛曰悟之類。其屬於山者語又不同，謂無曰冒，我曰礙，溪曰階，嶺曰諒。

由本條資料中可以看出自雍正 11 年（1733）潮嘉分領之後，潮州府的方言群有二；我們可以依其所舉的例字，大致推測出引文中所說的「多與閩同」者，即是今日閩南方言。「屬於山者」的地區，應該所指是大埔、豐順兩縣以及其他各縣的丘陵區，分布的應是客家方言群。兩種方言在潮州府的分布，於此已見輪廓。[8] 稍後在嘉慶《澄海縣志》6/16 a〈風俗 ‧ 語音〉中有更詳細的說明：

> 潮屬海、潮、揭三邑，故家右族，多來自閩漳、泉二郡，饒平半之。澄邑從海、揭、饒分設，故其言語侏離，與漳、泉同。

如此，則 19 世紀初的地方志已經明確說明：海陽、潮陽、揭陽、澄海四縣大抵為閩南語區，饒平則「半」為閩南語區。其他地區則當同前述。

20 世紀中葉，董同龢曾取揭陽方言為潮汕地區閩南方言代表點（董 1959：896）。到了 1989 年張振興明確的指出：粵東十二縣市；即潮州、汕頭、南澳、澄海、饒平、揭陽、揭西、潮陽、普寧、惠來、海豐、陸豐等地區為閩

8 當然這是純就潮州府當地的資料所得的結論。其實更早在 18 世紀初期朱一貴事件之際，閩浙總督覺羅滿寶在〈題義民效力議敘疏〉中分析臺灣南部當時的移民社群，已清楚提過「潮屬之潮陽、海陽、揭陽、饒平與漳、泉之人語言聲氣相通」。而本身即是漳屬，可能清楚認知「福佬地域（Hoklo Land）」範圍的藍鼎元（雖然近年的資料證明他應該是深刻融入主流漢文化的畲族），在其〈閩粵相仇論〉中則更細膩的說明與客家截然有別的移民是「漳、泉、海豐、三陽之人」（彼時陸豐尚未建縣）。兩文俱載王瑛增重修之乾隆《鳳山縣志》卷十二。

語區。（張 1989：58）這個範圍恰好符合除了大埔與豐順之外的清代潮州府，再加上惠州府海豐、陸豐兩縣。

至於客家方言群的分布，我們有像羅香林（1933，1950）、陳運楝（1978）、徐俊鳴、徐曉梅（1984）、劉佐泉（1991）等諸家著作，為客家的遷徙與分布作詳盡的歷史回溯，毋須再贅言於此。我們僅引用一條原始資料；在臺灣割讓稍後，光緒《嘉應州志》7/84 b〈方言〉對粵東地區的客家方言群分布敘述是：

> 嘉應州及所屬興寧、長樂、平遠、鎮平四縣，并潮州府屬之大埔、豐順，惠州府屬之永安、龍川、河源、連平、長寧、和平、歸善、博羅一州七縣，其土音大致皆可相通，然各因水土之異，聲音高下亦隨之而變，其間稱謂亦多所異同焉。廣州之人謂以上各州縣人爲客家，謂其話爲客話。

近 90 年後，黃雪貞、熊正輝的田野調查結果（黃 1987；熊 1987），證明客家方言群的分布，除了民國以來羅香林等著作增添的部分之外，這個百年以前的紀錄幾乎完全相符。

但是近代以來語言學家的方言調查使得閩南方言區與客家方言區的分布與交界更為清晰，釐清了像前引《潮州府志》中「屬於山者」，《澄海縣志》中「饒平半之」等模糊的語句。因為這些敘述的單位都僅止於縣，而漢語方言學者及其他地方史著作，於空間上的準確度可推至鄉鎮，而且部分有異時性的說明，可藉之以了解方言群間的消長。張振興在敘述粵東的閩語區時，也細部說明這些行政區域中的少數客語區：

（粵東）十二縣市并不都是講閩語，有些地方說客家話，包括：

1 海豐、陸豐兩縣北部山地丘陵地帶的居民說客家話，確切人口數無法統計，姑且海豐算200,000人，陸豐算350,000人，合計550,000人。

2 揭西河婆鎮以北地區居民也說客家話，姑且算300,000人。

3 饒平縣的北部，如三饒、新豐、上善一帶，是客家話和閩南話并用地區，但說客家話的人佔多數，估計不會少於200,000人。（張振興1989：57-58）

我們有必要對於這三個客語區再加以說明；因為三陽地區歷來一直是被視為閩南語區，這些居住於潮梅分水嶺東坡或潮梅惠交接地帶的客家，其文化的特殊性實與我們的論題關聯深刻。

其一為海陸豐，從上文關於閩語的分布討論中得知，此地區相當早即是閩南語區。但現今新竹縣泰半的客家即多源自海豐、陸豐兩縣移民，故兩縣至遲在18世紀，即移民開始之前已有客家居住。至於其空間分布，依據1949年以後的移民回憶，陸豐縣客家的分布以北部的吉康都為主（陳拱初1978：37）。但是除了山區之外，海豐、陸豐兩縣的近海平原地帶，即以福佬人為主。也因此，兩縣靠山、濱海不同區域的移民到了不同的移居地，論起原籍相同，卻分別被視為或自我識別為不同的方言群。實際的例證是：「海陸」或「海陸豐」這個辭彙，在臺灣殆無疑誤指的是一種客家人，但是據謝劍的研究，在香港此一名義的指涉是福佬人（謝劍1981：15-17）。這點或許可以給臺灣漢人一貫以祖籍而分類族群的作法一些啟示。

其二是揭西，這是1965年自揭陽割治的新建縣，但仍屬非純客縣份（蔡俊舉1986：35；蔡英元1986：61-62）。三山國王祖廟即在此地，境內閩客兩種方言群的互動與此信仰的族群歸屬有強烈相關，所以留至下章再加以分析。

最後是饒平，除前引嘉慶《澄海縣志》及張振興文外，近年詹伯慧氏有更具體的說明：

> 饒平縣北部靠近客方言區大埔縣的上善、上饒、饒洋、建饒、新豐等五個鎮（區），約佔全縣人口20%的居民說一種頗具特點的「上饒客話」，這種上饒客話具有客家方言的一些基本特徵，如古全濁聲母清化念送氣音，沒有撮口呼 [y y-] 韻等，又明顯受到它周圍潮汕話的影響，在語音、詞彙方面都有相當突出的表現（詹伯慧1990：266）。

從詹氏的論述中可以知道，語（方）言沒有絕對分界線的鐵律同樣出現於粵東。與饒平相類似的情況在豐順、揭西亦見（同上引）；但其實對兩種方言群混合的報導已相當早見，民國時期潮陽若干地區已有「半山客」之名，[9] 揭西亦有「半山學」的稱謂（蔡英元 1986：62）。歸納以上所見，我們可以在潮州地區的閩客兩大方言區之間添上一些灰色地帶。這可能要歸因於弱勢的客家移民遷入強勢福佬先住區域後，語言明顯的沾染閩語色彩。黃甦則將這個由交會→混合→消失的模式作了完整的歷史描述，[10] 其過程不禁令人想起臺灣的

9 這種說法來自潮州地區當地的出版品，摘要如下：「……潮陽語言，均說福老話，與海澄饒揭普惠等相同，但口音較重。……至玉峽區屬之秋風嶺，古厝寮，風吹寮，林招，西坑，牛角埖，貴嶼區之蓮塘，深洋，石壁，石佛，內寮角，度頭嶺，關埠區之烏岩，內峰，蘆塘，深坑等處居民，則福老與客語均能言，惟以上地方之所言客語與梅屬客話不同，因之人稱為半山客。」（謝雪影 1935：207），值得注意的是近年的方言論著似乎從未提過本區，或許如下註的語言／文化變遷已徹底完成。

10 黃氏言：「在潮汕普寧、惠來兩縣交界的大南山下，俗稱『四十股』的十來個中小

「福佬客」。然而，這種混合／襲奪的現象，會僅限於語言層面的變遷嗎？

對於三山國王信仰區域內方言群／族群的歷史分布與移動等相關問題，至此敘述完畢。現以行政區畫分為原則，摘要此信仰區域方言群／族群分布如下：嘉應州一州四縣全境皆為客家。潮州府的大埔、豐順全境大抵亦是。[11] 饒平、揭陽的分布則為部分山區，潮陽、惠來、普寧等及其他縣份亦有零散分布。惠州府海豐、陸豐兩縣北部山區亦為客家區域。除此之外，三山國王信仰分布所在的潮州府各縣及惠州府海豐、陸豐兩縣，則大部分區域皆屬閩南語區。

四、三山國王信仰與方言群分布的歷史綜合考察

劉希孟在〈明貺廟記〉中引述的口語傳統，追溯三山國王信仰發生於隋，並舉唐代大儒韓愈祭界石事與宋代的兩次誥封，證明祂在道統與政統中皆具合法。雖然祂和前者的關係仍屬存疑，宋代的誥封則恐怕與官方史料不符（詳見附錄 1）。但是到了劉氏的寫作年代開始，信仰趨於可證的信史時代也隨之開展。14 世紀中葉「潮之三邑，梅惠二州，在在有祠」的盛況今日難以回溯，但其敘述中兩處有明確指標的信仰區域：三陽地區與梅州地區，與我們在 18、19 世紀所見者有相合之處，首先分敘兩地信仰與族群互動歷史如下：

鄉村村民的先祖是明成化年間（1470 年前後）自長樂（今五華）南遷下來的客家人，大約先後自明末清初（1650 年前後）遷到這裡來定居繁衍。周圍十里以外是潮汕人的世界。他們除了必須跟當地的潮汕人打交道之外，一直到清末（1900 年前後）相互之間還是基本說客家話的。此後約有 30 年時光是他們從說客家話轉為說潮汕話的過渡時期——老一輩仍是兩種方言兼用，年輕一代對母語則從會聽不會說逐漸趨於聽不懂；到本世紀 40 年代以後就基本都說潮汕話了。……由於受潮汕語音的影響，到清末他們所說的客家話，從發音到語調不但和梅縣的正宗客家話不大相同，就是跟他們的原籍五華以至相離不到百里的揭西（河婆）的客家話也有一定的出入，因而被稱為『半山客』」（黃甦 1990：172）。

11 豐順向來被視為純客家縣份，但近年刊行之《廣東省梅州市地名志》則明白舉出境內數個閩語區；如現今縣治湯坑（頁 33）、湯南（頁 34）、東留（頁 39）等地。

三陽地區：揭陽方面，15 世紀中葉的明朝全國地理志書；無論景泰 7 年（1456）完稿的《寰宇通志》或天順 5 年（1461）修訂的《大明一統志》對明貺廟皆有記載。近百年後刊行的嘉靖府志言「今廟猶存」，據後人追述亦云現存廟址乃係明代確定（蔡俊舉 1986：75），故明代揭陽地區信仰的持續應無可質疑。海陽韓山之麓的明貺廟始建於何時不得而知，但《韓江聞見錄》所載的口語傳統亦可上溯明代，盛端明完成於 16 世紀上半葉的〈廟記〉亦可作為潮陽、饒平信奉三山國王的證據，如此則三陽地區自元歷明迄清的三山國王信仰歷史昭然可辨。[12] 而據前節對三山國王信仰區域方言群／族群的分布歷史性研究，我們知道，除了大埔、豐順兩縣全境及其它縣份不一定比例的客家之外，向臺灣移民時期的潮州府是一個以閩南方言為主的區域，所以從地域的觀點看，三山國王在這個地域內的崇祀社群應該包括福佬、客家兩種。族群方面的原則呢？既然兩種族群都接受了這種信仰，那麼，「究竟是誰先行奉祀三山國王這個問題？」或許可以突顯這個信仰原先的族群性，讓我們以祖廟所在地河婆的族群與信仰關係來解答。現今為揭西縣治的河婆鎮是福客混居或者說是兩種方言的交界點（蔡英元 1986：61-6；張振興 1989：57-58）；以客家族群分布著眼，則其位置為客家方言分布的最前哨，再向南方海岸前進的客家大都難保語音的純粹而變成「半山客」。身為河婆客家的蔡俊舉依據當地族譜的研究歸納：客家的祖先移入揭西的時間主要在明代，大多數是在成化年間（1465-1486）到河婆開基（蔡 1986：35）。若銜接以上我們對南宋以降三陽地區方言群分布及三山國王信仰的歷史追溯；河婆，以至全三陽地區，福佬是先到的移民，同時也應該是三山國王較早的信徒。

12 據《潮州三陽志輯稿》卷之六〈壇場〉載：「風師壇，在西潮明貺廟之右」按此本三陽志為宋元本合一，但證明今潮州市（明清時代的海陽）西郊至遲在元代時已有三山國王廟，非僅限於揭陽一隅。

綜合而言，潮州府地域內，族群與三山國王信仰的互動關係是；宋元以來於史可稽的三山國王信仰族群大概先是福佬，明代以後移住潮梅分水嶺東坡以至散處普寧惠來海岸丘陵的客家，入居本區域後也加入地域的信仰範圍，似乎未見因方言群／族群的差異而生排斥。所以在潮州府境內，三山國王信仰的地域性原則中表現顯著，因方言有別而形成的族群原則似乎並未運作。

惠州府可附論於此，海陸豐兩縣的「國王廟」如果也是奉祀三山國王，原因可能是與潮州府地緣相近而且語音相通。兩縣廟宇所在地的縣城或縣城近郊應為閩語區（陳拱初 1978：37），至於北部的客家地區（現今的陸河縣）是否也在信仰範圍之內？尚不得而知。但值得注意的是，現有的資料顯示：除了海陸豐之外，其它縣份——恰好也是客家為主的縣份——並無三山國王廟出現。

相對於潮州府不分族群，完全以地域原則為依歸的情況。另一個元代後期已確切崇祀三山國王信仰的梅州地區則不然，劉希孟在〈廟記〉解釋梅州區域的信仰原因是明山為梅州之鎮，此地的信仰緣由強調的仍是地域原則。光緒《嘉應州志》的編者之一溫仲和引述南宋《輿地記勝》102/3 a〈廣南東路・梅州・古跡〉：

> 感應廟，在西洋之東、明山之下。慶曆間（1041-1048）江濤驟溢，有神像三軀浮江而下，至西洋而止焉。迺迎至於岸，祀以牲酒而與盟曰：「神其靈乎，相我有年，當廟祀而傳永久，不然則否！」已而秋果大熟，乃基其宮，而歲祀之。

康熙《程鄉縣志》（1691 年刊）卷 8/3 a〈雜志・宮廟庵觀・明山宮〉則云：

> 在縣西洋明山下。舊感應廟。聲靈著自隋唐間，宋太祖出師，神光顯見，詔封爲清化感德報國聖王，立廟祀之。後官禱雨輒應，詔錫爲「感應廟」，後改爲「明山宮」。正統間（1436-1449），里之鑒察御史丘俊重建。後成化間（1465-1487）復重建，里之鄉貢進士李素撰碑……國朝康熙 11 年，素之孫明經李升捐貲置長明燈田租一石五斗，復募眾重修，撰文勒石。邑令王仕雲捐助額曰：「人天鑑□」。

南宋的西洋當即明清迄今所稱之西陽（《大明一統志》80/19 b〈潮州府・山川〉），依照這條南宋的資料，則北宋仁宗時自江漂流而下的三軀神像，經過了一番功能性的選擇之後，成為西陽一帶的地域性信仰。這三軀神像是否與三山國王信仰有關？《輿地記勝》未曾明言，但劉希孟的〈廟記〉中所言為梅州之鎮者，即可能為此明山。明末清初顧祖禹肯定這種說法（《讀史方輿記要》卷103〈潮州府・程鄉縣〉），康熙《程鄉縣志》明白道出明山封號，而光緒《嘉應州志》4/3 b〈山川〉中引乾隆《嘉應州志》對明山敘述為：「明山，在城東南六十里，……山下舊有感應廟，後為明山宮。」證明宋元明清歷代所述之明山為一。再者，明山地區的信仰對象為何？客家移民可能尚未到達的北宋時期尚不得而知，但自元歷明以至清代中期，肯定是三山國王／明山信仰，而其信眾為客家亦無疑問。

從前文嘉應直隸州的三山國王廟分布討論中可以了解，包含專祀明山的三山國王信仰在應該只有一種客家族群的嘉應州呈現的也是地域性分布，不過範圍可能小多了。19 座三山國王信仰系統廟宇中，有 15 座——其中又有 9 座是專祀明山——分布於白土、西陽、錦洲等三堡（鄉），皆可謂集中在明山嶂的山腳下，分布範圍似乎未超過程江－梅江幹流南岸。而且重要的是，身為一州四縣統客家治核心的嘉應州城內，現有的資料未見有此類信仰的廟宇。若是排除臺灣現存嘉應州屬各縣方志不夠多與缺乏田野這兩個可能改變結論的變數，這樣的分布竟與 14 世紀中葉的描述相近。

其次我們想從兩個地區當地人本身的認知領域，尤其是他們的信仰宇宙觀（belief cosmology）中三山國王的定位為何？雖然在只有書面文獻的情況下，這無疑是一項冒險，但是這篇需要上溯 300 年時間深度的研究不得不如此嘗試。三陽地區／潮州府方面，劉希孟的〈明貺廟記〉文末有潮州路總管——當地最高行政官員的印篆，可見此信仰已為當地統治階層所接納。至於土著本身的論述方面，明朝中葉父子兩代仕宦，己身又榮登進士的盛端明願意為鄉民作信仰的淵源說明，清代身為博士弟子員的鄭昌時則在私人著作中表彰神蹟，可見他們都未將三山國王信仰視為儒家所不容的異端。加上前述各縣志描述信仰遍布鄉邑的情況，證明此種信仰不管是在儒家道統或政權正統的要求下，都有合理合法的定位，無論縉紳之士或鄉野鄙民皆一體奉祀，流行普遍於各階層之間。而且信仰的對象已不限於三山國王本身，澄海城內院東社有「乾三宮」，奉祀明貺聖王三姐夫人，而且是該縣「廟食最廣」的神祇（嘉慶《澄海縣志》16/6 a）。揭陽縣北門內有則「大使宮」，奉祀宋代來封三山國王的指揮使（乾隆《揭陽縣志》2/4a）。如此看來，我們可以說潮州府已經發展出一整套的三山國王信仰叢（worship complex）。

至於梅州地區三山國王信仰歷史的論述內容，我們可自上引史料歸納為：（一）梅州西陽明山與潮州揭陽明山可視為地域的一體，（二）基於前述，梅州的明山信仰與潮州三山信仰亦為一體。但是這套論述必須在歷史的變局中遭受考驗。

其一，從地圖上觀察，梅州西陽的明山和揭陽的明山實在相距太遠了。當然這只是自然的距離（natural distance），但不同時間的人群可能對空間的認知不同，這就是社會的距離（social distance)。有可能是元明時期，將揭陽西北部迤北越過後來的豐順直抵梅州（程鄉）東南的潮梅分水嶺貴人山山脈都稱為明山，因為直到清朝乾隆 3 年（1738）這塊山岳丘陵佔 93% 的地區方才設立豐順縣，此前本區之地廣人稀可想而知。也由於潮梅一再的同屬一行政區，而揭陽三山之一的明山又與「梅州之鎮」的明山可視為同一，所以才會有這般地域一體與信仰一體的認同。但是有一旦人為行政區域變動之後，原有的地域性信仰要如何再詮釋存在的理由呢？[13]

其二，對於宋代的感應廟到了日後變成明山宮這個事件，史料都未說明緣由。我們懷疑民間信仰在歷史的過程中，會為了避免淪為淫祀而盡量訴求與儒家道統及政權正統的相關。明山地區因神像水漂而來建立的靈感廟改為於「史」可證的明山宮，是否即此過程呢？[14]

---

13 即此，我們想導出傳統中國對於特定信仰與特定地域之間的關係作為詮釋上列現象的依據。《春秋左傳注》〈哀公六年〉載：

> 初，昭王有疾，卜曰：「河為祟。」王弗祭。大夫請祭諸郊。王曰：「三代命祀，祭不越望。江、漢、睢、漳，楚之望也。禍福之至，不是過也。不穀雖不德，河非所獲罪也。」遂弗祭。孔子曰：「楚昭王知大道矣。其不失國也，宜哉。」

這是說在周代封建時期中，各個封國對於自然山川神祇信仰有其一定的範圍認定，而標準是彼時的國境。近年西人則以「神明之管轄權（The Jurisdication of Deities）」（Hansen1990：129）來說明南宋時期江浙的地域性信仰現象。我們尚且不知這種古典傳統到了日後的郡縣制以至明清時代轉變為何？不過連南宋大儒朱熹也贊同此說，而清代輯纂《古今圖書集成》的臣子甚至主張革去除了京師及山東之外天下所有的東嶽廟（〈儀禮典・山川祀典部〉719/38 b）。類似的意見也見諸一些地方志，例如《寧化縣志》的編纂者，他們對於天妃（媽祖）載入祀典，成為「天下通事」的神明這件事似乎有所不知，認為「寧化不知海舶為何物，無故而祀天妃，得無諂乎？」（〈壇壝廟祠志〉7/15 a）。由此我們也知道「祭不越望」這個概念一直是存在的。地域性信仰一旦如 Hansen 所言的經濟、交通或我們熟知的移民因素而傳播，超越過祂原有的特定地域是可以理解的。但如果是行政區本身的變動呢？前引的「建邑分州，莫不有祀」可以說明墾拓或行政區肇建之初的情形。但是，一旦因人口或其他因素分割、重組行政區之後，變動的行政世俗領域如何再因應原先地域神祇的神聖空間呢？這種情況的描述與解釋，在筆者的眼界之內卻鮮有所聞，般盼方家指正。或許三山國王在潮州府與嘉應州的情形即可為一探討佳例。

14 這樣的解釋方向是因為在收集嘉應州的民間信仰資料時，發現梅縣極北與福建交界處的龍源堡（鄉）闔境崇信的「龍源公王」，其信仰傳說母題（motif）竟與三山相對於潮州府本土發生的、各階層認同的情況，梅州區域原為「州鎮」的明山／三山國王信仰，在社群精英的認知中卻出現信仰漸次與地域疏離的形勢。雖然這些認知都是在向臺灣移民期之後才發生，不過也可以和臺灣今日的研究作「知識社會學式」的比較。

官修的光緒《嘉應州志》和黃釗的私人著作《石窟一徵》皆是清末客家本身的「客家研究」，足以代表土著自己的論述。書中對嘉應州地區民間信仰著墨最多者為「梅溪」（安濟）與「漢帝」，這兩種信仰神祇的身分尚處在討論階段，但是肯定與地域本身有關（《嘉應州志》17/15 a-17 b、17/24 b-26 a；《石窟一徵》4/18 b-19 a、6/27-28）。從論述的觀點看，祂們可能才是嘉應州區域最受關注或最常見的民間信仰。反之，三山國王或者是明山信仰卻在清末客家研究——族群歷史的建構——興起之後遭到懷疑。爭議的事件是：揭陽三山之一的明山與嘉應州的明山是否為一？答案是較趨向否定的（《嘉應州志》4/4 a）。隱藏在事件背後的論述是：在潮梅再度分劃為兩個行政區一個半世紀之後，梅州明山信仰與潮州三山信仰所植基的地域一體的認同既然已經割裂，所以根據「祭不越望」的古典傳統，嘉應州地區的三山或明山信仰或許仍然持續，但是在此地域的社群自我論述中，已經不再如元代時，詮釋為與地域強烈相關的信仰。

國王傳說雷同，也是三兄弟的救駕護民的情節（王焜泉 1979：245；《嘉應州志》17/29 祠祀）。翻檢臺灣信仰研究之中，又發現宜蘭五結的「古公三王」亦是相同的主題，來源則可追溯至福建漳浦（鈴木清一郎 1934：307），這三種信仰的分布地區乍看之下相距甚遠，但是在漢族移殖之前卻同屬今日畲族領域。甚或有像乾隆《興寧縣志》7/45 b〈人物・猺蛋〉：「蛋謂之水欄，辨水色則知有龍，又曰龍戶。……其稱神云：明山、漢帝、有感大王，不省何說？大率荒猥耳。」直接把明山、漢帝等信仰視為蛋家——身分疑似華南土著的水上居民——的特有信仰。所以這種巧合之下，會不會埋藏著一個原住土著信仰的底層？移入的漢族接收了地域，也接受了與地域深刻結合的的信仰？但這個複雜的問題已非本註能處理的範圍了。

民國以後可能由於新文化運動之後的理性主義取向，羅香林等人以下的客家研究中，民間信仰不再佔有篇幅。但是兩篇最近梅州地區出版的客家研究論文中，對梅縣南境泮坑三山國王廟的由來解釋，[15] 仍是一致地朝外來的、移殖的方向加以論述（程志遠 1986：142；羅濱 1990：59）。而臺灣現今的眾多研究卻是反其道而行，極力論述三山國王為客家族群的象徵，這或許是基於其他的因素使然吧。

五、結論與討論

以上的考察可以合併回答我們在最初提出的第三個問題。18、19 世紀時，三山國王是主要分布於潮州府全境及惠州府、嘉應州部分地區的地域性信仰，信徒包括福佬和客家兩種，似乎並無方言群／族群的區隔。這是我們從地方志及其他資料對中國本土三山國王信仰投射在社群組織面上的認識。如果用此信仰去分類臺灣的移民社群，大概僅足以識別移民所來自的地域。如果沒有對移民的祖籍及祖籍所屬的方言區域進行深入細膩的了解之前，僅憑三山國王信仰是無法辨別一個社區所原屬的方言群／族群。然而在 20 世紀後半葉的論述中，三山國王被視為與客家有必然關聯，原因何在？有無例外？

15 除了陰那山靈光寺之外，泮坑三山國王廟是可能是被當地人描述最多的廟宇（程志遠 1986，1989；李柏林 1989：311-312；梅州市地名委員會 1989：70；羅濱 1990；南洋客 1990），所以也可能是梅州（縣）香火最為鼎盛的三山國王廟，其原因在於「泮坑公王保外鄉」。而這個諺語（口頭論述）之中，「泮坑」為當地地名，「公王」則可能為梅縣地區對神明的泛稱或與臺灣慣用「庄廟」神一語相近（參考張淦宏 1976：115；張寶義 1979：88-89；民國《大埔縣志》卷五民間祠祀；王焜泉 1979），論述中並未凸顯三山國王。而且不同的是，當地三山國王的神誕日為 9 月初 10（程志遠 1989：82），而非潮州府信仰系統中慣見的 2 月 25 日。

首先我們想簡單地檢討研究史中客家與三山國王關聯自何而來？早在 18 世紀初期，臺灣住民原籍的「閩粵之分」，不盡然等同於族群上「福客之分」的認識，已由當時人士提出。19 世紀晚期的臺灣地方志書中，言及一地的三山國王廟時，敘述其信仰社群多為「粵籍」或「粵民」，並未有明確的方言群／族群指涉（《重修鳳山縣志》〈典禮志・壇廟〉、《雲林縣采訪冊》〈斗六堡・祠廟寺觀〉）。日本領臺之後，似乎官方以及大部分的學術著作，對臺民的分類是簡單的閩粵二分法，有時候就等於是福客之分，我們推測混淆可能即此開始。到 20 世紀 50、60 年代的研究對三山國王信仰投射在社群組成的特性，尚且還是用「潮州籍」或「粵籍」這種較具保留的看法（何聯奎 1955：48；劉枝萬 1961：141-142），但 70 年代以後的論述中，似乎就跳過粵省或粵東可能存在的文化多元性，而直接論定三山國王是客家的特有信仰。但是事實為何呢？

1992 年的 10 月 17 日，筆者因緣際會參觀了在南投埔里奉天宮舉行的臺灣三山國王宮廟聯誼會第二屆第四次大會，雖然在近千人左右的信徒中仍可發現來自新竹、苗栗、東勢及南部六堆的客家，但會場上主要的、壓倒性使用的語言是臺灣福佬語；而且在大會手冊中可以找到 70、80 年代，甚至最新近（客家雜誌編輯部 1992）各種記載中前所未聞的三山國王廟或奉祀團體，其中以分布於福佬地區者居多。無庸贅言，在這個時間點上，三山國王實在不能稱為是「客家的特有信仰」。

當然，18、19 世紀向臺灣輸出移民時的中國，三山國王並非只是客家的信仰這點結論，或許不足以涵蓋移民到臺灣之後的變化。因為 1970 年代以來的論著並不是就當下的時間點上發論，而是相信，臺灣的三山國王原先都是由客家奉祀，再經由共同生活的歷史因素而發展為如今的局面。然而要接受如此在臺灣表現的，「原來」是專由客家崇祀的族群特性，那或許要同樣的苛求，必須假設在一個特定的歷史時間點上，臺灣所有三山國王的信徒都是客家。但是就現有的研究成果看來，這個時空定點也是不存在。可直接援引的例子恰為 18 世紀時臺灣漢人的南北兩處重鎮：臺南與彰化，兩地的三山國王廟都兼具潮汕會館的身分（林衡道 1981：233；周宗賢 1983：3；張永楨 1990：217）。既然是潮汕會館，就本文第三節的結論而言，就絕非純粹的客家社團或廟宇。再由臺南與彰化的例證推演，同樣具港埠或行政、商業中心身分的笨港、鹿港與嘉義等地，該處三山國王廟的原始性格會不會也是潮汕商民的會館？[16]

其次我們想就信仰與地域間的聯繫原象與變化去考察，這樣有助於瞭解本文最初提到的第二個問題。平和縣是漳州府的內陸縣份，但康熙年間纂修的《平和縣志》中已出現若干保生大帝的廟宇記錄（〈雜覽志 · 寺院〉），而近年福建地區的研究也說明廣澤尊王與清水祖師等信仰，在福建本地亦有滲透至數縣以至全府的情況（顏章炮 1991：97；葉文程 1992：163；陳國強 1992：195）。所以前述的那組陳述，若與臺灣田野結果有所扞格處亦不為奇。所以同樣的問題也可能出現在我們的討論主題上，除了潮嘉惠三府州之外，有沒有可能三山國王也會擴展祂的信仰範圍到其他區域？尤其本文所主要依據的資料是地方志，注定未必能表現公共祭祀的全面，況且是個別不見載於地方志的廟宇乃至家族祭祀。而且從 Hansen 的研究中已見南宋時代的江浙地區，經由商業或交通等因素而傳入了外地的神明。同樣的，潮州地區在明清兩代經由經濟發展與人口遷移等因素，有無可能將其地域性信仰傳布至鄰近區域，再由當地移民帶入臺灣？也就是說，先且擱下族群原則，以地域原則而論，臺灣有沒有非潮嘉惠三府州來源的三山國王信仰？

16 這樣的猜測經由筆者近 10 年的研究，已經解讀若干，詳參邱彥貴（1995、1998、2005）。

若結合 1926 年的鄉貫調查（臺灣總督官房調查課 1928）與稍晚的〈臺灣寺廟總覽〉（曾景來 1938 附錄）觀察，我們發覺二次大戰前的臺灣，潮州府祖籍比率高的地區固然有三山國王廟出現，如新竹橫山，彰化員林、竹塘等地。但潮州府祖籍佔三分之一的新竹竹北卻未見此類信仰廟宇，反之，彼時粵籍（不分府州）移民後裔極度偏低的臺北州宜蘭、羅東、蘇澳三郡卻有相當數量。對此現象，20 世紀晚期的解釋為源自粵籍的鄉勇（白長川 1984：180）或入墾的粵民（徐世安 1991：45-46）。但是員山鄉結頭分庄廟讚化宮對於所主祀的三山國王來源，卻解釋為陳姓村民自祖籍漳州府平和縣奉來（彭紹周 1986：138）；這種說法經由筆者初步的田野查證，的確也獲他姓的村民贊同。而且類似的例子也出現在同鄉新城仔的鎮安廟，其祖先則來自南靖。如果有更多更明確的證據顯示這兩處三山國王是源自接壤潮州府的漳州府，一個更新的，可能突破本文的三山國王信仰社群屬性的看法，應當醞釀在海峽兩岸的田野之中。[17]

本文既然是從質疑開始，也想以發問結束。累積數十年來三山國王的宗教社會學思考看來，似乎除了彰化平原、新莊及清水等地的研究之外，大部分的思考都是朝著族群的識別或「發掘」這個既定目標。既然都已有了固定的答案，所以對問題都毋需計算而只是在驗算。一些基本的、社區居民祖籍和信仰來源之間的關係，也少見深入追究。然而，畢竟要對這些庄廟或角頭廟與社區歷史並行考察，才可能得到比較可靠的族群識別證據。歷來對於臺南、彰化等處三山國王廟兼具潮汕會館身分的忽視，相信是由對於此信仰在社群屬性的不完全

17 筆者對宜蘭的研究於本文刊行後持續既行，已有專文發表（邱彥貴 1997）。至於漳州府的考察則有待來者，據既成研究顯示，原屬詔安縣的東山島（1916 年建縣）上有一處三山國王廟（吳金夫 1996：17）。

認識所致。所以在面對岡山與笨港兩大塊的解釋空白之處，或許可望有另種假設方向思考。

再者，相對於前述凝聚同鄉貫人群的解釋之外，宜蘭地區的三山國王信仰也可能別有另種功能面貌。以宜蘭溪北地區為例，幾乎三山國王廟都沿著舊日的隘防線分布。筆者在田野中最常聽到的一句話就是「偎山攏三山國王」（靠山一帶都是三山國王）。由於畏懼原住民出草獵首，因而造就得子口溪至蘭陽溪之間的山腳地帶聚落，都功能性的崇祀三山國王，而非一般認定中表現其祖籍或族群特性。這些似乎都在我們熱烈地描繪或猜測三山國王之於客家的關係外，遭到冷落，所以掩蓋甚至誤解了這種信仰存在於臺灣的完全意義。最後，跨出歷史上移民社群表徵或社區凝聚等功能的討論之外，如今崇祀三山國王的廟宇或團體已走出社區，組成全國性的聯誼團體，其動力與意義自也不容忽視。所以，更多關於三山國王的討論，我們期待。

附錄 1：《永樂大典》〈劉希孟潮州路明貺三山國王廟記〉

說明

史實與傳說並呈的現象，使得民間信仰中的文字傳統同其口語傳統一般，常常是令實證史學尺度失效的領域。以下這篇完成於西元 1332 年的文字自是融合許多口語傳統而成，它在完稿 70 餘年後得以收入「諸廟碑記皆略之」的《永樂大典》（5345/18 a-19 b〈十三蕭 · 潮字 · 潮州府〉），原因是「且謂與韓公（韓愈）或有默和之說」。經過我們核對各種志書中所轉載者，發現這個傳世最早（相對原碑而言）的版本也是最好的版本；字數最多，文字亦較通順流暢，所以就以此本為準作了初步的校註工作。

民間信仰往往需要攀附儒家道統和政權正統以求其存在的合理與合法性，它以和唐代大儒韓愈之間可能的關係保存了最早的版本。但傳說和信史的脫軌情況又出現在這個信仰和政權的關聯上，文中提到襄助宋代皇室的幾次神蹟自然無法求證於史載，而且它敘述的兩次詔封亦與官方史料不符；可能限於所知，我們只找到《宋會要輯稿》1236/1 a〈禮二十〉中有正式的記載。但詔封的次數僅一，時間也遲至宣和 7 年（1125）8 月，離北宋亡國不到兩年，此時正值宋徽宗大肆釋放他的宗教狂亂熱情。

其實在臺灣它也不是最流行的版本，讀者可以在任何一座三山國王廟找到他們自己的傳說。處理這篇文字傳統並無強調其正統性的意味，因為兩種以上類似三山國王信仰傳說母題，已經衍生或平行發展在別的信仰傳說中，詳見正文註 14。

本文

元（註1）統一四海，懷柔百神，累降德音。五嶽四瀆，名山大川，所在官司，歲時致祭，明有敬也。故潮州路三山之神之祀，歷代不忒，蓋以有功於國，弘庇于民，式克至于今日休。潮於漢為揭陽郡，後以郡名而名邑焉（註2）。邑之西百里有獨山。越四十里，又有奇峰曰玉峰。峰之右亂石激湍，東潮西惠，以一石為界。渡水為明山，西接于梅州，州以為鎮。越二十里為巾山，地名淋田（註3），三山鼎峙。其英靈之所鍾，不生異人，則為明神，理固有之。

世傳當隋時，失其甲子。以二月下旬五日，有神三人出于巾山之石穴，自稱昆季，受命于天，分鎮三山。託靈於玉峰之界石，廟食于此地。有古楓樹，降神之日，上生蓮花，紺碧色，大者盈尺，咸以為異。鄉民陳其姓者，晝見三人乘馬而來，招為從者。已忽不見，未幾陳遂與神俱化，眾鄗異之（註4）。乃周爰咨謀，即巾山之麓，置祠合祭。前有古楓，後有石穴，昭其異也。水旱疾疫，有禱必應。既而假人以神言，封陳為將軍，赫聲濯靈日以著，人遂共尊為化王，以為界石之神。

唐元和十四年，昌黎刺潮。淫雨害稼，眾禱於神而響答。爰命屬官以少牢致祭。祝以文曰：「淫雨既霽，蠶穀以成。織婦耕男，忻忻衎衎。是神之庇庥于人，敢不明受其賜？」則神有大造於民也尚矣。宋藝祖開基，劉鋹拒命，王師南討。潮守侍監王某赴愬于神，天果雷電以風。鋹兵敗北，南海以平（註5）。逮太宗征太原，次城下。忽睹金甲神人，揮戈馳馬，突陳師，遂大捷，劉繼元以降。凱旋之夕，有旗見於城上雲中曰：潮州三山神。乃詔封明山為清化威德報國王（註6）。巾山為助政明肅寧國王。獨山為惠感弘應豐國王（註7）。賜廟額曰「明貺」，敕本部增廣廟宇，歲時合祭。明道中復加封「廣靈」二字（註8）。則神有大功於國亦尚矣。革命之際，郡罹兵凶。而五六十年間（註9），生聚教訓，農桑煙火，駸駸如後元時，民實陰受神賜。潮之三邑，梅惠二州，在在有祠。遠近人士，歲時走集，莫敢遑寧。自肇跡於隋，靈顯於唐，受封於宋，迄今至順壬申（註 10），赫赫若前日事，嗚呼盛矣。古者祀六宗，望于山川，以捍大災，禦大患。今神之降靈無方無體之可求，非神降于莘，石言于晉之所可同日語。又能助國愛民，以功作元祀，則捍菑禦患抑末矣。凡使人齋明盛服，以承祭祀，非諂也。惟神之明，故能鑒人之誠；惟人之誠，故能格神之明。孰謂神之為德不可度思者乎？

潮人之事神也，社而稷之，一飯必祝。明山之鎮于梅者，有廟有碑。而巾山為神肇基之地，祠宇巍巍。既足以揭虔妥靈，則神之豐功盛烈，大書特書，不一書者寔甚宜，於是潮之士某合辭徵文以為記。記者記宗功也，有國有家者，丕視功載，錫命于神，固取其廣靈以報國。而民惟邦本，本固邦寧。儻雨暘時若，年穀屢豐。則福吾民，即所以寧吾國，而豐吾國也。神之仁愛斯民者豈小補哉？雖然愛克厥威，斯亦無所沮勸。必威顯於民，禍福影響。於寇平仲表插竹之靈，於劉器之速聞鍾之報。彰善癉惡，人有戒心。陽長陰消，氣運之泰。用勵相我國家，其道光明。則神之廟食于是邦，使山為礪，與海同流，豈徒曰扞我一二邦，以脩。

是年秋七月望，前翰林國史院編脩官兼經筵檢討，廬陵劉希孟（註 11）撰文。亞中大夫潮州路總管兼管內勸農事，蠡吾王玄恭（註 12）篆蓋。

註釋

1. 順治《潮州府志》12/40-42〈藝文上帙〉（以下簡稱「順志」）、《古今圖書集成》卷 1340〈職方典・潮州府部〉（以下簡稱「集成」）、乾隆《揭陽縣志》8/3-4〈藝文上・記〉（以下簡稱「縣志」）皆作「皇元」，乾隆《潮州府志》41/44-45〈藝文・記〉（以下簡稱「乾志」）作「我元」。
2. 今揭陽縣漢代屬南海郡揭陽縣，在郡縣制時代，揭陽未曾用以名郡。
3. 「霖田」之名至遲已見於西元 1547 年刊行的嘉靖《潮州府志》（〈雜志・村名 8/4b〉），且通用於日後各種文獻，獨《永樂大典》（以下簡稱大典）作「淋田」，原本以為是大典在 1562 年至 1567 年謄錄現存副本，或更晚的清抄本抄錄時，訛「霖」

為「淋」，但是在1456年修竣的《寰宇通志》（104/12 a〈潮州府 · 山川 · 三山〉）及1461年定稿的《大明一統志》（80/19〈潮州府 · 山川 · 三山〉）中俱與大典同作「淋」，如此看來改「淋」為「霖」是在15世紀中葉之後的事。

4. 大典作：眾「郵」異之，諸志作「尤」，同音通假，存之。

5. 大典作：南海以「太」，恐有訛。諸志作「平」，從諸志改之。

6. 諸志皆作「盛德」，以註釋3例，存疑於此。

7. 諸志皆作「惠威」，同前例，存疑於此。

8. 明道，宋仁宗年號，僅二年，即西元1032至1033年。又加封「廣靈」二字順志、集成皆作「靈廟」，縣志則與大典同，從大典與縣志。

9. 順志、集成作「五六年間」，按本文完成於元文宗至順3年（1332），文中所言「革命之際，郡罹兵凶」當指宋端宗景炎年間（1276-1278），宋元雙方在潮州地區的交戰，由至順3年上溯，恰符大典「五六十年間」之說。故從大典。又乾志、縣志無本段。

10. 至順為元文宗年號，至順壬申為至順3年，西元1332年。

11. 《元史》〈百官志三〉：「翰林兼國史院，……編修官十員，正八品。」劉氏生平不明，依諸種元明人詩文集歸納；他以善鼓琴聞名於名士間，約與袁桷、趙子昂、黃玠、楊載、邵亨貞等同時活動於江南兩浙一帶，未有證據顯示他曾到過潮州地區。

12. 大典清抄本作「王元恭」，避康熙諱故也。道光《廣東通志》作「王允恭」，誤。王玄恭，字居敬，自號寧軒，生卒年不詳。元中書省真定路蠡州人，懷遠大將軍招撫使王彥弼幼孫。元文宗至順2年（1331）到至元4年（1338）間任潮州路總管，在其任內「修學校，新韓祠，課試諸生，親與講解而飭勵之，有古賢守風。」（嘉靖《潮州府志》5/6 b-7 a〈官師志〉），故入祀於名宦祠。離任後於至元6年（1340）任浙江寧波路總管，任內修成至正《四明續志》。以上據諸種元明詩文集及方志錄出。

附錄2：《韓江聞見錄》〈三山國王〉

三山國王，潮福神也，城市鄉村莫不祀之，有如古者之立社。春日賽神行儺禮，胙飲酣嬉，助以管絃戲劇，有太平樂豐年象焉。予淇園里賽神以正月十三至元宵會燈而止。其三王之像與二王異，云係改刻，予少小時尚見一剝落舊像置後殿佛龕中。里中父老傳其逸事云：前明兵亂時，三王嘗顯身禦寇，寇數敗。每夜寇將至，則見有一異人，高丈餘，立樹杪傳呼，英風四捲，若有陰兵之助，寇憚之。他夕寇陰謀先穢其樹，伏人樹下，俟見異人至仆焉，則三王神像也，毀之。然寇仍畏神餘威，不敢大加害里中。

按國王乃揭陽霖田都明巾獨三山神也。隋開皇時，某年一月廿五日有三金甲神出巾山石穴，自稱昆季。降神之日，玉峰石界之地有古楓樹上吐蓮花，適陳姓人見神乘馬召言，與神俱化。既而神假人言，封陳將軍，俗稱化王合祀巾山之麓。唐憲宗元和十四年韓公刺潮，淫雨害稼，公禱於大湖神。潮人又禱於王，遂穫豐稔，故全潮祀之。至宋太祖征太原，見金甲三神突陣大捷，後漢主劉繼元降。奏凱之夕有旗現雲中云：潮州獨山神。太宗乃命韓指揮來潮，詔封獨山為惠成宏應豐國王、明山為清化明應報國王、巾山為助政明肅寧國王；賜匾曰：明貺三山國王廟，其廟地又係明山脈穴也。仁宗明道二年又敕加封廣寧王，參錄志乘傳聞者如此。敢為駢語括之曰：

民之庥，明神是賴；國有福，受命於王。丕昭德佑於全潮，曰隋代，曰唐代，疊賁龍章於大宋，惟太宗，惟真宗。伏以揭嶺徵祥，天啟玉峰之石理；太原奏捷，人仰金甲於雲端。楓樹發蓮花，四照高擎，匡水陸大千世界；霞霄翻旗影，九重宏錫，振天朝百萬軍威。由是刺史祀大湖，山河麗，日月清，協黎庶披雲之禱；指揮奉明德，綸綍昭，馨香薦，偕將軍乘馬以傳。乃歎神之格思，五嶺降靈光五岳；王亦爵也，三山崇秩邁三公。爰溯石穴於開皇，慶發祥者，及二月之二十五日；隆金章於明道，被昭曠者，綿百粵以億萬年也。

參考文獻

原始資料

一、一般

脫脫等撰，《宋史》。臺北：鼎文書局點校本。

宋濂等撰，《元史》。臺北：鼎文書局點校本。

張廷玉等撰，《明史》。臺北：鼎文書局點校本。

趙爾巽等撰，《清史稿》。臺北：鼎文書局點校本。

陳夢雷等輯，《古今圖書集成》。臺北：文星書店影印。

徐松輯，《宋會要輯稿》。臺北：新文豐出版公司影印。

王象之撰，《輿地紀勝》，清粵雅堂本。臺北：文海出版社影印。

陳循等撰，《寰宇通志》，明景泰間內府刊初刻本。臺北：中央圖書館、正中書局影印。

李賢等撰，《大明一統志》，明刊本。臺北：文海出版社影印。

王士性撰，《廣志繹》。北京：中華書局點校本。

顧祖禹撰，《讀史方輿紀要》。臺北：新興書局。

穆彰阿等撰，《嘉慶重修一統志》，清史館藏進呈寫本。臺北：臺灣商務印書館影印。

阮元等纂，《廣東通志》，道光3年（1823）刊本。上海：上海古籍出版社影印。

二、潮州府部分

《永樂大典・十三蕭・潮字・潮州府條》。收入饒宗頤纂，潮州志匯編。

陳香白輯校，《潮州三陽志輯稿》，1989年。廣州：中山大學出版社。

郭震春等纂，《潮州府志》，嘉靖26年（1547）刊本。收入饒宗頤纂，潮州志匯編。

吳穎等纂，《潮州府志》，順治18年（1661）刊本。收入饒宗頤纂，潮州志匯編。

周碩勳等纂，《潮州府志》，乾隆40年（1775）增纂，光緒19年（1893）刊本。收入成文華南46。

朱浩懷撰，《平遠縣志續編資料》，1975年。臺中：青峰出版社

吳作哲等纂，《鎮平縣志》，乾隆48年（1783）刊本。

溫訓等纂，《長樂縣志》，道光25年（1845）纂，民國年間鉛印本。收入《學生方志》126。

施念曾等纂，《興寧縣志》，乾隆4年（1739）刊本。

張鶴齡等纂，《興寧縣志》，咸豐6年（1856）纂，民國18年鉛印本。收入成文華南9。

黃釗撰，《石窟一徵》，宣統元年（1909）刊本。臺北：學生書局影印。

四、惠州府部分

鄧掄斌等纂，《惠州府志》，光緒7年（1881）刊本。收入成文華南3。

陸飛等纂，《歸善縣志》，乾隆48年（1783）刊本。收入成文華南63。

賴朝侶纂，《永安縣三志》，道光2年（1822）纂，民國19年刊本。收入成文華南178。

史本等纂，《海豐縣志》，乾隆15年（1750）纂，民國20年鉛印本。收入成文華南10。

林光斐等纂，《海豐縣志》，同治12年（1873）纂，民國20年鉛印本。收入成文華南10。

王之正等纂，《陸豐縣志》，乾隆10年（1745）刊本。收入成文華南11。

勒般山等纂，《龍川縣志》，嘉慶23年（1818）刊本，1981年。臺北龍川縣志續編編纂委員會。

徐延翰等纂，《和平縣志》，嘉慶24年（1819）纂，民國23年翻寫油印本。

五、漳州府部分

沈定均等纂，《漳州府志》，光緒3年（1877）刊本，1965年。臺南文獻會影印。

王寶序等纂，《南靖縣志》，乾隆42年（1777）刊本。

昌景天等纂，《平和縣志》，康熙58年（1719）纂，光緒15年（1889）刊本。收入成文華南91。

秦炯等纂，《詔安縣志》，康熙33年（1694）刊本。

六、汀州府部分

李紱等纂，《汀州府志》，乾隆 17 年（1752）纂，同治 6 年（1867）刊本。收入成文華南 75。

劉國光等纂，《長汀縣志》，光緒 5 年（1879）刊本。收入成文華南 87。

李世熊等纂，《寧化縣志》，同治 8 年（1869）重刊本。收入成文華南 88。

丘　復等纂，《上杭縣志》，民國 27 年刊本。1981 年臺北上杭同鄉會影印。

趙良生等纂，《武平縣志》，康熙 38 年（1699）刊本。1980 年臺北武平同鄉會影印。

廖立元等纂，《明溪縣志》，民國 32 年刊本。收入成文華南 235。

鄧光瀛等纂，《連城縣志》，民國 27 年刊本。收入成文華南 239。

七、其他地區

單興詩等纂，《韶州府志》，同治 13 年（1874）刊本。收入成文華南 2。

戴錫綸等纂，《南雄直隸州志》，道光 4 年（1824）刊本。收入成文華南 60。

陳觀西等纂，《贛州府志》，道光 28 年（1848）刊本。收入成文華中 100。

石景芬等纂，《南安府志》，同治 7 年（1868）刊本。收入成文華中 268。

王瑛曾等纂，《重修鳳山縣志》，乾隆 28 年（1763）纂，臺灣文獻叢刊本。

屠繼善等纂，《恒春縣志》，光緒 20 年（1894）纂，臺灣文獻叢刊本。

倪贊元等纂，《雲林縣采訪冊》，光緒 20 年（1894）纂，臺灣文獻叢刊本。

*「成文華中、華南」為成文出版社「中國方志叢書」簡稱，後附數字為其編號。「學生方志」為學生書局「新修方志叢刊」簡稱，後附數字亦為其編號。

研究成果

尹章義，1985，〈閩粵移民的協和與對立：以客屬潮州人開發臺北以及新莊三山國王廟的興衰史為中心所作的研究〉。《臺北文獻（直）》74：1-28。

______，1990，〈臺灣移民開發史上與客家人相關的幾個問題〉。《客家雜誌》8：64-78。同時刊於《輔仁歷史學報》2：77-94。

王世慶，1972，〈民間信仰在不同祖籍移民的的鄉村之歷史〉。《臺灣文獻》23-3：1-38。

王焜泉，1979，〈松源人膜拜的「松源王公」〉，《梅州文獻彙編》第9輯，頁245-247。

仇德哉編著，1983，《臺灣之寺廟與神明（四）》。臺中：臺灣省文獻委員會。

白長川，1984〈蘇澳開拓史考〉。《臺灣文獻》35-4：171-212。

何聯奎，1955，《臺灣省通志稿》，〈人民志・禮俗篇〉。臺中：臺灣省文獻委員會。

余亦民，1990，〈也談臺南三山國王廟〉。《客家雜誌》7：91。

吳金夫，1996，《三山國王文化透視》。汕頭：汕頭大學出版社。

吳瀛濤，1969，《臺灣民俗》。臺北：進學出版社。

貝聞喜、楊方笙主編，1999，《三山國王叢談》。北京：國際文化出版公司。

李柏林，1989，《梅州史跡縱覽》。廣州：廣東人民出版社。

李新魁，1987，〈廣東閩方言形成的歷史過程〉。《廣東社會科學》87-3：119-124，87-4：142-150。

邱彥貴，1992，〈三山國王是臺灣客屬的特有信仰？：粵東移民原居地文獻考察的檢討〉。《中央研究院臺灣史田野研究通訊》23：66-70。

______，1995，〈嘉義廣寧宮二百年史（1752-1952）勾勒：一座三山國王廟的社會史面貌初探〉。《臺灣史料研究》6：69-89。

______，1997，〈宜蘭溪北地區的三山國王信仰：自傳說看歷史性的族群關係論述〉。頁266-293，收入《「宜蘭研究」第二屆國際學術研討會論文集》。宜蘭：宜蘭縣立文化中心。

______，2005，〈新街三山國王與五十三庄：管窺北港溪流域中游的一個福佬客信仰組織〉。《臺灣宗教研究》3-2：1-56。

林倫倫，1991，〈也談粵東方言的形成及其有關問題：兼與黃甦先生商榷〉。《廣東社會科學》91-4：72-77。

林嘉書、林浩，1992，《客家土樓與客家文化》。臺北：博遠出版公司。

林衡道，1963，〈員林附近的「福佬客」村落〉。《臺灣文獻》14-1：153-158。

______，1980a，〈荷婆崙三山國王廟〉。《臺灣文獻》31-1：99-100。

______，1980b，〈永靖鄉的古蹟〉。《臺灣文獻》31-1：101-106。

______，1980c，〈埔心鄉的古蹟〉。《臺灣文獻》31-2：78-83。

______，1981，〈三山國王廟〉，《臺灣勝蹟採訪冊》第 6 輯，頁 243-244。

周宗賢，1983，〈清代臺灣民間的地緣組織〉。《臺灣文獻》34-2：1-14。

施振民，1975，〈祭祀圈與社會組織：彰化平原聚落發展模式的探討〉。《中研院民族所集刊》36：191-206。

洪惟仁，1987，〈消失的客家方言島：現在開始拯救還不遲〉。《客家風雲雜誌》3：13-17。

洪麗完，1988，〈清代臺中地方福客關係初探：兼以清水平原之三山國王廟興衰為例〉。頁 133-185，收入《臺灣史研究論文集》。

南洋客，1990，〈泮坑公王保外鄉〉。《客家人》創刊號：60。

奚 淞，1990，〈粵東客家人的守護神：三山國王〉。《漢聲》24：100-101。

徐俊鳴、徐曉梅，1984，〈古代梅縣市發展過程初探〉。《嶺南文史》84-1：26-40。

袁家驊等，1989，《漢語方言概要》（第二版）。北京：文字改革出版社。

連景初，1973，〈三山國王廟〉。《臺灣風物》23-1：38-42。附刊國分直一 1948〈三山國王廟〉。

張振興，1985，〈閩語的分區（稿）〉。《方言》85-3：171-180。

______，1989，〈閩語的分布和人口〉。《方言》89-1：54-59。

張淦宏，1976，〈梅縣太平鄉簡介（二）〉，《梅州文獻彙編》第 3 輯，頁 112-116。

______，1977，〈梅縣所屬鄉鎮區劃名稱對照表〉，《梅州文獻彙編》第 4 輯，頁 19。

張寶義，1979，〈梅縣饒塘鄉簡介〉，《梅州文獻彙編》第 9 輯，頁 86-89。

許嘉明，1975，〈彰化平原福老客的地域組織〉。《中研院民族所集刊》36：165-190。

陳春聲，1994，〈地方神明正統性的創造與認知：三山國王來歷故事分析〉。頁 145-160，收入鄭良樹主編，《潮州學國際研討會論文集》。廣州：暨南大學出版社。

______，1996，〈三山國王信仰與臺灣移民社會〉。《中研院民族所集刊》80：61-114。

陳春聲、陳文惠，1993，〈社神崇拜與社區地域關係：樟林三山國王的研究〉。《中山大學史學輯刊》2：90-106。

陳拱初，1978，〈陸豐鄉土談片〉，《中原文化叢書》第 2 集，頁 33-40。

陳國強，1992，〈惠安崇武的民間寺廟與信仰〉。頁 180-203，收入《惠東人研究》。福州：福建教育出版社。

陳運棟，1978，《客家人》。臺北：聯亞出版社。

曾玉昆，1984，〈高雄市各廟宇及各廟主神的分類研究與各寺廟的沿革小志〉。《高雄文獻》18/19：269-355。

______，1985，〈鹽埕區的拓殖與發展考〉。《高雄文獻》22/23：187-225。

曾景來，1938，《臺灣宗教と迷信陋習》。臺北：臺灣宗教研究會。

葉文程，1992，〈惠東大岞人的民間宗教〉。頁 59-170，收入《惠東人研究》。福州：福建教育出版社。

程志遠，1986，〈梅南勝境與三山國王的由來〉，《客家風采》第 2 輯，頁 141-143。

______，1989，〈泮坑公王保外鄉〉。《梅州風采：嘉應文學》（總）57/58：82。

梅州市地名委員會編，1989，《廣東省梅州市地名志》。廣州：廣東省地圖出版社。

黃　甦，1990，〈粵東方言的形成及其有關問題的探測〉。《廣東社會科學》90-2：170-176。

黃雪貞，1987，〈客家話的分布與內部異同〉。《方言》87-2：81-96。

黃榮洛，1990，〈鹿港的三山國王廟〉。《客家雜誌》6：8-10。

______，1991，〈客家人移墾臺灣的守護神：三山國王和陰那山慚愧祖師〉。《客家雜誌》18：14-20。

詹伯慧，1990，〈廣東境內三大方言的相互影響〉。《方言》90-4：265-269。

楊國鑫，1988，〈臺灣的三山國王廟初探〉。《三臺雜誌》18：44-49。

______，1990a，〈彰化縣客家調查〉。《客家雜誌》6：11-18。

______，1990b，〈南投客家之旅〉。《客家雜誌》6：19-27。

董同龢，1959，〈四個閩南方言〉。《中研院史語所集刊》30 本下：729-1042。

鈴木清一郎，1934，《臺灣舊慣冠婚葬祭と年中行事》。臺北：臺灣日日新報社。

熊正輝，1987，〈廣東方言的分區〉。《方言》87-3：161-165。

臺灣總督官房調查課，1928，《臺灣在籍漢民族鄉貫別調查》。臺北：臺灣時報印行。

劉佐泉，1991，《客家歷史與傳統文化》。開封：河南大學出版社。

劉枝萬，1961，《南投縣風俗志宗教篇稿》。南投：南投縣文獻委員會。

劉還月，1991a，〈蒼茫暮色王爺影：臺灣客家人信仰的三山國王〉。《國文天地》72：103-106。

______，1991b，〈臺灣的客家民俗〉。頁 78-101，收入徐正光主編，《徘徊於族群和現實之間：客家社會與文化》。臺北：正中書局。

潘自蓮譯，J. L. Watson 原著，1988，〈神明標準化：華南沿海地區天后之提倡（960-1960）〉。《思與言》26-4：59-87。原作 “Standardizing the Gods :The Promotion of T'ien Hou (Empress of Heaven) Along the South China Coast, 960-1960” In D. Johnson & Others eds. Popular Culture in Late Imperial China. Berkeley: University of California Press, 1985.

增田福太郎，1935，《臺灣本島人の宗教》。東京：財團法人明治聖德記念學會。

蔡英元，1986，〈河婆地方志略〉。頁 51-63，收入蔡俊舉等編，《河婆風采》。香港：奔馬出版社。

蔡相煇，1989，《臺灣的祠祀與宗教》。臺北：臺員出版社。

蔡俊舉，1986，〈客家源流〉。頁 35-50，收入蔡俊舉等編，《河婆風采》。香港：奔馬出版社。

蔡俊舉、張志誠、劉瑤，1986，《河婆風采》。香港：奔馬出版社。

鄭志明，1990，《臺灣的宗教與秘密教派》。臺北：臺原出版社。

謝　劍，1981，《香港的惠州客家社團－從人類學看客家文化的持續－》。香港：香港中文大學出版社。

謝雪影，1935，《潮梅現象》。汕頭：汕頭時事通訊社。

顏章炮，1991，〈臺灣民間的守護神信仰〉。《廈門大學學報》91-2：97-102。

羅香林，1933，《客家研究導論》。興寧：希山書藏。

______，1950，〈客家源流考〉，收入《香港崇正總會三十週年紀念特刊》。

羅　濱，1990，〈庇民垂萬古，騎虎鎮三山："三山大王"神話及有關詩文〉。頁 54-63，收入嘉應詩社主編，《興寧風物詩話》第二集。梅州：嘉應詩社。

饒宗頤，1965，〈清以前潮志纂修始末〉，收入《潮州志匯編》附錄。香港：龍門書店。

Hansen, Valerie, 1990, *Changing Gods in Medieval China, 1127-1276*. New Jersey: Princeton University Press.

勵、客籍人群不斷向外擴散墾殖和祭典的興辦，成為北臺灣客家人群的重要信仰；[4] 並由原本屬於私人性質的祭拜，逐步擴展出含 15 個跨今新竹、桃園地域的聯庄祭典區。

二、楊梅聯庄的發展與組成

楊梅的開發受臺地、丘陵、壢谷地形影響，以及沒有大湖泊等不利農墾的自然環境限制，自清康熙 47 年（1708）漢人入墾楊梅以來，從個別零星的點狀開墾，到乾隆 50 年（1785），有「諸協和」墾業團體大規模的帶狀墾殖，至乾隆 55 年（1790）清廷在楊梅埔設屯，漢人又逐步進入作為漢族與原住民族緩衝的土牛界線外發展，透過漢人在楊梅地區艱困的拓墾過程，楊梅的區域輪廓也才漸次形成。此外，配合漢人的墾務開展，雍正、康熙年間後逐漸形成開通竹塹通往臺北盆地的鳳山崎道、內港道、龜崙嶺道，以及嘉慶 13 年（1808）之新縱貫線官道途經；又區域內普遍有儲存水之埤塘興修紀錄，顯現楊梅地區漢人因地制宜，努力克服種種自然環境限制的努力，以致村落形成。

至日治昭和元年（1926），臺灣總督府官房調查課對臺灣在籍漢民進行鄉貫調查，依據調查結果所製作的統計表，以百人為單位，採取不滿百人者不計的計算方式，雖然對於人口數的精確度多有待商榷之處，[5] 但就包含楊梅在內

3 日治昭和 16 年（1941）孟春，拓務大臣從三位勳一等秋田清提「忠魂不朽」匾。昭和 16 年初夏臺灣總督長谷川清提「盡忠報國」匾。二匾現仍懸掛於枋寮褒忠亭義民廟中。

4 參閱黃清漢，《新埔義民廟祭祀圈結構之研究》（臺北：中國文化大學地學研究所地理組碩士論文，1987），頁 57-60。

5 參見臺灣總督府官房課調查部，《臺灣在籍漢民鄉貫別調查》（臺北：臺灣總督府官房課調查部，1928），頁 6-7，12-15。陳漢光，〈日據時期臺灣漢民族祖籍調查〉，《臺灣文獻》，第 23 卷 1 期（1972），頁 89-94。

的中壢郡地區社會結構情況而言，仍顯示出清代以來楊梅地區多為廣東潮州、嘉應及惠州府籍客家移民活動空間現象，人群分布和社會結構是以客家人群為主的客家社會。

表 1：昭和元年（1926）中壢郡地區之臺灣在籍漢人民族鄉貫別調查表（單位百人）

籍貫／行政區	福建										廣東				其他	總計
	泉州府			漳州府	汀州府	龍巖府	福州府	興化府	永春府	小計	潮州府	嘉應州	惠州府	小計		
	安溪	同安	三邑													
中壢庄		1		55						56	7	92	5	104	48	208
平鎮庄	3			2						5	27	80	6	113		118
楊梅庄				2			1	1		4	17	107	78	202	9	215
新屋庄				3						3		11	163	174		177
觀音庄				43						43	8	5	88	101		144
總計	3	1	0	105	0	0	1	1	0	111	59	295	240	694	57	862

資料來源：參閱陳漢光，〈日據時期臺灣漢族祖籍調查〉，《臺灣文獻》23：1，1972。

社會組織方面，清代楊梅地區已有聯庄組織形成。依據《淡新檔案》記載，光緒年間楊梅壢有「合約字」訂定：

> 仝立合約字。楊梅壢庄總理、紳耆、結首、鋪户等，爲申肅庄規，以靖地方事。切稂莠不除，嘉禾難植，匪徒不剪，良民奚安。緣我街庄人遵古道，俗尚里仁，邇因世道澆漓，人心不一，或白日盜竊，或黑夜搶劫，種種不法，難以枚舉。欲安不懲危，宜先事預防，爰集紳耆結首及鄰庄人等議定除盜，嚴肅風規各章程。此後如有盜賊

入境，許即傳呼庄眾，協力圍拿，不得臨事退縮。倘該盜敢以拒捕，遵奉 憲諭，格殺勿論。至捕獲強盜及稟解到官，併盜殺傷與殺斃者一切規條，均列於左。自此申禁之後，各宜父誡其子，兄勉其弟，各安本分，和睦鄉鄰，出入相友守相助，同心協力，共享昇平。今欲有憑仝合約字一紙，各執壹紙爲炤。

一議、庄中宜在險要處，各設一望寮，至地方擾攘之時，日則派丁巡查，夜則輪守更。倘有盜賊入境搶劫，登即發炮爲號，各執器械，近則赴救，遠則截殺圍拿。或有一家不到者，便與賊同情，查明即比照坐視不救之條，鳴眾公罰不貸，違者稟官究治。

一議、庄中或有白日仗途毆搶，或藉端糾黨列械擄捉，以及黑夜攻劫等事，除呼眾圍拿外，倘有赴救之人被賊殺傷者，公仝驗明傷痕輕重，奉醫調治。至瘋者，公給養育貳拾肆元。至賊殺斃者，給撫恤銀捌拾六元。至殺斃盜賊一名與拿獲者，賞銀拾貳元。其稟解一切應用需費，係事主出貳，庄中出八。務照甲聲寔額均派，不得推搪頑抗批行。

一議、夜間倘有穿墻盜竊財物、牛隻、所畜雞犬、池魚以及栽種樹木什物，以及窩藏匪類坐地分肥等情。如有此情，先將房屋毀折，仍將家物重公，仍照前規而行，不得異議。批行。

光緒參年伍月 日公給合約字楊梅壢

結首　鄭阿娘　　劉生番

林天榮　　倪阿番

彭細福　　李阿雙

鄭阿秀　　吳開慶

林三合　　復成號

黃廷華 結下 熊灶火未

彭佳萬 鍾廣永

彭阿祥 鍾仕坤

宋乾運 劉立宗

陳阿雲 羅秀峰

李德華 溫秀郎

吳苟一 寶欽號

吳金興

劉金豐

溫細苟

張阿良[6]

光緒3年（1877），楊梅壢庄地區已經形成含有總理、紳耆、結首、鋪戶等等各級鄉職，並包括一個以上自然村的組合，是具有相當組織的社會。區域內透過合約字的訂定和規範，展開「清庄聯甲」的社會自治，同時總理、紳耆、結首、鋪戶等鄉治制度中官方認可庄職的組合，又凸顯出清代楊梅壢聯庄是清代地方自治一環的特質。然而以現今行政區域的楊梅鎮轄域來看，所屬35個里在義民祭典的興辦上，又分屬新竹新埔枋寮褒忠亭義民廟的「湖口聯庄」、「楊梅聯庄」、「新屋聯庄」、「溪南聯庄」祭典區，以及桃園中壢平鎮褒忠祠義民廟的「中壢十三聯庄」祭典區。楊梅區域內義民祭典區的組成，及其所屬村里位置和分布，如表2所示：

6 國立臺灣大學編，《淡新檔案》（臺北：臺灣大學，1995），第一編行政類，號一二五一〇．四，「同立合約字」。

表 2：楊梅地區義民祭祀聯庄分布情況一覽表

序	聯庄名稱	所屬區域跨楊梅地方者	歸屬廟宇名稱	備註
1	湖口聯庄	楊梅鎮：三湖里、上湖里	新埔枋寮褒忠亭義民廟	
2	楊梅聯庄	楊梅鎮：楊梅里、楊江里、紅梅里、梅新里、永寧里、水美里、大平里、東流里、秀才里、大同里、中山里、梅溪里、金溪里、裕成里、楊明里、瑞塘里、永平里、瑞坪里、四維里、埔心里、光華里、仁美里、金龍里	新埔枋寮褒忠亭義民廟	聯庄範圍全數位於楊梅
3	新屋聯庄	楊梅鎮：上田村	新埔枋寮褒忠亭義民廟	
4	溪南聯庄	楊梅鎮：富岡里、豐野里、員笨里、瑞源里	新埔枋寮褒忠亭義民廟	
5	中壢十三聯庄	楊梅鎮：高山里、高榮里、新榮里、雙榮里	中壢平鎮褒忠祠義民廟	

資料來源：整理自民國 87 年至民國 89 年褒忠亭義民廟祭典田野調查紀錄。

其中「中壢十三聯庄」的中壢平鎮褒忠祠義民信仰，溯源林爽文事件後，地區客籍人群感念義民事，因「時在鳳南既立亭祀，而淡北缺焉，將何以崇聖典而妥義靈耶？」緣故，遂在乾隆 56 年（1791），由中壢廣興庄總理宋廷龍倡議「就地築亭一座，酹民功以奉煙祀」，[7] 在新埔枋寮褒忠亭建廟後，另在桃園平鎮也有地方所屬的義民廟興建之舉。參與祭拜的信眾區域範圍包括：中壢三座屋庄、芝芭里庄、青埔庄、內壢庄、水尾庄、興南庄、後寮庄、石頭庄、

7 何培夫主編，《臺灣地區現存碑碣圖誌 · 臺北市、桃園縣篇》，「重修廣興庄褒忠亭碑記」咸豐 10 年 8 月（臺北：國立中央圖書館臺灣分館，1999），頁 241。現碑記仍嵌鑲於中壢平鎮褒忠祠天井左壁。

埔頂庄、廣興庄，平鎮宋屋庄、安平鎮庄、北勢庄，以及楊梅的高山頂庄。[8] 中壢平鎮地區褒忠祠不僅由褒忠亭分靈奉祀，並且與褒忠亭保持有密切往來的聯誼關係。[9] 而褒忠亭義民廟輪祀系統一環的「楊梅聯庄」，則分別以兩個地方公廟，區分地區的信眾地域範圍：一以錫福宮為中心，包括現今楊梅行政區內的永寧、大平、秀才、梅新、紅梅、楊江、楊梅、東流、水美等里，統稱「楊梅壢庄」；一以頭重溪三元宮為中心，結合大同、中山、梅溪、金溪、裕成、楊明、瑞塘、永平、瑞坪、四維、金龍、仁美、埔心、光華等里，合稱「頭重溪庄」；兩庄又併稱「楊梅壢、頭重溪聯庄」，具體表現聯合參與義民祭祀的「聯庄」組織和形制。[10]

表 3：楊梅壢、頭重溪聯庄範圍一覽表

區域	村里範圍	舊地名
楊梅壢	永寧里、大平里、秀才里、梅新里、紅梅里、楊江里、楊梅里、東流里、水美里	楊梅壢庄、老坑庄、水尾庄、大平山庄、秀才窩庄、水流東庄、崩陂庄
頭重溪	大同里、中山里、梅溪里、金溪里、裕成里、楊明里、瑞塘里、永平里、瑞坪里、四維里、金龍里、仁美里、埔心里、光華里	草湳陂庄、矮仔坪庄、頭重溪庄、大金山下庄、二重溪庄

資料來源：整理自洪敏麟，《臺灣舊地名之沿革》第二冊（上），頁 60-68；臺灣總督府臨時臺灣土地調查局調製，《臺灣堡圖》。

8 參閱褒忠祠貳佰周年慶典委員會，《中國民國八十年褒忠祠貳佰周年慶典紀念特刊》，民國 82 年（1993）12 月。邱炫煜，〈清代臺灣桃園台地的漢人社會與民間信仰〉，《國際漢民族研究 2000 年學術會議交流論文》。

9 參閱《臺灣區褒忠義民廟聯誼會廟址及理事住址名冊》，褒忠亭製作、提供。

不論歸屬新埔枋寮褒忠亭，抑或中壢平鎮褒忠祠的義民祭典區，楊梅地區的五個義民輪祀聯庄的共通點，都在每一聯庄僅以參與義民祭典而組織，並設爐主一名，作為聯庄祭典區代表，統籌地區義民輪祀事務。祭祀籌辦過程中，又以參與祭祀為目的訂定「調單」（thiau dain），載記所有參與祭祀提金者姓名。[11] 倘若以調單視作一種聯庄合約來看：調單中以「爐主」為首，取代常設性的行政聯庄代表「總理」名稱，[12] 讓非常設性的爐主位銜被留存在於義民廟的祭祀體系，以及義民祭祀的「神聖化」時間、空間中。[13] 另一方面，調單的書寫往往出現有作為家族共同對外稱號的「公號」名，具體代表個人與家族，[14] 卻未包含有鄉治制度之鄉職名稱。因而在公號的建置基礎下，家族共同參與的性質明確，也使區域內客籍家戶在信仰的旗幟下整合，形成有別於政治層面的「清庄聯甲」，展現出桃園、新竹地區因應義民信仰而來的社會動員。

義民祭典區如何形成？又聯庄祭典區間如何劃定範圍？歷來學界在寺廟和信仰發展的議題上，已經展開對介於政府與地方社會間第三者之角色扮演的關注。西方對於國家與社會間，存有在地方持續擴大、發展的影響力，提出「公

---

10 參閱「楊梅錫福宮供奉褒忠義民爺各里鄰奉饌分配日程表」、「褒忠義民爺楊梅聯庄祭典頭重溪三元宮奉饌輪值表」，以及民國 87 年（1998）「調單」；「調單」上即印寫：「桃園縣楊梅頭重溪等聯庄」。

11 調單為登載所有參與義民祭典信眾捐獻調首的記錄。

12 「總理」名稱也出現在義民祭典中，但僅是捐題金元的調首名，稱為「總理首」。

13 參見李豐楙，〈由常入非常：中國節日慶典中的狂文化〉，《中外文學》23：3，總號 255（1993），頁 116-150。李豐楙從古代的蜡祭入手，指出古代祭儀和農業生產密切關係，提出一套類似陰陽概念的「常」與「非常」，討論祭典和農業生活、節氣之間，一種神聖世界非常時間和空間。

14 參見邱彥貴，〈從祭典儀式看北臺灣義民信仰：以枋寮褒忠亭丁丑年湖口聯庄值年中元為例〉，《第四屆國際客家學研討會》（南港：中央研究院民族學研究所，1998 年 4 月 7 日），頁 536。羅烈師，〈新竹大湖口的社會經濟結構：一個客家農村的歷史人類學探討〉（新竹：國立清華大學人類學研究所碩士論文，1997），頁

共領域」（public sphere）論點，從而展開各種論證；[15] 當中寺廟的公共領域性質，又為地方菁英在地方社會建構「社會關係」（social connections）或「個人關係」（personal networks）提供最佳的施展場域。[16] 自新竹枋寮褒忠亭義民廟建廟，寺廟相關的募捐款、獻地、建廟、題對聯、贈匾等等行徑，可以提供個人投資累積名望的「象徵資本」；[17] 而後的歷史過程中，又逐步發展出由聯庄祭典區內地方菁英經收、管理廟產的經理人制度，以及祭典區代表往往由經理人後裔出任的情況。[18] 擔任祭典區代表的地方菁英，藉由祭祀活動向地方社會傳播信仰，也開展個人與社會關係網絡，建立象徵資本，同時以家族世代承繼方式，持續參與祭典輪祀和延續在地方的影響力。進入日治時期，受統治政策作用下，褒忠亭義民廟轉向集體決策的委員會形式發展，清末以來的地方社會代表家族，則隨之轉變為義民廟事務的重要決策者。時至今日，伴隨信仰傳播和擬宗族性質的義民嘗會運作，地方代表家族、宗族透過籌辦祭典，聯結義民廟和地方社會，延續家族作為地方社會代表的聲勢和名望，也讓義民祭典輪替不墜。義民祭典以地區家族為中心所形成的跨區域聯盟特性，建立在輪祀祭典和世襲代表制度的運用，義民廟就彰顯作為「象徵資本」與「公共領域」交互作用的場域。

56。

15 「公共領域」的概念最早由 Jurgen Habermas 所提出，以 17 世紀末英國及 18 世紀初法國社會現象，認為英、法在工業革命後有一個介於國家政權與社會間的「資產階級公共領域」。參閱 Jurgen Habermas, trans. By Burger Thomas, The Structural Transformation of the Public Sphere: An Inquiry into a Category of Bourgeois Society,（Cambrige, MA: MIT Press, 1989）, pp.xvii-xviii, 27, 142；哈貝瑪斯原著、劉鋒譯，〈公共領域〉，收於甘陽主編《社會主義：後冷戰時期的思索》（香港：牛津大學出版社，1995），頁 29-37。

16 參閱 Prasenjit Duara, Culture, Power, and the State: Rural North China, 1900-1942.（Stanford: Stanford University Press, 1988.）pp.5, 15-16。

17 陳世榮，〈北桃園地區的區域與地方公廟〉，《北桃園區域發展史》（桃園：桃園縣立文化中心，1998），頁 93-94。

另一方面，臺灣聚落發展後，街肆逐漸形成，隨著職業分化，各種專業神明次第出現。[19] 楊梅地區義民信仰跨村落祭祀聯盟的形成，實反映清末楊梅地區人口繁衍和聚落發展情況；但楊梅地域內並沒有義民廟興建，代之以聯庄方式，組成輪祀組織，參與新竹枋寮褒忠亭義民廟和中壢平鎮褒忠祠的義民祭祀。再以臺灣移墾社會的發展觀察，臺灣租佃關係向有所有權與使用權分開的一田多主現象，[20] 即日本地理學者富田芳郎指陳的清代臺灣北部鄉鎮「大租戶開墾」形態：

> 所謂大租户開墾；資財厚者或是此等人所合夥的組織，從政府或蕃社獲得了廣大未開闢土地的開墾權，由南部或是大陸上招募許多佃農，將那些未經開闢的土地劃分成許多區，每區有十餘甲或數甲土地，各設一個佃寮給佃農居住，出資叫他們從事開墾。此等散在各區的佃寮，多數成了今日北部所見的散村基礎。[21]

臺灣北部的開發遲於南部，由有資財者招徠佃農開墾，墾首對其佃戶一方面擁有收租權，一方面替代官方執行監督之權，同時負擔自僱隘丁、墾丁、設立隘寮，並對給照開墾區原住民或地方盜匪的警備。土地開發建立在大小租、正供、地稅的業佃關係外，佃戶也往往以地主所在為中心形成聚落，以及墾首、

18 參閱黃清漢，〈新埔義民廟祭祀圈結構之研究〉，頁 57-61。

19 增田福太郎，《臺灣の宗教》（東京：養賢堂，1939），頁 5-13；〈臺灣之瘟神信仰〉，《臺灣省立博物館年刊》6（1963），頁 109-113。

20 李亦園，〈臺灣傳統的社會結構〉，《臺灣史蹟源流》（1981），「墾殖組織與土地租佃關係」，頁 209-214。張勝彥，〈清代臺灣漢人土地所有形態之研究〉，《東海歷史學報》4（1983），頁 49-76。即包括官府→大租戶→小租戶→佃戶的多重關係；李亦園以清代官府立場，將臺灣的土地制度歸納為墾首制、番大租、官莊租三大類。

地主為中心的社會活動。楊梅地區內包括湖口聯庄、楊梅聯庄、新屋聯庄、溪南聯庄和中壢十三聯庄五個義民祭典區，在歷史發展過程中，正呈現出大租戶開墾態勢：

1. 湖口聯庄：位在現今行政區楊梅鎮西南，地域包括現今湖口鄉 12 個村，以及楊梅鎮三湖里、上湖里，地形上隸屬「長岡嶺臺地」。[22] 由於是典型的臺地丘陵地形，又境內河流符合竹塹地區溪流多短促，遇豪雨水流湍急，無雨則川流涸竭的「旱溪」、「荒溪」特性限制，為發展農業，遂多興建有貯水灌溉的人工湖泊、陴塘。長岡嶺臺地上的「看天田」和陴、湖建設，使長岡嶺地區成為臺灣地區貯水池最密集的臺地，也是聚落得以形成的主要因素；同時也讓長岡嶺臺地內的湖口、楊梅三湖、上湖里地區，連成同一個發展的地域單元。[23] 湖口上北勢張家，清道光年間由張氏兄弟 6 人協力耕墾，受鄉里稱頌為「張六和」，也成為張氏家族對外公號；清末張家在湖口地區的發展，不僅田業面積曾高達 400 多甲，田地更分布遍及湖口地區至楊梅二湖、三湖里。由於湖口張家是長岡嶺臺地上的重要墾戶、業主，又在清末持續在產業發展和地方參與上累積聲望，促使道光 27 年（1847）起，張家得以褒忠亭之大湖口庄「經理人」身分，參與義民廟事務，同時以「張六和」公號擔任大湖口聯庄祭典區代表至今。

2. 楊梅聯庄：位在楊梅鎮東南地域，包括現今楊梅里等 23 個里，地形上隸屬楊梅盆地，是夾於南邊與桃園龍潭交界的店子湖臺地、東邊延伸到桃園平鎮的高山頂臺地，西邊擴及湖口的長岡嶺臺地之間，以及社子溪溪流樹枝狀支

---

21 富田芳郎，〈臺灣鄉鎮之研究〉，《臺灣銀行季刊》7：3（1955），頁 88。

22 參閱湖口鄉公所，《湖口鄉志》，〈地理篇〉「山脈」、〈開拓篇〉（湖口：湖口鄉公所，1996），頁 16、45。「長岡嶺臺地」，因湖口鄉境內有一名之為「長岡嶺」的細長岡阜而得名。

流侵蝕所構成的東西向長條形河流侵蝕谷地。[24] 區域內有社子溪支流頭重溪、老坑溪、楊梅溪通流，歷史發展上，是由清代較早入墾楊梅地區的拓墾團體「諸協和」率領，所進行的大規模拓殖地帶，也是楊梅地區最早建立的漢人聚落區。[25] 楊梅壢街陳家，自大陸渡海來臺後，由土地拓墾起家，而後轉經營商業，並在楊梅街上經營「新和春」商鋪和土地租賃；家族所屬土地除楊梅街，也分布楊梅崩陂、秀才窩、大坡、富岡，以及高山頂等處。由於清乾隆年間林爽文事件發生之際，陳家先祖陳殿朝因投入義民軍卻不幸殉難，遺骸與其他義民軍同葬於枋寮褒忠亭義民廟後義塚，使得褒忠亭如同陳氏家廟一般，當義民廟輪祀創建，陳家便以「陳泰春」公號，作為楊梅聯庄代表，參與義民信仰傳播和輪祀祭典事宜。

3. 新屋聯庄：位在楊梅鎮北方，包括現今桃園縣中壢市、新屋鄉，楊梅上田里，地形上屬於社子溪谷地，範圍即《楊梅鎮志》所記載：「從楊梅月眉山下的夾窪潭開始，匯合楊梅盆地內樹枝狀溪河成社子溪，再會合高山頂台地西邊、長岡嶺台地和富岡台地東北邊的細流，向西北流經水尾、老飯店、營盤下、員笨，及毗鄰的上田心子、陰影窩等地。」清代楊梅北邊的拓墾，即大致沿社子溪溯流墾闢，[26] 且由於社子溪西北入新屋鄉，在永安漁港出口，促使水尾、老飯店、營盤下、員笨、上田心子、陰影窩等地與楊梅北鄰的新屋地區，循社子溪流向而連成為同一區域。新屋地區清乾隆 16 年（1752），由廣東惠州府陸豐縣的姜殿榮兄弟 5 人，向官方請墾新屋地區為開發之始，而後又以新屋庄

23 楊梅鎮公所編印，《楊梅鎮志》，〈宗教〉（楊梅：楊梅鎮公所，1983），頁 31。

24 楊梅鎮公所編印，《楊梅鎮志》，「地理」〈地形〉，頁 48。

25 參閱伊能嘉矩，《大日本地名辭書．臺灣之部》（東京：富山房，明治 42（1909）），頁 55：「楊梅壢イウムイリユク；清の乾隆の末年，諸協和なる墾業團體の拓成にかり，往時其の四面に楊梅樹多く，中央に一大壢谷を為せろより地名出つといふ」。

26 楊梅鎮公所編印，《楊梅鎮志》，「地理」〈地形〉，頁 49。

為中心，再向楊梅、觀音等方向發展，土地面積計達有 3,800 餘臺甲。[27] 義民輪祀系統的新屋聯庄，是以新屋頭洲許家為祭典爐主。清末以來新屋地區原與觀音地區合稱「溪北祭典區」，共同參與義民祭祀；因聯合祭典區內地方繁榮、人口激增，以及祭典區過大，每每造成輪值祭典和各種業務連絡不便緣故，自民國 65 年（1976）新屋鄉長范姜德向褒忠亭提案分割，[28] 從此「溪北祭典區」，劃分為「新屋聯庄」和「觀音聯庄」兩區。民國 73 年（1984），新屋地區以「新屋聯庄」祭典區之名，首次單獨輪值義民祭典，並依照褒忠亭慣例，由范姜德推薦新屋頭洲村富農許和興家族，以「許合興」公號為祭典代表，籌備義民祭祀。[29]

4. 溪南聯庄：位在楊梅鎮西北，包括現今新竹縣新豐鄉、湖口鄉，桃園縣新屋鄉，以及楊梅富岡里、豐野里、員笨里、瑞源里；地理區屬於富岡臺地。富岡臺地原與長岡嶺臺地合稱伯公岡臺地，夾於長岡嶺臺地和社子溪谷地的員笨、陰影窩之間，並延伸至新竹縣湖口鄉。[30] 褒忠亭義民廟「溪南聯庄」祭典區，即位在社子溪以南，[31] 由新豐新庄子徐家擔任祭典代表。清乾隆年間徐家向拓墾團體「汪仰詹」買過眩眩埔等萃豐庄田業，經先祖徐立鵬汲汲經營和擘

27 洪敏麟，《臺灣舊地名之沿革》第二冊（上）（南投：臺灣省文獻委員會 1983），頁 73-82。林衡道，〈新屋范姜祖堂：民國七十一年十一月調查〉，《臺灣文獻》34：2（1994），頁 179。

28 〈褒忠亭義民廟管理委員會有關書類〉，民國 65 年（1976）4 月 9 日起。

29 〈枋寮義民廟義民節祭典籌備大會錄〉，民國 72 年（1983）9 月 25 日。由新屋聯庄代表人許阿海先生收藏、提供。

30 參閱楊梅鎮公所編印，《楊梅鎮志》，「地理」〈地形〉，頁 49；湖口鄉公所，《湖口鄉志》，〈地理篇〉「山脈」、〈開拓篇〉，頁 16。

31 參閱施添福，〈清代臺灣竹塹地區的土牛溝和區域發展：一個歷史地理學的研究〉，《臺灣史論文精選》（上）（臺北：玉山出版社，1996），頁 157-219；〈臺灣聚落研究及其史料分析：以日治時期的地形圖為例〉，《臺灣聚落研究及史料分析：臺灣史料評析講座紀錄（一）》（臺北：自立晚報社，1994），頁 131-184；以及施添福教授口述，溪南、溪北的分界應即為社子溪。

畫下，由徐氏族人以新莊子為中心共同協力墾殖，土地範圍不僅包含萃豐庄東畔地區，更擴及楊梅陰影窩庄、營盤腳庄、員笨庄、伯公嶺庄等地，躍升成為新豐地區大業主。此外，清代湖口地區重要的埤圳：德盛陂圳、育嬰堂陂圳、合興陂圳，也由新豐徐家興築，[32] 居溪南地區最大墾首位置。清同治、光緒年間，徐家先是擔任褒忠亭義民嘗經理人，進而以區域拓墾的「徐國和」名號兼公號，出任溪南聯庄地區義民祭典輪值代表。

5. 中壢十三聯庄：「十三大庄」指道光年間，包括現今楊梅高山里、高榮里的中壢附近地區客籍為主村落，位楊梅東北，地理區上屬於高山頂臺地。高山頂臺地舊稱平鎮臺地，地勢延伸到桃園平鎮，顯現楊梅地區與平鎮市街發展較密切的關係；另一方面，區域內有清代區隔漢人和原住民的土牛溝經過，使得漢人拓墾活動和聚落發展呈現較為遲緩狀態。[33] 乾隆 56 年（1791），由平鎮宋屋的宋廷龍倡建褒忠祠，共同祭祀林爽文事件中竹塹地區死難義民，包括楊梅高山里、高榮里，和平鎮、中壢等十三大庄，因共同參與褒忠祠義民祭拜，而在枋寮褒忠亭義民廟的義民祭典之外，另形成的區域所屬義民廟的聯庄祭典組織（參見表 4）。

表 4：中壢十三大庄範圍一覽表

庄名	今日行政區域範圍
三座屋庄	中壢市三民里、五權里、新明里、舊明里、光明里、永光里
芝芭里庄	中壢市芝芭里

32 參閱湖口鄉公所，《湖口鄉志》，「建設篇」，頁 98-99。德盛陂圳灌溉面積 35 甲，清嘉慶年間興建；育嬰堂陂圳灌溉面積 28 甲，咸豐 8 年興建；合興陂圳灌溉面積 24 甲，咸豐 9 年興建。以上陂圳均引用四湖尾溪水，由新豐新庄仔徐熙拱創建。

33 參閱楊梅鎮公所編印，《楊梅鎮志》，「聚落」，頁 37。

表 4：中壢十三大庄範圍一覽表（續）

庄名	今日行政區域範圍
青埔庄	中壢市青埔庄、洽溪里
內壢庄	中壢市內壢庄、內定里、中原里、復興里、成功里、文化里
水尾庄	中壢市新街里、水尾里、忠福里
興南庄	中壢市興南里、興國里、中壢里、中榮里、中建里、興和里、永興里
後寮庄	中壢市後寮里、龍興里、龍岡里、龍平里、龍昌里、龍東里
石頭庄	中壢市石頭里、新興里、中央里、東興里、振興里
埔頂庄	中壢市普仁里、普義里、仁美里、忠義里、信義里、仁愛里、仁祥里、仁德里、自立里、自強里、普慶里、興仁里、中堅里、中正里、篤行里
廣興庄	中壢市廣興里、宋屋里、復旦里、義民里、義興里、廣達里、廣仁里、高雙里、雙連里
安平鎮庄	平鎮市平鎮里、鎮興里、金星里、南勢里
北勢庄	平鎮市北勢里、新勢里、新富里、北貴里、北華里、新榮里、北興里、金陵里、北安里、新貴里、北富里
高山頂庄	楊梅鎮高山里、高榮里、雙榮里、新榮里

資料來源：邱炫煜，〈清代臺灣桃園台地的漢人社會與民間信仰〉，《國際民族研究 2000 年學術會議交流論文》，2000 年 8 月 21-23 日，頁 21-22。

綜觀以上 5 個聯庄祭典區的發展，楊梅地域內的長岡嶺臺地、富岡臺地、高山頂臺地、楊梅盆地，以及社子溪谷地 5 個不同地理區，表現出漢人拓墾過程中，配合不同地形、水文等自然條件，以及建立在臺灣土地墾殖之租稅、警備等租佃關係，形成以墾首、地主為中心，業佃關係所交織出的區域網絡發展。此外，義民信仰在楊梅地區的傳播和發展，展現建立在配合楊梅地域內不同發展背景、地理條件因素的傳布：義民祭典是以褒忠亭義民廟為中心所形成的祭祀活動；義民廟建廟後，透過地區地方精英參與祭祀和管理事務，同時傳播信仰；而具有地方墾首、地主身分的地方代表，又以家族為次中心，把其拓墾區域內的佃戶納入共同參加祭典的體系中，成為地區聯庄組合的機制。

二、楊梅聯庄之義民祭典

清乾隆 51 年（1786）林爽文大里杙起事，同年攻陷竹塹城，由地方仕紳林先坤等人組織義民軍抗衡，並在亂事平定後發起對死難者的祭祀。義民軍的參與者多為客家人，又號召義民軍、立塚、建廟主事者亦為客家人，楊梅地方也有參與義民軍事蹟傳載；[34] 基於對死難客家義民軍保鄉衛土的崇敬心理，特別是清代客家移民在臺灣的發展，人口數少於漳、泉籍的背景下，透過事件後清廷的褒揚，彰顯客家人群的忠義，有助於臺灣客家人地位的提升和客家社會的發展，亦即義民爺之於客家社會的重要。[35] 楊梅地區便在新竹枋寮褒忠亭義民廟建立後，經楊梅陳家的號召，納入義民廟的輪祀範圍，成為義民爺信仰的祭祀區之一。義民爺信仰除每年例行的春、秋二祭外，以一年一度的中元祭典最為盛大。自褒忠亭成立，逐漸形成由新竹六家、下山、九芎林、大隘、枋寮、新埔、五分埔、石光、關西、大茅埔、湖口，桃園楊梅、新屋、觀音、溪南等，由客籍村落組成的 15 個跨村落聯庄。15 個聯庄又依據以褒忠亭義民廟為中心的地理位置，分為北、中、南三個祭典區，依照 15 年一個週期的輪序，輪流舉辦中元義民祭典。[36]

各聯庄輪值籌辦義民祭典，祭祀活動包括四個部分：（一）恭迎義民爺牌

34 參閱楊梅廣東陸豐山豬湖《陳家族譜》，民國 45 年（1956）3 月編成。

35 就歷史的發展來看，臺灣客家人群地位的提升，南部包括美濃的下淡水地區根源於朱一貴事件，北部桃竹苗地區則與林爽文事件有關。

36 褒忠義民廟創建兩百年紀念慶典籌備委員會編印，《褒忠義民廟創建兩百週年紀念特刊》（新埔：褒忠亭義民廟，1989）。

位和象徵義民軍的黑令旗至當值祭典區。（二）當值祭典區內舉行「領調」（liang thiau）、「奉飯」（fung phon，又稱「奉饌」），以及神豬、神羊牲禮評選。（三）自農曆7月18至20日，當值祭典區信眾赴褒忠亭義民廟「奏表」、焚香、放水燈、奉獻神豬和神羊參與普渡。[37]（四）恭送義民爺牌位和黑令旗返回褒忠亭義民廟。[38] 本文進行考察和研究的民國87年（1998）當值義民祭典之「楊梅聯庄」，清代隸屬新竹縣竹北二堡，包括清代至日治時期舊地名的楊梅老街、新街附近之草湳陂庄、矮仔坪庄、頭重溪庄、大金山下庄、二重溪庄、老坑庄、楊梅壢庄、水尾庄、大平山下庄、秀才窩庄、水流東庄、崩陂庄等庄，約含現今楊梅鎮楊梅、楊江、梅新、紅梅、永寧、秀才、大平、東流、水美、埔心、仁美、瑞塘、光華、梅溪、大同、中山、永平、瑞坪、裕成、楊明、金溪、金龍、四維里等地區之村里，[39]23個里劃約為同一「聯庄」單位，共同參與義民祭典。

民國86年（1997）國曆8月22日，楊梅聯庄代表陳泰春公號代表人自湖口聯庄張六和公號代表人手中，接下祭典委員會印信，丁丑年（民國87年，1998）楊梅聯庄義民中元祭典活動的準備工作隨即展開。[40] 首先楊梅聯庄地區信眾，在總正爐主陳泰春公號代表人的率領下，民國87年7月4日（農曆閏5月10日），以大鼓、神轎、八音隊等陣頭車隊百輛簇擁，至新埔枋寮褒忠亭義民廟迎接義民爺牌位和黑令旗，將之奉置於楊梅地方公廟錫福宮、頭重溪

---

37 農曆7月18日開始，主要為7月20日的中元祭典做準備。而在中元祭典儀式中，除豬、羊祭品外，還往往準備有包括象徵義民軍犒軍的草鞋和飲用水、糧草等物。

38「褒忠亭義民節民國八十七年楊梅祭典區行事通知書」，義民節活動委員會編，《桃園縣楊梅鎮第一屆客家文化節義民節文化活動專輯》（楊梅：楊梅鎮公所，1998年7月），頁88-90。以及六家、湖口、新屋、觀音等聯庄歷次慶讚中元「行事通知書」。

39 參閱民國87年（1998）楊梅祭典區奉饌輪值表。

40 民國87年（1998）9月，楊梅地區口述訪問紀錄。

三元宮、昊天宮內，接受楊梅民眾祭拜。[41] 地方的義民慶典活動，也在義民爺迎駕到地方後，正式展開；包括神豬、神羊的評選比賽，以及「領調」和「奉飯」辦法施行，都構成聯庄祭典的重要一環。領調，是當值祭典的聯庄信眾捐款籌措祭祀經費的方式；民國 87 年「褒忠亭義民節楊梅祭典會」，對楊梅地區信眾所發出的通告書中寫有：「籲請輪區信眾把握十五年才有幸的一次盛事，大家共同出錢出力，熱心參與，使義民節祭典順利圓滿熱鬧又成功，讓民國 87 年楊梅祭典區留下完美名聲流傳後世。」[42] 如同一般神廟一年數節的題戲金一樣，義民信仰的輪祀祭典卻是 15 年一次，因而各祭典區莫不盛大舉辦。除冀望「祭典順利圓滿熱鬧又成功」的訴願外，如民國 88 年（1999）接續楊梅聯庄籌辦祭典的新屋聯庄，通告書中就見有：「義民廟祭典 15 年才一次，祭典區又遼闊，如不盛大辦理，有損地方名聲，有云：『輸人不輸陣』希望本區各善信慷慨捐獻。」[43] 隱然有較勁的意味。為求盛大，民國 87 年楊梅總正爐主陳泰春公號和副總爐主彭義和公號，就分別認領調金新臺幣 6 萬元和 5 萬元；其他調首之調金則從新臺幣 35,000 元至 3,000 元（參見表 5）。藉由領調認同自己為「義民爺信士」，以彰顯義民精神外，信眾捐獻的資金籌措，讓地方聯庄籌辦祭典得以「輸人不輸陣」的願望，又使得歷次的義民慶典籌辦益發擴大且熱鬧。

41 參閱民國 87 年（1998）楊梅聯庄褒忠亭義民節祭典公告。

42 參閱民國 87 年（1998）褒忠亭義民節楊梅祭典會通告。

43 民國 88 年（1999）褒忠亭義民節輪值新屋聯庄祭典委員會「謹告」。

表 5：民國 87 年（1998）褒忠義民節楊梅聯庄祭典領調調金表

調別	調金（元）	備註
總正爐主	60,000	由陳泰春認領
總副爐主	50,000	由彭義和認領
正爐主	35,000	全部由祭典委員認領足數擬不增加
副爐主	30,000	全部由祭典委員認領足數擬不增加
總主會	20,000	
總主醮	16,000	
總主壇	12,000	
總主普	10,000	
總總理	8,000	
總經理	6,000	
經理	5,000	
三官首等十八種	3,000	玉皇首、觀音首、三官首、義民首、北帝首、集福首、巧聖首、孔聖首、灶君首、五谷首、天師首、城隍首、福德首、平安首、水燈首、大士首、斗燈首、聖母首

資料來源：「褒忠亭義民節輪值楊梅聯庄祭典調別調金表」

奉飯，是中元祭典籌辦期間，信眾以牲禮、祭品對義民爺的祭拜。據各祭典區的口述記錄：早期當值祭典信眾是採用扁擔、米籮，步行將祭品由祭典區挑至新埔枋寮褒忠亭義民廟，奉祀義民爺。[44] 現今則均採取以當值區域內鄰里為單位，各家戶於義民爺神位和令旗迎至地方期間，在每天午後 3 時至 5 時，輪流至義民爺神位暫時安置的地方公廟，如同祭祀死亡親屬般，以日常烹煮的

44 參見羅烈師，〈從孤魂野鬼到護國忠魂：地方社會結構史的觀點〉，《義魄千秋：義民、客家文史系列研討會》（竹北：新竹縣立文化中心，1998），頁 18。

三餐食物供祭；[45] 為期長達一至兩個月時間，直到農曆 7 月 20 日中元義民普渡之日為止。[46] 民國 87 年，義民爺神位和黑令旗暫厝於楊梅的錫福宮、頭重溪三元宮期間，[47] 由二廟宇為中心之鄰近各里鄰的義民爺信眾輪流奉飯。奉飯輪序時間，如下文表 6、7。

表 6：民國 87 年（1998）義民節楊梅錫福宮各里鄰奉饌分配時間表

時間		里別	備註
國曆	農曆		
7 月 4 日至 7 月 11 日	閏 5 月 11 日至 5 月 18 日	永寧里 1-27 鄰	國曆 7 月 11 日 全里共同奉饌
7 月 12 日至 7 月 21 日	閏 5 月 19 日至 5 月 28 日	大平里 1-34 鄰	國曆 7 月 21 日 全里共同奉饌
7 月 22 日至 7 月 29 日	閏 5 月 29 日至 6 月 7 日	秀才里 1-30 鄰	國曆 7 月 29 日 全里共同奉饌
7 月 30 日至 8 月 3 日	6 月 8 日至 6 月 12 日	梅新里 1-18 鄰	國曆 8 月 3 日 全里共同奉饌
8 月 4 日至 8 月 10 日	6 月 13 日至 6 月 19 日	紅梅里 1-27 鄰	國曆 8 月 10 日 全里共同奉饌

45 邱彥貴，〈從祭典儀式看北臺灣義民信仰：以枋寮褒忠亭丁丑年湖口聯庄值年中元為例〉，「第四屆國際客家學研討會論文集」（南港：中央研究院民族學研究所，1998）文中提出：「奉飯」有「擔飯」之意，義民信仰發源於集體追悼親屬或擬親屬行為。

46 民國 87 年（1998）7 月至 9 月楊梅錫福宮、頭重溪三元宮口述記錄，及參閱「楊梅錫福宮供奉褒忠義民爺各里鄰奉饌分配日程表」、「褒忠義民爺楊梅聯庄祭典頭重溪三元恭奉饌輪值表」。

47 根據 1998 年楊梅地區田野調查記錄：楊梅聯庄地區迎接的義民爺神位共有三座，主要為地方公廟楊梅錫福宮，及頭重溪三元宮，各安放一座；第三座義民爺神位則放置於楊梅昊天宮，但昊天宮屬於私人奉請，由私人及昊天宮附近部分信眾奉飯。因是之故，楊梅聯庄的奉飯地點，即集中在楊梅錫福宮、頭重溪三元宮。

表6：民國87年（1998）義民節楊梅錫福宮各里鄰奉饌分配時間表（續）

時間		里別	備註
國曆	農曆		
8月11日至 8月14日	6月20日至 6月23日	楊江里1-17鄰	國曆8月14日 全里共同奉饌
8月15日至 8月22日	6月24日至 7月1日	楊梅里1-27鄰	國曆8月22日 全里共同奉饌
8月23日至 8月27日	7月2日至 7月6日	東流里1-13鄰	國曆8月27日 全里共同奉饌
8月28日至 9月 4日	7月10日至 7月14日	水美里1-13鄰	國曆9月4日 全里共同奉饌

資料來源：整理自「楊梅錫福宮供奉褒忠義民爺各里鄰奉饌分配日程表」

表7：民國87年（1998）義民節楊梅頭重溪三元宮奉饌分配時間表

時間		里別	備註
國曆	農曆		
7月3日	閏5月10日		恭迎義民爺回宮 全體共同奉饌
7月4日至 7月8日	閏5月11日至 5月15日	大同里1-25鄰	
7月9日至 7月13日	閏5月16日至 5月20日	中山里1-23鄰	
7月14日至 7月23日	閏5月21日至 6月 1日	梅溪里1-23鄰 金溪里1-14鄰	
7月24日至 7月31日	閏6月2日至 6月 9日	裕成里1-20鄰 楊明里1-20鄰	

表 7：民國 87 年（1998）義民節楊梅頭重溪三元宮奉饌分配時間表（續）

時間		里別	備註
國曆	農曆		
8 月 1 日至 8 月 8 日	閏 6 月 10 日至 6 月 17 日	瑞塘里 1-34 鄰	
8 月 9 日至 8 月 12 日	閏 6 月 18 日至 6 月 21 日	永平里 1-14 鄰	
8 月 13 日至 8 月 19 日	閏 6 月 22 日至 6 月 28 日	瑞坪里 1-21 鄰 四維里 1-25 鄰	
8 月 20 日至 8 月 31 日	閏 6 月 29 日至 7 月 10 日	金龍里 1-27 鄰 仁美里 1-33 鄰	
9 月 1 日至 9 月 8 日	閏 7 月 11 日至 7 月 18 日	埔心里 1-17 鄰 光華里 1-28 鄰	

資料來源：整理自「褒忠義民爺楊梅聯庄祭典頭重溪三元宮奉饌輪值表」

顯示從清末、日治時期參與義民祭祀家戶較少，迄今戶口急劇增加的變化，促使里、鄰逐漸轉成為區劃義民祭典輪值奉飯的新單位外，透過領調和奉飯兩個辦法，擴大地方社會的參與，讓楊梅聯庄地區的客家人都被含括進 15 年一次的義民中元祭典系統。另一方面，義民祭典以祭典委員會為主體籌辦祭祀，聯庄所屬的地方社會往往同時配合舉辦義民祭典相關的「義民節」慶讚活動。民國 87 年當年楊梅聯庄所推出的義民節活動，即以推動地方民俗文化為重點，項目包括：文物展覽、客家才藝選拔、民俗表演、選美，以及演唱活動等（參見表 8）。承辦單位包括：楊梅鎮農會、楊梅地區婦女會、獅子會、青商會、青工會、同濟會、團委會等。傳統客家山歌民謠選拔、民俗戲曲、採茶劇等文化表演外，演唱會、茶葉小姐選拔等迎合現代風尚的新型態內容，使義民慶典在秉持客家傳統之餘，推陳出新，更添熱鬧氣氛。即在熱鬧氣氛中，楊梅聯庄地區的客家和非客家人、一般信眾和地方社團，都因應義民祭典，而整合為楊梅聯庄祭典區的一部分。[48]

表 8：民國 87 年（1998）楊梅鎮義民節活動一覽表

活動項目	辦理日期	地點	活動內容	承辦單位
客家文物展覽	9 月 8 日至 10 日	楊梅國小	客家文物、字畫、奇石、微雕等	楊梅鎮農會
客家米食特產品嚐	9 月 8 日至 10 日	萬大黃昏市場	提倡米食活動、促銷農產土產品、龍鬚糖、捏麵人等	自強婦女協會
客家山歌、民謠選拔	9 月 8 日初賽 9 月 9 日決賽	大同國小	分老、中、青三組及老山歌、山歌仔、平板組	祭典委員會 信義獅子會
1998 茶葉公主選拔	9 月 8 日初賽 9 月 9 日決賽	治平中學	八月三十日初選 九月八日複選 九月九日決選 九月十日茶葉公主複選入圍佳麗親善活動	大展獅子會 仁美同濟會
大型舞台民俗戲曲活動	9 月 9 日	埔心善美的超市空地	下午： 民俗活動表演 晚上： 客家民俗戲曲	楊梅女青商會
		楊梅後火車站	下午： 民俗活動表演 晚上： 客家民俗戲曲	楊梅青工會

48 參閱楊梅鎮公所，《桃園縣楊梅鎮第一屆客家文化節：義民節文化活動專輯》（楊梅：楊梅鎮公所，1998）。

表 8：民國 87 年（1998）楊梅鎮義民節活動一覽表（續）

活動項目	辦理日期	地點	活動內容	承辦單位
文化廣場活動	9月10日	楊梅、埔心車站市區廟宇廣場	舞獅、舞龍、大鼓陣、扯鈴等民俗系列表演活動	埔心青商會
客家之夜大型演唱會	9月10日	埔心善美的超市空地	下午：客家採茶劇團 晚上：知名歌星演唱	楊梅團委會
		楊梅後火車站	下午：拋繡球交友活動 晚上：知名歌星演唱	楊梅青商會團委會

資料來源：整理自楊梅鎮義民節民俗文化活動委員會，「楊梅鎮義民節民俗文化活動」表。（本為文宣品，現已收入《桃園縣楊梅鎮第一屆客家文化節：義民節文化活動專輯》。）

綜觀楊梅聯庄祭典區義民祭典，參與者包括：祭典區內的傳統地方大家族後裔、一般義民信眾、新興工商團體和社會團體；不論楊梅地區各家戶能否擔任祭典爐主職位，信眾領調、鄰里輪流奉飯、豬羊競祀，以及地方社團的興辦義民節活動，擴大了參與義民爺祭祀的人群和家戶，使得楊梅祭典區內所有家戶在共同參與的氣氛下，納入祭典系統。褒忠亭義民廟的中元慶典，也就成為楊梅聯庄祭典區全體客屬民眾的慶典；透過義民祭典的籌辦，成為義民信仰一部分，新埔枋寮褒忠亭義民廟也就隨之擴大，成為楊梅聯庄地區的義民廟。

由義民祭典的內容，顯現祭祀得以推展，取決於擴大參與方式的採行；但執行過程，卻往往非憑一人之力可以為之。依據褒忠亭義民廟祭典委員會內約定俗成的祭祀辦法：義民廟所屬 15 個聯庄祭典區總爐主，都是以一個固定公號為名的地方家族或宗族內選舉代表接替出任；[49] 換言之，值年總爐主或許曾經為某個家族中的個人，在義民祭典系統中，卻非單純意指個人，而是具體代表一個家族。如楊梅聯庄義民祭典總正爐主「陳泰春」，代表發跡於楊梅崩陂的陳氏家族，以「陳泰春」為名，籌辦楊梅聯庄地區義民中元祭典；而祭典的實際執行，總正爐主之下又設置有「楊梅祭典區委員」29 人，包括：總正爐主 1 人、總副爐主 1 人、正爐主 13 人及副爐主 14 人。[50] 當中除三名後來新設的副爐主採用其個人名字外，其餘委員不僅都使用公號名稱為代表（參閱表 9），祭典相關事務如總務、祭典、評量等計 10 組工作人員，均是採取家族公號名，冠於實際負責人之前的分工方式指派。義民祭典籌辦與執行過程中，家族共同名譽高於個人的特點，也可以由楊梅祭典區祭典委員會內部印製的「八十七年度義民節祭典委員工作分擔表」中標注的：「為公號的榮譽十五年輪值的義民節祭典工作請多多團結合作」文字，充分說明。[51]

表 9：民國 87 年（1998）楊梅聯庄祭典區委員一覽表

職銜	公號名稱	代表人
總正爐主	陳泰春	陳紅壽
總副爐主	彭義和	彭成勤
正爐主	張發成	張吉雄
正爐主	陳阿左	陳德才
正爐主	鄭三和	鄭騰星

49 參閱〈從祭典儀式看北臺灣義民信仰：以枋寮褒忠亭丁丑年湖口聯庄值年中元為例〉，發表於「第四屆國際客家學研討會」，頁 538-539；〈新竹大湖口的社會經濟結構：一個客家農村的歷史人類學探討〉；拙著，《褒忠亭義民爺信仰與地方社會發展：以楊梅聯庄為例》（竹北：新竹縣立文化局，2005）。

50 參閱「褒忠義民廟八十七年度楊梅聯庄祭典區委員名冊」。

51 「褒忠義民廟八十七年度楊梅聯庄祭典委員工作分擔表」。

表 9：民國 87 年（1998）楊梅聯庄祭典區委員一覽表（續）

職銜	公號名稱	代表人
正爐主	黃雲章	黃耀昌
正爐主	黃源泰	黃坤煥
正爐主	黃長興	黃銀耀
正爐主	梁三和	梁坤桐
正爐主	李際泰	李尚賢
正爐主	彭孔昭	彭亮茂
正爐主	周萬順	周廷捷
正爐主	張福醮	張葉勤妹
正爐主	陳振安	陳明台
正爐主	黃發祥	黃斌耀
副爐主	胡娘火	胡玉年
副爐主	劉魏乾	劉魏乾
副爐主	陳振和	陳華光
副爐主	李七和	李子生
副爐主	楊三和	楊宏雄
副爐主	黃石龍	黃雙耀
副爐主	童福興	童枝桂
副爐主	鄭源記	鄭瑞琪
副爐主	劉登貴	劉添春
副爐主	劉火玉	劉復梅
副爐主	黃合發	黃阿定
副爐主	張李來	張欽道
副爐主	黃又森	黃又森
副爐主	陳木火	陳木火

資料來源：整理自「褒忠義民廟八十七年度楊梅聯庄祭典區委員名冊」

家族在義民廟輪祀制度上扮演的重要角色，由 29 名籌辦、執行楊梅聯庄祭典的祭祀委員加以理解：民國 58 年（1969）、民國 72 年（1983），以及民國 87 年最近三次，楊梅聯庄當值義民祭典的調單統計，[52] 領調數最多的前五大姓為：黃、陳、張、鍾、彭、葉、劉等姓（參見表 10a）。排列首位的黃姓，是清代楊梅拓墾的重要粵籍墾首黃燕禮後代；列第二位的陳姓，即楊梅聯庄祭典總正爐的陳泰春陳家。陳家除先人曾經在林爽文事件中加入義民軍殉難，又在清末因經商致富，使陳家在楊梅地區聲望和影響升高；陳家不僅持續出任義民祭典總正爐主職務，陳姓在楊梅地區的義民祭典中領調數，也始終高居第二位，顯見陳姓在楊梅地區家族人口發展情況和對祭典參與的踴躍。其他分居三至五名的五個姓氏，則是由入墾楊梅人數最多的宗族、家族而來，透過拓墾過程成為楊梅地區的大家族，對楊梅的開發也有相當的貢獻。亦即七姓是楊梅地區最多數人口姓氏，也是對祭典推動居功厥偉的家族。

表 10.a：楊梅聯庄歷次當值領調前五姓氏一覽表（民國 58 年至 87 年）

年度	1	2	3	4	5
民國 58 年	黃	陳	張	鍾	彭
民國 72 年	黃	陳	張	鍾	葉
民國 87 年	黃	陳	鍾	張	劉

資料來源：整理自楊梅聯庄民國 58、72、87，三年份調單

又根據調單，祭典籌備過程除由陳泰春公號家族擔任祭典區總正爐主外，副爐主職銜則固定由楊梅彭氏家族以「彭義和」為公號擔當，並分別應和不同

52 調單為一記錄全部領調者之名單，紅紙黑字印刷。楊梅聯庄歷次當值義民節祭典區調單，由當次楊梅聯庄總正爐主陳泰春公號代表人陳紅壽先生收藏、提供。

值年需要，加入 24 至 26 名不等的正、副爐主；[53] 陳泰春和彭義和公號家族在義民祭典系統的位銜，遂由原來輪值制度中的正、副爐主，提升為總正爐主和總副爐主。24 至 26 名正、副爐主，也都是楊梅地區具有相當財力和影響力的家族，同樣以固定的家族公號為代表參與祭典，並以世襲方式，由家族接替參與義民祭典籌辦工作，並且在歷次的當值領調中領取同一調首。[54] 簡言之，褒忠亭義民廟楊梅聯庄祭典區的義民祭典，實際執行者包含作為區域代表的家族，以及楊梅地區經歷拓墾時間發展而來，同樣代表地方的其他大家族，並在分別按以總副爐主、總爐主、副爐主職銜共同組成祭祀委員會。祭祀委員會共同參與祭典籌劃的方式，擴大了地方家族的參與，也是歷次義民慶典資金籌措和祭祀推動的主力。

除以陳泰春公號家族為區域代表，採祭典委員會方式，擴大地方家族參與外，楊梅聯庄祭典區內的一般信眾，也多以家戶為主，透過歷次領取總主會到平安首，綜計達 30 到 25 種不等調首的形式，使地方參與再擴大。從民國 58 年至 87 年調單上總調數的增加，顯現參與群眾數目的增加（參見表 10.b）及義民祭典領調信眾的擴增；且信眾多以家戶為單位的現象，亦即調單上多有使用公號為名稱為代表的表徵。楊梅聯庄祭典區就在以公號為代表之家族組成祭典委員會外，配合區域信眾對義民精神的認同，再配合祭典相關的義民節活動興辦，總計民國 87 年當次領調數有 1,425 人次，經費收入達 1,000 餘萬元。[55]

53 依據歷次參與褒忠義民廟祭典的領調單統計：民國 58 年（1969）正副爐主數為 26 名，民國 72 年（1983）正副爐主數 24 名，民國 87 年（1998）正副爐主總數為 27 名。

54 參閱褒忠亭義民廟編，《財團法人臺灣省新竹縣褒忠亭各祭典區爐主名冊暨林、劉、戴施主派下人名冊》，〈楊梅祭典區爐主名冊〉部分，1995 年 11 月。

55 參閱民國 87 年「褒忠亭慶讚義民節調單」，以及「褒忠亭義民節輪值楊梅聯庄祭典區經費收支決算表（87 年 9 月 31 日止）」。民國 87 年楊梅聯庄祭典區經費總收支達 10,641,789 元整。

整個楊梅聯庄就在地方家族、義民信眾，以及地方社團的參與下，充分發揮社會動員，而被納入義民祭典輪值系統之列；另一方面，也透過15年一次的輪祀祭典，感懷義民的忠義，重申受官方褒揚的義民精神外，強化了客籍人群的認同。

表10.b：楊梅聯庄歷次當值領調情況一覽表（民國58年至87年）

年	總領調數	調首項數	調首項目
民國58年（1969）	868	30	總正爐主、總副爐主、正爐主、副爐主、總主會、總主醮、總主壇、總主普、總總理、總經理、經理、玉皇首、觀音首、聖母首、三官首、城隍首、五谷首、天師首、大士首、巧聖首、孔聖首、北帝首、水燈首、斗燈首、集福首、福德首、灶君首、義民首、平安首
民國72年（1983）	1334	26	總正爐主、總副爐主、正爐主、副爐主、總主會、總主醮、總主壇、總主普、總總理、總經理、經理、玉皇首、觀音首、三官首、義民首、城隍首、五谷首、巧聖首、天師首、福德首、集福首、灶君首、北帝首、聖母首、孔聖首、平安首
民國87年（1998）	1,425	25	總正爐主、總副爐主、正爐主、副爐主、總主會、總主醮、總主壇、總主普、總總理、總經理、經理、玉皇首、聖母首、三官首、觀音首、天師首、北帝首、城皇首、巧聖首、孔聖首、集福首、灶君首、福德首、義民首、平安首

資料來源：整理自楊梅聯庄民國58、72、87年，三年份調單

綜觀民國87年褒忠亭楊梅祭典區祭典活動的進行程序為：

民國86年8月22日（農曆7月20日）

楊梅聯庄祭典區陳泰春公號代表人陳紅壽先生，在褒忠亭董事長魏雲杰先生主持，以及全體董事、十五聯庄代表人見證下，自民國86年（1997）輪值義民慶典之湖口聯庄，張六和公號代表人張福普先生手中，接過褒忠亭祭典委員會印信，民國87年度義民祭典工作正式由楊梅聯庄接續。

民國87年3月11日（農曆2月13日）

楊梅聯庄祭典委員會在楊梅錫福宮內成立，並於民國87年3月11日（農曆2月13日）及5月2日（農曆4月7日）在錫福宮會議，決議國曆7月3日（農曆閏5月10日）號召聯庄內信眾，赴新埔枋寮褒忠亭義民廟迎接義民爺神位。同時議定神位將安置錫福宮、頭重溪三元宮，以及各鄉里輪流奉飯時間表。[56]

民國87年5月1日（農曆4月6日）

楊梅聯庄祭典委員會公告，民國87年5月1日（農曆4月6日）至8月10日（農曆6月19日），楊梅聯庄區域內信眾可至楊梅錫福宮、三元宮、昊天宮、楊梅鎮農會老街分部、楊梅鎮農會埔心分部等地方參與領調。[57]

民國87年7月3日（農曆5月10日）

上午7時，楊梅地區各廟備大鼓、陣頭等約百輛車隊，齊聚楊梅火車站前廣場。7時30分，出發前往新埔枋寮褒忠亭義民廟。總正爐主陳紅壽先生、總副爐主彭武寬先生為代表，向義民爺神位前焚香迎請後，義民爺神位和黑令旗由車鼓隊迎導，途經新埔巨埔（大茅埔）至桃園龍潭、埔心，而後返回楊梅遊街；並隨即厝置於楊梅錫福宮、頭重溪三元宮接受民眾奉飯。[58]

---

56 民國87年（1998）8月至9月田野調查記錄，以及參閱褒忠亭義民廟義民節輪值楊梅聯庄祭典委員會「謹告」。

57 同上註。

民國 87 **年** 8 **日** 7 **月（農曆** 6 **月** 16 **日）**

8 月 7 日（農曆 6 月 16 日）起至 8 月 22 日（農曆 7 月 1 日）止，楊梅聯庄區域內民眾往錫福宮、頭重溪三元宮、昊天宮，以及各里里長處申報神豬、神羊。申報大豬者需繳納新臺幣 1,000 元，採用秤重結果淨重達 400 臺斤者可退費辦法，但 800 臺斤以上者需繳納新臺幣 2,000 元，1000 斤以上繳納 3,000 元；若誤差達 150 臺斤秤重費充工資。境外 10-30 公里地區加收 6,000 元，30 公里外加收 10,000 元充作工資。

民國 87 **年** 8 **月** 29 **日（農曆** 7 **月** 8 **日）**

評選三十等內大豬。

民國 87 **年** 9 **月** 4 **日（農曆** 7 **月** 14 **日）**

9 月 4 日，以及 9 月 7 日二日秤量等外神豬。

民國 87 **年** 9 **月** 8 **日（農曆** 7 **月** 18 **日）**

秤重入等神豬，並請評量委員鑒定。[59]（評選結果參閱表 11、12）

表 11：民國 87 年（1998）楊梅聯庄義民祭典神豬比賽前十等名單

等級	特等		一等	二等		三等	四等			五等	六等	七等		八等				九等		十等
淨重	一二四六斤	一二四五	一二四〇	一二〇三	一二〇〇	一一八五	一一七七	一一七三		一一七〇	一一四七	一一三五	一一三二	一一二六	一一二五	一一二三	一一二一	一一一八	一一一三	一〇九五
飼主姓名	彭盛崇	黃阿日	梁阿文	劉建華	呂阿統	李新城	彭盛祿	泰立有限公司	黃聖坤	莊熙雲	鍾維生	張德壽	葉雲春	黃木生	徐雙和	李新萬	黃阿日	陳國泉	吳勝添	許文亮

資料來源：抄錄褒忠亭廟前公告

58 民國 87 年（1998）8 月，楊梅陳宅，總正爐主陳紅壽先生口述記錄及田野調查記錄。

表 12：民國 87 年（1998）神羊比賽優勝名單

等級	特等	特等	壹等	貳等	參等
羊角尺寸	3 尺 7 寸 2 分	3 尺 1 寸 6 分	2 尺 9 寸 5 分	2 尺 7 寸 2 分	2 尺 6 寸 5 分
飼主姓名	陳國泉	張勝維	鍾維生	鄭圳芳	張勝隆

資料來源：抄錄褒忠亭廟前公告

當日楊梅聯庄區域內信眾全體茹素，祭典委員會工作移至新埔枋寮褒忠亭義民廟，舉行等神以及豎登篙儀式。下午 4 時起，義民廟彩結華壇；晚間 6 時，由總正、副爐主代表、楊梅聯庄地區眾調首開斗燈；6 時 30 分，起鼓入壇。晚間 8 時，祭典委員會備專車從楊梅火車站、鎮公所、瑞埔國小、三元宮等處定點載送楊梅聯庄地區民眾馳至褒忠亭參與奏表。[60]9 時，大士爺開光點眼。晚間 11 時，由爐主和四大調首領焚香奏表，約時 2 小時。

表 13：楊梅聯庄民眾參與奏表乘車地點、地區一覽表

乘車時間	地點	信衆所在區域
農曆七月十八日 下午八時	楊梅火車站 楊梅鎮公所	楊梅里、楊江里、梅新里、紅梅里、永寧里、秀才里、大平里、東流里、水美里

59 參見「褒忠亭義民節民國八十七年楊梅祭典區行事通知書」，第三項「神豬、羊申報」；以及民國 87 年（1998）田野調查記錄。

60 參見「褒忠亭義民節民國八十七年楊梅祭典區行事通知書」。又「奏表」為將有領調者姓名列在表章並宣讀，以昭告神明和世人，並祈求義民爺保佑。沒有參與領調者可隨個人意願繳納「緣金」，姓名仍可列於表章，但不宣讀。

表 13：楊梅聯庄民眾參與奏表乘車地點、地區一覽表（續）

乘車時間	地點	信眾所在區域
農曆七月十八日 下午八時	瑞埔國小大門前 三元宮	埔心里、仁美里、瑞塘里、光華里、梅溪里、大同里、中山里、永平里、瑞坪里、裕成里、楊明里、金溪里、金龍里、四維里

資料來源：整理自「褒忠亭義民節民國八十七年楊梅祭典區行事通知書」

民國年 87 年 9 月 9 日（**農曆** 7 月 19 日）

上午 6 時，褒忠亭義民廟豎立神幡；8 時開始恭請諸佛、奉請三界觀音大士、義民寒林同歸、開請梁皇。下午 3 點，由總正爐主率隊，引領楊梅聯庄信眾至鳳山溪燃放水燈。

表 14：民國 87 年（1998）褒忠亭中元文科

民國八十七年褒忠亭中元文科

農曆九月十八日
彩 斗 內
結 燈 鬧
華 安 華
壇 位 壇

農曆九月十九日
發 豎 奉 奉 迎 召 恭 奉 接 洒 奉 初 連 連 連 當 貢 梁 梁 燃 孤 連 大 梁 梁 梁 梁
表 幡 請 請 請 請 請 請 請 潔 請 請 誦 誦 誦 壇 獻 皇 皇 放 魂 揚 鬧 皇 皇 皇 皇
申 接 大 觀 寒 同 義 諸 三 廚 眾 梁 首 二 三 小 諸 四 五 水 安 寶 皇 六 七 八 九
文 聖 士 音 林 歸 民 佛 界 堂 灶 皇 卷 卷 卷 供 神 卷 卷 燈 座 旌 壇 卷 卷 卷 卷

表 14：民國 87 年（1998）褒忠亭中元文科（續）

農曆九月二十日
早拜供梁金奉無出天叩酬巡上焰奉連中聯士長
朝叩養皇山敬礙榜廚謝謝筵座口謝謝元庄農發
祝三六十拜諸出張午天地洒化度斗眾完平工其
聖界神卷典真食掛供恩祇淨食孤燈神滿安賈祥

天運戊寅年七月十八日
給
科
發在雲廚張掛

資料來源：民國 87 年（1998）9 月 9 日至 10 日新埔枋寮褒忠亭義民廟田野調查記錄

民國 87 年 9 月 10 日（農曆 7 月 20 日）

9 月 10 日，楊梅聯庄暨十五聯庄所有信眾，褒忠亭義民廟施主、委員、董事，以及地方賢達、政要、代表等，齊聚褒忠亭舉行義民祭典。上午 10 時擂鼓三通，鳴炮、奏樂，由新竹縣長暨褒忠亭世襲施主代表林光華擔任主祭者，楊梅聯庄祭典區總正爐主、總副爐主陪祭，在廟內中庭處向義民爺上香，並由全體人員向義民爺神位暨諸神牌位行三鞠躬禮；再由來賓行獻花、獻果、獻酒三獻禮和恭讀祭文、祝文，以及頒發神豬和神羊比賽優勝獎狀。林光華縣長致詞、介紹來賓後，隨即進行新舊爐主交接：經董事長魏雲杰擔任監交人，由民國 87 年值年祭典楊梅聯庄之陳泰春公號代表陳紅壽，將象徵承辦義民祭典的委員會印信，移交民國 88 年（1999）接續舉辦祭典的新屋聯庄代表人——新屋許合興公號代表人許阿海，典禮完成。

楊梅聯庄區域內民眾除參與廟庭內典禮，同時陸續將參與評選秤重獲二十等內大豬和三等內大羊，在上午 11 時以前運抵褒忠亭義民廟前廣場獻供。[61]

下午 3 時 30 分再將貢獻的豬羊載返楊梅錫福宮、頭重溪三元宮廟前，迨晚間 8 時進行楊梅地區普渡；並由楊梅聯庄義民祭典委員會派員引導道士，由褒忠亭義民廟出發至普渡點（即錫福宮和頭重溪三元宮）進行「淨孤筵」儀式。11 時，普渡活動結束，謝神送神。

民國 87 年 9 月 12 日（農曆 7 月 22 日）

上午 10 時，以車鼓隊伍分別自楊梅錫福宮和頭重溪三元宮，將義民爺神位與黑令旗送返新埔枋寮褒忠亭義民廟；整個民國 87 年度楊梅聯庄祭典區，15 年輪值的義民祭典正式劃上休止符。

三、小結

乾隆 51 年的林爽文事件後，客家人在臺灣的社會地位，經清廷對客籍義民的褒揚而提升，於是有褒忠亭義民廟的建立。楊梅地區客家人便基於對客家人群、祖籍和義民精神的認同，使得義民爺獲致有如祭拜祖先般的尊敬地位。由於義民輪祀以村落聯合祭祀方式組織祭典區，因而現今楊梅行政區域內，包含有分屬褒忠亭義民廟楊梅聯庄、湖口聯庄、新屋聯庄、溪南聯庄，以及部分隸屬桃園平鎮褒忠祠的中壢十三聯庄。兩種系統的五個義民祭典區，分別以楊梅壢陳家、湖口上北勢張家、新屋姜家、新豐新庄子徐家，以及平鎮宋屋宋家為祭典代表，反映臺灣移墾社會土地拓墾和租佃關係發展下，大租戶權取得，以及環繞大租戶進行的地域社會、經濟關係開展：以地主、業主為中心，集合管轄地域內各佃戶形成的自然村，組成共同祭祀義民爺輪祀聯庄；在取得聯庄

61 參見「褒忠亭義民節民國八十七年楊梅祭典區行事通知書」。二十等以內大豬，及三等內大羊在農曆 7 月 20 日上午 11 時以前抬至義民廟前獻午供，同時接受頒獎；二十等以外者，則自行選擇地點陳列參與普渡。

代表（爐主）資格後，地主、業主再於家族、宗族內以世代接替方式籌辦祭典。大租戶開墾形式凝聚了清末自然村間共識，也是祭祀聯庄範圍得以劃定，以及義民祭典傳續的因素。

祭典的興辦，提供了義民信仰得以傳播的助益；輪祀祭典區祭典籌辦過程，又顯見家族居中扮演承續的重要推手角色。楊梅聯庄代表陳泰春公號，在義民祭典系統中，由於同時是褒忠亭義民廟管理委員和地方聯庄世襲代表（爐主），實質就是信仰持續向地方傳布，以及歷年祭典興辦不綴的重要關鍵。民國 87 年當值義民祭典的楊梅聯庄，由陳泰春公號當值總正爐主，興辦當次義民祭典，同時以擴大參與方式，號召地方社會：一方面，增設包括總副爐主、爐主、副爐主等位銜，將 29 名同樣以公號為名的家族代表組織，成為義民祭典委員會，使地方主要家族都得以包含在共同籌劃、執行祭祀之列。另一方面，在聯庄區域內施行領調和奉飯辦法，配合義民慶典活動的舉辦，就使新埔枋寮褒忠亭義民廟的義民信仰得以跨區域傳播，也讓楊梅聯庄所屬的地方社會，被整合和動員入 15 年一次的義民輪祀祭典中。

參考文獻

一、論文

李亦園，1981，〈臺灣傳統的社會結構〉。劉寧顏編，《臺灣史蹟源流》。臺中：臺灣省文獻委員會。

李豐楙，1993，〈由常入非常：中國節日慶典中的狂文化〉。《中外文學》22（3）（總號 255）。

林衡道，1944，〈新屋范姜祖堂：民國七十一年十一月調查〉。《臺灣文獻》34（2）。

邱彥貴，1998，〈從祭典儀式看北臺灣義信仰：以枋寮褒中庭丁丑年湖口聯庄值年中元為例〉發表於「第四屆國祭客家學研討會」。臺北：中央研究院民族學研究所。

邱炫煜，2000，〈清代臺灣桃園台地的漢人社會與民間信仰〉，發表於「國際漢民研究 2000 年學術會議」，泉州。

哈貝瑪斯原著，劉峰譯，1995，〈公共領域〉。甘陽主編，《社會主義：後冷戰時期的思索》。香港：牛津大學出版社。

施添福，1996，〈清代臺灣竹塹地區的土牛溝和區域發展：一個歷史地理學的研究〉，《臺灣史論文精選》上冊。臺北：玉山出版社。

______，1994，〈臺灣聚落研究及其史料分析：以日治時期的地形圖為例〉，《臺灣聚落研究及史料分析：臺灣史料評析講座紀錄（一）》。臺北：自立晚報社。

張勝彥，1983，〈清代臺灣漢人土地所有形態之研究〉。《東海歷史學報》4。

陳世榮，1998，〈北桃園地區的區域與地方公廟〉，《北桃園區域發展史》。桃園：桃園縣立文化中心。

陳漢光，1972，〈日據時期臺灣漢族祖籍調查〉。《臺灣文獻》23（1）。

黃清漢，1987，《新埔義民廟祭祀圈結構之研究》。中國文化大學地學研究所地理組碩士論文。

富田芳郎，1955，〈臺灣鄉鎮之研究〉。《臺灣銀行季刊》7（3）：85-109。

楊彥杰，1998，〈輪祀圈：寧化治平的華光大帝崇拜〉，發表於「第四屆國際家學研討會」。臺北：中央研究院民族學研究所。

劉枝萬，1983，〈臺灣之瘟神信仰〉。《臺灣省立博物館年刊》6。

賴玉玲，2001，《新埔枋寮義民爺信仰與地方社會的發展：以楊梅地區為例》。國立中央大學歷史研究所碩士論文。

羅烈師，1997，《新竹大湖口的社會經濟結構：一個客家農村的歷史人類學探討》。國立清華大學人類學研究所碩士論文。

二、正式出版品

何培夫主編，1999，《臺灣地區現存碑碣圖誌・臺北市、桃園縣篇》。臺北：國立中央圖書館臺灣分館。

洪敏麟，1983，《臺灣舊地名之沿革》。南投：臺灣省文獻委員會。

陳朝龍著，林文龍點校，1999，《合校足本新竹縣采訪冊》。臺中：臺灣省文獻委員會。

淡新檔案校註出版編輯委員會編，1995，《淡新檔案》。臺北：國立臺灣大學。

湖口鄉公所編，1996，《湖口鄉志》。湖口：湖口鄉公所。

義民節活動委員會編，1998，《桃園縣楊梅鎮第一屆客家文化節：義民文化活動專輯》。楊梅：楊梅鎮公所。

楊梅鎮志編纂小組編，1983，《楊梅鎮志》。楊梅：楊梅鎮公所。

增田福太郎，1939，《臺灣の宗教》。東京：養賢堂。

臺灣總督府臨時臺灣土地調查局調製，1996，《臺灣堡圖》。臺北：遠流出版社。

褒忠祠貳佰周年慶典委員會編，1993，《中華民國八十年褒忠祠貳佰周年慶典紀念特刊》。平鎮：褒忠祠。

褒忠義民廟創建兩百年紀念慶典籌備委員會編，1989，《褒忠義民廟創建兩百週年紀念特刊》。新埔：褒忠亭義民廟。

Jurgen Habermas, Burger Thomas trans., 1989, *The Structural Transformation of the Public Sphere: An Inquiry into a Category of Bourgeois Society*, Cambrige, MA: MIT Press.

三、非正式出版品

編者不詳，1956《陳家族譜》。

新屋聯庄祭典委員會，1983.9.25，「枋寮義民廟義民節祭典籌備大會錄」。

______，1976-1983，「褒忠亭義民廟管理委員會有關書類」。

______，1999，褒忠亭義民節輪值新屋聯庄祭典委員會「謹告」。

楊梅鎮公所，1998，「褒忠亭義民節民國八十七年楊梅祭典區行事通知書」。

楊梅聯庄祭典區，1998，「民國八十七年楊梅祭典區奉饌輪值表」。

______，「民國八十七年楊梅聯庄褒忠亭義民節祭典公告」。

______，「民國八十七年褒忠亭義民節楊梅祭典惠通告」。

______，「楊梅錫福宮供奉褒忠義民爺各里鄰奉饌分配日程表」。

______，「褒忠亭義民節輪值楊梅聯庄祭典區經費收支決算表（1998.9.31.止）。」

______，「褒忠亭義民節輪值楊梅聯庄祭典區調別調金表」。

______，「褒忠亭慶讚義民節調單」。

______，「褒忠義民爺楊梅聯庄祭點頭重溪三元宮奉饌輪值表」。

______，「褒忠義民廟八十七年度楊梅聯庄祭典委員工作分擔表」。

______，「褒忠義民廟八十七年度楊梅聯庄祭典區委員名冊」。

______，褒忠亭義民廟義民節輪值楊梅聯庄祭典委員會「謹告」。

褒忠亭義民廟，1995，「財團法人臺灣省新竹縣褒忠亭各祭典區爐主名冊暨林、劉、戴施主派下人名冊」。

時間不詳，「臺灣區褒忠義民廟聯誼會廟址及理事住址名冊」。

臺灣枋寮義民廟階序體系的形成 *

羅烈師

一、前言

本文所謂臺灣枋寮義民廟階序體系係指廟內供奉的牌位以及祭典組織分工的調單上所顯示的高下排列關係，這一體系之形成以無主的恐慌為原動力，其階序關係決定於財產的捐施與經理，然而具有封神權力的帝國卻帶著族群異音，被安奉在頂端。

乾隆 51 年（1786）林爽文於大里杙（今臺中市大里區）起事，同年攻陷竹塹城，林先坤等人組義民軍捍衛鄉土。役畢，義軍以牛車遍拾忠骸，計獲 200 餘具。原擬歸葬大窩口（今新竹縣湖口鄉），車過鳳山溪，牽牛停蹄，不受驅策。於是就地卜筈，得「雄牛睏地穴」吉地，乃葬。此即今之義民塚，曾蒙乾隆皇帝「褒忠」敕旨。後林先坤等人再議建廟，廟成於乾隆 55 年（1790）。同治元年（1862）彰化戴潮春起事，義軍再組。嗣後迎葬是役百餘忠骨於原義民塚旁，是為「附塚」。光緒 21 年（1895）廟毀於甲午割讓，經理徐景雲等號召捐資重建，新廟落成於光緒 30 年（1904）（財團法人臺灣省新竹縣褒忠亭 1988：16-19）。目前枋寮義民廟的祭典區也含十五大庄，每年由一大庄

* 本文原刊登於《客家研究》，2006，1 期，頁 97-145。因收錄於本專書，略做增刪，謹此說明。作者羅烈師現任國立交通大學客家文化學院人文社會學系副教授。

輪值經辦該年農曆 7 月 20 日的義民節暨慶讚中元祭典。這十五大庄的範圍包含新竹縣全境、部分桃園縣境及一小部分新竹市境，共約 1000 平方公里，60 萬人。

二、無主

義民是「孤魂野鬼」或「無主亡魂」嗎？這是臺灣義民信仰的重大爭議之一，曾經在客家族群內引起喧然大波。[1] 這一「義民神格」的問題，對庶民真實生活而言，正是「有主」或「無主」的恐慌。

「主」字屬於六書中的象形，遠古的造字者依據燈台的形象，創造出這個文字。主字上端的「、」即表示燈之火焰，而「王」則為燈台的形象。[2] 由於火焰所具有溝通陰陽的特質，使得後代的文字使用者就用主字稱呼象徵神靈或祖先的牌位。[3] 而所謂無主意即亡者沒有神主牌，或者其名諱沒能記載於神主牌位上，所以也就無法在歲時祭儀時，亨用蒸禮。竹塹地區的客語對於死者這種無主的狀態，稱為「無人承受」（mo ngi shen shiu），即一般漢語習稱之孤魂野鬼。

亡者斷氣、撒手人寰之時，死者的家屬為亡者洗身理容，並更換壽衣，是為「小殮」；隨後將亡者安放於棺木內，稱為「大殮」；再經家奠禮與公奠禮後，

1 本文不討論義民神格的問題，而關注於神格認知背後的心理恐慌。至於義民與孤魂野鬼之相關爭議請參考林光華 2001〈他們有主！〉，刊於鍾仁嫻編《義民心鄉土情》，頁 2-4。新竹：新竹縣文化局。

2 依許慎《說文解字》「主，鐙主火主也。」轉引自林尹、高明 1973《中文大辭典》，第一冊，第 455 頁。臺北：華岡。

3 例如〈周禮地官大司徒〉「樹之田主」，注：田神后土田正之所依也；〈周禮春官司巫〉「則共匰主」，注：主，謂木主也；〈穀梁文二〉為僖公主也，注：主，蓋神之所馮依，其狀正方，穿中央達四方，天子長尺二寸，諸侯長一尺；〈史記伯夷列傳〉「武王載木主而東征」。以上皆轉引自中文大辭典，參考前註。

靈柩方得下葬。下葬之前必須請來有地位的人士擔任點主官，主持「點主」儀式。這一儀式必須事前準備一個尚未完成的神主牌，所謂尚未完成係指這個神主牌位上的「主」字會被寫成「王」字，必須加題一點「、」字，才成為一塊真正的神主牌。點主儀式中，孝子反手背持神主牌跪在柩前，點主官口頌「天地開張，日吉時良，點王為主，世代永昌。」並且手執毛筆，沾上朱砂，在神主牌之「王」字上方加題一點，成為主字，是為「點主」。前文所謂「承受」意即喪禮中兒子行點主儀式，承受了父母親的神主牌，自此依歲時而祭祀。

墓葬之後，喪家在家堂中設置靈桌，早晚在靈桌前，供奉日常飲食及洗臉水，並焚香、燒冥紙，稱為「奉飯」；直到百日方能將神主牌火化，另設香火籃掛置牆上，而將靈壇移除，是為「除靈」，喪事至此結束。墓葬之後3至5年，擇吉開墓，將骨骸拾入金斗甕中，是為「撿骨」或「啟攢」；最後再納入宗族共同的祖塔，稱為「晉塔」，而亡者的香火籃方可火化，並將名諱寫上公廳之大牌，亦即共同的神主牌位上，是為「合火」。[4]

一般而言，無主恐慌的解決依恃於宗族。生前與死後的世界，一陽一陰各有秩序，在宗族的層級內，二者合而為一宗族秩序。而喪葬禮儀的意義在於溝通陰陽，將死者納入宗族秩序中，從而讓死者得到一個確定的地位，安享歲時祭祀。在喪葬儀式中，亡者軀體經入殮而安放於靈柩中，在喪家的住屋裡，顯得十分龐大；靈柩下葬後，喪家則擺設靈桌與神主，相對於靈柩，體積大幅減小；再經百日除靈後，神主火化，改設相當輕巧的香火袋，安置牆上的吊籃上；最後，既經啟攢，骨骸晉塔，香火袋內的香火便與祖先的香火合而為一。從碩大的靈柩到合而為一的香火，喪葬儀式將亡者歸納到一個終極安寧的秩序。

喪葬不僅是具象地將亡者骨骸轉化為香火，從抽象的層面，我們在儀式中

---

4 參考《新竹縣志初稿》，頁 186-187。

也可以看到溝通陰陽、引導亡魂的舉措。以喪禮中的「送火」（song fo）儀式為例，一旦生人頓入死境，立刻陷入茫然不知所措的局面。介於斷氣與下葬的停柩期間，死者尚能在家戶之內得到照顧，可以如生人一般享受日常飯菜，又像亡者那般安享清香；然而下葬當天起，亡者頓失依恃，儘管生者已將各式日用品，包含房舍、舟車、僕從等，火化相贈，但是亡者卻必須自理飲食。於是當天起，平日升火做飯的婦女便須連續三天送火給亡者。據說早期送火係用火把，近來則多用一束柱香代替，比較講究的喪家還會將柱香下半截竹枝折去，表示致送給亡者的不是柱香，而是火把的代替品。第一天送火必須直至墓地，並且面告明日送火之時間及地點，請亡者屆時前往接火；次日送火無須到達墓地，而是喪家至墓地路上，比較接近墓地的地方；第三日送火又則較接近喪家。因此送火儀式除了致送火種使亡者得以炊煮外，也同時具備指引亡者魂魄返家路途的意思。

透過這樣儀式上細緻的安排，亡者融入了宗族秩序；反之，如果亡者未能經由這套儀式安排，便會成為孤魂野鬼。而且，這種儀式上的安排並非一蹴而幾的，因為即使亡者已經融入宗族秩序，子孫仍須在往後的的日子裡，依歲時而祭祀，否則祖先依舊無所依恃。本文稱這種孤魂野鬼的恐慌為無主的恐慌，而且這種恐慌是多重的，一方面指的是擔心自己或家人死後會成為孤魂野鬼，另一方面也擔心陰界的孤魂野鬼會威脅自己目前在陽間的生活。這一無主的恐慌對於竹塹地區的移民而言，是格外嚴重的，因為這些離鄉背景的移民，已經無法祭祀自己的祖先了。以嘉慶 3 年（1798）5 月間與妻子彭氏及子女共同來臺的羅鵬申為例，當時 41 歲的鵬申由廣東陸豐縣河田墟遷居渡臺，在苗栗中港溪口登陸。鵬申來臺之後，汲汲於尋找足以安身立命的田地，而當時許多來自陸豐的客家鄉親，正於頭前溪與鳳山溪上游開墾田地。於是鵬申一家即前往關西下橫坑，投入開墾工作。嘉慶 23 年（1818），鵬申長子華西當年 36 歲，於下橫坑慘遭泰雅族殺害。三年後，即道光元年（1821），鵬申一家 9 口放棄拓墾工作，由下橫坑徙居新埔汶水坑，佃耕田地為生。至道光 11 年（1831），鵬申來臺已 33 年，亦已高齡 74，次男卻於該年病逝。鵬申接連痛失愛子，又隔海驚聞祖田丁份被奪，其叔姪及各從兄弟亦未如鵬申所託付，代為祭掃鵬申父母之墳塋。鵬申激憤之餘，立刻修撰多封家書，託往陸豐故鄉，企求親戚協助祭掃。[5]

這絕對不只是一個 19 世紀初期新埔佃農的悲涼，它更是當時竹塹全體移民共同的傷痛。當時一張〈大溪墘及大崙、白沙墩、紅毛港、大湖口四庄聯合建醮序〉文中，如此形容這群無人承受的孤魂：「或為西州大賈，執紼無親；或為南陽行商，穹碑未記；或沙場無定，依然夢入深閨；或青塚徒存，猶是心期月鏡。」[6] 序文中所謂四庄大致包含目前新竹縣新豐、湖口兩鄉以及桃園縣新屋鄉、觀音鄉南半部與中壢市西北一角，亦即新竹縣新豐鄉紅毛港溪與桃園縣觀音鄉大堀溪之間，25 公里長海岸縣向東十餘公里以內，約 250 平方公里的區域。序文裡四庄移民客死異鄉者，雖身為大賈死後卻沒有親屬為他執紼營葬；有些行商被草草掩埋，連墓碑都沒有；或者征戰異鄉的兵丁，他們的妻子甚至不知自己的丈夫已化枯骨；而那些無人祭掃的墳塚，它們的墓主或許仍期盼那些已成鏡花水月般的壯志能達成。當然，四庄建醮序中對於無主亡魂的敘述，未必精確地呈現當時社會實況；不過，尋思文意，我們依舊可以感受到那份來自於無主亡魂的悲涼。

5 參見〈羅鵬申道光十一年家書〉，收於羅景輝收藏之「湖口羅家古文書」，未出版。

6 不著撰者，年代不詳，〈四庄建醮序〉，收於羅景輝收藏之「湖口羅家古文書」，未出版。雖然這一文本並未註記年代，但是依共同保存的文本的年代，大致可以推斷此一文本應為 19 世紀中期之作。

三、託孤

前文所提及的無主恐慌，在臺灣 19 世紀末那場反政府動亂的後續處置事宜中，更是顯而易見。事件之後的 16 年（1802），竹塹人回憶：

> 丙午年（1786）冬，元惡林爽文戕官陷城，程所主遇害，壽師爺接任，立策堵禦，我義民募勇，幫官殺賊志切同仇。捐軀殉難者不少，血戰疆場，屍骸拋露到處，夜更深常聞鬼哭，各庄人民寤寐難安，蒙 制憲以粵民報效有功，上奏京都，聖主封以褒忠二字，時有王廷昌自備銀項，請出鄧五得爲首，各處收骸，欲設塚。[7]

這段回憶讓我們可以想像這些拋露到處的屍骸，對於竹塹那些尚未立穩腳跟的移民造成多麼強烈的心理壓力，莫怪乎竹塹人夜深常聞鬼哭，寤寐難安！這種恐慌與悲涼當然需要藉由信仰與儀式才能安定，於是才有收骸、設塚之舉。乍看之下，我們對文中所謂「屍骸拋露到處，夜更深常聞鬼哭，各庄人民寤寐難安」之語，可能會認為這無非文學修辭罷了。然而，另外兩紙文件可以進一步告訴我們，那種無主的恐慌是如此真實，不是個別文人的文采而已。這兩紙文件的簽署人為戴元玖子孫與王尚武，也就是施地捐資使義民廟得以構築的兩位重要人物。

乾隆 53 年（1788），林爽文事件平息後，「因塹屬地方陣亡義友骨骸暴露兩載乏地安葬，惟有戴禮成、拔成、才成兄弟丈義，為人喜施情殷，先年

7 引自義民廟古文書，嘉慶 7 年（1802）褒忠亭首事王廷昌、黃宗旺、林先坤、吳立貴等〈同立合議規條簿約字〉，詳下文。底線為筆者所加，以下同。本文所引用之義民廟古文書係林光華及莊英章所提供，目前尚未出版，以下不贅述。

憑價承買……枋寮庄舊社空地一所，允愿發心樂施公塚」，而交換條件則是「而義祠工竣進火安香之日，眾皆樂迎戴府甫元玖公祿位牌登立龕位福享千秋」。[8] 顯然戴禮成兄弟捐施土地的動機，係為確定其留住於大陸之父親戴元玖的祿位牌，能夠登龕立位，福享千秋。[9] 一旦父親祿位得立，自然無須再有無主的恐慌。雖然往後兄弟遷往新竹縣湖口鄉拓墾，並且成為湖口重要的宗族之一，而且目前元玖的牌位也安置於宗族公廳之中；然而 18 世紀末的拓墾年代裡，禮成兄弟當然無法預知自己未來的發展，不如眼前先將父親安頓妥當，了卻人生一樁大事。對於渡臺初期的移民而言，這樣的心情十分真實，即使是遁入空門的的和尚也難自外，義民廟祝王尚武正是另一個顯例。

法號智武的王禪師本名尚武，祖父及父親原居住於興直堡的新庄街（即今臺北縣新莊市），後來移居竹塹枋寮庄，剃度為和尚，既無親屬，也無後裔。乾隆 56 年（1791）一生克勤克儉的王尚武時年 58 歲，已屆暮年，雖積蓄了「老本銀」780 大元，卻十分惶恐於日後「香祀無歸」。於是尚武乃於乾隆 56 年（1791）2 月初二日，請來義民廟首事王廷昌等 4 人共同商酌，從而議定「託孤字」。所謂「孤」不是後代，反而指的是祖、父及自己。[10] 託孤字原文照錄如下：

8 引自義民廟古文書，〈粵東總理林先坤、姜安，首事梁元魁、鍾金烙、賴元麟、徐英鵬仝立合約字〉。

9 戴元玖並未隨其子禮成兄弟等來臺，禮成兄弟捐地時元玖尚健在，故禮成兄弟以元玖之名捐地，讓元玖生前即享祿位。

10 王尚武託孤字並非特例，臨終前將未成年子女託付親友，固然是漢人一般慣例，但是全無子女，而請族人代管產業，以為香火之資，亦常有之舉。因此，託孤的意義在於香火祭祀，也往往與產業之託管互為表裡。

託孤字

立託孤王尚武，當年祖、父住在新庄街，後移居竹塹枋寮庄，釋事爲業，壹生克勤克儉仍長有老本銀七佰八拾大元，今年五十有八歲，已無後裔，亦無親屬。此長銀項爲僉舉的寔之人代爲料理，誠恐日後香祝無歸，爰是設席請得義民亭首事王廷昌、吳立貴、黃宗旺、林先坤四人前來商酌。因其建立義民廟亭僅成後落正廳，其前堂并橫屋尚未有成，武願將老本銀題初參佰八拾大元，以爲建造廟宇助成前堂橫屋之資。若後廟宇告竣之日，即將左橫廊武安鎮祖父及自己香火神主。又向眾商議，廟內香祝現料理，自備工食在外，仍長老本銀四佰大元，仍請首事王廷昌、吳立貴、黃宗旺、林先坤等合眾商議，即將老本四佰大元當眾交出，公舉交帶林先坤親手收存，每年每元議貼利銀谷壹斗貳升，合共利谷四十八石，每年武領回伙食拾石，其利谷參拾捌石又至每年生放積累，四人料理以爲立業；至時香祝接手承買。至武年老歸終之後，萬望四姓兄弟收埋殯葬，每至清明、端陽、七月半、冬至、過年五次，祈首事四人將武銀項備出銀捌元交帶就近首事處備牲儀以祀武并祖父及自己香火神主。

朝隆五十六年二月初二日[11]

王尚武的積蓄十分可觀，當時可以讓竹塹九芎林地區招墾兩甲土地的農夫，繳納50年的大租，也可以支付當地佃首13年的薪水。[12] 這筆財產對王尚

11 乾隆56年（1791）〈王尚武託孤字〉，轉引自賴玉玲2001：22。

12 乾隆56年（1791）正是九芎林佃首姜勝智開始拓墾新竹縣九芎林地區之時，現存古文書顯示，姜勝智招佃墾耕的土地計154甲，每甲應納租8石。而身為佃首的姜勝智，每年可以獲得辛勞銀60石，折銀60元（吳學明1998：32-33）。

武而言，最大的意義是作為晚年的「老本」，是人生終點前的最後憑依。

義民廟建成之初，僅有後堂正殿，以四合院的標準而言，尚欠前堂及兩邊橫屋。由於尚武擁有「老本」780 大元，於是便將其中 380 大元捐出，作為興建前堂與橫屋之資，其餘 400 大元則由林先坤代收，每年應支付實物利息稻谷 48 石，其中 10 石由尚武領回作為伙食，其餘則每年生放累積，以便將來購置田業。相較於前述戴元玖合議字僅將香火神主事宜安排在合約的協議事項內，本託孤字則直接以香火神主為契約主要內容，其餘事項則係為此而安排。尚武之所以捐出 780 大元的主要原因正是擔心將來祖先及自己的香火牌位成為無主之「孤」，於是要求義民廟新建左邊橫屋作為安置尚武祖、父及自身神主牌位之所。

以上三份文件顯示，人死後的超自然裡，可以區分成有主與無主兩個世界，無主的恐慌在往後義民廟史上，扮演非常重要的角色。就廟史初期而言，它促成戴王義舉；就往後而發展而言，它使義民廟的中元祭典廣為各村落參與，從而成為竹塹地區的信仰中心。下文我們先繼續沿著設塚建廟的線索，考察義民廟初期歷史；至於中元祭典與廟史中期以後的發展則隨後再談。

四、褒忠

除了竹塹人對於無主亡魂的悲涼與恐慌促成王廷昌自備款項撿收骨骸、戴元玖施地、而王尚武捐資，建成了枋寮義民廟外，必須一提的是，設塚建廟的行動與皇帝的統治權威也息息相關。林爽文之亂後，乾隆皇帝對臺灣各祖籍人群的獎恤是：

> 此次勦捕臺灣逆匪，泉州、粵東各莊義民隨同官軍打仗殺賊，甚爲出力，業經降旨賞給「褒忠」、「旌義」里名匾額。其漳州民人有

> 幫同殺賊者，亦經賞給「思義村」名，以示勸勵矣。因思該處熟番協同官軍搜勦賊匪，俱屬急公奮勉。而生番等自逆首窮蹙逃竄之後，經福康安明白曉諭，各社生番咸知順逆，幫同官兵、義民分路堵截，賊匪林爽文、莊大田無處逃匿。現在二逆首俱已先後就擒，所有打仗出力之熟番等，著賞給「效順」匾額，交福康安仿照各村莊義民之例，於所居番社，一體頒賞，以示旌獎。[13]

由於林爽文為漳州人，反清旗幟豎起之同時，各地不同籍貫人群的緊張關係也同時被挑起。因此泉州及粵東之移民便為帝國所組織而參與「平亂」，事罷，泉籍及粵籍分別獲頒旌義與褒忠匾額，以為獎勵。然而漳州及生熟「番」亦有協同官軍作戰者，因此乾隆再各頒思義與效順匾額。這些頒給泉漳粵番四大祖籍人群的匾額無疑是帝國對臺灣地方社會的籠絡懷柔，然而它們所受到的待遇卻不盡相同。

乾隆的本意是頒發匾額後，讓各祖籍人群依式摹刻，並且懸掛在村落出入口醒目處，作為坊牌。南臺灣屏東地區褒忠坊牌的摹刻較為普遍，目前南臺灣客家所謂六堆聚落中，至少左堆之佳冬鄉與新埤鄉都還存在「褒忠柵門」遺跡。這些柵門具有防禦功能，約築於林爽文事變後的嘉慶年間（1796-1819）。其中佳冬鄉佳冬村尚存東、西、北三柵門，其中西柵門保存較完整，此門以紅磚、白灰和少許木材混合建成，屋頂有燕尾飾，門額有彩繪浮雕，中央寫有模拓乾隆御筆之「褒忠」兩字（卓克華 1996；郭維雄 2002）。除了褒忠高懸在南臺灣村落的柵門外，其他三式匾額則似乎未見有這樣的現象。然而，這四式匾額

13 參考〈乾隆五十三年三月十二日上諭〉，《臺案彙錄庚集》，頁 793-794。電子資料庫臺灣文獻叢刊第 200 種。臺北：聯合百科電子。

在往後歷史中引人注意之處不在坊牌，而是它後來被賦予神聖意義。

如前引枋寮義民廟文獻所提及，竹塹城外林爽文事件的殉難者亡命於乾隆 51 年（1786），而後屍骸曝露兩年，至乾隆 53 年（1788）事變平息後，「蒙制憲以粵民報效有功，上奏京都，聖主封以褒忠二字」，城外居民才有收屍營塚的計畫。我們已無法確定這一文獻是描述史實，還是歷史的記憶，不過我們可以這麼推論，如果這是史實，那麼皇帝的封賜直接促成營塚的義舉；如果是記憶，則正好顯示了城外居民對帝王恩賜的重視。因此，我們可以肯定帝國的恩典對營建枋寮義民廟塚所扮演的關鍵角色。

臺灣重要的地方信仰如媽祖、保生大帝、開漳聖王及三山國王等，都有一個合法化的論述過程，而帝國都在這論述過程中扮演重要角色。宋元明清四朝總共褒封媽祖 30 餘次，封號也由 2 字累加至 64 字，爵位更從「夫人」、「天妃」、「天后」而「天上聖母」，歷代帝王不僅對媽祖頻頻褒封，還由朝廷頒布諭祭以及文人參與（李露露 1994；張珣 2003）。保生大帝，宋孝宗乾道 7 年賜號大道真人，明仁宗洪熙元年（1425）加封為慈濟醫靈妙道真君萬壽無極保生大帝（魏淑貞 1994）。開漳聖王陳元光歷代屢有封贈。唐開元 4 年（716）詔立廟，封「川侯」。五代時贈封「保定男」。宋代追贈「輔國將軍」、「靈著順應昭烈廣濟王」、「開漳主聖王」。明初封「昭烈侯」。至於三山國王的身分，根據乾隆 9 年（1744）臺南三山國王廟古碑所引劉希孟〈三山明貺廟記〉，所謂三山指的是獨山、明山與巾山，隋代時有神三人出現於巾山，自稱受天所示，要掌管這三座山。到了唐代元和 14 年（819），韓愈被貶潮洲，遇上久雨不停，危害農稼收成，韓愈向三山國王祈求果真靈驗。宋代宋太宗征討中原，因三山國王顯聖宋軍大勝，詔封巾山為「清化威德報國王」、明山為「助政明肅寧國王」及獨山「惠威弘應豐國王」（邱彥貴 1993；陳春聲；1996 尹章義 1999）。

臺灣地方民間所信仰主神的成神過程，其實在漢文化裡源遠流長，早在戰國時代的經典〈禮記・祭法〉裡，便已規定了祭祀對象的資格：

> 夫聖王之制祭祀也，法施於民則祀之，以死勤事則祀之，以勞定國則祀之，能御大菑則祀之，能捍大患則祀之。是故厲山氏之有天下也，其子曰農，能殖百谷，夏之衰也，周棄繼之，故祀以爲稷。共工氏之霸九州也，其子曰后土，能平九州，故祀以爲社。帝嚳能序星辰以著眾；堯能賞均刑法以義終；舜勤眾事而野死；鯀鄣鴻水而殛死，禹能修鯀之功。黄帝正名百物，以明民共財，顓頊能修之，契爲司徒而民成，冥勤其官而水死，湯以寬治民而除其虐，文王以文治，武王以武功，去民之菑。此皆有功烈於民者也，及夫日月星辰，民所瞻仰也，山林川谷丘陵，民所取財用也，非此族也，不在祀典。[14]

文中所謂「聖王之制祭祀」正是後代帝王封贈地方神靈的理論基礎，受封者自此成為可祀之神，而封贈者則成為聖王，這也就是Watson（1985）所謂「標準化」的觀點。標準化並非意圖限制信仰的發展，反而賦予地方信仰一個全國性的合法地位，從而愈發昌盛。

吾人細繹當日文獻，乾隆皇帝所頒實為里名匾額，亦即對居民村里的賞賜；然而，有趣的是，這些匾額卻被臺灣的漢人用來褒揚殉難者。四塊匾額中，泉籍與粵籍的旌義與褒忠最為兩籍人士重視。北港鎮附近的泉州籍殉難者，被安葬於北港旌義亭，後改為義民廟，廟址即在聞名遐爾的雲林縣北港媽祖廟附

14 引自《禮記鄭注》（宋朝余氏萬卷堂校刊本），頁593-594。臺北：學海。底線為筆者所加。

近。廟後由北港街紳商總董樹立墓碑，上刻「大清皇恩寵賜旌義忠魂同歸」字樣。這座義民廟的祭祀圈北至虎尾惠來厝一帶，南抵鹽水港附近，可謂盛大。此外，高雄縣大樹鄉水寮村也有無水寮義民爺，每逢10月初二，六大庄輪流一次大祭義民爺，輪流高懸「旌義」書於祭壇上，到時縣令親臨主祭。[15] 至於褒忠二字則促成屏東、苗栗、新竹與桃園等地興築了義民廟，其中又以本文所研究的新竹枋寮義民廟規模最大。

帝王的魅力並未隨著18世紀末枋寮義民廟之建成而結束，「此廟建成十餘載，各庄人等同心協力，立有義民祭祀甚多，惟廟內崇奉　聖旨及程所主未有祭祀」，[16] 於是村落的領袖又捐款購地，作為祭祀聖旨與殉難的淡水同知程峻的香燈業地。[17] 也就是說，城外居民不僅安葬並祭祀殉難義民，甚至帝王頒贈「褒忠」匾額的聖旨以及竹塹城陷當天殉難的淡水同知程峻，都在居民崇祀之列。

顯然乾隆並未封贈義民為神，他只是以四塊匾額嘉許各籍人民之忠義，然而臺灣漢人卻自行將這種殊榮轉移到殉難者身上。即使這種恩寵可以轉移到殉難者身上，也僅只於褒揚其忠義精神，而非封贈義民予王侯之品秩。儘管如此，不具神格的義民，卻仍然被臺灣漢人透過神聖的儀式崇拜，而逐漸被神化。

五、牌位

18世紀末竹塹城外的殉難者在戴、王施地捐資及帝國賜匾褒揚下，成為有主義民，其骸骨合葬義民塚內，其牌位則安奉於義民廟裡。戴氏兄弟所捐土

15 參考許石井 1989《北港鎮志》雲林：北港鎮公所；羅景川 1994《大樹鄉民間鄉土誌》高雄縣：大樹鄉公所。

16 同註7。

17 所謂村落領袖即王廷昌等四姓首事，詳見下文。

地創造了一個神聖空間，一方面安奉殉難義民之牌位，一方面也使自己的牌位陪祀於正殿；王尚武的捐獻則擴大了原來的神聖空間，也替自己的牌位找到一個永恆的歸宿。戴王兩人的行動成了往後義民廟史的典範，眾多對廟產有功的人也如戴王兩人一般，其名諱刻於祿位牌上，安享蒸禮。

目前我們在枋寮義民廟內可以看到 13 塊牌位，供奉著 20 個神位及祿位。廟內為什麼會供奉這麼多牌位呢？這些牌位又是在何種歷史過程中，被安奉在廟內？以下我們透過牌位的分類分析，回答這些問題。13 個牌位可依空間分布可以區分為 3 個區域，分別為正身（zhengshen）與兩邊的橫屋（vangvuk）。正身中間供奉「敕封粵東褒忠義民之位」，左側分別為「觀音佛祖」、「神農皇帝」、「三山國王」，右側為福德正神與戴、王兩施主；左橫屋有林、劉施主及大先生陳資雲三方祿位牌；至於右橫屋則有三方祿位牌，但是供奉 10 個祿位（參考表 1 及圖 1）。

表 1：臺灣枋寮義民廟供奉牌位一覽表

編號	牌位	位置	人物	備註
正身				
1	敕封粵東褒忠義民位	明間	義民	林爽文與戴潮春兩役之殉難者
2	觀音佛祖神位	左次間中位		
3	神農皇帝神位	左次間左位		
4	三山國王神位	左次間右位		
5	福德正神神位	右次間中位		
6	開山禪師祿位	右次間左位	王尚武	捐資興建廟屋
7	施主祿位	右次間右位	戴元玖	捐墓地與廟地
龍邊橫屋				
8	創建施主祿位	中位	林先坤	創建四姓首事之一、捐施田地
9	大先生祿位	左位	陳資雲	大先生
10	施主祿位	右位	劉朝珍	捐施田地

表 1：臺灣枋寮義民廟供奉牌位一覽表（續）

編號	牌位	位置	人物	備註
虎邊橫屋				
11	施主兼原經理祿位	中位中央	蔡景熙	誥封奉政大夫欽加同知御賞戴藍翎
	施主兼原經理祿位	中位左邊	潘澄漢	欽加五品御候選分州賞戴藍翎
	施主兼原經理祿位	中位右邊	詹崇珍	例授登仕郎翰林院待詔諡創裕
12	創建施主之祿位	左位中央	王廷昌	創建四姓首事之一
	創建施主之祿位	左位中央	黃宗旺	創建四姓首事之一
	創建施主之祿位	左位左邊	吳立貴	創建四姓首事之一
	創建施主之祿位	左位右邊	錢茂祖	捐水租
13	重脩廟經理祿位	右位中央	傅萬福	重修廟宇之經理
	重脩廟經理祿位	右位左邊	徐景雲	重修廟宇之經理
	重脩廟經理祿位	右位右邊	張裕光	重修廟宇之經理

資料來源：抄錄自枋寮義民廟內牌位

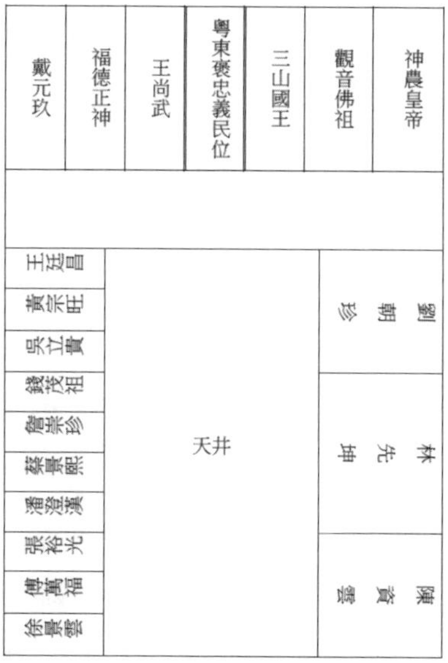

戴元玖
福德正神
王尚武
粵東褒忠義民位
三山國王
觀音佛祖
神農皇帝

王廷昌
黃宗旺
吳立貴
錢茂祖
詹崇珍
蔡景熙
潘澄漢
張裕光
傅萬福
徐景雲

天井

劉朝珍
林先坤
陳資雲

圖 1：枋寮義民廟牌位位置圖

這些牌位包含兩種超自然界存在，一為神，一為超自然人，神有神格，享有神位；超自然人對廟產有貢獻，則有祿位。擁有祿位的超自然人又可分為兩種，一為捐施廟產者，一為經理廟產者。由於漢人的方位本身即有高下差別，其法則為「中最尊、左為次，右為末」。依此，則廟內牌位顯示出一個階序關係：神位高於祿位；捐施廟產者之祿位高於經理廟產者之祿位。

義民廟正身之牌位以神為主，這些神位包含義民、觀音、神農皇帝、三山國王及福德正神。義民是主神，自然設於正中，觀音等神安奉於正身左側，並不表示其神格低於義民，這是賓主之分，無關位階高低。福德位於正身左側是漢人寺廟之通例，代表廟地本身之土地神。正身的特例是戴王兩位施地捐資的地主，雖然不具神格，但其祿位牌卻安置於正身左側。大致上我們可以主張正身所供奉皆為神位，至於兩位施主之祿位則屬例外，後文連同其他例外一併解釋。

龍邊橫屋三方祿位牌分別供奉林、劉二位創建施主及陳大先生，其中林先坤於嘉慶 6 年及 7 年（1801 及 1802）與王廷昌、黃宗旺及吳立貴共 4 人捐施水田三處；而劉朝珍則於嘉慶 22 年（1817）捐施小租谷 30 石的水田一處，兩人的祿位牌因此被安奉於較為尊貴的龍邊構屋（參考表 2）。至於陳資雲則係林爽文事變時，克復竹塹城之義民軍的首領，雖無家貲，但足智多謀，頗曉文墨，又於是役戰死於竹塹城外，因此被稱為大先生，得享蒸禋。因此我們大致上可以主張：捐施廟產者享有較高之祿位，可以安奉在龍邊。

虎邊橫屋也有三方祿位牌，但是卻稍嫌擁擠地供奉 10 個祿位。三方牌位分別為原經理、創建施主與重脩經理。蔡景熙、潘澄漢及詹崇珍是光緒 8 年至 20 年（1882- 1894）的經理，因此被稱為原經理，供奉於中路；傅萬福、徐景雲及張裕光則是甲午割讓廟燬於戰火後，重建義民廟的經理，供奉於左路。至於右路一方牌位，供有創建施主王廷昌、黃宗旺、吳立貴及錢茂祖 4 人之祿位，則為廟史初期的廟產捐贈者（參考表 2）。這一位階本應供奉於較為尊貴的龍邊橫屋，但卻被冷落到虎邊，亦屬例外，容後再敘。換言之，我們亦可以主張：對廟產經理有功者可以在虎邊享有祿位牌。

表 2：義民廟清嘉慶年間捐獻名冊

項次	時間	捐施者	捐施項目	備註
1	1801	四姓首事	田二處	王廷昌、黃宗旺、吳立貴、林先坤
2	1802	四姓首事	水田一處	王廷昌、黃宗旺、吳立貴、林先坤
3	1814	林次聖	水租二石三斗	六家林家之嘗會
4		林浩流	水租三石五斗	六家林家之嘗會
5		林仁安	水租九石二斗	六家林家之嘗會
6		錢子白	水租三石五斗	竹塹社人
7		錢茂安、茂聯	水租二石	竹塹社人
8		錢甫崙	水租三石五斗	竹塹社人
9	1817	劉朝珍	小租谷三十石	

資料來源：依《粵東義祀典簿》等義民廟古文書整理

綜合前述義民廟 20 個牌位的分析，由於神位、施主祿位、經理祿位等三類牌位正好分別位於正身、龍邊、虎邊，由於方位本身具有階序性，因此我們可以主張義民廟存在一個牌位階序，而這個牌位階序告訴我們：神位高於祿位，捐施廟產勝過經理廟產。前文已言及，神位係因受封於帝王，故可高坐正身；祿位依附於神位而存在，而其附麗於神位的資格則來自於對廟產有所貢獻。這意謂徒有神位不足以自存，神位必須安置於一特定神聖空間，祭祀神位之費用亦有賴於產業孳息，而這二者皆端賴廟產之建立。

那麼如何解釋那些例外呢？戴元玖與王尚武為什麼可以供奉在正身？創建施主計有林先坤、王廷昌、黃宗旺、吳立貴、錢茂祖等 5 人，但為什麼只有林先坤供奉在龍邊橫屋，其他都在虎邊？施主劉朝珍為何供奉在龍邊？陳資雲並未捐施廟產，又為什麼可以安奉在龍邊？

相對於其他臺灣漢人廟宇，義民廟的祿位牌確實多得非比尋常。就一般廟宇而言，供奉主神及祀神外，另有土地神及地基施主。以這樣的慣例相比較，戴、王二人作為地基施主而供奉於正身，是合於一般習慣的。

龍邊僅有三塊牌位安奉三個祿位，相對於虎邊的擁擠，可見林、劉施主確實享有較高的階序。依同治 4 年（1865）的廟民廟記，四庄輪值經理義民廟產時，即已約定各項簿冊抄寫一式三份，兩份由林、劉施主保管，一份經理人遞交。[18] 這顯示林、劉已經被視為是廟產的捐贈者，故稱「施主」。20 世紀成立管理委員會時，林、劉施主也各享有一個當然管理委員的名分。林劉既然是廟產施主，將祿位安奉於龍邊自無疑義。

至於王廷昌等所謂四姓首事（詳見下文）屈居虎邊，則較費思量。目前為止，我們所知有限，僅能確定在廟史早期具有重要地位的王廷昌等人，在 19 世紀中期後已經不具重要地位，在往後的廟史中地位被林劉取代，於是日本明治 32 年（1904）年重建廟宇安排祿位時，就被排到虎邊。我們前述捐施廟產則安奉龍邊的原則，顯然不敵個別行動者的權力捭闔。但是這也並不表示階序原則可以完全被掙脫，據說日本明治 32 年（1904）義民廟重建竣工後，當義民及諸牌位轉火之時，林家曾有將戴元玖牌位轉置橫屋之議，而引發喧然大波。[19] 戴元玖之子孫除於 18 世紀末捐施廟地之外，相對於 19 世紀初期的四姓首事，以及中晚期的林、劉施主，對義民廟的發展貢獻無多。儘管如此，戴氏

18 關於廟產之經理詳見下文。

19 所謂轉火（zhuong fuo）指的是香爐重新登龕座之意，轉即回返之意，火即香火。與轉火相反的概念是出火（cut fuo），即香爐因故離開龕座之意。

宗族以 8 人大轎扛著族長戴雅發先生到義民廟與林劉施主論辯，依舊憑藉其捐施廟地之事實，保住戴元玖在正廳的祿位。[20]

六、經理

前段所言之牌位階序，並非一蹴而幾，實際上它的形成過程持續了整個 19 世紀。枋寮義民廟雖經戴元玖與王尚武施地捐資，但是「憑依雖有，嘗祀尚無」，亦即雖有廟塚，但是卻欠缺祀典費用。[21] 於是「嘉慶六年間林先坤倡施水田於前座落新社墘東南角水田弍段，至 19 年則林次聖施水租二石三，林浩流施水租三石五，林仁安施水租石二，錢子白施水租三石錢茂安、聯共施水租二石，錢甫崙三石，亦共施水租以成美事。至嘉慶 22 年（1817），劉朝珍繼施水田於後座落二十張犁南勢水田壹甲六分六厘弍絲，施出一半之額。由是集腋成裘，子母多權，祀典日盛，春秋二祭，血食豐隆，每歲中元開費不少，如此榮寵實賴皇恩疊錫者矣。」[22] 隨著廟產增加，祭典費用固然無虞匱乏，但是廟產的經理事務，也逐漸複雜。於是枋寮義民廟的經營運作模式逐漸呈現雙

20 本傳說為筆者於 2004 年 6 月採訪自湖口戴拾和宗族後代戴國志先生於其住宅口述。其實戴國志並不清楚戴、林之爭發生之年代，僅表示事情發生於義民廟祿位牌轉火之時，且戴雅發先生正是活躍於日據時期，因此筆者依此推測兩姓相爭係發生於明治 37 年（1904）重建完成之時。此外，又依桃園《桃園縣志》〈人物志〉、《觀音鄉志》〈人物志〉及觀音鄉《黃姓族譜》中，都提到觀音士紳黃雲中曾於咸豐 3 年（1853）時，調停枋寮義民廟戴林兩施主關於廟址及奉祀問題的爭議。或許戴林之間長期爭議，也或許戴國志口述之故事正是 1853 年黃雲中所調停之爭議，目前尚無答案，不過無論如何，戴林之間關於祿位階序之間的緊張關係確屬事實。而這也莫怪乎戴氏宗族特別將當年戴元玖施地之合約字全文刊於族譜中，並且用粗體大字強調捐施義民廟地是歷史事實。

21 引自義民廟古文書，同治 4 年（1865）〈褒忠廟記〉。

22 同註 12。

元體制：廟產經理與祀典爐主（參考表3）。前文所論及之牌位階序，大致上可以視為就是這一雙元體制的結果。

表3：枋寮義民廟組織體系變革表

年代	廟產	祀典
1791-1816	首事：林先坤（林國寶）	四姓爐主、首事 外庄中元爐主、義民嘗會
1817-1834	首事：范長貴、林國寶、姜秀鑾	林劉施主、外庄中元爐主
1835-1846	外庄經理	十三庄爐主
1847-1913	四大庄輪值經理	十三（四）庄爐主
1914-2004	協議會、管理委員會	十四（五）庄爐主

資料來源：整理自義民廟古文書

枋寮義民廟的雙元體制係長期演變的結果，這期間最關鍵的文書是四姓首事簽署於嘉慶7年（1802）的〈同立合議規條簿約字〉（以下簡稱四姓規約），全文抄錄如下：

> 同立合議規條簿約字人褒忠亭首事王廷昌、黃宗旺、林先坤、吳立貴等，丙午年冬，元惡林爽文戕官陷城，城所主遇害，壽師爺接任，立策堵禦，我義民墓勇，幫官殺賊切同仇。捐軀殉難者不少，血戰疆場，屍骸拋露到處，夜更深常聞鬼哭，各庄人民寤寐難安，蒙 制憲以粵民報效有功，上奏京都，聖主封以褒忠二字，時有王廷昌自備銀項，請出鄧五得爲首，各處收骸，欲設塚廟。相有地基，立買成就。遂即設席請得義首林先坤、黃宗旺、吳立貴等，合眾商議。痛此義民死者，淒青靈於墨夜，暴白骨於黃沙，營埋忠骸於青塚，

以免陰靈怨哭如他鄉。呈請制憲大人，蒙批准：該義首王廷昌、黃宗旺、吳立貴、林先坤偕同粵庄眾紳等立塚建廟。戊申冬平基，已酉年創造，至庚戌年冬，廟宇完峻。辛亥年二月初二日，王廷昌、黃宗旺、林先坤、吳立貴等在褒忠亭四人面算，建廟完竣後，仍長有佛銀二百大元，此銀係交林先坤親收生放，每年應貼利銀加壹五。又廟祝王尚武廟內設席，當眾交出佛銀四百大元，立有託孤字四紙，四姓各執一紙，其銀眾議亦交林先坤收存生放，每元應貼利谷一斗二升，計共利谷四十八石。面議王尚武每年領回養老谷十石，扣寔王尚武利谷每年仍長有谷三十八石，其銀母利，經四姓交帶林先坤生放，三年會算一次。其銀後日生放廣大，林先坤將銀交出立業，作爲四姓首事承買褒忠亭香祀。此廟建成十餘載，各庄人等同心協力，立有義民祭祀甚多，惟廟內崇奉 聖旨及程所主未有祭祀，四姓王廷昌、黃宗旺、林先坤、吳立貴等立酌議，四人每人該津銀一百十大元，承買新社、螺蛥庄田業，立契四姓首事出首承買，有租谷五十五石，眾議將租谷交帶林先坤男係林國寶料理。當時林國寶向眾說及父親林先坤親收王尚武銀項四百大元，願貼利谷三十八石；又另收建廟仍長銀二百大元，願貼利息加壹五，兩條共母銀六百大元。面言至明年冬面算，將母利並銀利谷。又另收四姓首事田利谷五十五石，合共三條，一概備出，買業作爲褒忠亭嘗事，不得濫開。寔心料理，後日承買租谷二百石，林先坤契券、字約以及租簿等項當眾交出，<u>首事四人僉舉外庄誠寔之人輪流料理。</u>每年四姓向經理人領回租谷五十五石，作爲祭聖典及程所主使用。爐主及首事四姓輪流祭祀之日，當具告白字通知粵庄眾紳士，前來與祭。現年爐主及首事要辦祭費，仍長銀項不得私相授受，無論多少當眾交出，歸鄉紳作爲盤費。扣寔仍長有谷一百五十石，交帶寔之人經理生放。仍長有銀項，抽出五元現年爐主收存。七月中元普渡，爐主將銀五元備辦桌席，敬奉四姓祖父祿位。街庄人等的寔之人，料理承買有田業租谷二百五十石，首事王廷昌、吳立貴、黃宗旺、林先坤祿位開祭，爐主首事四姓子孫輪流料理，每年向經理人領回租谷五十石，作爲祭祿位應用。後日粵庄知四姓辛苦，協力建造塚廟成功，每年祿位開祭，具告白字通知，并立帖請褒忠亭經理人，并七月中元爐主以及大小調緣首等，前來登席。具開祭經理人辛勞，肉一斤半。每年祭聖典之日，有秀士、廩保、貢生、舉人、進士以及監生、州同、粵紳士等到前禮拜者，各宜開發胙肉。眾議後日中元，外庄輪流當調，爐主向王廷昌、黃宗旺、林先坤、吳立貴等四姓首事業內出息取貼出谷三十石。議定此嘗係各庄適寔之人輪流料理。其嘗歷年有增長加買田業，或修義塚，或整廟宇，四姓合議，不得私行濫開。四姓立簿約四本，約四紙，各姓首事各執簿約一紙，永爲執炤。

批明　林先坤親收料理生放建廟仍長銀二百大元，利銀加壹五；又親收料理廟祝王尚武託孤字銀四百大元，利谷參拾捌石，立批是寔爲炤。

再批明　林先坤男係林國寶，四姓面對新社螺蠑庄收租谷五拾五石，立批再炤。

再批明　林國寶當眾面限明年母利並谷利，又另收去田租谷，至明年冬一概付出買業，如無概交，仍依照議定貼利，日後經眾會算取出，批炤。

再批明　後日聖典開祭，文武秀士准領豬肉壹斤，廩保准領豬肉一斤半，舉人准領貳斤，進士准領四斤，監生准領半斤，貢生准領壹斤，州同准領壹斤半，批炤。

再批明　首事王廷昌、黃宗旺、林先坤、吳立貴等當眾廟內簿四本、立約四紙，各姓執簿約壹紙，後日照簿約均行，不得反悔，亦不得已大言生端等情，批炤。

嘉慶柒年壬戌歲十月　日　立同議合約人（條）

王廷昌

林先坤

黃宗旺

吳立貴[23]

這紙四姓規約直接的約定內容是歷年廟產的處分事宜，然而筆者認為它更可以看成是枋寮義民廟歷史上的憲章，義民廟的「外庄經理廟產」與「中元祭典由外庄主調」兩大發展主軸，都發軔於此。下文首先分析外庄經理廟產，下節再及中元祭典外庄主調。

本約簽定時，林先坤經管兩筆款項，一項是廟成之後的餘款 200 大元，另一是王尚武捐款的餘款 400 大元。四姓首事協議不計十餘年來的利息與利谷，僅約定依原初利率將 600 母金生放予林國寶，一年後歸還母利，尚有進者，除了乾隆 55 年（1790）這筆款項之外，嘉慶 7 年（1802）農曆 10 月，四姓首事又各分別捐出 110 元，以 330 元及 105 元向周龍章購得新社螺嘮庄土地兩筆，契約中亦申明「付與褒忠義亭首事永遠管業以為香燈祭田」。[24] 依「四姓規

23 參考義民廟古文書，嘉慶 7 年（1802）四姓首事〈仝立合議規條簿約字〉，部分文字之底線係筆者所加。

24 嘉慶 7 年 10 月周龍章立杜賣盡根田契。

約」，這兩筆田地可租谷 55 石，而且四姓捐資購買土地的原因係義民廟「……建成十餘載，各庄人等同心協力，立有義民祭祀甚多，惟廟內崇奉 聖旨及程所主未有祭祀。」文中所謂聖旨乾隆的「褒忠」二字，至於程所主即林爽文事件中殉難的淡水廳同知程峻。為了每年聖旨與程峻的「聖祭」不虞匱乏，四姓乃出資購置土地，以為香燈祭田。這筆 55 石的租谷也須要四姓首事公推一人管理，於是眾議又將租谷交代林先坤的三男林國寶料理。如此一來，林國寶等於同時管理義民廟的三筆財產，可謂義民廟產實質上的經理人。[25]

四姓規約的主要目的是處理懸宕十餘年的財務問題，而且同時也值得注意的是，這群熱心於義民廟務的地方菁英不僅注視眼前，更已著手規畫未來。他們顯然相信義民田業會逐漸殷盛，因此甚至已經約定一旦租谷達到 200 石時，將每年抽出 5 元於中元時備辦桌席，敬奉四姓祖父；一旦超過 250 石，更將開祭四姓首事之祿位。那麼，如何促使這一局面早日到來呢？四姓首事「僉舉外庄誠寔之人輪流料理」，亦即建立一套適切的經理人制度。

儘管嘉慶 7 年（1802）四姓規約提出了「外庄輪流料理」的經理人觀念，可是矛盾的是，四姓首事最後仍決議先由四姓之一林先坤之子林國寶擔任財務的實質經理工作。所謂的外庄經理遲至 1838 年由新埔金和號等商號接手時，才初步開展；又至道光 27 年（1847）開始實施四大庄輪值經理時，才算比較成熟。從乾隆 55 年至道光 14 年（1790-1834）間可以稱為未制度化經理人時代，乾隆 55 年（1790）廟成之後，四姓負責祭典，四姓各有首事，且輪值擔任爐主。此時尚未有廟產，但有銀元 600 大元，由四姓首事之一林先坤管理。此時雖因未置田產，故而未有經理之名，但是林先坤經管義民廟資產，實質上可以

25 雖然此時義民廟尚未有「經理人」這一職稱，但依本四姓規約，經理人的觀念已被提及，詳見下文。

看成是義民廟的經理。嘉慶6年與7年（1801與1802）義民廟購得田產四方後，林國寶繼承父親經理的工作，而且嘉慶7年（1802）「經理人」這一名詞也正式出現。正如經理人的概念逐漸浮現，爐主首事也開始鬆動。鬆動的不是爐主首事制度本身，而是爐主首事資格開始改變。起先爐主首事僅限四姓，但是從目前可以掌握的資料看來，至少道光9年（1829），原四姓首事僅剩林姓之林國寶，另外增加了范長貴與姜秀鑾。[26] 而且在這期間義民廟田產快速增加，除前述嘉慶6年與7年（1801與1802）四塊土地外，嘉慶19年（1814）獲贈林家及錢家水租6處，計19石；嘉慶22年（1817）則又有劉朝珍捐施位於東興庄二十張犁南勢田地60石小租之一半，亦即30石。

道光15年（1835）議定祀典簿後，廟經營史進入外庄經理人時代，祀典簿中已經具體載明經理人的工作條款。雖然目前的資料無法證明1835年祀典簿簽訂之後，義民廟隨即設立了經理，但是至少林施主收執簿顯示，道光18年（1838）的經理人是金和號與榮和號。其規約如下：

> 一議本祠蒸嘗原爲祀典並脩墳廟之資，非此事不得濫用，即有當用之項亦必匃眾酌議；
>
> 一議蒸嘗既大必須公舉的實之人經管，非公舉人不得擅收；
>
> 一議經管收理之人壹年既滿，即交下眼首事經理，其交下眼時，流水簿及各單并簿尾銀數，一齊交明算清；

26 林施主收執簿14-15頁，轉引自賴玉玲。關於范長貴其人，目前所知有限，不過兩紙嘉慶12年（1807）12月〈犁頭山面前竹塹社屯番錢皆只佳立賣盡絕根契字〉及〈溪洲埔園莊常、黃明、林香立合約字〉上，代筆人為范長貴及范貴，幸錄於此。參考張炎憲《竹塹古文書》，頁9-10。新竹：新竹市文化局，1998。

一議簿尾銀若多，倘有殷實生借向經管人支出，字約經理人收存；若簿尾銀少則經管人收存至次年交出，不得少算；

一議眾立總簿四本每年七月初一會簿之時，其管簿之人帶簿至祠登記抄明，祭祀行禮後，眾頒豬胙兩斤，並登席請，若有失簿眾罰；

一議每年現時經管收理之人至行禮後，眾頒豬胙四斤；

一議嘗內谷係經理人收存，每車眾處倉耗谷若干，倘有缺少係經理人賠補；

一議所有田園至賃滿轉批，現年經理人必須通眾佃户須席請幾位老成到場，不得私相授受，其文約經理人收存；

一議十三庄內若有中式者到義祠掛匾花紅銀拾貳元；內地來者花紅銀肆元；在臺中考者花紅銀捌元；至貢生等不能友花紅，永爲定例，議是實；

一議所有新舊科秀才廩貢們前來義亭拈香者，給金花紅永爲定例是實。

外庄經理人的時代顯然姜秀鑾是重要推手，「道光壬寅二十二年（1842）九芎林姜秀鑾等具帖請得新埔街榮和號、金和號、振利號、雲錦號、錦和號、慶和號等輪流經理，至公無私，甲辰修理祠墓之資而由裕也。」然而新埔街上的商號日久生煩，認為粵籍人士應當共同承擔這項經理工作，因此道光 27 年（1847）林茂堂等 16 人重新議定章程，將所邀人士鬮分為四大庄，大湖口等庄拈第一鬮，石岡子等庄拈第二鬮，九芎林等庄拈第三鬮，新埔街等庄拈第四鬮，每庄分理 3 年，輪流交遞。[27] 至此，嘉慶 7 年（1802）所提構想「四姓僉舉外庄誠寔之人輪流料理」才算落實。目前所見資料，從道光 18 年至民國 3

年（1838-1914）間，四大庄輪值經理廟產的共識，大致已實現（參見表4）。

我們仔細分析外庄經理人制度的歷史，會發現四大庄經理的時代其實不太順遂，如表4所示，道光27年（1847）開始的四大庄經理第一輪完成後，按約定大湖口應於咸豐9年（1859）接任經理，然而大湖口拒絕了，於是新埔街連任9年，顯然另外兩庄也無接任。這個問題如何解決的呢？無巧不成書，同治元年（1862）中部地區發生戴潮春亂，竹塹城外亦組義軍隨官軍前往平亂，殉難者後來也安葬於原義民塚旁，是為附塚。盛大的葬禮後，「同治四年，林劉施主爰集聯庄紳士，選舉管理，坤等將契券交管理人權放，其管理者三年一任為限，限滿仍將契券交出施主點交新管理人領收清楚。此乃四庄輪終而復始，為管理者自當秉公妥理，日後嘗祀浩大，以增粵人之光矣。……此係通粵之褒忠嘗，有關全粵之大典，各要忠心義氣以經理，不得私自貪圖以肥己也。」[28] 竹塹城外居民祭出族群之大纛，讓褒忠嘗成為所有廣東人的褒忠嘗，於是大湖口終於又接任了。

表4：枋寮義民廟輪值經理表

年代	街庄	輪值經理
1838	新埔街	金和號、榮和號
1839	新埔街	錦和號
1840	新埔街	振利號
1841	新埔街	榮和號
1842	新埔街	雲錦號
1843	新埔街	慶和號

27 引自「義民廟古文書」，道光27年（1847）〈林茂堂等請帖〉。
28 引自〈義民廟記〉，見於「義民廟古文書」。

表 4：枋寮義民廟輪值經理表（續）

年代	街庄	輪值經理
1844	新埔街	金和號
1845	新埔街	錦和號
1846	新埔街	榮和號
1847-1849	大湖口庄	張阿喜、羅阿水、戴水生、葉阿滿、徐阿恭、吳天寶、陳阿采
1850-1852	石崗仔庄	鄭忍吉、劉元勳、葉李妹、□江海、張開旺、陳朝綱、陳山茂
1853-1856	九芎林庄	鄭阿茂、詹如海、曾捷勝、林阿請、林阿拿、何茂筠
1856-1865	新埔街	劉雲松、范阿裕、行行號、胡永興、朱金振、劉石進
1865-1868	大湖口	張阿龍、羅際清、戴朝楨、葉玉成、羅來錦、陳嘉謨
1868-1870	坪林五分埔	范嘉鴻、詹萬德、范錦光、朱阿傳、許生淡
1871-1875	九芎林庄	鄭家茂、曾清瀾、詹國和、彭殿華、林冠英、彭天祿
1875-1879	新埔街	金和號、興隆號、行行號、胡永興、范逢熙
1879-1882	大湖口	傅合源、周三合、黃惇仁、張裕光
1882-1888	五分埔	劉錦標、詹崇珍、劉廷章、朱洪浩
1882-1883	九芎林	劉如棟、劉正記、鄭紹周、林上華
1883-1894	新埔街	潘金和、范逢膝、蔡景熙、蘇義利、范振茂
1894-	大湖口	徐景福、傅萬福、張坤和

資料來源：《褒忠義民廟祀典簿》及《林施主收執簿》，轉引自賴玉玲 2001：242-243

外庄經理人概念帶領義民廟走過日漸繁榮的 19 世紀後半期，留下了虎邊中路的三位原經理祿位；外庄經理制度甚至讓義民廟熬過廟燬於倥傯兵馬，順利重建後，也留下了虎邊右路的三位重建經理的祿位。然而外庄經理人制度卻也同時造成經理人日漸擴權，凌駕施主之弊端。明治32年至38年（1899-1905）日本政府先後公布「依舊慣之社寺廟宇建立廢合辦法」及「神社寺院及依照本島舊慣寺廟之所屬財產處分辦法」，義民廟應日本政府要求，大正3年（1914）相關街庄商議組織「義民廟協議會」，並制定「義民廟協議會規約」，廟務之經理至此的進入了管理委員會的時代，由選自祭典區十四大庄的管理委員，互選出管理人。

這一轉變的重大意義在於19世紀的雙元組織體系至此結束，廟產經理回歸祀典爐主，成為一元體制。不過這一轉變持續了20年才完成，「枋寮義民廟協議會委員及管理人選舉規程」於昭和10年（1935）通過，限定委員之資格，林、劉施主為直系遺族，各祭典區則為最近期輪值祭典之調首或遺族。民國36年（1947）協議會改組成「褒忠義民廟管理委員會」時，仍繼承這一傳統，且一直沿襲至今。這一轉變的影響是爐主制度跟著發生重大變革，由於管理委員的資格被限定，等同於限定了十四大庄之爐主資格。至此義民廟的管理委員及各大庄爐主合一，而且固定由同一宗族的成員世襲接任。

七、調位

關於枋寮義民廟早期的祀典制度最大的線索也來自前述四姓規約，這一制度可以稱為「爐主首事制」。依四姓規約，義民廟建成之後，隨即採行爐主首事制度。早期義民廟文書的立約人皆見「首事王廷昌、黃宗旺、吳立貴及林先坤」等字樣，首事，即董事的別名，首為起首之意，近似所謂發起人。首事原有其鄉治上的意義，如河南長葛縣「向設公議局，由各保首事組織。民國成立，趨重議會，首事名稱已不適用。嗣因某議會奉命解散，合邑公務幾無要領。因設董事辦事處，各董事輪流交替辦公」。[29] 然而，首事在承辦祭典上亦有其意義。例如，張汝誠所輯《家禮會通》對春秋里社鄉社之祭有深入的描述：城市鄉村逢春秋二社日，各處祀五土五穀神，以盡春祈秋報之禮，禮稱報賽，俗云「做福」。輪當首事，潔壇場、具牲禮。先日，會首及與祭者，齋戒沐浴，設位（五土居中、五穀居西）牲案香案居中。

依四姓規約文字「爐主及首事四姓輪流祭祀之日，當具告白字通知粵庄眾紳士，前來與祭。現年爐主及首事要辦祭費，仍長銀項不得私相授受，無論多少當眾交出」文中所指首事即為承辦祭典人之職稱。目前的文獻資料已無法查考四姓輪值爐主的實質狀況，不過我們大致可以推斷義民祭典的承辦方式係四姓輪值擔任爐主，未輪值者則為首事，協助爐主。因此，我們大致上可以認定當時的祭典組織是爐主、首事二層制。

到底當時承辦祭典的情形如何？四姓規約提供了一個重要線索：「後日粵庄知四姓辛苦，協力建造塚廟成功，每年祿位開祭，具告白字通知，并立帖請褒忠亭經理人，并七月中元爐主以及大小調緣首等，前來登席。」原本這段話的重點在於預想廟務發展順利的情況下，將可在廟內開祭四姓首事祿位，同時擺席慰勞相關人等。不過，這段文字卻意外地透露了7月中元祭典的相關人員，他們是爐主、大調、小調及緣首。更令人興奮的是，我們在一百年後的一張「調單」上，居然可以清楚地解讀這種三層制的祭典工作人員。

枋寮義民廟所謂調單即慶讚中元祭典的主事人員分工表，目前枋寮義民廟尚存最早的調單為明治42年（1909）當年值年的坪林石崗仔聯庄為「褒忠亭慶讚中元」祭典所印製（以下簡稱1909年調單）。[30] 調單上列滿頭銜與名字，以1909年調單為例，包含34個頭銜，232個名字。這34個頭銜，可以區分成三個層級，即爐主、調與緣首（參見表5）。

29 陳鴻疇修《長葛縣志．卷三政務志》，「董事處」（臺北：中國地方文獻學會，1976），頁104。另外，黃宗智（1998）從直隸寶坻縣衙舊檔案中亦見牌頭、甲長和首事等村級領袖。

30 此褒忠亭即枋寮義民廟之舊稱。

表 5：新竹枋寮義民廟西元 1909 年調單職稱表

層級	類別	頭銜
一	爐主	總正爐主、總副爐主、爐主
二	調	總主會、總主醮、總主壇、總主普、總總理、總經理
		正主會、正主醮、正主壇、正主普、正總理、正經理
		副主會、副主醮、副主壇、副主普、副總理、副經理
三	緣首	總緣首、五谷首、大士首、司命首、城隍首、三官首、福德首、觀音首、褒忠首、水燈首、協贊首、燈篙首、都副首

資料來源：抄錄並整理自劉澤民 2003：249

爐主係祭典的負責人；調是事務性分組；緣首即斗燈首，是斗燈的贊助者。這樣的祭典分工體系其實不是特例，而是臺灣醮儀中大同小異的分工模式，而且也大致上一直沿用至今。臺灣民間建醮祭典時會設立醮壇組織，組織成員以斗燈柱首為主體，其最高職位設總經理一人，即等於醮主；並設經理若干人，另設爐主數人。

其次是主會、主醮、主壇、主普等所謂四大柱（相關論述請參考劉枝萬 1983；劉還月 1994；黃文博 1997；李豐楙 1998）。四大柱原本應是醮務的核心，主會是各壇之總監督；主醮是督導道士，負責祭典科儀者；主壇負責辦理祭壇之設與清除事項；主普則是負責普渡，辦理普施賑濟（劉澤民 2003：248）。在各地醮典的四大柱中，通常會再分化兩層為頂四柱與下四柱，甚至如 1909 年調單所示，分化為三層，可以稱為頂四柱、下四柱與外四柱。由於閩語「柱」讀如客語「調」（tiao），因此客家乃用調字稱柱，醮務分工單乃因之稱為調單（tiao dan）。

緣首與首事之意同，經過卜筊，有緣方可為首事。[31] 大部分地區都稱打醮時侍奉神明的代表為「緣首」，緣首是在打醮儀式進行時，代表「闔鄉醮信人等」拜神的人。他們在神前被選出，在打醮的大部分儀式中代表鄉民侍奉諸神明。侍奉的方式即為敬獻「斗燈」，所以這些首事也被稱作斗燈首，亦即負責斗燈的人。斗燈是斗與燈的結合，斗即星斗，是人間生命的象徵。儀式中以米斗內盛白米，並放古銅鏡、古劍、小秤、剪刀、尺、紙製涼傘，並點燃煤油燈。

本文認為爐主、調、緣首三層制，可以視為是爐主首事二層制的變形。主會、主醮、主壇、主普實際上就是整個醮典的分工體系，是祭典系統內部分化出來的事務系統。也就是說，爐主與緣首是儀典性的分工，調則是事務性的分工，二者合作完成一次醮祭。目前調（柱）層級在臺灣地區的醮儀基本上仍然存在，只是地位有非常大的差別，某些地區依然是核心，某些轉化為地域性輪值單位，某些只是單純的斗燈首。即使是斗燈首，某些地方調（柱）仍具重要地位，某些則已經被邊緣化，甚至已無關輕重。

比較 1909 年調單至今日之調單，其三層制結構大致存在，但是呈現首尾擴張，中層萎縮的態勢，也就是居中之調（柱）萎縮，而爐主與緣首大幅增加的現象。以民國 87 年楊梅聯庄輪值祭典為例，爐主層級增加副爐主，而由三層變為四層，人數更由大幅擴張至 29 人；調（柱）層級的總、正、副三層制則僅餘總級一層；斗燈首則由 13 種增加為 18 種（參考表 6）。表面上看來，義民廟祭典組織的變革歷史，前期從爐主、首事二層制擴張至爐主、調、首三層次，顯示祭典中事務系統的重要性提高；後期則中層調（柱）的萎縮。然而調（柱）系統的萎縮不但不是事務系統的萎縮，反而是事務系統的擴大，因為

---

31 例如嘉義縣竹崎鄉內埔村香光寺設爐主、緣首（墨明〈誰傳「大媽」的旨意？〉香光莊嚴 49，1997）；竹南五穀宮重建碑亦載：「同治十三年（1874），已歷七十餘載，其壁傾瓦頹，樑柱腐朽，遂由中港庄五品軍功頂戴陳紹熙為總理，林呈祥為經理，徐琳盛、陳漢雲、劉錦章為緣首，發起募捐，重修廟宇。」嘉慶 5 年（1800）的創建和道光 4 年（1824）的重建，青雲亭的領袖蔡士章和梁美吉都分別名列緣首，後者還擔任那一年的董事。馬來西亞檳城 1824 年的《重建廣福宮碑記》署名亦見緣首頭銜，轉引自駱靜山 2002〈檳城華人宗教的今昔〉，「檳榔嶼華人事跡」學術研討會論文。

事務系統不斷擴大到獨立於祭典系統，而另行成立與祭典系統平行的事務系統。於是祭典時便出現兩種屬性的組織：事務系統的醮局組織與儀式系統的醮壇組織。

表 6：民國 87 年褒忠義民節楊梅聯庄祭典領調調金表

調　別	調　金	備　註
總正爐主	60,000	固定由陳泰春認領
總副爐主	50,000	固定由彭泰和認領
正爐主	35,000	全部由十三位祭典委員認領
副爐主	30,000	全部由十四位祭典委員認領
總主會	20,000	
總主醮	16,000	
總主壇	12,000	
總主普	10,000	
總總理	8,000	
總經理	6,000	
經理	5,000	
各斗燈首	3,000	計玉皇首等十八種

資料來源：褒忠義民節楊梅祭典會 1998「褒忠義民節輪值楊聯庄祭典調別調金表」，轉引自賴玉玲 2001：220。

目前枋寮義民廟的中元祭典組織正是區分成這兩大系統，事務系統方面有「祭典委員分工小組」，由總爐主自行籌設組成；儀式系統方面的爐主至斗燈首等頭銜，則由庄民以領調（liang tiao）的方式組成。所謂領調指的是認捐贊助經費，至於各項儀式率由事務組織代辦。以輪值 87 年義民廟中元祭典的楊梅聯庄為例，調金從新臺幣 6 萬到 3 千不等，當年計領出 1425 調，總調金高達 1000 餘萬（賴玉玲 2001：225）。

醮典組織原本是係臨時性組織，但是枋寮義民廟卻使它固定下來，每年輪值大庄經辦中元祭典時，都用這樣的分工模式辦理，而且如前文所言，不同於一般廟宇以神意決定爐主，枋寮義民廟的爐主是固定的，參與領調者之宗族公號或姓名也會印在大紅的調單上，而且複印給所有領調者，高高的貼在牆壁上，正彷彿廟裡的祿位一般。因此，相對於牌位階序的神位與祿位的區分，本文將爐主以下的名銜階序稱呼為「調位」，意即調單上的位置。

關於調位系統尚有引人注意者，即調位上的名分並非個人，而是宗族「公號」。義民廟各大庄的輪值爐主是固定的，並不開放給所有庄民。目前輪祀義民廟的十五大庄的值年總爐主分別為：六家大庄的林貞吉、下山大庄的鄭振先、九芎林大庄的曾捷勝、大隘大庄的姜義豐、枋寮大庄的林六合、新埔大庄的潘金和、五分埔大庄的陳茂源、石岡仔大庄的范盛記、關西大庄的羅祿富、大茅埔大庄的吳廖三和、湖口大庄的張六和、楊梅大庄的陳泰春、新屋大庄的許合興、觀音大庄的黃益興、溪南大庄的徐國和。這些爐主都是宗族，無一例外。宗族的公號除第一字為姓氏外，第二字多為數字，依其宗族房份而定；第三字或第二、三字則冠以「興」、「芳」、「和」、「泰」、「昌」等吉祥字，象徵宗族同心合力、家道興隆。不但十五大庄總爐主為公號，即使單一大庄內的各總正副爐主也幾乎都是宗族，以民國 86 年（1997）湖口大庄為例，張六和、羅合和、周三合、傅合源、陳四昌、張昆和、吳義昌、戴拾和、林長泰、陳榮和、黃六成、范國茂等 12 個各級爐主全為公號（邱彥貴 2001：159-160）。即使爐主以下的大小調與緣首，也幾乎都是公號，以前引 1909 年調單中的陳姓為例，總主會陳三煥、總總理陳四興、陳九和正爐主陳鼎芳、副爐主陳騰芳、正主醮陳和昌、正主普陳來興、副主壇陳達和等也都是公號（劉澤民 2003：248-249）。換言之，整個調位階序都由宗族所組成，而宗族又是本地的主宰力量，這更加顯示調位階序之存在的重要性。

另外值得一提的是，緣首並非祭典體系的底層，真正的底層一直延伸到家戶，而完成這一工作的是奉飯制度。義民爺祭典除了當天最受人矚目的儀式之外，整個7月期間輪值大庄內，所有家戶以鄰里為單位，輪流每天舉行「奉飯」儀式。早期係以扁擔米籮直接挑至枋寮義民廟，奉飯義民爺。所謂奉飯無非請義民廟吃飯的意思，祭品就是日常烹調的食物。據傳日據時代，義民廟因皇民化運動而被壓抑，於是家戶轉用自行在家奉飯的方式祭祀義民爺。近年可能是受到媽姐遶境儀式的影響，義民爺被請到當地主廟，直接就近接受庄民奉飯。以民國86年湖口聯庄輪值義民祭典為例，當年農曆5月19日起至7月19日止，60日內，義民爺被迎請到祭典區內的四間主廟，即波羅汶三元宮、三湖三元宮、新湖口顯聖宮及老湖口三元宮內安座，由各主廟祭祀圈內家戶以鄰為單位舉行奉飯祭儀（邱彥貴 2001：161-166）。奉飯儀式可以看成是輪值爐主制度的配套措施，藉由奉飯儀式，把所有家戶都整合進這個一年一度的，但卻15年才能主辦的祭典中。這些家戶雖然沒有輪值擔任爐主，也沒有調位，但是透過奉飯，仍被納進龐大的義民祭典系統內（羅烈師 2001：145-146）。簡言之，枋寮義民廟複雜而綿密的祭典組織體系，創造了調位階序，藉由領調制度將龐大的人口納入它的祭典區內。

八、階序體系的形成

枋寮義民信仰創造了一個包含神位、祿位與調位的階序體系，這一體系以義民神位為核心，將捐施與經理廟產有功者的祿位與祭典區內所有信徒的調位收納為一。這個體系的原動力是竹塹城外居民無主的恐慌，而決定階序高低的因素是財產的捐施與管理，但是國家卻因其封神的權力高坐頂端，也因此將信仰帶來族群的異音。

枋寮義民廟這一階序體係始於無主的恐慌，而其擴大亦因無主的恐慌，因此無主的恐慌可以視為體系的原動力。這種恐慌有兩種形式，一為對別人無主而生的恐慌，一為對自己無主所致之恐慌，而這兩種恐慌在義民廟史裡，最後同時匯注於那場最初的恐慌，亦即對於林爽文役殉難者的恐慌。對治無主恐慌之道唯有使亡者有主，亦即將抽象的亡魂具象為神主牌，有了神主牌才能夠接受祭儀，安享蒸禮。為了安奉這方神主牌，勢必捐施土地產業以營造一處神聖空間，其後再階序性地切割神聖空間，讓捐施者得到祿位牌及神聖空間。於是受捐者不再無主，捐施者也因此而有主。猶有進者，神聖空間的形式不僅包含廟宇、神位與祿位，祭典組織裡的調單也逐漸被視為一種神聖空間形式。透過大量的文字印刷，紅色醒目的調單，從廟宇到家戶的牆壁上，調單上所有的名銜也彷彿成了具體而微的祿位。因此，藉由神聖空間的創造及分割，同時賦予階序，使得眾人皆有主，此即枋寮義民信仰之奧秘。

至於更廣大的超自然世界裡無數無主又無人聞問的亡魂如何而能有主呢？那就依靠年復一年的普渡了！每至 7 月，竹篙高豎，招請所有水陸亡魂安享蒸禮，讓無主的恐慌得到短暫但卻是週期性的安慰。值得注意的是，義民信仰的昌榮正是因為十五大庄輪值參與義民廟普渡的結果。所以說，義民信仰的興旺係因外庄年復一年參與普渡亡魂的結果，而非義民信仰本身。

我們確實可以相信老邁的王尚武捐出畢生積蓄，只為換得堂上木主一方；我們也可以相信那年四姓首事捐資購得香燈之地，又定頒規約，拈出外庄經理與外庄領調二憲章，亦僅深盼四姓祿位早日開祭。然而無主的恐慌卻無法勾勒義民信仰的全幅樣貌，因為這個信仰自始就與帝國糾絞在一起。

當年帝國四塊匾額分贈四籍人群，固然顯露其族群政治之陰險詭詐，然而將那方本應懸掛通衢要道的褒忠坊牌，改懸於廟宇高樑之上的人畢竟是四姓首事，捐施田產祭祀聖旨與殉城官員也是四姓首事。菁英分子對國家力量的操弄，確實拐彎抹角地將幾乎成為無主亡魂的義民，提升為具有神格的神靈。擁有神位後的義民，不再恐慌，而竹塹城外的居民對殉難者的恐慌也轉為崇敬。於是原本普同於人性的無主恐慌，卻在帝國忠義的匾額下，得到一時的撫慰。原本褒忠與旌義都相同的是帝國對勤於國事者忠義精神的褒揚，然而褒忠就是褒忠，終究不是旌義，枋寮義民信仰就這樣不自覺地捲入族群紛爭之中。一甲子後，同治元年（1862）戴潮春之亂發生，相同的故事帶來相同的殉難者，也相同地葬在同一塊墳地中。我們已經看不到普同人性的無主恐慌，代之而起的是族群的呼喚：「為管理者自當秉公妥理，日後嘗祀浩大，以增粵人之光矣……此係通粵之褒忠嘗，有關全粵之大典，各要忠心義氣以經理……」。

國家以及族群異音的出現，提醒我們義民廟階序不是一個固定不變的原則，它被財產所決定，但是財產以外的因素，一樣不停地撼動乃至襲奪這一階序。從四姓首事到林劉施主、從外庄主調到固定爐主制，那是撼動；而高舉族群大旗的國家或行動者直接襲奪了這一階序後，王尚武的無主恐慌早被淘盡於歷史長河。唯此係後話，也是另一篇文章。

參考文獻

尹章義，1999，〈閩粵移民的協合與對立：客屬潮州人開發臺北與新莊三山國王廟的興衰史〉。頁349-380，收錄於《臺灣開發史研究》。臺北：聯經。

吳學明，1998，《頭前溪上游開墾史暨史料彙編》。新竹：縣文化中心。

李露露，1994，《媽祖信仰》。北京：學苑。

杜鴻賓等，1975，《長葛縣志》。臺北：中國地方文獻學會。

卓克華，1996，〈新埤鄉建功庄建制考〉。國立中央圖書館臺灣分館館刊2卷4期及3卷1期：98-106。

林尹、高明，1973，《中文大辭典》，第一冊，第455頁。臺北：華岡。

林光華及莊英章，「枋寮敕封粵東義民廟古文書」，未出版。

邱彥貴，1993，〈粵東三山國王信仰的分布與信仰的族群：從三山國王是臺灣客屬的特有信仰論起〉。《東方宗教研究》3：107-146。

______，2001，〈從祭典儀式看北臺灣義民信仰：以枋寮義民廟褒忠亭丁丑年湖口聯庄值年中元為例〉。頁150-185，收錄於鍾仁嫻編《義民心鄉土情》。竹北：新竹縣文化局。

桃園縣觀音鄉志編纂委員會編，1986，《觀音鄉志》。桃園：觀音鄉公所。

張　珣，2003，〈臺灣媽祖研究新思維：文化媽祖研究的新取向〉。頁109-142，收錄於張珣等編，《臺灣本土宗教研究的新視野和新思維》。臺北：南天。

張炎憲，1998，《竹塹古文書》。新竹：新竹市文化局。

許石井，1989，《北港鎮志》。雲林：北港鎮公所。

郭維雄，2002，〈屏東縣新埤鄉建功庄褒忠門在六堆客家移民開發史上的研究價值〉。發表於「兩岸客家歷史文化社區研究會」，苗栗：苗栗縣文化局。

郭薰風主修，1983，《桃園縣志》。臺北：成文。

陳春聲，1996，〈三山國王信仰與臺灣移民社會〉。《中央研究院民族學研究所集刊》80：61-114。

黃宗智，1998，《民事審判與民間調解：清代的表達與實踐》。北京：中國社會科學出版社。

黃貽徐編，1971，《黃姓族譜》。未出版。

臺灣銀行經濟研究室編輯，1964，《臺案彙錄庚集》。電子資料庫臺灣文獻叢刊第 200 種。臺北：聯合百科電子。

劉澤民，2003，《關西坪林范家古文書集》。南投：臺灣文獻館。

鄭　玄，1981，《禮記鄭注》（宋朝余氏萬卷堂校刊本）。臺北：學海。

鄭鵬雲、曾逢辰，1898，《新竹縣志初稿》。電子資料庫臺灣文獻叢刊第 61 種。臺北：聯合百科電子。

賴玉玲，2001，《新埔枋寮義民爺信仰與地方社會的發展》。國立中央大學歷史研究所碩士論文。

駱靜山，2002，〈檳城華人宗教的今昔〉，發表於「檳榔嶼華人事跡國際學術研討會」，1 月 5-6 日，馬來西亞：檳城。

魏淑貞，1994，《臺灣廟宇文化大系：保生大帝》。臺北：自立晚報。

羅烈師，2001，〈竹塹客家地方社會結構的拱頂石〉。頁 136-149，收錄於鍾仁嫻編，《義民心鄉土情》。竹北：新竹縣文化局。

羅景川，1994，《大樹鄉民間鄉土誌》。高雄：大樹鄉公所。

羅景輝，「湖口羅家古文書」，未出版。

Watson, J. L., 1985, "Standardizing the God: The Promotion of Tien Hou (Empress of Heaven) along the South Chinese Coast" In *Popular Culture in Late Imperial China*, edited by Johnson, A. Nathan, and E. Rawski. Berkeley: U. of California Press.

臺灣客家三官大帝信仰文化 *

范明煥

一、前言

客家——這個習慣於住在山林環繞的窮鄉僻壤，所謂山林壁壢角裡，過著幾乎自給自足生活的漢族成員；由於過著這種比較封閉，生產與生活幾乎結合成一體的人地關係，加上千餘年來，如影隨形般一直深植在深層意識中，相較於鄰近少數族群，其漢族文化優越感與安土重遷性，使得客家人在文化特質上，會對本土及傳統文化產生一種強烈的依附和深深眷戀，此即客家人在迭經戰亂，歷經千餘年，幾次重大遷徙流離後，何以仍能保存傳統文化與中原古音這項特色，也就是客家人所以能形成色彩鮮明之客家的原因之一，當然這種整體文化心態會影響到客家人日常生活中的信仰。

可是當這個硬頸而不願向異族屈服的族群（或稱民系、方言群體），在粵東、閩西、贛南……原鄉客家了數百年之後，又因人口激增，生存資源與空間的相對減少，再加上饑荒、兵災等現實生存環境與內在因素的改變，而不得不再次遠渡重洋過番到南洋，或冒風濤之險與水土之惡到臺灣求發展，各自尋求適合自己的環境落地生根，再度的以客為家，固然是一種無奈，也是為求生存

* 本文原刊登於《臺灣史學雜誌》，2005a，1 期，頁 67-91。因收錄於本專書，略做增刪，謹此說明。作者范明煥現任明新科技大學通識教育中心兼任講師。

而對本土與傳統的一種變通，誠如江夏堂黃姓祖訓「駿馬匆匆出外方，任從隨地立綱常，年深外境猶吾境，日久他鄉即故鄉……」所表現的又是對新環境的一種欣然認同，和另一種豁達大度，這又使得客家人在文化特質上更具較多兼容並蓄和開放性，這自然也會影響到客家人的信仰。

尤其是強渡黑水溝到了臺灣以後，這些羅漢腳不管是偷渡的還是合法的，首先面對的是不同族群體系的大混合，馬上面臨的問題是要怎麼活下去，原來臺灣錢淹腳目，只是一場美麗的騙局，風濤之險與水土之惡，使得渡海來臺竟是一條「六死三留一回頭」的悲歌末路，要怎麼活下去，信仰便是一股非常重要的精神支撐力量。

基本上客家人是敬天祀祖的，深層意識內講求的是多神信仰與祖先崇拜，到了臺灣以後，由於生存環境的艱困與經濟的貧乏，使得客家人勤儉與講求實用的精神，更是發揮得淋漓盡致，在日常生活中所供奉的每一位神佛都是具有多功能和實用性的；本土信仰與外來信仰不斷的被吸納並結合成一多元化信仰。天下神佛，不管中土異域，只要能為生人提供保佑和福祉的，皆可祭拜而為我所用，所以佛、道可以同堂，三教可以並祀，其中客家人對三官大帝的信仰文化就是一個很好的例子。

三官信仰原本是起源於上古時代中國大陸北方的一種自然崇拜，在歷經數千年的「造神運動」與變遷後，雖曾遍布全國各地，但卻有許多人早已不知道什麼是三官大帝，沒想到在臺灣，無分福佬、客家，仍是一種很普遍的信仰，尤其北臺客家地區更是普遍，一般人以為客家人只會奉祀三山國王與義民爺，並以之為判定客家地區的指標，其實不然，事實上北臺客家地區，以三官大帝為主神的廟宇，就比以三山國王為主神的廟宇幾乎要多一倍，與其他主神同祀的廟更多，其背後潛藏的種種原因，就很值得探討。

一般而言，戰後國人以三官大帝為主的研究為數不多，中研院《臺灣民間信仰研究書目》收錄相關研究文章僅得 7 篇（1967-1996），[1] 即：

毛一波	1967	石獅子和三官	臺灣風物
毛一波	1968	補記二郎神三官和鍾馗	臺灣風物
李光真	1961	陸海空總司令 - 三官大帝	光華雜誌
李清蓮	1976	家鄉上元節與三界公	蘭陽 5：119 － 132
林衡道	1983	客家地區的三官大帝信仰	臺灣文獻
胡淑花	1977	三界公掌理上下	臺南文化
黃榮洛	1996	臺灣客家人和三官大帝廟	客家雜誌

其中與客家地區相關的有兩篇，即上述林衡道與黃榮洛之兩篇。

本文擬自上古時代三官信仰之原貌開始探討，再探討其歷代之演變，重點設定在清康熙朝後，客家人較具規模遷臺開墾後形成之三官信仰文化，分析比較形成原因，並與福佬人之三官信仰文化作比較，進而找出其區域特徵或相關關係。

二、三官、三界公與三界爺的原貌

三官自明末以後也稱三官大帝，在臺灣除了三官大帝的稱號外，福佬人也稱之為天公或三界公，客家人則稱之為三界爺、天公或天神爺，是民間一種相當普遍的通俗信仰，但是三官是何方神聖，由來為何，就沒有多少人瞭解，頗值考究。

已故中研院前院長胡適之尊翁——胡傳在《臺灣日記與稟啟》一書中對三官大帝有如下的敘述：

1 林美容，《臺灣民間信仰研究書目》，（臺北，中研院，86.3），p49。

三元宮、三官廟，各行省皆有之，而未知所祀何神。東華錄載有順治十四年御製盛京三元神廟碑文曰：「道書，神有天地水府之別。國家當干戈擾攘之際，急圖康阜，使時和年豐，室盧相慶，則天官賜福主之。其或貫索未空，全氣猶沴，使斯民秉德格非，遠刑罰而登老壽，則地官赦罪主之。又或大軍之致兇年，大荒之致奇疫，滌其眚災，而消具害氣，則水官解厄生之。[2]

《彰化縣志》之〈祀典志〉祠廟項下三官堂亦有如下之記載：

……今臺俗不知三官所由來，而家家祀之，且稱爲三官大帝。以上元爲天官賜福；以中元爲地官誕，則曰地官赦罪；以下元爲水官誕則曰水官□□。謬妄相沿，牢不可破。故考其由來，祀三官者，知三官之所自始也。[3]

由上述《彰化縣志》的記載，又可知道漢人入臺拓墾後，三官是一種極為普遍的信仰，是家家祀之，而不知其所自始。而證之於現今社會三官信仰在臺灣之普遍，可說是不分福佬、客家，至今猶然，君不見各家公（媽）廳、神明廳、祠堂的天公爐、天井或禾埕中的天公爐、圍牆上的天公神位，至今猶存，只是一般人疏於注意或不知其由來而已。

其實不論胡文所言三元神廟、三元宮、三官廟，或台俗所謂三官、三官大帝，都是一種通俗的信仰。中國古代的自然哲學，認為天、地、水乃是構成宇

2 胡傳，《臺灣日記與稟啟》，臺銀臺灣文獻叢刊第 71 種，（臺北，臺銀，民 49.3），p86-87。

3 周璽，《彰化縣志》，臺銀臺灣文獻叢刊 156 種，（臺北，臺銀，民 46），p159。

宙的三大要素，與古希臘哲學家以為水才是構成宇宙的最後要素有所類似，是種接近科學的哲學思想，所以中國古代就有祭天、祭地和祭水的禮儀，《儀禮》的〈觀禮篇〉稱：

> 天子……禮山川丘陵於西門外，祭天燔柴，祭山丘陵升，祭川沈，祭地瘞。[4]

《禮記》亦有類似記載：

> 天子祭天地，祭四方，祭山川，祭五祀……士祭其先。[5]

只不過這種祭天、地、水的祭祀，在上古是皇帝的專利，庶民百姓僅能祭祖。天、地、水這種神格化的自然崇拜所以能進入尋常百姓家，並逐漸成為全國家戶喻曉的通俗信仰，實始於東漢道家五斗米教、太平道。

按天、地、水為三官，亦稱三元，《後漢書》劉焉傳注及《三國志》魏書張魯傳注引用《典略》有相同的說法：

> 典略曰：熹平中，妖賊大起……角爲太平道，脩爲五斗米道……脩法略與角同……主爲病者請禱，請禱之法，書病人姓字，說服罪之意，作三通，其一上之天，著山上，其一埋之地，其一沈之水，謂之「三官手書」，使病者家出五斗米以爲常，故號五斗米師也，實

4 《儀禮》、《十三經注疏》，（臺北，新文豐、1986），p44。
5 《禮記》、《十三經注疏》，（臺北，新文豐，1958），p8。

無益於療病，但爲淫妄，小人昏愚，競共事之……及魯自在漢中，因其人信行脩業，遂增飾之……[6]

《續修臺灣縣志》及《彰化縣志》對三官的由來亦有類似的記載：

……按師巫家有所謂天地水三官者，其說始於漢末宋景濂「跋揭奚斯三官祀記」，謂漢熹平間，漢中張修爲太平道，張魯爲五斗米道，其法略同；而魯爲尤甚。自其祖陵、父衡造符書於蜀之雀鳴山，制鬼卒祭酒等號，分領部眾。有疾者，令其自首書名氏及服罪之意，作三通。其一上之天著山，其一埋之地，其一沈之水，謂之天地水三官。三官之名，實始於此。[7]

由這些志書的記載，可知本來上古天地的自然崇拜，只有皇帝才可祭拜的天、地、水，經過道家張道陵、張衡、張脩、張魯……等，假借「上之天、埋之地、沈之水」的三官手書手法包裝，造出天地水三官，此後漸漸成為一種民間通俗信仰。

三、歷代三官信仰的演變

東漢末年道家所「發明」的天、地、水三官祭祀，歷經魏晉，至南北朝的北魏，由於北魏時，尊信道士、道教頗為盛行，太武帝時道士寇謙之，字輔真，南雍州刺史讚之弟，自稱寇恂之十三世孫，早好仙道，好絕俗之心，少修張魯

6 范曄，《新校本後漢書》，（臺北，鼎文，1994），p2436。
7 謝金鑾，《續修臺灣縣志》，臺銀臺灣文獻叢刊 140 種，（臺北，臺銀，民 51），p337。

之術，後襲取張氏之說，而配以首月，為之節候耳。《彰化縣志》相關記載如下：

> 其以正月、七月、十月之望爲三元日，則自北魏始，蓋其時尊信道士，寇謙襲取張氏之説，而配以首月……[8]

清人趙翼之《陔餘叢考》亦云：「其以正月、七月、十月之望為三元日，則自元魏始」，[9]可見自北魏寇謙之以三官配上首月，以正月、七月、十月的望日為三元日，益發豐富其內容。至北魏孝文帝、宣武帝時，三元與四時拜廟、地祇、五郊、冬至……成為年中重要的例祭日。[10]

到了唐朝，由於皇帝姓李，老子也姓李，所以道教也更受到尊崇，至玄宗時，每至三元日，令峰元館學士講道德、南華等諸經。[11]並下令於每年正月、七月、十月元日，自十三日起至十五日皆禁止屠宰漁獵。[12]即三元日各斷屠三日，餘月不禁。至宣宗時更乘此三元之慶，大赦天下，自大中 13 年（859）正月昧爽以前，大辟罪以下，罪無輕重，咸赦除之；唯十惡叛逆故殺人官典犯贓，不在此限。[13]

以上為唐代皇帝在三元日的一些作為，再看尋常百姓的祭祀三官情況。由李商隱〈為馬懿公郡夫人王氏黃籙齋文〉中可發現此懺罪拔苦祈恩的齋文所奉請的神明、神仙，自「上謁虛無元始自然天尊、太上大道君、太上老君……天

8 周璽，《彰化縣志》，臺灣文獻叢刊 156 種，p159。
9 趙翼，《陔餘叢考》，（臺北，華世出版社，民 64）。
10 《新校本魏書》卷 190，（臺北，鼎文），p2843。
11 董誥，《全唐文》，卷 24，（臺北，大通，1979），p281-1。
12 同上註，p386-2~p805-2。
13 同上註，p864-2。

地水三官、北斗尊神、本命星君……」，[14] 可見當時三官這種自然崇拜的神明，其稱呼仍為天地水三官。劉崇遠〈新開宴石山記〉文中亦提及「黑金鑄玉皇道君老君天地水三官」，[15] 由排序看三官還是當時相當重要的神明。

若再以神明的實用性功能而言，唐德宗貞元 10 年（794）正月，南詔王異牟尋〈與中國誓文〉即「謹詣點蒼山北上請天、地、水三官、五嶽四瀆及管內川谷諸神靈，同請降臨，永為證據」，[16] 天、地、水三官竟然成為南詔王發誓的第一個重要證人。唐僖宗時紫道士杜光庭，官拜尚書戶部侍郎、上柱國蔡國公，是提及三官實用功能最多者，他所提三官之功能計有：「玉皇天尊慮鬼神之肆橫，災害於人，常命五帝三官，檢制部御，律令刑章，罔不明備」、[17]「三官定死生之格，陰陽懸象」、[18]「三官領籍、五帝定生、南天司祿算之文……」、[19]「三官持考校之文，五帝領裁之籍」、[20]「三官消罪，五帝除災」、[21]「三官主賞罰之籍」、[22]「命三官曹屬，解消厄運」。[23]

《咸淳臨安志》記戴五代十國時，吳越開國之主錢鏐龍德 3 年，曾在龍山建三官院以奉天地水三官，[24] 可見原先流傳在中國北方的三官信仰已經在江浙地區盛行。

---

14 同上註，p8153-1。
15 同上註，p9029-1。
16 同上註，p10346-1。
17 同上註，p9808-1。
18 同上註，p9745-2。
19 同上註，p9748-1。
20 同上註，p9756-2。
21 同上註，p9782-2。
22 同上註，p9791-1。
23 同上註，p9808-2。
24 潛說友，《咸淳臨安志》，（臺北，商務，民 72），p4031-1。

還有一項與三官信仰有關的活動——「三元觀燈，本起於方外之說，自唐以後，常於正月望夜，開坊市門然燈，宋因之，上元前後各一日，城中張燈，大內正門結綵為山樓影燈，起露臺，教坊陳百戲。天子先幸寺觀行香，遂御樓，或御東華門及東西角樓……」，[25] 可見盛況。

宋史列傳記載，太宗太平興國年間，苗守信、吳昭素、劉內真等造新曆，頗為精密。淳化 2 年（991）守信上言：「……三元日，上元天官，中元地官，下元水官，各主錄人之善惡……」[26] 把當時三官的實用性功能介紹得很清楚，這也是三元、三官並見於正史之始。

宋太宗時成書的《太平御覽》亦列有三官之職司為「……至夏至日日中天上三官會于司命河候枝定萬民罪福增減年等……」、「太一八使著上與三官天人善惡列言也」。[27]《元好問全集》亦提及：台州南八里，紫羅山之麓，建有三官堂，[28] 這種三官堂的稱呼，沿用到清代臺灣，《續修臺灣縣志》及《彰化縣志》皆稱三官廟為三官堂。

三官信仰到了明沈德符的《萬曆野獲編》卷二十四之記載，今所傳誦之三官經，是明英宗為景帝所禁錮無聊時所作。[29] 英宗之後的憲宗，曾承其母后（錢后）之意撥內帑建三官廟，《菽園雜記》之相關記載如下：

> 朝廷近建三官廟，規制宏麗，像肖莊嚴，其費皆出內帑，不煩有司。工成日，內府各內官及文武諸司大臣，俱往瞻禮。蓋上承母后意……[30]

---

25 脫脫《新校本宋史》，（臺北，藝文，民 71），p2697。

26 董誥，《全唐文》，卷 24，大通，臺北，1979，p13499。

27 李昉，《太平御覽》卷 660，（臺北，新興，民 48），p3078-2 ～ 3079-1。

28 元好問《元好問全集》，（山西，人民，1990），p21。

29 沈德符《萬曆野獲篇》，（臺北，新興，1998），p607。

可見明代皇帝及皇室對三官信仰是相當虔誠的，英宗的一時無聊之作，那知數百年後竟成臺灣各地正月 15 日家家戶戶延道士所誦三界經（三官經）之所本。（見《重修福建臺灣府志》、《重修臺灣府志》、《臺灣縣志》）。

至於三官之加尊號為大帝，則在崇禎帝之時；《小腆紀傳》卷三十一有如下記載：

> 帝又納眞人張應京言，加尊天、地、水三官爲大帝，諭中外一體尊奉、慶賀……[31]

可見三官之加上大帝尊號為時甚晚。而同時期的滿人也是信奉三官，除了前述胡傳《臺灣日記與稟啟》提及順治 14 年（1657）有御製盛京三元廟碑文，可證明清人入關之前即已奉祀三官外，盛京三元神廟（三官廟）在清史上還曾見證過一件帝位冊立的重大事件，《清史稿》卷二百四十九有如下之記載：

> 太宗崩後五日，睿親王多爾衮詣三官廟，召索尼議冊立……乃定議奉世祖即位。索尼與譚泰、圖賴、鞏阿岱、錫翰、鄂拜盟於三官廟，誓輔幼主，六人如一體。[32]

清世祖的即位，其實是波濤洶湧，並非如此的順利，但新皇帝的冊立，握有大權的多爾衮與索尼先會見於三官廟，溝通意見。在兩黃旗兵張弓挾矢，環

---

30 陸容《菽園雜記》，（北平，中國商業，民 78），p110。
31 徐鼒，《小腆紀傳》，臺灣文獻叢刊 138 種，（臺北，臺銀，民 52），p388。
32 趙爾巽，《清史稿校註》，（臺北，臺灣商務，民 88.9），p9672~p9673。

立宮殿護衛，崇政殿中諸王大臣的最後議定奉立世祖後，索尼……鄂拜這 6 位顧命大臣又盟於三官廟，誓輔幼主，則三官信仰和三官廟在滿人昔日心中的地位重要性可想而知，也難怪世祖在即位 14 年後要御製盛京三元廟碑文了。

滿人信奉三官，還有一個證明，乾隆朝率兵來臺平定林爽文事件的福康安，在事平回京後，因感念天后的庇佑而在東四牌樓馬大人衚衕建一天后宮，其正殿為一天后塑像，後為三官神像，西為關帝神像，[33] 後殿不祀天后父母而祀三官，與一般臺灣天后廟不同，三官在其心中地位又可見一斑。

其實又豈止滿人信奉三官，三官信仰還遠渡重洋，流傳到琉球群島，《清季申報臺灣紀事輯錄》中有段敘述可茲證明：

> ……其人信奉儒、釋、道三教，亦建廟宇；如那霸有三元宮，乃古剎也……[34]

既是古剎，但何時傳入則不得而知。

除了華夷皆拜三官，清代的一本道教經典《歷代神仙通鑑》也為三官崇拜增加了些內容，本書認為：

> 天官，堯也；地官，舜也；水官，禹也。夫堯定天時，以齊七政。孔子曰：「大哉堯之爲君，唯天爲大，唯堯則之」。故爲天官。舜畫十有二州，以安百姓，故爲地官。禹平洪水，尊民居，故爲水官……」

33 諸家，《清代琉球紀錄集輯》臺灣文獻叢刊 292 種，（臺北，臺銀，民 60），p125。

34 未著撰人，《清季申報臺灣紀事輯錄》，臺灣文獻叢刊第 247 種，（臺北，臺銀，57.8），p958~959。

這是靈魂崇拜漸漸取代了自然崇拜，所以三官大帝便被附會為堯、舜、禹三大帝，在讀書人眼中，是皆古之聖王，功在後世，故而祀之，雖為牽強附會之說，也未便反對。按道教的說法，三官大帝之神格，其禮降於玉皇一等，道士又獻尊號，稱三官大帝為天官一品賜福紫薇大帝、地官二品赦罪清虛大帝、水官三品解厄洞陰大帝。世俗以為此三神係奉玉皇上帝之旨管轄三界，[35] 亦即臺俗「天官賜福、地官赦罪、水官解厄」之由來。

四、進入日常生活的三官信仰

起源於上古時代的三官信仰，到了清代，早已發展成全國皆有，華夷同參的普遍性通俗信仰。所以明末清初當漢移民紛紛強渡黑水溝來臺時，因為有風濤之險與黑水之惡，還有海盜為患，要渡過重重危機與難關，連神明的信仰也要講求實用，只要有效，有拜有保佑，管他什麼神佛，香火通通隨身帶著，除了實用，還講求多重保險的觀念，拜一位不夠，可能要多拜幾位，除了三山國王、開漳聖王、廣澤尊王等地方性守護神外，感覺不夠，還帶著三官大帝、媽祖婆、觀音佛祖等神佛的香火。

等到九死一生，在臺灣安全上陸，這些大多數單身的羅漢腳，由於頭路難尋錢難賺，不是做長年（工），就是做佃農，經濟狀況普遍不佳，還要面臨原住民的頑強抵抗或反撲，以及疾病瘟疫的襲擊，無助無奈的心靈，只好再次求助於神明，由於危機四伏，隨時要祈求神佛，加上又沒有能力建廟，所以只能就地奉祀各自信仰的神明或香火，所謂香火，可能只是一枝布製的香旗，由原鄉祖廟分香過爐取得靈力，或者是用紅布做成四角形的袋子，裡面裝的也是大陸原鄉祖廟香爐裡的香灰，把這香旗或香火袋當神明的分身，就是這樣就地奉

35 林衡道，〈客家地區三官大帝信仰〉，《臺灣文獻》34（2），民 72，p191。

祀香火，有神無廟的信仰行為，使得原先講求實用性的神明信仰，進入一般尋常百姓的日常生活，這也是這些神明信仰會在臺灣這個移墾社會一直歷久不衰的原因。

因為大部分漢移民所從事的行業是與土地有關的拓墾，所以除了絕對在地化的土地公外，一般墾民信奉的神佛中最多的是有求必應、救苦救難的觀音佛祖與媽祖婆，當然與耕作密不可分的天、地、水三官（三界爺），也是受到熱烈信奉的神明。

既然無力建廟，又幾乎天天要祈求神明保平安或賜福，所以漸漸發展出一種在日常生活中，與祖先崇拜結合一體的信奉方式，各家除了正廳供奉祖先牌位外，聰明的早期移民還設計出一種神佛圖，把大家經常祭拜的神佛集中在一張圖像上，只要一個香爐，即可天天在家與祖先的香火一起拜，畢其功於一圖，這張神佛圖通常是這樣設計的，在圖像的中央最上方，繪的是觀世音佛祖及挾侍兩旁的善才、龍女，觀音的右下方為媽祖及挾侍的千里眼與順風耳，左下方為司命灶君，最底下則為土地公。

這張神佛圖並沒有繪三官大帝，因為三官神格高，僅次於玉皇且人多勢眾，勢必不好繪，但不論福佬、客家，都很高明而自成一格的作了安排，福佬人把拜三官（三界公）的天公爐掛在一進門即可看到的燈梁上，以便在家奉祀三官大帝。同樣的當三官信仰進入客家人的日常生活時，一般而言，客家人較少在燈梁上掛天公爐，而是把拜天公的神位推出正廳外，南部六堆的客家人習慣把天公爐擺在四合院的天井中（如圖 1）或三合院的禾埕上（如圖 2）；北部的客家人則習慣在三合院或四合院的圍牆上，一塊凹進去寫著「天官賜福之香位」（如圖 3）或「向天申之」的地方（如圖 4），少去了屋頂遮蓋，大概比較容易直達天聽，這樣三官信仰與正廳的祖先牌位、神佛圖一起一年 365 天早晚接受焚香禮拜，這就是一種在地化的濫觴。

五、神明會與三官嘗

客家人來臺後，早期以香火袋或在三合院牆上設神位祭拜三官（三官大帝）的方式，雖行之有年，有甚多習俗還流傳至今，但畢竟聚居斯土，多載累沐深恩，感德有年，如此簡陋的祭拜方式，有些人會感到心靈不安，在環境改善後，又想在三官祭典時共飲共祀；這也是客家莊「食福」的遺風，所以有些地區就會發起組織以三官大帝為中心的神明會，或稱三官嘗，或稱賜福嘗（天官賜福也）。

圖 1：天井中的天公爐（徐斐裴攝影，2005 年）

圖 2：三合院裡的天公爐
（徐斐裴攝影，2005 年）

圖 3：關西坪林范家的天官賜福神位
（范明煥攝影 ，2005 年）

圖 4：苗栗李家圍牆上的天公爐（范明煥攝影，2002 年）

按照臺灣舊有的風俗習慣來說，一般所謂神明會，都是奉祀同一神明的人所組成的團體，其中有的還擁有自己的寺廟，不過絕大多數，都不設什麼寺廟，只是就神明牌位，神像或香爐在指定的祭日祭祀。以新竹地區的三官大帝神明會來說，湖口鄉波羅汶（波羅村）的三元宮就是先有廟再有三官嘗的神明會，波羅汶三元宮於咸豐2年（1852）由莊紳張裕光、陳榮章等倡首創建，次年（1853）建成。經過13年之後的同治丙寅年（即咸豐5年，1866），仍由張裕光，及陳榮章兩位先生發起籌組三官嘗會，會員32份，購置田產，於每年農曆10月11日水官大帝聖誕千秋，舉辦神豬競賽，同時每年提供1000台斤穀價作為廟祝管理費，此後四序康寧，四方之人移徙而來，遂成一大村莊，地方因廟而繁盛。[36] 波羅汶三元宮就是先有廟再有三官嘗神明會，再由廟與神明會而帶動地繁榮的一個例子。

至於那種保持神明會原始風貌，先有神明會，運作多年以後才建廟的，新竹地區可以湖口庄（舊名大湖口或稱大窩口，今稱湖鏡村）神明會賜福嘗最具代表性，其運作方式又與先建廟者不同。

一般神明會的組成，就是由身分地位相近的人，例如同業、同鄉或志趣相投、理念相近之人所組成。由於彼此在生活上關係密切，於是就聯合數十人或數百人為同志，以祭祀某一神明為目的而聚會，並且分別損錢醵資，在那種尚未有銀行可資借貸融通的年代，鄉下亦無錢莊，這筆聚少成多的資本，正可交神明會去殷實生放，產生可觀的利息，會內之人可資利用，也可用這筆錢去購買土地，作為會產，又可用會產的收益充作祭祀的經費，一舉數得。神明會有的祭祀神像，有的只祭香爐。

湖口庄（老湖口）在乾隆20年代即有漢人私墾，至嘉慶3年（1798）正

36 三元宮管委會，《湖口鄉波羅汶三元宮沿革暨祈安建醮誌》，1994，p7。

式開庄，[37] 又歷經 37 年後的道光 15 年（1835）10 月，由大湖口各大宗族所組成的「湖口庄神明會賜福嘗」才出現，又再經過 69 年（1904）後，湖口庄三元宮才創建。在賜福嘗組成之前，大湖口（湖口）原本就先組成了一個三官嘗神明會，這可由賜福嘗的 27 份創立人當中即有一份叫「三官嘗」的股夥可看出來，另外在賜福嘗的眾會友議立條款第五條有如下記載：「大湖口庄原祀『三界公老爐』至八月間演唱祝慶，值爐來迎請，嘗內應貼佛銀一元，以助費用」，[38] 有了賜福嘗的新爐，才會稱原來三官嘗輪值祭祀的香爐為老爐，由此可見原來的三官嘗也好，另組的賜福嘗也罷，皆組成於湖口庄三元宮建廟之前，且皆以香爐為祭，可惜的是欠缺文獻，無法對三官嘗作較深入的探討。

其次再檢視這個最具神明會原始風貌的湖口庄神明會賜福嘗，組成於道光 15 年（1835），歲次乙未年 10 月 15 日，由湖口庄各宗族，身分地位與志趣理念相近者如葉玉明、陳膳安、羅阿福、周三合、范八茂……等，或以個人身分，或以公號身分參與，26 位會友加上一份三官嘗，組成 27 股的賜福嘗，以別於原先的三官嘗。

捐錢醵資，以為股本的部分，由嘗內各會友，每名題穀一石（碩），共計 27 石正。嘗內訂有生放條款：

（1）捐提早穀俱交嘗內殷實生放，不得短少。

（2）每年每石供貼利穀三斗正（放款年利率 30%）。

（3）眾信嘗友人等三年清算，存數登帳。

37 羅烈師，《老街講古》，（新竹，湖鏡社區發展協會，民 90），p34-38。

38 未著撰人，《湖口庄神明會賜福嘗簡介》，戴國志統生提供，無頁碼。

（4）議戴星魁、王玉壽、呂金生、葉玉明、陳俊相、余元福等六位創立人共生放穀二十七石正。

結果經過 3 年的生放滾利，道光 18 年（1838）的首次清算會共收回母利穀 59 石四斗正，利潤不可謂不高，所以將原利穀每年每石貼三斗降低為一斗正，即放款年利率降為 10%。

從道光 15 年（1835）到同治 14 年（按同治無 14 年，是否為光緒元年之誤），歷經 40 餘年的殷實生放，本利已累積至銀元 700 餘元，這時因陳勝生歷年抗租欠利，致其所借佛銀 300 元，未收毫粒，經催討多次後，陳勝生兄弟願將湖口下北勢田業變賣抵還，價銀 880 元。購買土地，以為會產，又可用會產的收益充作祭祀的經費，所以雖然嘗內本利才累積 700 餘元，尚欠百有餘元，不得已向陳阿勞借得不敷之數，方能買此田業及收回欠款。而招佃耕作，每年可收租 50 石，扣除應納大租谷七石五斗正、磧地金 24 元，幫佃起造田寮外，尚可用來抵還債務，結果 11 年即還清債務。所以在光緒 11 年（1885）9 月 18 日邀集神明會各股夥會議，設立章程，準備豬羊五牲四果，由管理人戴拾和、葉呈茂、王萬壽等開設致祭慶祝，並演戲官音全臺，以恭祝三官大帝千秋。[39]

這段歷程就是三官大帝神明會賜福嘗的股夥（或稱會腳、會友）在共同謀求會產增值的經過，不但還清了購買土地為會產的負債，也增進了會員間的利益，敦睦了彼此間的感情，所以在會產收入轉趨豐富後，開始準備豬羊、五牲、四果致祭，並捐款演戲酬神，在拜拜結束後設酒席宴飲，會友們一面共祀共飲，一面看戲，真是快樂無窮。

39 未著撰人，《湖口庄神明會賜福嘗簡》，無頁碼。

在致祭、演戲、宴飲的同時，賜福嘗還有一件最重要的事，就是嘗內眾會友議立條款，設立章程，將賜福嘗的運作予以制度化。

首先就祭祀之事，將會友各按拈鬮為定，區分為三組首事，再輪流由各組首事中產生值年爐主，全權負責奉祀及祭典之事，爐主產生的方式有兩種，一種就是首事中擲筊產生，誰的聖筊（一陰一陽）最多，誰就是值年正爐主，誰的聖筊次多，誰就是副爐主。爐主、副爐主也有由拈鬮產生的，爐主的任期通常是一年，屆滿就用擲筊或抓鬮產生新的爐主，週而復始。[40]

在湖口庄三元宮建廟之前，仍用懸爐禱祭，賜福嘗爐主平日最大的任務就是把三界爺（公）香爐請回家中早晚祭拜，雖然不是這個香爐的主人，卻要天天主持奉祀這個香爐，反過來說，他是神明駐蹕處的主人或許這就是爐主名稱的由來。到了每年的 10 月 15 日，由值年爐主、首事等準備豬羊、五牲果供、金帛等物，整肅衣冠，齊聚到爐主家中拈香禮拜，每人祭肉 1 斤，如有功名穿戴公服袍掛之仕紳，頒胙肉 1 斤，以昭敬神福有攸歸。嘗內志士進學者（考中秀才）至爐首拈香，准給花紅銀 2 元，如有科舉進士者，加給花紅銀 4 元正，[41] 這是鼓勵嘗內子弟多讀書上進之意。

在賜福嘗成立之前，大湖口庄原祀「三界公老爐」，在 8 月間，演戲全臺慶祝時，由值年爐主來迎請，內應貼佛銀一次，以助費用。[42]

神明會由於有生放利息，加上會產的收入，既可支付每年祭祀費用外，仍有盈餘，可資分配，湖口庄賜福嘗在光緒 11 年（1885）還清債務後，至光緒 14 年（1888）嘗內眾會友首次頒發配嘗金，每份 1 元，嘗內諸友至期會算，原設酒席 3 桌，另備一桌敬請先生、經事之人。招待親客以免失禮，故每年僅

40 同上註，無頁碼。

41 同上註，無頁碼。

42 同上註，無頁碼。

可一人赴席，當給桌單訂位，免致繁亂，搬椅借桌，首事難為。嘗內第二次結算，頒發配嘗金，在光緒 18 年（1892），每份柒角貳分，第三次在光緒 19 年（1893），每份伍角貳分，爾後每年均發放，[43] 目前每年發放每份 2000 元。

神明會的運作，在其資產累積到一定程度有能力時，亦可從事社會公益事業，賜福嘗神明會歷年來贊助公益事有紀錄可查者如下：[44]

（一）明治 41 年（1908）波羅汶建廟（三元宮），捐金 12 元。

（二）大正元年（1912），湖口三元宮建廟捐金 200 元。

（三）大正 8 年（1919），三官大帝（湖口三元宮）登龕捐金 60 元。

（四）民國 38 年（1949）捐三官大帝神位聖牌，價金 150 元

（五）民國 49 年（1960），信勢國小創校，捐金 500 元。

（六）民國 56 年（1967），三元宮重建，贈紀念紅彩乙幅、燈乙對。

（七）民國 68 年（1979），贈三元宮櫃台乙式。

（八）民國 69 年（1980），贈三元宮鐵櫃乙台。

（九）民國 70 年（1981），三元宮天井加蓋屋頂，捐金壹萬元。

（十）民國 71 年（1982），三元宮新設光明燈捐金捌仟圓。

（十一）民國 87 年（1998），出刊（湖口庄神明會賜福嘗簡介），資料整理——管理人戴國志。

六、族群關係與三官信仰文化的南北分立

漢人在明末清初大舉入臺拓墾後，早期由於環境艱困，經濟狀況較差，一般而言，根本無力為神明建廟，而選擇正廳供奉神佛圖及天公爐或圍牆上的天

43 同上註，無頁碼。

44 同上註，無頁碼。

公神位來解決奉祀神明的問題，三官信仰自不例外。除了官修的文、武、城隍、天后等廟宇外，以其他神明為主神的廟宇，必須慢慢待環境較佳，地方經濟能力達到一定水準時，才有能力建廟，但是三官信仰在臺發展卻有其獨特的一面，不但福佬、客家不同，即令是客家也是南北有別。

先說福、客之不同，各地福佬人往昔也是如同《彰化縣志》記載的「家家祀之，且稱為三官大帝」，《重修福建臺灣府志》、《重修臺灣府志》及《臺灣縣志》記載的「正月……十五日，人家多延道士誦經，謂之『誦三界經』，《澎湖紀略》的「元宵……至十五夜，各家俱備牲醴碗菜，供奉三界，闔家燕飲，鳴鑼擊鼓，極為熱鬧……」，以及《安平縣雜記》記載的「十五日，上元佳節，天官大帝誕，人家及各廟宇均如慶祝玉皇儀式，演大小戲，延道士以誦經，紙糊三官帝闕三座……」，還有記載慶祝下元節的紀載如《嘉義管內釆訪冊》的「十月十五日，三界公壽誕，街莊各家，虔備牲醴、菜料，以朮米為紅丸、紅龜等件物品，在廳前置香案棹上，禮拜、燒金、放炮，亦有演戲恭祝壽誕者，每歲皆然。」或如《噶瑪蘭志略》記載的「十月十五日，各家焚香，備牲醴，燒金紙，作三界壽……」可見不分西、東、南、中或外島，福佬人的三官信仰是相當虔誠與熱烈的。

林美容教授曾對福佬人的三官信仰作過調查，林文說漳州人拜三界公，且分別於上元、中元、下元祭拜，泉州人不是不拜三界公，但似乎比較著重玉皇大帝的祭祀，有所謂迎天公的活動，這是漳州人地區所沒有的。最常聽說的一個如何區別漳、泉的方法是看天公爐有幾個耳朵。一般傳統三合院的農家，其正廳門後的天花板通常垂吊著一個天公爐，或稱三界公爐，是拜三界公用的，

45 林美容，〈族群關係與文化分立〉，《民族學研究所集刊》69 種，p95。

據說祖籍漳州的民家其天公爐有三個環耳，以便懸掛鐵鍊；而祖藉泉州者則用四個環耳的天公爐。[45]

由上述方志及林美容教授的調查皆可證明福佬人是家家奉祀三官，三元節慶也熱烈慶祝的，客家人也一樣，唯一不一樣的小地方僅是天公爐的擺放位置不同而已，但若深一層去探討，卻會發現福佬、客家最大的不同，也是臺灣南北最大的不同是北臺的三官信徒較喜歡蓋廟，尤其是北客，南部的客家人可能連一間三官廟也未蓋（未列入隱性的福佬客）。

何以有如此現象，下表為綜合臺灣各種志書及仇德哉《臺灣之寺廟與神明》所統計全臺三官廟的數量及分布，或許可透過各地的歷史人文背景可推論出各種複雜或更深入一層的原因。

表 1：臺灣各地三官廟分布與族群關係表

縣市別	數量	鄉鎮別區分		主神名稱區分	族群關係	備考
基隆市	1	中山區	1	三界公 1	福佬	參考日治時期臺灣祖籍調查
宜蘭縣	8	宜蘭市	1	三官大帝	福佬	
		礁溪	2	三官大帝	福佬	
		冬山	3	三官大帝	漢原犬牙交錯	
		三星	2	三官大帝	漢人中福佬佔絕對多數，早期有客家人參與開墾	
臺北縣	4	石門	1	三官大帝	主要為漳州藉福佬部分汀州客	
		新店	1	三官大帝	福佬	
		金山	2	三官大帝 三界公	福佬	

表 1：臺灣各地三官廟分布與族群關係表（續）

縣市別	數量	鄉鎮別區分		主神名稱區分	族群關係	備考
桃園縣	22	中壢	2	三官大帝	客家約 1/2、福佬及其他約各 1/4	
		大溪	3	三官大帝 2 三界公 1	客家 11%、福佬佔多數、泰雅族反撲劇烈	
		楊梅	4	三官大帝 3	平埔族屯務公埔、萃豐庄、諸協和拓墾，閩、客原合作	
		八德	2	三官大帝 2	霄裡社大本營、族群合作（漢原）	
		龍潭	6	三官大帝 5	平埔族霄裡社之武陵埔、馬陵埔、漢原合作開成	
		龜山	1	三界公 1	福佬	
		平鎮	4	三官大帝 1 三界爺 1	客家	
新竹縣	19	新豐	1	三官大帝	萃豐莊墾區、漢原合作	
		湖口	2	三官大帝	萃豐莊墾區、漢原合作	
		新埔	3	三官大帝	平埔族墾戶、客家墾佃	
		關西	6	三官大帝	漢原合作	
		橫山	2	三官大帝	福佬籍陳家墾戶（合興庄），客家墾佃	
		芎林	1	三官大帝	福客合作	
		竹東	1	三官大帝	金惠成墾戶、福客合組十四股，福客合作	
		北埔	1	三官大帝	金廣福墾戶，福客合組二十六股，墾佃為客家人，福客合作	
		寶山	1	三官大帝		
		峨眉	1	三官大帝		
苗栗縣	7	南庄	5	三官大帝	客家人黃祈英為賽夏駙馬後為總頭目，漢原水乳交融。	
		銅鑼	1	三官大帝	客家	
		三義	1	三官大帝		

表 1：臺灣各地三官廟分布與族群關係表（續）

縣市別	數量	鄉鎮別區分		主神名稱區分	族群關係	備考
臺中市	4	北屯	2	三官大帝	客家人佔 15.25%，福佬人佔 84.25%	
		北區	1	三官大帝	福佬	
		西屯	1	三官大帝	福佬	
南投縣	2	草屯	1	三官大帝	客家人佔 1.49%，福佬佔 98.5%	
		竹山	1	三官大帝	客家人佔 7.33%，福佬佔 85.32%	
雲林縣	3	古坑	1	三官大帝	客家人佔 19.51%，福佬人佔 76.83%	
		大埤	2	三官大帝	客家人佔 0.93%（未列入漳州客），福佬 99%	
嘉義縣	6	民雄	1	三官大帝	漳州籍福佬 100% 未扣除漳州客	
		新港	2	三官大帝	客家人佔 6.37%（未列入漳州客）	
		水上	1	三官大帝	客家人佔 2.79%（未列入漳州客）	
		梅山	2	三官大帝	客家人佔 15.7%，福佬佔 84.29%（未扣除漳州福佬客）	
臺南縣	7	左鎮	1	三官大帝	福佬佔 54.24%，客家佔 6.78%	
		麻豆	1	三官大帝	福佬	
		白河	1	三官大帝	客家佔 4.76%，福佬佔 92.26%	
		玉井	1	三官大帝	福佬佔 90.9%，其他佔 9%	
		關廟	1	三官大帝	福佬	
		南化	1	三官大帝	福佬	
		新化	1	三官大帝	福佬	
臺南市	2	新興路、忠義路	各 1	三官大帝	客家人佔 3.3%，福佬佔 94.1%	

表 1：臺灣各地三官廟分布與族群關係表（續）

<table>
<tr><th>縣市別</th><th>數量</th><th colspan="2">鄉鎮別區分</th><th>主神名稱區分</th><th colspan="2">族群關係</th><th>備考</th></tr>
<tr><td rowspan="2">高雄縣</td><td rowspan="2">2</td><td>旗山</td><td>1</td><td>三官大帝</td><td colspan="2">客家人佔 13.38%，福佬佔 83.8%（未扣除漳州福佬客</td><td rowspan="4"></td></tr>
<tr><td>林園</td><td>1</td><td>三官大帝</td><td colspan="2">福佬</td></tr>
<tr><td>屏東縣</td><td>1</td><td>南州</td><td>1</td><td>三官大帝</td><td colspan="2">福佬</td></tr>
<tr><td>澎湖縣</td><td>1</td><td>馬公</td><td>1</td><td>三官大帝</td><td colspan="2">福佬</td></tr>
<tr><td rowspan="2">小計</td><td colspan="2">北臺共 48 座
含北基 5 座</td><td colspan="2">中臺共 9 座
（中、中彰、投、雲）</td><td>南臺共 18 座
含嘉南 15</td><td>東臺 8 座
（宜花東）</td><td>外島 1
（澎湖）</td></tr>
<tr><td colspan="4">桃竹苗 43</td><td colspan="3">高屏 3</td></tr>
<tr><td>合計</td><td colspan="7">全臺 84</td></tr>
</table>

（按金田昌，國立中央大學研究所碩士論文，〈臺灣三官大帝信仰：以桃園地區為中心（1683-1945）修正〉）

由上表來看，在全臺約 89 座三官廟中，北臺為 53 座，佔 59.55%，是全臺數量最多，密度最高之處，尤其是新竹縣 19 座，佔 21.35% 為全臺第 2 名，第 1 名為桃園縣，有 22 座，佔全臺 24.71%。桃竹苗地區共有 48 座，佔全臺 53.93%，已過全臺半數，其中桃竹苗確定由客家人建的三官有 42 座，佔全臺的 47.19%，更可証明前述的北臺之人比較喜歡蓋三官廟，尤其是北臺客家人更是對三官廟情有獨鍾說法的正確性。

一般而言福佬人之奉祀三官大帝，除了在自家正廳、公媽廳以天公爐奉祀外，較少建廟，這也是何以較北臺早拓墾的南臺、中臺，合計 12 縣市，超過本島一半的縣市，為福佬人佔絕對優勢的地區，三官廟只得 27 座，僅佔全臺三官廟的 32.14% 之原因。

若再深一層去思考，為什麼南桃園加上新竹縣及苗栗之銅鑼、三義、南庄三鄉鎮，就蓋了 42 座三官廟，何以龍潭與關西鎮都蓋了 6 座，南庄鄉就蓋了

5 座，若說客家人喜歡蓋三官廟，而一樣是客家人佔優勢的南部六堆地區，何以卻一間三官廟也沒有，原因又何在。

其實若從上表之族群關係來看，大部分問題便可迎刃而解，獲取較為合理的解釋。或許可以這麼說，在族群關係單純的地區，像南臺、中臺的福佬優勢地區，三官廟蓋得較少，因為福佬人本來就較少建三官廟，大都在家以天公爐祭拜。反之族群關係較複雜或有其他在地性原因，若族群關係和諧，則拜天、地、水三官的廟，較易為各族群所共同接受，故三官廟多，新竹縣就是最好的範例；相反的，歷史上族群關係若複雜，又常處於敵對的狀態，則比較不會建大家共同可接受的三官廟，而是以地方守護神為凝聚向心力的象徵，則三官廟會蓋得少或根本不蓋，南臺六堆客家地區，也是一個例子，以下分別加以說明。

以全臺三官廟最多的新竹縣而言，客家人較具規模入墾新竹的年代，當在乾隆朝之後，當時新竹沿海平原，大都已為福佬籍漢人所拓墾，乾隆 18 年（1753）客籍徐家第一次取得萃豐莊一半的產權，[46] 客籍墾佃在這片土地上又努力了 20 餘年後，乾隆 42 年（1777），在今新豐鄉中崙建立第一座廟時，首先要考慮的是奉祀什麼神佛以為主神，要考量的因素有很多，例如主神的實用性，其他族群的接受度或相處情形，經費、廟址、座向……其中一項相當重要的因素就是其他族群的接受度或其他族群相處情形。在萃豐莊這塊土地上，除了客家人，還有擁有原始產權（原始土地所有權或稱地骨權）的平埔族竹塹社人，有先一步在此開發的福佬人，萃豐莊一向是族群極為融洽的地方，終滿清之世，本地未嘗發生過閩客械鬥，由於大家關係融洽，所以當客家人建廟時要考量到其他族群的接受度，天、地、水三官大帝從自然崇拜的角度來看，是大

46 施添福，〈清代竹塹地區的「墾區莊」：萃豐莊的設立和演變〉，收入施氏著《清代臺灣的地域社會竹塹地區的歷史地理研究》，（竹北，新竹縣文化局，民 90.9），p45。

家最好的選擇。後來在附近湖口波羅汶地區建第二座廟時，由於此地墾戶錢子白為平埔族竹塹社人，在「番」頭家的墾區內，墾佃相處愉快，當然不能建一座「對抗原住民」的三山國王廟，所以還是選擇了三官廟，同樣的本地（新、湖地區）的第三座廟老湖口三元官的選擇三官大帝為主神，也是因為「番頭家」與漢佃皆能接受度的延續。

當然同理可証，從乾隆 12 年（1747）起即已進入拓墾歷史舞台的鳳山溪流域，自嘉慶年間起陸續建立了 9 間三官大帝廟（新埔 3、關西 6），其中最重要的一個原因，就是鳳山溪流域的拓墾，是由竹塹社土目衛阿貴父子率客家漢佃努力的成果，有能力建廟時，漢佃自要思量到「番頭家」的感受與接受度，這也是關西一地即有 6 座三官廟，是基於族群間的彼此尊重與包容。

同樣的道理也可解釋，北臺的客家人為什麼多建三官廟的原因。苗栗南庄地區一鄉而有 5 座三官廟，就是因為開拓南庄的田尾黃家，其來臺祖黃祈英是南庄比外界先開拓完成的關鍵人物，黃祈英雖是漢人，卻成為賽夏總頭目的女婿，更進而成為南賽夏族的總頭目，黃祈英所引進的大量客家漢佃，在如此水乳交融的族群關係下，也只有選擇三官大帝來做廟宇的主神，所以南庄才會成為全臺三官廟第二多的地方。

同樣也是三官廟第 1 名的桃園龍潭鄉，在乾隆 53 年（1788）清廷平定林爽文事件後，所頒布番屯制度中，當時地屬今日龍潭的武陵埔、馬陵埔、黃泥塘、四方林、淮仔埔、山坑仔等合計 1059.672 甲土地，分屬臺北、臺中、新竹、苗栗平埔族各社的養贍埔地，[47] 政府允許屯番自行招佃或設立佃首、墾戶，代為招佃開墾及按時收取租穀，以為屯丁口糧，可見龍潭的拓墾完成，雖曾發生

47 施添福，〈清代竹塹地區的「墾區莊」：萃豐莊的設立和演變〉收入《清代臺灣的地域社會竹塹地區的歷史地理研究》，（新竹：新竹縣文化局，民 90.9），p45。

部分流血事件，但終歸拜族群合作之賜，且有各社「番頭家」之存在，所以拓墾完成，有能力建廟時，也是建選擇能為各族所接受的天、地、水三官，共建了 36 座三官廟。

還有兩個第三多的地方、大溪鎮與楊梅鎮，大溪舊名大姑崁（陷），楊梅舊名楊梅壢或楊梅埔，在前述番屯制度中，大姑崁有 172.5 甲，楊梅埔有 249.7344 甲，皆屬所謂的「屯務公埔」，由佃首黃燕禮（楊梅）及通土尚夏、阿生招佃、督佃開墾，以充屯務公用，[48] 可見也是需要族群合作，才能拓墾完之處，所以在建廟選擇上也都選擇了大家可接受的三官大帝。

同屬屯務公埔的九芎埔，何以未建任何一座三官廟，或許可從當初在石壁潭建頭前溪中游第一座廟、新竹縣第二座廟的地點來看，何以選擇了地方守護神三山國王，而非各族群皆可接的三官大帝，何況當初最早進入芎林拓墾的 18 家，是福佬、客家各半，後來的佃首姜勝智、隘首劉里益皆為客家人，而石壁潭一帶的土地，則屬竹塹社潘文起掌管，可見也是族群合作的典範，但石壁潭一帶，當年卻是面對原住民泰雅族強烈反撲的最前線，所以在建廟的選擇上，選擇了實用性，希望能以三山國王（山神）對抗「山番」，而放棄了三官大帝為主神。

這種實用性的選擇，也可解釋何以南部家地區一座三官廟都沒有，卻有 23 座三山國王廟的原因。因為南部六堆地方，歷史上處於四戰之地，在客家人及福佬人入墾以前，在下淡水溪以東，即今之屏東縣全部及高雄縣美濃鎮、杉林鄉一帶，為原住民「傀儡番」及平埔族鳳山八社遊獵遊耕之處，客家人入墾本區，本來就比福佬人晚，所以剛來時只能依附在福佬人之下建立第一座村

48 《清代臺灣大租調查書》，臺銀臺灣文獻叢刊 152 種，（臺北，臺銀，民 52），p1047 ～ 1048。《臺灣私法物權編》臺銀臺灣文獻叢刊 150 種，（臺北，臺銀，民 46），p416 及 p426。

莊濫濫庄（萬丹鄉四維村），後來再向鳳山八社地區發展，至康熙60年（1721）朱一貴事件時，已有大庄十三，小庄六十四。

由於客家人的晚來開墾，為了爭生存空間及生存資源，所以從一開始，就是在福佬人節節進逼，再加上鳳山八社與傀儡番（今之排灣、魯凱二族）的二面包夾之下，所以說是四戰之地，族群關係緊張，客家人為了自保而自組前、後、左、右、中、先鋒等六隊自衛性軍隊，因百姓不能擁有軍隊而改名六堆，這也是六堆名稱的由來。就是因為要防止其他族群的入侵，或藉「平賊」之名而入侵福佬村莊，所以與其他群關係經常於緊張狀態之下，在建廟時，自然不可能選擇可融合族群的三官，反而需要凝聚向心力的地方守護神，六堆地區民眾的原鄉大都為嘉應州，嘉應州在雍正 11 年（1733）之前原為程鄉縣，隸廣東省潮州府，潮州府的地方守護神為三山國王，這也就是六堆地區有 23 座三山國王廟，卻無一座三官大帝廟的原因。

綜合以下論述，可見族群關係的融洽與否，會影響建廟時主神的選擇；族群合作，關係密切融洽，主神的選擇是要大家都能接受的，三官大帝天、地、水的信仰是最理想的組合，反之只能選擇地方守護神。反觀三官大帝因緣際會，在北臺灣的發展。在角色扮演上，反而成最佳的族群融合神。

七、結論

上古時唐代中國大陸北方的天、地、水這種自崇拜，至漢末有道家三官祭祀方式的加入，使得天子祭天、地、水的專利，也能進入尋常百姓家，漸漸能成為家戶喻曉乃至全國的一種通俗信仰。元魏時三元說法的加入，更加豐富其信仰內容。

至唐代由於國姓為李，與道家李耳（老子）同宗，所以特別尊崇道教，從唐代的別集中可看出三官已成為相當重要的神明，其各項實用性功能已相當完備，皇帝也很合作，曾下令在三元日禁屠或大赦天下。而唐代三元觀燈習俗的形成，宋代因之，天子御東華門及東西角樓與民同樂。

至明代，英宗為三官信仰御制三官經，為爾後法會常與佛經普門品並誦的重要經典，崇禎皇帝更為三官上了大帝封號，始稱三官大帝。滿人亦拜三官，且順治皇帝得以冊立，有許多祕商議或事後的宣誓效忠，皆在盛京天官廟行之，可見尊崇之一斑。

漢人入臺，危機重重，重實用及多重保險概念，有拜有保佑，所以三官隨之入臺，因普遍經濟條件欠佳，乏力建廟，在有神無廟時期，三官信仰進入家庭，福佬人以燈梁上的天公爐，客家人以天井中天公爐或圍牆上的三官神位來奉祀三官，使得三官進仰進入日生生活。除了家庭式的奉祀外，在臺漢人藉組神明會、三官嘗之機會，擴大其奉祀功能，並延伸具在地化。

等到漢人有能力建廟時，又面臨實用性與族群關係的抉擇，族群合作，關係融洽的地方，通常會選擇大家都可接受的三官大帝；反之在族群關緊張的地區，則各自選擇自己原鄉的守護神以凝聚向心，所以三官大帝廟反而成族群融合的一重要指標，三官大帝角色扮演成為族群融合神，也算是另類在地化了。

參考文獻

三元宮管委會，1994，《湖口鄉波羅汶三元宮沿革暨祈安建醮志》。

元好問，1990，《元好問全集》。山西：人民出版社。

未著撰人，1957，《臺灣私法物權編》，臺灣文獻叢刊 150 種。臺北：臺銀。

______，1963，《清代臺灣大租調查書》，臺灣文獻叢刊 152 種。臺北：臺銀。

______，1968，《清季申報臺灣紀事輯錄》，臺灣文獻叢刊第 247 種。臺北：臺銀。

______，未著明時間，《湖口庄神明會賜福嘗簡介》，戴國志先生提供。

李　昉，1959，《太平御覽》卷 660。臺北：新興。

沈德符，1998，《萬曆野獲篇》。臺北：新興。

周　璽，1957，《彰化縣志》，臺灣文獻叢刊 156 種。臺北：臺銀。

林美容，〈族群關係與文化分立〉，《民族學研究所集刊》69 種。

______，1997，《臺灣民間信仰研究書目》。臺北：中研院。

林衡道，1983，《客家地區三官大帝信仰》，《臺灣文獻》34 卷 2 期。

施添福，2001，《清代臺灣的地域社會竹塹地區的歷史地理研究》。新竹：新竹縣文化局。

胡　傳，1960，《臺灣日記與稟啟》，臺灣文獻叢刊第 71 種。臺灣：臺銀。

范　曄，1994，《新校本後漢書》。臺北：鼎文。

徐　鼒，1963，《小腆紀傳》，臺灣文獻叢刊 138 種。臺北：臺銀。

脫　脫，1982，《新校本宋史》。臺北：鼎文。

陸　容，1989，《菽園雜記》。北京：中國商業。

董　誥，1979，《全唐文》卷 24。臺北：大通。

趙爾巽，1999，《清史稿校》。臺北：臺灣商務。

趙　翼，1975，《陔餘叢考》。臺北：華世。

諸　家，1971，《清代琉球紀錄集輯》，臺灣文獻叢刊 292 種。臺北：臺銀。

鄭玄註，1958，《禮記》、《十三經注疏》。臺北：新文豐。

______，1986，《儀禮》、《十三經注疏》。臺北：新文豐。

謝金鑾，1962，《續修臺灣縣志》，臺灣文獻叢刊 140 種。臺北：臺銀。

魏　收，1998，《新校本魏書》卷 190。臺北：鼎文。

潛說友，1983，《咸淳臨安志》。臺北：商務。

羅烈師，2001，《老街講古》。新竹：湖鏡社區發展協會。

臺中縣新社鄉九庄媽的信仰型態 *

林美容、方美玲

一、前言

臺灣中部是臺灣媽祖信仰的聖域，有很多區域性的祭典組織（regional cult），如大甲媽53庄、梧棲大庄媽53庄、大肚頂街媽53庄、枋橋頭媽72庄、寶斗媽53庄、彰化媽三百多庄的信仰圈，都是以媽祖為信仰中心展開的（林美容 1999a：表1，78）。

中臺灣的媽祖信仰，除了上述區域性的祭典組織之外，當然還有大小不同範圍、不同地域層級的媽祖信仰，即村庄性、聯庄性、鄉鎮性的媽祖信仰也是非常普遍。不說很多以媽祖為主神的村廟、聯庄廟所在多有，鄉鎮性的大廟也往往主祀媽祖，這也可說是媽祖信仰相對於其他神祇之信仰顯著的地方。

媽祖既是臺灣人信仰崇隆的神明，媽祖廟相當普遍，但是無廟的媽祖信仰組織，近年也引起學界調查研究的興趣。已知的例子中，如西保二十庄（臺中縣龍井鄉、大肚鄉）迎媽祖（林美容 1990a）、東保十八庄（臺中縣烏日、太平、大里、霧峰）迎媽祖（劉汝錫 1986，林美容 1990a）以及林姓廿四庄私媽祖

* 本文原收錄於《媽祖信仰與臺灣社會》，2006，頁291-326。因收錄於本專書，略做增刪，謹此說明。作者林美容現任中央研究院民族所兼任研究員、慈濟大學宗教與人文研究所兼任教授；方美玲為國立臺北藝術大學傳統藝術研究所碩士。

會（彰化縣和美鎮、彰化市、草屯鎮）（林美容 1987）、雲林縣六房媽過爐（徐雨村 1996，1997）等，均屬跨鄉鎮的區域性祭典組織（林美容 1999a：表 1）。當然也有一些村庄性的媽祖祭祀活動，也是有神無廟的情形。以草屯鎮為例，如牛屎崎竹圍仔、番仔田、御史里都有村庄性的媽祖祭祀活動，媽祖是其村庄或村里主神，但並無建廟，而由庄民卜選爐主來負責一年的例行祭典（林美容 1987：64-65）。

而本文所要介紹的是一種無廟的聯庄性共祀媽祖的組織與活動，即以臺中縣新社鄉九庄媽之信仰型態為例，探討此類型之媽祖信仰發展與持續的成因，及其在當地社會文化與臺灣媽祖信仰的總體面貌中所展現的特殊意義。

二、新社地區開發史略

新社鄉位於臺中縣中部偏西位置，居於大甲溪中游流域，地形呈長條狀，是為東南西北走向的內陸鄉鎮，境內河階地形[1]廣布。古稱「新社仔」，為原山頂社（Santonton）舊址，境內因有平埔巴宰海族（Pazzehe）遷移至此，漢人便稱平埔族人遷居後的新番社為「新社」，此即新社鄉名之由來。

此地在乾隆年間（1736-1795）以前原為泰雅族生活空間，後因地方官府的地權劃分和漢人移民的墾拓活動，遂為泰雅族、平埔族和漢人三者之間互為角逐之所。

活躍於中部的泰雅族在清代曾區分為二，大甲溪右岸者為北勢番，大甲溪左岸者為南勢番。北勢番居大安溪上游地帶，共分八社，其中武榮社至嘉慶年間（1796-1820）仍居東勢角附近的石角庄及中科坑，老屋峨社在大正元年

1 此一河階區域，南北長約 10 公里，東西寬約 6 公里，海拔約在 360-620 公尺之間，計有 12 處河階，總稱為新社河階群。

（1912）以前則居大茅埔庄一帶，其餘部落棲居山區（高島利三郎 1914：4-7）。南勢番居於大甲溪中上游流域一帶，北以大尖山和北勢番為界，南起白姑大山，經山杉山至中川山，東伸延至 Salamao 社，西鄰揀東上堡各庄落，分稍來（Saurai）、白毛（Hakumoo）、阿冷（Aaran）三社，各社之下又分數部落。

大體而言，自清以來泰雅族各社群的移動，大致趨向於自中央山脈山地邊緣向東或西發展，以及在霧社地區的南或北方移動。這些習居山地的族群，山脈並不足以限制他們的行動範圍，為了尋找生存空間可以翻山越嶺，因此也時而有與拓墾的漢人有所接觸與衝突。

除了泰雅族之外，曾經在臺中縣境內拓殖的，還有平埔族拍瀑拉族（Papora）、巴宰海族（Pazeh）和道卡斯族（Taokas）等三群。巴宰海族的朴仔籬社，其下有五社群，分布於豐原、東勢、石岡、新社一帶（臺中縣立文化中心 1989：98）。

清朝時同屬巴宰海族的岸裡社勢力最大，康熙 38 年（1699），大安溪北的吞霄社因故起事，岸裡社民因協助清軍平亂，[2] 遂使巴宰海族在官方的認定標準中，由生番轉化為熟番（陳炎正 1986：14-15）。

岸裡社歸化未久，即請賜貓霧捒一帶荒埔草地（約為今臺中盆地北部），由於清廷希望岸裡社民在歸化之後，能夠避免惹事生端且有安身立命之所，故而首開賜土之例。但這些社民開墾過程中，卻因技術、資金和人力欠缺之故，遂採「割地換水」和招募漢人為佃等方式，來進行土地的開發利用。

雍正時期（1723-1735），由於岸裡社引進漢人大肆開拓臺中平原一帶，於是引起大甲溪中游流域所在族群的緊張關係。因此而有乾隆 26 年（1761）

2 吞霄之亂，請參見白棟樑《平埔足跡：臺灣中部平埔族遷移史》，臺中：晨星出版社，頁 74。

彰化縣知縣張世珍勘定地界，由石岡仔至大甲溪一帶堆築土牛溝，禁止漢族越界，東勢角和新社等地劃時屬界外區域。

由於土牛溝的興築，使朴仔籬社擁有社仔至土牛溝之間的地權。此後為求維持土牛溝附近地區的秩序和安全，朴仔籬社遂在今新社鄉七分一帶設隘防守，而為守隘之故，自原居地向東遷徙，分布在今石岡、新社和東勢一帶，其中大湳社、水底寮社和山頂社三聚落位於新社鄉。

乾隆 53 年（1788）福康安在林爽文事件結束之後，仿照四川屯練之例，在臺灣各水陸要衝之地和近山出入要道設屯，並遴選 4000 名平埔族人為屯丁，建議將土牛界外近山未墾埔地撥給屯丁為養贍埔地。此措施之用意，一為維持社會秩序，另一為防杜生番擾民。（臺灣銀行經濟研究室 1963：1030）

乾隆 55 年（1790）屯制正式實施，使岸裡等社獲得土牛界外的未墾荒埔，其隘埔地和養贍地，位於水底寮、東勢角、雞油埔和罩蘭等地（施添福 1994：65），皆為近山之地，鄰接泰雅族南勢群和北勢群的活動領域（見圖 1）。此等隘埔地和養贍地之設置，欲使屯丁自給自足，但因屯丁所居社地和隘埔地相距過遠與守隘之故，卻無暇耕種，在無計可施之下，社民只得招募漢人為佃。日積月累，一方面漢人專力於拓墾，活動空間和地權漸廣；[3] 而另一面巴宰海族徭役煩多，無力營生，遂致難以掌握地權，影響所及，促使臺中盆地的平埔族走向衰微之途。

3 這種情況由舊契字的內容明顯展現，例如咸豐 4 年（1854）山頂社番阿四老香高、孝希香高仝妻阿麻界、阿麻舟有水田一處坐落社寮，因乏銀應用向黃進壽頭家收過典田租銀及無利磧底銀，以後其田並租付與黃進壽掌管耕收。可見咸豐年間山頂社番的土地，連水田的使用權，平埔族人已喪失控制，一任漢人掌管。（參見中央研究院臺史所藏舊契 T048.069 號）

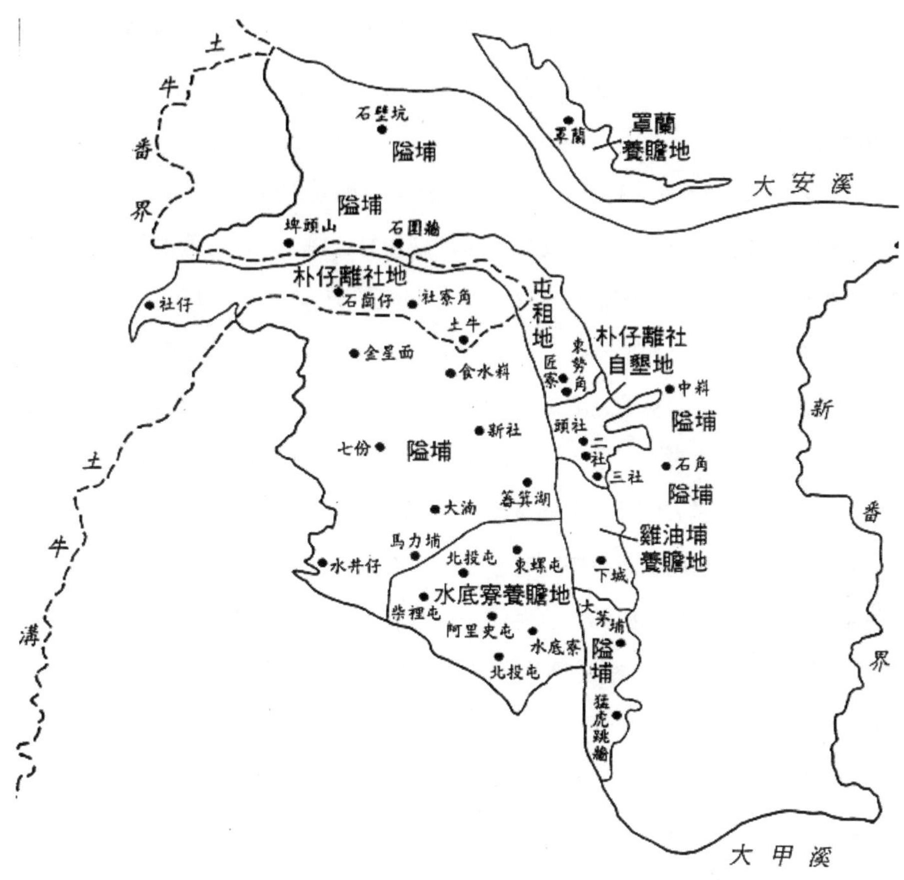

圖 1：水底寮等養贍地位置圖

資料來源：潘大和《平埔巴宰族滄桑史：臺灣開拓史上的功臣》1998：152

嘉慶、道光年間（1796-1850），巴宰海族各社已因生活空間日益壓縮，生計日蹙，而被迫紛紛離開故土，尋求新的生活空間。相對於此，漢人則逐漸取代平埔族而建立家園。

雍正 3 年（1725）清廷在臺灣設廠製造戰船，分別在鳳山縣、諸羅縣和彰化縣等近山之處設立軍工匠寮，伐木採料，以供造修戰船之需。當時彰化縣境內設有二處軍工匠寮，一在岸裡舊社（今臺中縣后里鄉），一在阿里史社（今臺中縣潭子鄉）。

約至乾隆20年代末期，由於上述伐樟採料地區的成材砍伐殆盡，無法再提供木料，軍工匠寮遂分別有遷移至水沙連和朴仔籬二地區之舉動出現（程士毅 1994：16-18）。朴仔籬和東勢角地區相繼於乾隆32年（1767）和乾隆35年（1770）在水底寮和東勢角二處開辦軍工寮廠，軍工匠人在合法的伐樟採料名義之下，行非法的私墾之實，逐漸在土牛界外地區設立拓墾聚落。而軍工匠人成為日後越界私墾的主要人力，且間接破壞官方設定的土牛界線政策。

有清一代，漢人開墾新社地區約以乾隆51年（1786）林爽文事件為界，略分前後期。前期以閩人為主，其路線約自石岡仔庄或頭汴坑，為時甚短；後期則以粵人為主，其路線始自石岡仔庄，時間直至清末。

乾隆37年（1772）福建漳州人林潘磊率民壯百餘名，由頭汴坑進入水底寮，著手拓墾部分地域，建立村落，稱為慶西庄。但因這批漢人移民侵犯當地泰雅族人的生活空間，致使泰雅族不悅，百般抗拒漢人拓墾行動，移民遂蒙極大傷害（伊能嘉矩 1909：67）。

當時清廷對於私墾也並非不予理會，例如在乾隆45年（1780）理番分憲史崧壽和彰化縣知縣張東馨遣人調查新社界外私墾狀況，發現已有社寮庄、芎蕉腳、大湳中埔庄、水井仔庄、七份厝庄、八分厝庄、十一分庄、水底寮、松柏崗、馬連等聚落。

就人口組成的情況而言，當時拓墾的漢族千餘人中，以福建漳州、泉州籍居多，廣東籍佔十分之一，其中在水底寮辦軍工廠務的軍工匠即達4、5百人，而當時平埔族人口僅有數百人（溫振華 1992：114）。此等私墾田園係向岸裡社通事阿打歪希（任期1771-1773）贌耕，可知該地的拓墾雖屬不合法，卻也反映地權在慣習認定中屬於岸裡社所有。

粵籍漢人的拓殖以石崗仔庄的創建為重要關鍵。乾隆 40 年（1775）廣東潮州府大埔人曾安榮、何福興、巫良基等，率族人入墾今大甲溪中游區域，建立石崗仔庄。其後在乾隆 43 年（1778）於今石岡鄉地區設置社寮，以廣東人劉中立、薛華梅為蕃割（通事），從事番漢貿易。

漢人在此地區的拓墾，分成三路線。其一為由石岡沿大甲溪南岸拓墾新社一帶，如嘉慶（1796-1820）初年，劉章職等劉姓氏族移居新社、大湳、畚箕湖、下水底寮等地區。其後廣東大埔籍人廖衍藏移居大湳水頭地區，而原籍廣東陸豐的劉延抹移居大湳番社嶺地區，又道光 5 年（1825）劉萬池移居大湳下社地區。道光 7 年（1827）廣東大埔人蘇賢才等 20 餘戶，由水底寮渡越大甲溪，入墾今東勢鎮大茅埔一地，建立村落，相對於慶西庄而言，稱為慶東庄。繼又拓墾食水嵙，道光（1821-1850）末年水底寮一帶由於地勢高亢，收成有限，以拓墾所需，興修水利設施，彭家和劉家先後開鑿上水底寮圳和下水底寮圳。（新社鄉誌編輯委員會 1998：107）

在此開墾過程中也更加突顯番漢之間的利益衝突與糾紛，例如嘉慶 20 年（1815）廣東大埔人劉中立向巴宰族人贌耕水底寮和抽籐坑地區，先行拓墾水底寮，未幾和泰雅族起衝突而放棄。道光 6 年（1826）廣東人彭才振、陳官壽率民壯 30 餘名，由石崗仔庄入墾水底寮崁頂一帶，但以地域漸擴及於南方泰雅族領域，不時蒙受泰雅族之抗拒，被害為甚，乃設私隘防禦。

光緒 10 年（1884）清廷撤消禁止越番界之令，漢人拓墾番界之外的土地，儘管在清廷官方的保護、准許下，但其進展仍相當有限。

有清一代，新社地區雖歷經客家系漢人的努力開墾和「開山撫番」的行動，僅能知其開墾地區的大略地點和大概分布。迄至日治時代初期，行政當局為擬定各種行政措施，始先行展開土地、人口等的基本資料調查。此等調查之中，亦展開一種為移民準備的先期「殖民地調查」，所選地點皆為地廣人稀之處。新社亦列為其中一處，依據當時臺中縣的調查報告，始能首次知曉客家系漢人開墾地點和戶數的精確資料，得以推知清代漢人拓墾地點、分布及其規模。漢人拓墾的足跡，由於和泰雅族南勢群爭奪生活空間，僅能限於新社河階地帶的北部地區。

以新社地區而言，水底寮的拓墾較早，其次才是新社、大南、畚箕湖等現今九庄媽的範圍。

表 1：1896 年新社地區村庄和戶數的概況表

庄名	戶數	庄名	戶數
水井庄	25	烏充头庄	34
山頂庄	23	上水底	75
新社庄	93	下水底蓁	41
土城庄	28	十份庄	31
復盛庄	37	七份庄	81
大南庄	63		

資料來源：臺灣總督府，〈臺中縣管下於殖民地及牧場地報告〉，1896：127

現今新社鄉的住民，如以其原籍所屬而言，幾為粵東潮州府、惠州府和嘉應州等地所屬後裔的客家人為多，全鄉共有 201 鄰，6632 戶，總人口數 27302 人，其中粵籍約占 95.4%，閩籍（以及部分外省榮民）占 4.6%。

今日新社鄉民大都講福佬話，主要的原因是日治時期以降，大甲溪有半年的時間不能通行，為了與豐原地區的福佬人從事生意買賣，而學習福佬話。參與九庄媽祭祀組織的九庄，其居民大多數是客家人，但福佬話一樣通行，總共約 74 鄰。

三、九庄媽的香火緣起及其地域關係

有關新社九庄媽的香火緣起，有兩種說法，最常聽到的一種說法，為九庄媽乃清朝時採樟製腦的庄民所拾獲而迎回奉祀。另一種說法，則謂神像是在北港雕刻，再到食水嵙媽那裡開光點眼。[4]

前一種說法係相傳於二百多年前，一名新社庄民到東勢角石壁坑採樟製腦時，因避雨而在荒廢的破屋中發現一尊淋雨的媽祖神像，遂於工地旁結草寮奉祀。[5] 日後請回新社地區供奉，最初是帶到土城仔奉祀，[6] 因屢次顯靈護佑墾民，抵擋泰雅族的出草威脅，因而獲得新社地區居民的共同奉祀和信仰，香火日盛，經地方仕紳協商，由新社地區人口較集中的九個村庄輪流祭祀，遂名「九庄媽」。

傳說的歷史有 200 多年之久，但現今口述歷史可追溯的大約只有 150 年，[7] 至於現存可見的具體文物，為一頂光緒 10 年（1884）的神轎，[8] 距今有 115 年的歷史。

根據口傳資料，可以瞭解九庄媽信仰之緣起、發展，與新社及其附近山城地區的開發史有密切的關係。不過因直接提及九庄媽的史料闕如，故擬將口傳資料，與漢人在山區採樟、墾殖以及各庄社形成、建立的史實互相對應，讓此宗教活動的信仰緣起有一個較明晰的歷史梗概。

4 88.9.13 訪問梁火明先生（62 歲，龍興村村長、前龍興宮主委）。

5 88.7.15 訪問張阿風先生（94 歲，務農）。

6 88.11.17 電訪陳永昌先生。

7 據新社鎮安宮名譽主委劉讚成先生（79 歲）表示，他曾聽祖母談過九庄媽的活動，他的祖母如仍在世應有 130-140 歲（88.11.18 電訪）。中正村村長陳永昌先生（68 歲）也表示，他的祖父如仍在世約為 130-150 歲，當時已有迎九庄媽的活動（88.11.17 電訪）。

8 據〈新社鄉社區總體營造展覽會手冊〉所記載，古神轎上除了有記錄年代之外，尚有當時九庄內信眾的姓名。

乾隆28年（1763）左右，清廷開始在朴仔籬地區（主要根據地在水底寮），設置軍工匠寮開採樟木，乾隆29年匠首鄭成亮即稟官請開東勢角山場，依照墾民「偷跑」的開墾常例，極可能在此之前已有漢人在東勢角活動（程士毅 1994：16-18）。漢人在土牛界外的開墾行為日益頻繁，清廷也因此於乾隆39年（1774）在朴仔籬社添設副通事一名，負責鎮壓生番、護衛軍匠、徵收租稅等事務。

不過，由於漢人的墾拓手法，不僅根本侵蝕熟番（岸裡諸社）的生存資源，[9] 也進逼生番（泰雅族）的生活空間，雖然清廷置官設法維持三者間的和諧，但為了墾地而私闖土牛界外的漢人移民，其人身安全、生計、家產的維護，其實並無法獲得實質保障，所以隨身攜帶香火、神像尋求神靈庇佑的方式，應流行於當時的移民群中。

石壁坑最早被稱為「竹古樹」，[10] 清乾隆中葉後屬捒東上堡，日治時稱石壁坑庄，現為東勢鎮明正里，位居東勢鎮最北端。自乾隆中葉漢人陸續進入東勢角起，由於匠首的縱容，所以私墾的移民眾多，[11] 其間雖經軍工匠首與岸裡社通事互控的紛擾，但從乾隆35年（1770）匠首鄭成鳳邀集泰雅族頭目埋石立誓之事來看，漢人勢力早已正式進入山區。[12]

新社地區初雖位處於土牛溝外，設置軍工匠寮後，漸有漢人前往開墾，初

---

9 從《岸裡大社文書》中可見岸裡諸社的土地經常或贌或典給漢人耕作，約期屆滿還錢還地，不過由於諸社社民經濟能力不良，故這種贌典田園的作法，導致諸社地權的流失。

10 見〈洪水生番相繼為患〉一文《山城週刊》73/6/4 第四版。

11 乾隆30年代岸裡舊社的匠首鄭成鳳，就曾收受採鋸私料者的山場銀，放縱5、6百人入山，任由他們私製、私墾（程士毅 1994：20）。

12 見《岸裏社文書》第955（G114）p.88-89，轉引自程士毅，1994：25。雖然立約的內容為只能伐木、不得開田，但能夠不透過平埔族直接與泰雅族交涉，即是一種勢力深入的象徵。

期移民因為時與平埔族起衝突，且頻遭泰雅族的抵禦，又受到林爽文事件的牽連，被迫退走。不過往墾者不斷，尤其是粵籍人士經過東勢、石岡，陸續到新社開墾，憑藉漢人細膩的耕作技術，遂得以逐漸在新社地區立足，從乾隆 43 年（1778）至嘉慶 5 年（1800）已有漢人向岸裡社和新社白番佃、典土地耕作的情況（施添福 1995：5，契字一）。如果再證以神明會、村庄神明等祭祀活動歷史，[13] 可見新社地區從乾隆初期即已有漢人聚落建立，而遲至光緒初年（1881）參與的大部分聚落都已經建立，並且有常態性的信仰活動。

移民往來於新社、石壁坑之間，[14] 這種情況概從乾隆中葉起就有此可能。至於漢人常受到泰雅族攻擊的事實，從乾隆年間私自越土牛界入山即層出不窮，在開墾初期，經常傳出工匠、墾民遭原住民殺害的情況，這從道光 2 年（1822）創立七份水井仔國王公會和咸豐 10 年（1860）創立大南大將祀的原由，乃基於「番害頻仍」[15] 可見。

在同治 8 年（1869）撤除山區駐軍時，「番害」尤為劇烈，要到光緒 12 年（1886）劉銘傳設撫墾局，親至山區安撫原住民，雙方衝突才稍微緩和（劉還月 1997：187-188）。不過總體而言，隨著漢民聚落的逐漸建立，以往嚴重威脅生命安全的「出草」，因原住民的退居深山而逐漸淡出移民的生活。

因此，自乾隆中葉始，墾民就可能由石壁坑取得九庄媽的神像，而在「番害」的侵擾下，進而促成九庄媽祭祀圈的建立。

而九庄媽的祭祀圈所涵蓋的村庄應在乾隆末年或嘉慶、道光年間（1796-1850）即已建立（參見表 2）。因此我們推測，九庄媽香火起祀的時間可能在

---

13 相關資料參見《宗教團體台帳 · 臺中州東勢郡 II》。

14 中正村村長陳永昌先生說由於同屬客家庄，所以自古新社和石壁坑、中和、茄苳寮都常有人民往來。

15 見《宗教團體台帳 · 臺中州東勢郡 II》。

乾隆40年代（1775-1784）左右，也就是距今至少215年前，而成為九庄共祀可能是在道光13年（1833）水底寮東興宮建立之前，否則東興宮即可能發展成為九庄的共同信仰中心，也就是說，至少166年前九庄媽已成為新社地區九庄人民信仰的核心對象。

表2：九庄媽祭祀圈建庄簡表

村莊	漢人初墾年代	大姓	庄社主神	起祀時間	主要族群
新社	乾隆年間	劉、詹、羅	太子元帥	嘉慶年間（1796-1820）	
山頂	乾隆年間	陳、張	大道公	不詳	
畚箕湖	乾隆、嘉慶年間	劉、陳、曾、高、張	三官大帝	光緒6年（1880）前	客籍
大南	嘉慶初年	廖、劉、詹	洪府王爺	道光年間（1821-1850）	客籍
土城	不詳	李	三官大帝	不詳	客籍
馬力埔	不詳	徐、張	三官大帝	不詳	客籍
擺頭店	不詳	雜姓	太子元帥	不詳	
烏銃頭	不詳	陳、張、劉	太子元帥	不詳	客籍
水底寮	道光14年（1934）	彭	媽祖	同治元年（1862）	客籍

資料來源：林美容《臺中縣新社鄉九庄媽信仰調查計畫期末報告》第一章第三節及第二章第一節。

至於第二種由食水嵙媽開光點眼的傳說，使食水嵙媽對九庄媽而言，可能有「外家」、陪伴遊庄的客神、姊妹等三種關係。日治時即已有往食水嵙刈香之舉，不過民國35年後即停辦，直至民國85年始再度辦理。

一般而言，開光點眼是初雕的神像要使神靈上身時必須做的儀式。但神像奉祀日久，身上的漆掉落，會被認為神靈漸失，而需重新上漆並再次開光點眼。此一開光點眼的儀式淵源，使得九庄媽認食水嵙媽為「外家」，似乎以其廟為「祖廟」而有「刈香」之舉。日治時代即有認食水嵙媽為「外家媽」的說法，[16] 此一說法的形成應與食水嵙媽的歷史較久，[17] 且又為昔日山城地區主要信仰中心有關。但這也與民間的神明或寺廟，普遍有仰賴高階的外來神祇之需求有關，這是一種具有社會心理因素的文化邏輯，因近三年來持續性地到食水嵙刈香，進而使相關說法更為普遍可聞。

四、九庄媽的祭祀組織與活動

九庄媽因未建廟宇，可供稽考的文物、文獻史料付之闕如，致使其沿革相當模糊，雖然有一頂古神轎及一個香爐，其上所記載的文字顯示九庄媽已有百年以上的歷史。至於九庄媽信仰組織與活動的變遷，只能透過耆老訪談及相關活動的記述，進而瞭解從日治至今九庄媽的祭祀情況。

（一）九庄媽祭祀圈

祭祀圈可定義為一個地方社區之居民，基於天地神鬼之共同祭祀的需求，所形成之義務性的祭祀組織，而此社區通常有一主要神祇為其保護神。祭祀圈本質上是一種地方組織，表現出漢人以神明信仰來結合、組織地方人群的方式。而祭祀圈的指標以神明祭祀依序（依其基本性 primacy）可有如下的指標，

16 88.11.18 電訪劉讚成先生、黃添水先生（69 歲，民國 75 年九庄媽值年爐主）時，兩位都持這種說法。

17 龍興宮委員會編《龍興宮食水嵙媽沿革》及洪敏麟 1984：203 皆言龍興宮創建於咸豐元年（1851）。

滿足一個以上的指標才有祭祀圈可言：1. 建廟或修廟居民共同出資，2. 有收丁錢或募捐，3. 有頭家爐主，4. 有演公戲，5. 有巡境，6. 有其他共同的祭祀活動（林美容 1987：62-69）。

九庄媽的祭祀組織亦可用祭祀圈的概念來加以涵蓋，這一個祭祀圈是以九庄媽為信仰中心，雖無實質的廟宇，但九庄媽的相關祭祀活動，包括請媽祖、過爐、出巡、到食水嵙刈香，以及其祭祀費用皆由九庄內輪值的庄頭負擔，有頭家爐主的組織，有巡境的範圍，可說是一個有神無廟的地方性祭祀圈。

過去由九個庄社組成九庄媽的祭祀圈，其中水底寮在百餘年前因故退出，所以現今九庄媽的祭祀圈，包括新社鄉內6個行政村的8個庄頭。茲將九庄媽祭祀圈內各庄之範圍，與其相關的祭祀組織、活動及祭祀費用的分擔方式列於表3，共分為6欄。

表3：新社鄉九庄媽輪值祭祀圈

庄名	範圍	演戲	祭祀費用	頭家爐主	備註
新 社	新社 （新社村第1-18鄰） 糖 （中正村第3、7鄰）	正月初三～初六間做九庄媽戲	每戶均攤、樂捐	爐主1人 副爐主1人 頭家50多人	
山 頂	山頂 （中正村第1-2、4-6鄰）	正月初三～初六間做九庄媽戲	每戶均攤、樂捐	爐主1人 副爐主1人 頭家60多人	
畚箕湖	畚箕湖 （月湖村第1-7鄰）	正月初三～初六間做九庄媽戲	每戶均攤、樂捐	爐主1人 副爐主1人 頭家65人	剩餘公金買公用祭祀品

表 3：新社鄉九庄媽輪值祭祀圈（續）

庄名	範圍	演戲	祭祀費用	頭家爐主	備註
大 南	水頭（大南村第 1-2、14 鄰）、苗圃（大南村第 3、17-18 鄰）、上社（大南村第 4-7、15 鄰）、下社（大南村第 8-9、16 鄰）、水尾（大南村第 10-11 鄰）、番社嶺（崑山村第 1-3 鄰）	正月初三～初六間做九庄媽戲	每戶均攤、樂捐	爐主 1 人 副爐主 4 人 頭家 83 人	頭家爐主在 9 月 15 日大南洪府王爺千秋聖誕祭典上一並卜出
土 城	土城（月湖村第 8-10 鄰）	正月初三～初六間做九庄媽戲	每戶均攤、樂捐		
馬力埔	馬力埔（永源村第 1-7 鄰）	正月初三～初六間做九庄媽戲	丁口錢 樂捐	爐主 1 人 副爐主 1 人 頭家 20 多人	
擺頭店	擺頭店（復盛村第 6-9 鄰） 橫坪（復盛村第 10 鄰）	正月初三～初六間做九庄媽戲	丁口錢 樂捐	爐主 1 人 副爐主 1 人 其餘庄民為頭家	第 6 至 10 鄰鄰長為九庄媽值年當然委員

表 3：新社鄉九庄媽輪值祭祀圈（續）

庄名	範圍	演戲	祭祀費用	頭家爐主	備註
鳥銃頭	鳥銃頭（復盛村第 1-5 鄰） 八欉樹下（協成村第 11、22 鄰）	正月初三～初六間做九庄媽戲，三月二十九日媽祖千秋	丁口錢 樂捐	爐主 1 人 副爐主 1 人 頭家 30 多人	一般只做九庄媽戲，但因土地公廟不慎失火，曾連續 3 年在土地公廟前演布袋戲。

第一欄為輪值祭祀的庄名，由重建的歷年值年爐主名單（參見附錄 1）雖然無法得知輪庄的順序最初始於何庄，假設以新社為起始庄，可看出近 60 年來都是以如下的次序輪值：新社、山頂、畚箕湖、大南、新社、土城、馬力埔、擺頭店、鳥銃頭。其中新社輪 2 次，一次是隔 4 年，再下一次隔 5 年，其餘庄社則每 9 年一輪。

第二欄為祭祀範圍，主要詳述各庄內自然村的範圍，以鄰為單位，根據各庄收丁錢或募捐的範圍以及頭家爐主的範圍來劃定。九庄媽的轄境除了 6 個行政村，即新社村、中正村、月湖村、大南村、永源村、復盛村之外，崑山村與協成村的小部分亦加入。

新社鄉內非九庄媽轄境之村庄，大部分都有自己所屬庄內主神。但尚未有主祀神的小聚落則有合祀的情形，多因地利之便，而參與鄰近聚落的相關祭祀活動，即一般臺語稱之為「倚」（音ㄨㄚˋ），例如崑山村番社嶺近 30 戶人家「倚」大南，[18] 以及協成村八欉樹下「倚」鳥銃頭，[19] 皆因而參與九庄媽的祭祀行列。

18 番社嶺位於大南庄南邊偏南方 1 公里、崑山岳陵台地之山麓地帶，舊時為一處原住第三欄是記錄輪值主辦九庄媽祭典一年期間，主要演戲酬神的時間，僅指公戲而言，九庄媽相關的祭祀活動雖然很多（詳《媽祖信仰與臺灣社會》：p.14-17），但以遊庄當天的演戲活動最具代表性及公眾祭祀的意義。演戲的時間不一定，通常在農曆正月初三～初六祭典期間，出巡結束後及隔天過爐時有演戲，一般村民稱這種酬神的戲為「做九庄媽戲」；另一種則是 3 月 23 日媽祖生日時做的戲，要不要演戲，是由各庄庄民共同合議決定，並無硬性強制規定。演戲的地點通常在域內的集會所（社區活動中心）或是福德祠、公廟等較寬廣便利的地方。表內所記的演戲日期，均以農曆為準。

第四欄是祭祀費用，主要記錄共同祭祀費用之收集方式。收丁口錢是男女均收，過去口錢為丁錢的一半，但今日為方便起見，丁口錢不論男女均一樣多。目前大多數的庄社，採取每戶均攤的方式，在略估出祭祀所需的費用後，由輪值村庄內的庄民每戶共同分攤。樂捐是指廟中所收的緣金及香油錢。

第五欄主要是記錄頭家爐主的人數。卜頭家爐主的日期通常都固定，一般在農曆 10 月 15 日「還平安」時，但也有例外，有些庄社將九庄媽值年爐主和庄頭主神的輪值爐主一併卜出，因為二者時間相近，再者合併辦理的話，既熱鬧又可達到節約的目的。

民聚落。雖然屬於崑山村，但因地緣關係，番社嶺很早就加入大南庄的祭祀範圍，神明事大都「倚」向大南。

19 八欉樹下位於鳥銃頭西邊山坡上，其名稱由來乃因日本臺灣總督府所屬殖產局，在大南村創立蔗苗養成所，築造一口大魚池，面積約 2 公頃，蓄水以為天旱無雨時農業灌溉之用。大魚池邊樹木茂盛，其中有 8 棵巨木（楠樹），樹蔭蔽天，成為村民乘涼之處，久而久之，便成為該地地名。八欉樹下今屬協成村第 11、22 鄰，一方面因庄內沒有土地公廟，再者也因鄰近鳥銃頭，所以就近加入他們的祭祀範圍。復盛村老村長吳其潭表示，八欉樹下庄民認為每次九庄媽輪值至鳥銃頭時，都去給鳥銃頭的人請客吃拜拜，覺得不好意思，因此在民國 66 年陳順乾擔任鳥銃頭爐主那年，有人提議合祀九庄媽。加入之初，兩庄互訂不成文的協議，鳥銃頭庄較大，人口較八欉樹下多且集中，所以爐主只能讓鳥銃頭的庄民出任，副爐主、頭家則不設限，雙方達成默契後，兩庄便正式合祀九庄媽。

最後一欄備註，有助於我們了解各項不及備載的資料，以進一步說明祭祀圈與所屬庄社間的關係。

（二）祭祀組織

九庄媽的祭祀組織，主要是由輪值庄居民代表所組成的值年委員會運作。九庄媽值年委員會並沒有設立常態性的管理委員會組織，而是 8 個庄頭輪值時，依各自需求設置臨時性、任務性的值年委員會，以爐主為首，祭祀組織與祭祀活動之辦理，也隨輪值村庄不同而有所改變。

以往人口較少，辦理遊庄時，由爐主分配工作，頭家則協助配合，另外也由會計、總務來幫忙祭祀費用的收納或統合。後來隨著人口增加與城鄉擴張，為因應日趨繁雜的祭典活動，輪值的各庄遂有值年管理委員會組織成立，並且將九庄媽遊庄、過爐所召開的籌備會過程，以書面方式做成記錄，對下一年輪值村庄而言，算是相當不錯的參考資料。

以民國 87 年畚箕湖輪值時，慶典活動之工作分配為例，[20] 可說明值年委員會的結構與運作。

1. 爐主：九庄媽奉祀其家，服侍神明 1 年，各項儀式之主祀者。
2. 副爐主：受爐主指揮，協助會務。
3. 總務：協助爐主處理會務，一般選較有能力之人來統籌、計劃相關事宜，負責繞境人員的安排，車輛調度、文宣製作，聯絡慶典活動工作人員開會。
4. 總務助理：協助總務處理會務。
5. 公關：引介相關單位及各庄神會繞境事務，負責貼路條公告。

---

20 88 年 11 月 18 日電訪 87 年畚箕湖庄值年委員會總務胡梅星 61 歲（28 年次）、財務吳學輝。

6. 財務：財務收支公告，會計業務，並兼辦各庄陣頭，工作人員繞境午餐。

7. 資產管理：各種資產管理移交。

8. 令符管理：負責管理九庄媽令符。

9. 工務組：負責整地、場地規劃、水電設施、停車場等，兼各種陣頭隊伍之排序演練。

10. 接待組：接待所有參會者之早點、茶水供應，由家政班成員組織。

11. 祭典組：神壇布置、祭品、祭典儀式。

12. 接神組：安排所有神明進壇安座。

13. 繞境陣頭：負責車輛，聘請司機，派專人擔任總指揮，協助整隊排序。

14. 大旗鑼鼓班：招集訓練公開表演。

15. 服務台：電器、文宣廣播、神壇裝拆，並協助廣播、香油款的收據填發。

16. 九庄媽神轎組：負責九庄媽神轎檢修與繞境抬轎的工作，由 12 人組成。在遊庄過程中，有些地區居民較分散，會擇一定點一起祭祀，這時神轎組就要將神轎抬下車。

17. 食水嵙媽神轎組：負責與食水嵙龍安宮聯繫，迎接繞境。

18. 烽炮組：載運烽炮施放。

19. 交通組：負責與義警接洽，繞境當天在各交通要道或街口，幫忙指揮交通，使遊庄能順利進行。

20. 九庄媽兵將：招募人員扮演兵將，每一戶要出 1-2 人，不論男女老少，只要有意願皆可參與，在值年委員會召開籌備會之前，由各鄰頭家負責自己鄰內的兵將徵員。有兵將衣服、兵器之類的裝備，隨值年村庄移交。

21. 三官大帝組：選比較懂神明事的人，負責本庄庄頭神明三官大帝的進壇、安座、遊境及送還，備小神轎。

22. 全聯組：負責住戶與會務聯繫，發通知，收款，每一鄰有 1-2 人負責聯絡。因為聯繫工作較繁複，在神壇需要人留守時，全聯組的人員可以不用「守壇」，其他每戶以抽籤方式來排班守壇。

從歷屆頭家爐主與熟知「神明事」的耆老訪談中，重建歷年爐主名單與當年的大事紀要於附錄 1。

（三）祭祀活動

日人對祭祀活動尚未限制時，九庄媽仍有遊庄、演戲等活動，到昭和 10 年（1937）發生「支那事變」後，日人為遂行皇民化運動，開始執行撤廢寺廟神明、強制臺灣人民參拜神社等措施，同時也禁止舉辦依臺灣習俗之所有相關儀式（蔡錦堂 1992），如農曆新年的慶典活動，影響所及，使九庄媽的祭典活動只有卜爐主「過爐」而已。

而且戰時生活資源缺乏，其情境如同新社鎮安宮副主委劉泰發所言：「在這樣動盪時局下，大概除了狗以外，所有飼養的牲畜都得充為『軍餉』，庄民也沒有餘力辦慶典活動。」這種民生困窘的情況讓人民根本無法辦活動，要到民國 34 年（1945）光復後才又恢復遊庄。

其後國民政府自民國 40 年起，實行公地放領等農地改革政策後，新社鄉民眾生活日漸好轉，因此每年祭典活動也擁有足夠的財力支援，而愈形盛大、熱鬧。

以下是與九庄媽相關的重要活動，透過地方耆老口述與田野訪談相比較，可以知道以前和現在祭祀活動的相異點。

卜爐主：大部分庄頭於農曆 10 月 15 日「還平安」祭典結束之後，卜出九庄媽值年爐主，大南庄則在農曆 9 月 5 日洪府王爺千秋祭典上，一併卜出洪府王爺及九庄媽的值年爐主。每戶派 1 人參加擲筊，[21] 由連續得筊數最多的人出任爐主，次多者為副爐主，其餘為頭家。爐主只有1位，至於副爐主或頭家，視各庄所需人數而定。爐主的主要責任，是在家中負責九庄媽一年內的香火。

據說九庄媽相當靈感，每年擲筊卜出的爐主，家中一定是當年風水最好的方位，或是這家人有需要幫助，若是「單身」或「品性不潔」者是卜不到爐主的。[22] 爐主是神明揀選，可見其不易。

請食水斛媽祖：除了自前輪值庄迎回九庄媽外，遊庄前一天會到石岡鄉龍興村龍興宮去迎接食水斛媽。請食水斛媽時，也會連同從北港請來的北港媽[23]一起請來看戲，若卜有杯即可請出媽祖。

遊庄：神明在其所轄範圍內出巡，以保護境內的平安，或謂之「出巡」或「巡境」，九庄媽範圍內的庄民稱之為「遊庄」，舉行日期擲筊請神明決定。[24]

由輪值村庄主其事，各庄陣頭皆出動，恭迎九庄媽神轎繞境，扛九庄媽大轎的人，一定要十二生肖的人都有，如此較公平，且邪惡不祥的「歹物仔」來也比較不怕。抬轎的人由頭家中選出，這也是何以九庄媽的頭家動輒數10人、上百人之故。

---

21 例如民國88年度輪值的大南村共有600多戶，扣除未參與的新一村，上社、下社、水頭、水尾後，共有400多戶，但採願意制，有意願的人才列入擲筊的名單，因此實際上有245戶參與擲筊。

22 民國88年訪問鎮安宮副主任委員劉泰發先生。

23 食水斛媽的「外家」是北港朝天宮，每年農曆11月召開管理委員會，擲筊請示食水斛媽要不要回去刈香，時間通常定於農曆12月過年前，每次去北港刈香都會請一尊北港朝天宮的媽祖回來奉祀，到元月底再將迎請來的媽祖請回去。

24 民國87年度輪值的畚箕湖，即是在神前擲筊決定遊庄日期，再由「看日先生」作最後的決定。

每年遊庄時，演戲酬神非常熱鬧，幾乎由轄境內全體庄民共同參與遊庄，男女老少皆然，實為農曆過年時極具特色的祭典活動。

以民國 87 年山頂輪值那年為例，正月初五的遊庄路線是山頂→新社→畚箕湖→土城→大南→馬力埔→八欉樹腳→鳥銃頭→擺頭店，再經新社回到山頂。遊庄路線由於出發點每年不一，故每年有少許變化。

吃拜拜：宗教性慶典（festival）通常伴隨著饗宴（feast），在九庄媽遊庄的同時，也舉辦盛大的拜拜及宴客，親朋好友平日皆忙於工作、學業，少有機會聯繫，到了春節始得空相互拜訪，而祭祀的三牲酒醴、扮仙作戲，皆由神人同樂、共享，這就是臺灣話所稱的「吃拜拜」（林美容 1997：56-68）。

距今約 50 多年前，當時村庄人口較少，做九庄媽戲請客時，就由頭家爐主去每戶「量米」煮飯，宴客的菜餚就是將牲禮、筍干、酸菜干等煮一煮。當時連桌椅也沒有，用稻草桿或米篩舖在地上，來看戲的人蹲在路旁就吃了起來。其後才利用國小放寒假時，借課桌椅來請客。[25]

民國 50 年曾有八庄吃一庄的盛況出現。早期的人認為請客時東西要吃光才會有發展，據說有主人家拿竹竿將參拜信眾，一竹竿一竹竿地掃去吃拜拜。而現在大部分的賓客都是親友了。

以前若是宴請來自外地的親朋好友，客人還要自行攜帶棉被，因為主人沒那麼富裕，家中平時不可能準備那麼多條棉被，賓客就帶棉被來舖在地上睡覺，隔天一早再離開。

---

25 復盛村老村長吳其潭訪談。

演戲：一般酬神活動多於神明生日舉行，但九庄媽祭祀範圍內的八個庄社，媽祖生日時由輪值各庄決定是否演戲，一般是信眾自行備辦牲禮，前往爐主家中祭拜，並沒有特別「作戲」。其中新社庄雖沒作戲，但會請庄內青年組成的「中西樂團」來演出北管，為媽祖慶生。

全年只在正月九庄媽遊庄、過爐時才做「九庄媽戲」。早期戲劇清一色由男性扮演，演戲時，戲棚離那戶人家近，子弟班就到那戶人家做客，周圍一些賣糖果的小販，也會一起跟去做客。現在作九庄媽戲不僅歌仔戲、布袋戲好幾棚，有時也會請康樂隊、歌舞表演等來「逗熱鬧」，增添慶典的熱鬧氣氛

過爐：在新社鄉「過爐」一詞，表示將神明的香火輪流傳遞到值年爐主手上，由信仰祭祀中心日常供奉的所在把神明香爐過到爐主家，同時接受庄內信徒奉拜的儀式過程。

九庄媽遊庄過後隔天一大清早，由來年值年爐主到今年的駐蹕地，將九庄媽請回家中祀奉，接駕隊伍入庄之後先遊庄繞境，並舉行九庄媽王壇法事等慶賀儀式，最後請示九庄媽是否滿意，如獲得允筊，過爐儀式即算完成。過爐時，通常連同食水科媽一起請來，因為食水科媽也會參與遊庄。

刈香：比較各地的「刈香」，可知這是一個含意不甚確定的宗教名詞，在九庄媽的信仰圈內，指的是到石岡龍興宮參謁。

這個活動從民國 85 年開始已連續 3 年（民國 88 年），在九庄媽遊庄後的第二天，由新交接的值年村庄去龍興宮食水科媽那裡刈香。當時是新社的陳慶淼（時年 46 歲）擔任九庄媽的爐主，他因聽老輩的人說，九庄媽是源起於食水科，為了聯絡感情交流起見，

經過擲筊，得到九庄媽的同意，便於民國 85 年正月初五送食水嵙媽回去那天舉行刈香，八庄一共有 700 多人參與其事。

過火：過火又稱「過生火」，即在廟宇前置放成堆的金紙與木炭，點火燃燒，讓神輿領前，信徒隨後快速踏過。此一活動具有驗證神蹟與潔淨求平安的儀式效果。據說九庄媽約在 50 年前遊庄時，舉行過一次過火儀式。當時在新社國民學校（今新社國民小學）的操場上，堆上燃燒的炭火及金紙，眾人抬著九庄媽的大轎，左右搖晃地快速通過炭火，那是唯一一次的過火儀式。[26] 不過也有庄民反駁，認為過火是「武神」才有的儀式，媽祖是「文神」，這種儀式應當不會和九庄媽有關。

陣頭：一般在迎神賽會或神明聖誕祭典上，都會有一些陣頭出來「逗鬧熱」，增添慶典熱鬧的氣氛，新社九庄媽也不例外，目前輪祀的 8 個庄頭，都各自有大旗鑼鼓班，負責九庄媽祭典時演出的任務，這些陣頭皆由各庄庄民所組成。

早期新社九庄媽隨駕遊庄的各陣頭稱「鑼鼓班」，在民國 40 年（1951）以前，由於交通不便，各庄陣頭都得靠步行來遊庄，為求攜帶輕便，便將小鼓放在竹藤編製的鼓籃裡，由一個小孩揹在背上，後頭跟著一個大人負責敲鼓（見圖片 1），和今日龐大的大鼓外形相映成趣。

這類陣頭已絕跡了 40 餘年，這期間，九庄媽遊庄時都得邀請鄰近大甲或豐原的陣頭出來幫忙。[27] 現在所見的大旗鑼鼓班（見圖片

26 吳道龍訪談（曾任民國 72 年度土城庄值年爐主）。

27 例如民國 81 年土城庄爐主李送來之子李炳焜提到，往昔沒有大旗班時，九庄媽祭典

2），大部分是在民國 86 年山頂庄輪值那年，由值年委員會所籌劃推動，加上當時的陳萬通鄉長積極促成才得重組，而以大鼓取代小鼓之後，也才有「大旗班」或「大鼓陣」的名稱出現。大鼓陣除了在九庄媽各項祭典中演出外，也會相互支援各庄庄廟、主祀神之祭典活動，以及各自庄內的相關祭祀活動。

除了鑼鼓陣之外，往昔有些村庄也有子弟班，組成成員來自士農工商各個階層，只要有相關祭祀活動必義務出陣幫忙，不收取報酬。

請神：九庄媽駐庄一年期間，可因應需求而受邀出外，例如民國 87 年度駐畚箕湖時，共被本庄及外庄信徒請去辦事 5 次。其中茄苳寮每年謝平安時，都會請九庄媽前去坐壇，新社鎮安宮做法會時，也來請九庄媽去坐壇。九庄媽外出的時間是一天或數天，請回來時，事主須包紅包或打造金牌答謝。

五、九庄媽信仰的意義與定位

新社鄉的九庄媽祖，對祭祀圈內的庄民而言，自有其神聖的意義，是他們共同信仰的中心與認同的對象。九庄媽是大部分新社鄉人的信仰象徵，其正月初的信仰活動也是新社鄉一年一度的大事。九庄媽信仰的形成與地方開發史關係密切，其信仰組織形構地方聯庄組織的形貌，其信仰活動則帶動地方曲藝與陣頭文化的發展。除了信仰上的意義，筆者希望嘗試從地方社會、文化與歷史的角度來理解九庄媽對新社的意義。

活動會自外地請陣頭，那一年他們庄內每戶收 3000 元，從外地請了 2、3 個陣頭，加上其他庄社的陣頭，共有十幾個陣頭，隊伍綿延約 2 公里，熱鬧非常。

而九庄媽之獨特在於「九庄」的組合，異於一般媽祖信仰常有的六庄、十二庄、十八庄、二十庄、二十四庄、三十六庄、五十三庄、七十二庄之組合，以及主要活動在正月舉行之特點。在探討與綜述九庄媽在臺灣民間信仰之定位與意義時，以九庄媽作為一個縮影，管窺臺灣民間信仰的一些特色與精神內涵。

（一）九庄媽對新社的意義

1. 形構「新社地方」的精神動力

「地方」在民俗的概念裡有一定的意涵，它意指一個所在（place），有一定的範圍，是這個範圍的一群人所在所屬之地，它蘊含著這一群人的社會勢力、特殊屬性與歷史互動的種種因子於其中。

新社是山城地區，也就是東勢、石岡、新社這個範圍的一部分，這個範圍意味著某種人文社會的區位，新社在這個範圍內開發較晚，地位較不凸顯，卻因著九庄媽的共同信仰凝聚一體，凸顯「新社地方」的成形。

九庄媽雖然範圍並未包含新社鄉全部，但是涵蓋了全鄉人口較集中的地區，主要是新社村、中正村、月湖村、復盛村、大南村、永源村六村，此外，崑山村與協成村也有小聚落參與，六村的範圍內沒有參與的一些聚落，如水井（屬永源村）、新一村（屬大南村）、新二村（屬永源村）、新三村（屬復盛村），在九庄媽遊庄時，也會出來迎接「逗鬧熱」，特別是陽明山計劃遷來新社鄉的七村當中，靠近九庄媽範圍的三個村，自民國50年起，也會就近參與盛會，煮點心給迎神隊伍的工作人員或信眾吃。

臺灣民間信仰常以地方公廟作為凝聚地方民眾的精神動力，但全新社鄉內，並無鄉鎮型的「大廟」，幾個地方公廟都是「村廟」型，如新社鎮安宮（祀太子爺）、水底寮東興宮（祀媽祖）、下水底寮鄭王廟（祀帝王公）、[28] 烏銃頭北玄宮（祀玄天上帝）、新二村紫安宮（祀觀音）、新五村紫明宮（祀觀音）、新四村紫保宮（祀保生大帝）、新七村保安宮（祀廣澤尊王）。

其中水底寮是新社地區開發最早的地方，奉祀最可能成為「大廟」主神的媽祖，香火緣起時間也有200多年，建廟也已有166年，水底寮早先參加九庄媽的祭祀，約在110年前左右退出，其間，九庄媽的信仰已穩固發展，水底寮東興宮因而失去發展成為新社地區大廟的契機。

水底寮的退出雖然使得「新社地方」的完整性受到挑戰，但並不妨礙九庄媽在新社地方上的精神主導作用，其核心地位也固如磐石，因此其信仰活動能夠有效地動員地方、凝聚地方的向心力，歷百餘年而綿綿不絕。

2. 地方拓墾的歷史記憶

九庄媽本身即是對先民拓墾之歷史記憶的化身，新社的開發緣起於清廷在此設軍工匠寮開採樟木，原以水底寮為根據地，官採、私墾同時並行。山區的拓墾非常不易，更加有原住民出草的危害與恐懼，九庄媽起始之淋雨落難的景像彷如拓墾先民之遭遇，其後因庇佑墾民平安，以神力抵擋原住民之獵頭行動，更加深初始信徒的崇祀，也形塑出後代信眾對於先民拓墾的歷史記憶。

3. 地方文化發展的根基

九庄媽的盛典就是新社鄉最重要的民俗文化活動，它不只是信仰文化，也是休閒文化，更是鄉人社交生活、村際互動的憑藉。新社鄉歷來子弟班、大旗班、大鼓班、獅陣等民俗藝團的興衰，與九庄媽之信仰活動的興衰，有著密切的關係。大旗班尤其是代表新社民俗曲藝文化的特色。

九庄媽的祭典年年舉行，只有日治末的戰爭時期曾經停頓，光復後，旋告恢復。民國86年以來，在社區總體營造的氣氛下，配合著恢復往食水嵙刈香，以及各村庄大鼓班的復興，九庄媽的祭典活動顯然有擴大之勢。

---

28 東興宮、鄭王廟、鎮安宮稱為新社三大廟（呂順安編1994：47）。

圖片 2：早期遊庄用的小鼓（鳥銃頭庄陳珀豐保存）

圖片 3：大南庄大鼓班

鑼鼓班不僅是一項傳統技藝，更是先人傳承、延續下來的一種精神與文化，由於成員的老化，因此常有日暮之嘆。不過，擺頭店、烏銃頭以及馬力埔庄，挑選孩童或青少年來傳承，利用周休二日練習或出陣，而且不論男女，只要有興趣者都可以參加。非但小朋友在大鼓班交到不少志同道合的朋友，且練習時也因家長前來觀看，進而使居民互動愉快，不僅讓這項傳統的藝文活動，在現代生活中復活，並滿足現代人娛樂、休閒、社交等需求。

不過，面對此世紀末的 921 地震，輪值的大南庄已經表示，明年（民國 89 年）的九庄媽祭典活動規模可能要縮小。看來九庄媽也要配合災後地方的重建工作，未來各庄民俗藝團的發展如何尚有待觀察。

（二）九庄媽在臺灣民間信仰中的定位與意義

對新社鄉人意義重大的九庄媽，到底在整體臺灣民間信仰中具有怎樣的意義呢？可以從以下幾點來討論。

1. 有神無廟之祭祀的典型

在臺灣，並非所有神明都有寺廟，有神無廟的祭祀組織與活動所在多有，[29] 且是在村庄或聯庄的層次居多。在村庄的層次，通常是逐年卜爐主，平時在爐主家奉祀，神誕時舉行全庄性祭祀，或是由熱心的村人以組織神明會的方式行之。在聯庄的層次，通常各村庄輪流，由輪值村庄卜出的爐主，代表祭祀之。而聯庄祭祀，不建廟的好處是可以維持聯庄的祭祀，否則一旦建廟，日久容易成為廟宇所在地村庄的村廟。

約距今（民國 88 年）70 年前，新社鄉的協議員多人曾提議為九庄媽建廟，地點選在九庄之中心點，但大家反對，九庄媽也「無允筊」。大約 20 年前也有人提議，那次只是非正式提議，遭反對後就不了了之。信眾認為九庄媽較樸

---

29 未建廟的原因，有時是經濟力不足以建廟，有些是神明自己堅持不建廟。

實，喜歡「住人家厝」（住民宅），可以方便「救世」，因為通常卜得爐主的人都是家境不太好、苦難較多的人，迎奉九庄媽後，家中會較平順。

2. 小地區之聯庄祭祀的典型

數村庄聯合之祭祀活動，有些是以聯庄廟為中心，有些是以某一主祀神為中心；有些是小庄倚大庄的方式，有些則各村庄平等不分大小庄。一般而言，聯庄祭祀大多採取輪流的方式，但輪流的方式也有很多種變化，有些是在一段時間內各村庄逐日輪流，有些是各村庄逐年輪流；有些是輪值村庄主其事，其他村庄則不管事，有些則是其他村庄也要出陣頭，或一起作戲、請客等。

九庄媽是不分大小庄，逐年輪流，輪值村庄主其事，但九庄媽遊庄時各庄都要出頭陣。稍有例外的情況，是新社較大庄，故九年輪兩次，卻也是頂替水底寮退出後的遺缺，所不得不然的安排。

3. 山區媽祖之水意象的典型

一般都以媽祖為海神，護佑先民來臺之航海安全，故崇祀之。觀察臺灣媽祖香火之源起，大多是先民攜來，少數自大陸祖廟分香，或海中撈撿，這些情況都顯示媽祖是「過鹹水」而來臺的，頗具「海的意像」（林美容 1997b：10）。但是，媽祖在臺灣逐漸發展成具農業神的性格，又會「趕烏龜仔」，又會「掃溪路」，迎媽祖必下雨，這些傳說故事都具有「水的意象」（林美容 1997c）。

九庄媽原係在山區破屋中淋雨落難的神像，被採樟的先民發現才起祀之，不同於他地，如西保二十庄的媽祖，每逢慶典必下雨（林美容 1990b），九庄媽因為淋雨落難的源起，而山區多雨，住民希望雨少一點，因此傳說九庄媽遊庄很少下雨，有的話也是細綿綿的小雨。九庄媽提供媽祖之水意象的另一種典型。而不論多雨或少雨，都顯現媽祖對水之控制的神力。

4. 神明信仰與年節習俗的配合

臺灣的民間信仰有其習俗性，神明信仰與傳統農業生活緊密配合，因此神誕雖有其既定時間，但常配合年節舉行，例如正月 15 日元宵節是天官的生日，7 月 15 日中元節是地官的生日，8 月半中秋節是土地公的生日等（林美容 1996：135-139）。媽祖神誕在 3 月 23 日，但綜觀臺灣民間媽祖的祭祀活動，特別這種聯庄性的遊庄巡境，則不一定要在 3 月舉行。[30]

屬「過庄型」祭典的九庄媽，[31] 主要活動在過舊曆年時舉行，最熱鬧的是遊庄與第二天的過爐。遊庄通常在正月初三至初六間擇一天舉行，之所以選擇在正月初舉行，乃因山區人少，農曆年放假，出外求學或謀生的人會回鄉，初二女兒也回娘家，都可以留下來參加九庄媽的祭典，人多使祭典較熱鬧。拜神是熱鬧的事，除了陣頭的的鑼鼓聲可助熱鬧，人氣亦可助熱鬧。選擇在年初舉行九庄媽祭典，恐怕是民俗「熱鬧心理」不得不然的結果。

九庄媽的祭典在舊曆年之年節時舉行，也可見神明信仰與傳統「農閒」及當代「休閒」之間的密切關係。

5. 外來神明之必要

臺灣大多數的神廟，即使其香火緣起大多是先民自原鄉攜來，但是基於祭祀圈之地域層級結構，較底層之祭祀圈的神廟仍會往較高層之祭祀圈的神廟，去請神來看戲作客，或是到祭祀圈結構（通常是鄉鎮範圍內）以外，找一個有

30 彰化南瑤宮 10 個媽祖會的過爐活動，有些在 4 月舉行，有些在 8 月舉行；埔里鎮每年請南瑤宮媽祖去繞境是在 9 月舉行；臺中縣龍井鄉、大肚鄉的西保二十庄迎媽祖亦在 4 月舉行（林美容 1990a）。

31 3 月的媽祖千秋祭典，通常是媽祖在生日之前，往其香火的來源地或是附近更高層級的媽祖廟（或遠地有名的媽祖廟）進香，生日當天舉行千秋祭典，並在其轄境巡庄，可稱為「在庄型」的媽祖祭典。而一庄過一庄的聯庄性迎媽祖祭典，無論稱過爐或遊庄，為另一種媽祖祭典的典型，可稱為「過庄型」的媽祖祭典。

名的、歷史較悠久且香火較旺盛的廟宇去進香，而其與該廟宇之間，未必有祖廟與子廟的分香關係。臺灣民間信仰裡，任何一個神明或寺廟，普遍有這種對外來神明之需求。

九庄媽亦然，雖然祂因被發現而起祀，但不久旋與山城地區的主要媽祖廟——食水嵙之龍興宮牽扯上關係，說早先曾去那裡開光點眼，遂認其為外家，例往食水嵙刈香，現今九庄媽的祭典活動，例有食水嵙媽陪伴，對於外來神明之需要，可見一斑。

附錄 1：九庄媽歷屆值年爐主名單與大事紀要

年度（民國）	庄名	爐主	存（歿）	現年	大事紀要
20 年度	擺頭店	曾地興	歿		
： ：					
26 年度	新社庄	不 詳			只有卜爐主，沒有熱鬧
27 年度	土城庄	不 詳			
28 年度	馬力埔	不 詳			
29 年度	擺頭店	陳慶昌	歿		
30 年度	烏銃頭	不 詳			
31 年度	新社庄	不 詳			
32 年度	山頂庄	黃以專	歿		
33 年度	畚箕湖	吳阿秀	歿		
34 年度	大南庄	詹生貴	存	90 歲	光復後首位爐主
35 年度	新社庄	劉泉淼	歿		恢復遊庄；水底寮欲加入九庄媽祭祀圈，可惜擲無筊
36 年度	土城庄	不 詳			舉行過火儀式（迄今唯一次）
37 年度	馬力埔	張萬乾	歿		
38 年度	擺頭店	廖火山	歿		
39 年度	烏銃頭	朱木春	歿		
40 年度	新社庄	劉 義	歿		
41 年度	山頂庄	陳 安	存	85 歲	
42 年度	畚箕湖	何 亂	歿		
43 年度	大南庄	詹炳煌	歿		
44 年度	新社庄	劉泰春	歿		

年度（民國）	庄名	爐主	存（歿）	現年	大事紀要
45 年度	土城庄	傅 尾	歿		
46 年度	馬力埔	江 銅	歿		
47 年度	擺頭店	詹木林	歿		
48 年度	鳥銃頭	張建萬	歿		
49 年度	新社庄	張 岸	歿		
50 年度	山頂庄	陳 碧	歿		
51 年度	畚箕湖	吳阿秀	歿		
52 年度	大南庄	廖 坤	歿		
53 年度	新社庄	詹德圍	歿		
54 年度	土城庄	李新木	歿		
55 年度	馬力埔	張太平	歿		
56 年度	擺頭店	詹 起	歿		
57 年度	鳥銃頭	劉日台	歿		東勢區清醮，新社聖母壇三獻謝醮普渡
58 年度	新社庄	張秀鳳	存	60 多歲	
59 年度	山頂庄	游 鐓	存	71 歲	
60 年度	畚箕湖	江阿時	歿		
61 年度	大南庄	林友忠	存	60 多歲	
62 年度	新社庄	黃文貴	存	52 歲	
63 年度	土城庄	吳丁貴	歿		
64 年度	馬力埔	張老色	存	90 歲	
65 年度	擺頭店	林 漢	存		
66 年度	鳥銃頭	陳順乾	歿		八欉樹下加入九庄媽祭典活動
67 年度	新社庄	張金標	歿		
68 年度	山頂庄	游 鐓	存	71 歲	
69 年度	畚箕湖	陳 平	存	64 歲	

年度（民國）	庄名	爐主	存（歿）	現年	大事紀要
70 年度	大南庄	廖 順	存	60 多歲	
71 年度	新社庄	詹德和	歿		
72 年度	土城庄	吳道龍	存	66 歲	
73 年度	馬力埔	張永潭	存	50 多歲	
74 年度	擺頭店	徐 財	歿		
75 年度	烏銃頭	黃添水	存	69 歲	
76 年度	新社庄	劉福裕	歿	76 歲歿	
77 年度	山頂庄	溫茂松	存	58 歲	
78 年度	畚箕湖	劉阿義	存	62 歲	
79 年度	大南庄	劉昌銘	存	73 歲	
80 年度	新社庄	詹輝忠	存	65 歲	
81 年度	土城庄	李送來	存	77 歲	
82 年度	馬力埔	余阿妙	存	65 歲	
83 年度	擺頭店	林詹米	存	72 歲	
84 年度	烏銃頭	良玉清	歿		
85 年度	新社庄	陳慶淼	存	46 歲	恢復到食水嵙刈香
86 年度	山頂庄	林保通	存	61 歲	第二年到食水嵙刈香
87 年度	畚箕湖	陳火旺	存	65 歲	第三年到食水嵙刈香
88 年度	大南庄	謝 倉	存	70 歲	

資料來源：田野調查

契字 1

立典字新社白番遺阿來 承父物業茔仔埔旱园一坵東至斗限园為界西至汁限园為界南至車
路為界北至大圳為界四至載上手契內明 今因乏艮別創 先問叔兄弟侄不能承受外托送
與 陳蘭官出首承典 三面言議時典價銀拾弍大元正 艮即日仝中交收足訖 將當
踏明界址付艮主前去掌管 起耕招佃 艮無利园無稅 其兄弟房親不敢阻當 此係
來 自己物業並無重張典掛他人為碍亦無交加来歷不明等情 如有不明等情為碍 來自
己 仰力抵當不干典主之事 此係二比甘愿 永無反悔 恐口無憑 立典字一帋併上手契一帋共
弍帋付執為炤

即日收过契內艮十二大元完足再炤

再另借去銀肆元即日憑定本年面
言每年利息以過六年分計該利息每月每員三分行是寔

嘉慶伍年 端 月 日立典字人白番遺阿來

代書人歐陽陞

再批明自嘉慶伍年春起至嘉慶玖年冬止此五年限已滿之日當主備足契內銀取贖若無銀取贖听
銀主掌管招耕再批是寔

資料來源：中央研究院民族所藏舊契 0428 號

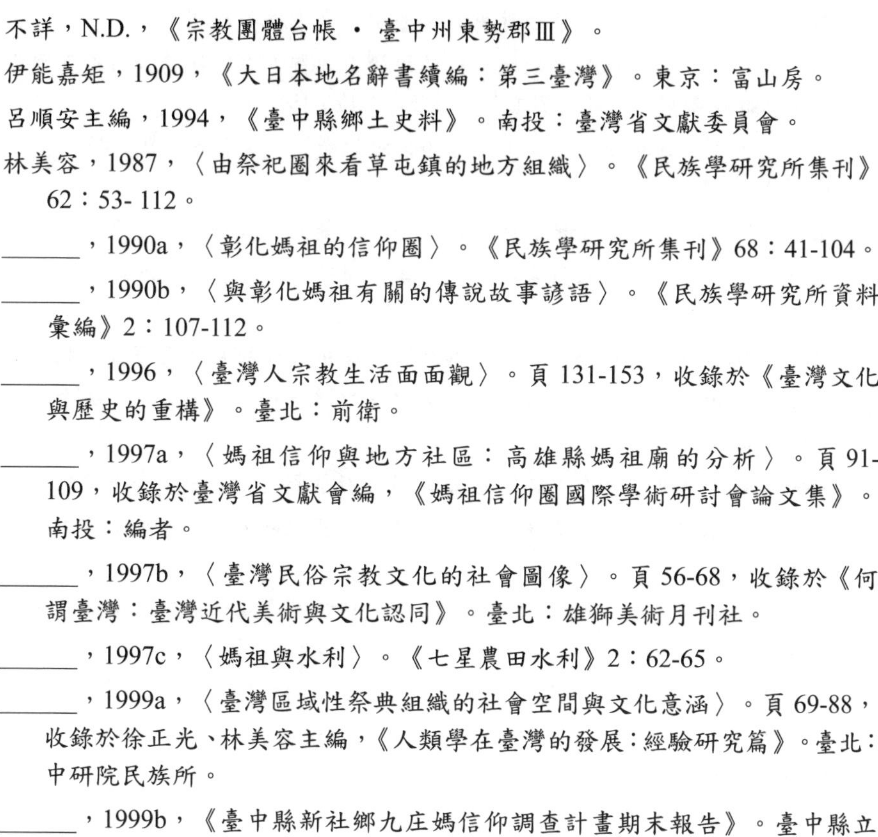

參考文獻

不詳，N.D.，《宗教團體台帳・臺中州東勢郡Ⅲ》。

伊能嘉矩，1909，《大日本地名辭書續編：第三臺灣》。東京：富山房。

呂順安主編，1994，《臺中縣鄉土史料》。南投：臺灣省文獻委員會。

林美容，1987，〈由祭祀圈來看草屯鎮的地方組織〉。《民族學研究所集刊》62：53- 112。

______，1990a，〈彰化媽祖的信仰圈〉。《民族學研究所集刊》68：41-104。

______，1990b，〈與彰化媽祖有關的傳說故事諺語〉。《民族學研究所資料彙編》2：107-112。

______，1996，〈臺灣人宗教生活面面觀〉。頁 131-153，收錄於《臺灣文化與歷史的重構》。臺北：前衛。

______，1997a，〈媽祖信仰與地方社區：高雄縣媽祖廟的分析〉。頁 91-109，收錄於臺灣省文獻會編，《媽祖信仰圈國際學術研討會論文集》。南投：編者。

______，1997b，〈臺灣民俗宗教文化的社會圖像〉。頁 56-68，收錄於《何謂臺灣：臺灣近代美術與文化認同》。臺北：雄獅美術月刊社。

______，1997c，〈媽祖與水利〉。《七星農田水利》2：62-65。

______，1999a，〈臺灣區域性祭典組織的社會空間與文化意涵〉。頁 69-88，收錄於徐正光、林美容主編，《人類學在臺灣的發展：經驗研究篇》。臺北：中研院民族所。

______，1999b，《臺中縣新社鄉九庄媽信仰調查計畫期末報告》。臺中縣立文化中心。

岸裡大社文書出版編輯委員會，1998，《國立臺灣大學藏岸裡大社文書》。臺北：國立臺灣大學。

洪敏麟（編），1984，《臺灣舊地名之沿革 第二冊（下）》。南投：臺灣省文獻委員會。

施添福，1994，〈區域地理的歷史研究途徑：以清代岸裡地域為例〉。頁 39-71，收錄於黃應貴主編，《空間、力與社會》。臺北：中央研究院民族學研究所。

______，1995，〈清代臺灣岸裡地域的族群轉換〉。頁 301-332，收錄於潘英海、詹素娟主編，《平埔研究論文集》。臺北：中央研究院臺灣史研究所籌備處。

高島利三郎，1914，《臺中廳理蕃史》。臺中：臺中廳蕃務課。

徐雨村，1996，〈宗族與宗教組織原則的轉換與並存：以雲林縣六房天上聖母的祭祀組織為例〉。《思與言》34（2）：175-198。

______，1997，〈雲林縣六房天上聖母的祭祀組織〉。《臺灣文獻》48（1）：97-139。

溫振華，1992，《清代東勢地區的土地開墾》。臺北：日知堂文化事業公司。

程士毅，1994，〈軍工匠人與臺灣中部的開發問題〉。《臺灣風物》44（3）：13-49。

新社鄉誌編輯委員會，1998，《新社鄉誌》。臺中：大社會文化事業出版社。

臺中縣立文化中心編，1989，《臺中縣大甲溪流域開發史》。臺中：臺中縣立文化中心。

臺中縣政府編，1989，《臺中縣志卷三 政事志社團篇》。臺中：臺中縣政府。

臺中廳蕃務課編印，1914（大正 3 年），《臺中廳理蕃史》。臺中：臺中廳蕃務課。

臺灣銀行經濟研究室編，1963，《清代臺灣大租調查書第六冊》。臺北：臺灣銀行。

潘大和，1998，《平埔巴宰族滄桑史：臺灣開拓史上的功臣》。臺北：南天書局。

劉汝錫，1986，〈從群體性宗教活動看臺灣的媽祖信仰〉。《臺灣文獻》37（3）：21-50。

劉還月，1997，《臺灣產業誌》。臺北：常民文化。

蔡錦堂，1992，〈日據時期臺灣之宗教政策〉。《臺灣風物》42（4）：105-136。

龍興宮委員會編，N.D.，《龍興宮食水嵙媽沿革》。臺中：龍興宮委員會。

界線、認同和忠實性：進香，一個客家地方社群理解和認知他者的社會過程 *

林秀幸

一、前言

「全球化」與「地方化」的辯證幾乎橫據了這個時代的學術心靈。前者指涉城市化、經濟與生產、市場化、大眾媒體的播散、流動性、交通的無遠弗屆，以及語言、家庭結構、政治、教育機構、經濟過程和休閒形態的相似性；後者指涉當代大量湧現的社群意識，不管是以族群或地方等等為名，或是對「傳統」的重新擁抱和地方語言權力的政治要求。這兩股力量或並存，或拉扯，或互相形塑；我們可以 Anthony P. Cohen 的 *The Symbolic Construction of Community*（1992[1985]）一書之目的作為一個參考點來開始本文的論述。照 Cohen 的說法：正因為當代社群的地理界線（boundary）被弱化，所以對於社群界線的象徵性表達（symbolic expression）特別地受到重視。亦即當社群經歷快速和失衡的社會變遷過程，將引致某些本能的反應，這樣的反應經常是對社群整合以及對社群界線重構的意願和承諾。

---

* 本文原刊登於《臺灣人類學刊》，2007，5 卷 1 期，頁 109 - 153。因收錄於本專書，略做增刪，謹此說明。作者林秀幸現任國立交通大學客家文化學院人文社會學系副教授。

然而這種本能反應是基於什麼願景呢？ Cohen 感性地描述，作為族群成員，可以自我呈現一幅更為完整的畫像（much fuller portrait）；而成為一個地方社群成員，可以體驗更多意涵的社會生活感，包括愛與死、親族、友誼、家居生活、生活形態、一個完整的人（whole person）的含義。人們透過族群、地方來表達對社群感的需求，乃因他們透過社群這個最佳媒介來表達一個更完整的自我（expression of their whole selves），獲得歸屬感，學習社會化並獲得文化。因此社群被視為一種文化經驗，由象徵所提供，是普同性的需求，以致於 Cohen 樂觀地認為，不論外來結構如何介入，人們都可以藉象徵之助，建構小群體的界線。

Cohen 的書在某種程度上說明了當代社群意識的高漲和隨之而來的社群重構運動，但是問題也接踵而至：界線重構之後呢？我們將以何為重構後之社群文化的本質（substance）？如果界線的重構只是對過於抽象的理性結構的反動，或說只滿足於和他者有所區別（distinction）的目的，那麼足球隊或任何其他圍繞商品標籤而建構的小群體（譬如某某品牌車隊）和族群或地方社群有何差異？「認同」是什麼？是一個或多個？如果「界線」和「認同」只是交易過程（transaction）中「協商」（negotiate）的結果，「認同」這個概念是否可以有效地探測或說明人們對族群和地方社群所許下的「生命一般」的承諾？也就是「忠實性」（authenticity）的問題。對小型社群的重構，能夠完全重拾「原先」實質的社會生活感（most substantial experience of social life）嗎？此一實質的社會生活感之修辭，可否再轉譯為論述性的概念語彙？無論如何重構界線，還是要面臨與他者的關係，難道在巨大的工業化力量來臨之初，社群不曾經歷和他者相遇的經驗？它當時又是如何處理這個和他者的關係？如果文化本身就是一個不斷和他者協商的創造性過程，那麼過去的文化形塑過程，能夠給予身處在當代的我們什麼樣的啟發嗎？其中，「界線」是否扮演一個決定性因子？

筆者認為這些問題都要回歸到社會人類學上非常基本的議題來討論，這牽涉到整體和部分（whole and part）、社會過程（social process）、文化的形塑過程、個人性和集體性的張力與分配性位置、社會結構和認知模式（cognitive models），以及主觀理解他者的議題。本文將運用相關概念和方法對一個客家地方社群每年例行性朝北港等地進香的旅程進行詮釋，也期待這些經驗研究的材料能夠回饋補充上述理論和概念的內涵，並對「界線」、「認同」和「忠實性」以及文化的形塑過程有更細緻的描述，提供對全球化場域中的社群行動有更多面向的想像。

在進入田野描述之前，容筆者對交易、社會過程、界線、族群認同、象徵建構、社會尺度等議題歷時性的理論發展做一回顧，其中最主要的理論建構者當屬 Frederik Barth 和 Anthony P. Cohen。兩位學者在 1996 年的一次論壇裡重新檢討了他們自己當年所提出的概念和理論，並在 2000 年出版了極富啟發性的合集 *Signifying Identities*。這些理論發展過程並沒有全然被否定的對象，每一次的理論陳述都對以上議題做出一定面向的貢獻。接下來的文獻回顧，將試圖經由每一次的理論建構和修正，截長補短，以對筆者陳述的問題提出可能的視角和取徑。

二、理論回顧與評析

（一）「整合」還是「理解」？

Barth 在完成膾炙人口的 *Ethnic Groups and Boundaries*（1969）之前的一本小書 *Models of Social Organization*（1966），提出對文化形式和社會形式較為寬廣的視野，如今回顧仍然深具價值。在這本小書裡，Barth 借用了 Erving Goffmann（1959）的角色理論和印象整飭的概念，發展出一套文化和社會形式的動態模式，其中「交易」（transaction）的互動模式是為關鍵。透過此一互惠的交易觀點，Barth 認為：以往經常將文化的整合視為心理一致性的獲得，它暗示了透過凝思和反思的過程，使原本看似相異的價值，在經過比較、重整後，最終達成一致。然而是什麼樣的心理趨力和微細互動面而達到這樣的「一致性」（consistency），則較少被論述，因此 Barth 轉而探討「關係」與「價值」之變化的經驗過程，衡量其對文化的影響。Marcel Mauss 的「供賦」（prestation）的概念（Mauss 1950：145-284）被 Barth 引入，如果說雙方的 prestation 是可交換的，最起碼他們必須具有可「比較」的前提。雙方的意義和價值如果一時之間無法使用同樣的參考系統來衡量，就必須創造可跨越不同標準的原則。透過重複的交易過程，流動於雙方之間的 prestation 價值被共享甚至系統化；只有不斷地面對這樣的「選擇」，人們才能試圖解決兩難困局，進行比較和評價「對立面」，這是社會生活永恆存在的課題。細察 Barth 的論述，可進一步再延伸以下幾點：

1.「經驗」的面向被引入文化形塑的過程，「創造性」存在於「跨越雙方」的某種模式建立，由此而形成文化的模式。文化形塑的動力即存在於雙方認知能力的互動上，因此文化不見得就是一個跨越雙方「原則」的確立，反而比較是一個不斷進行的過程（the process remain the process）。

2.「整合」概念的有效性受到限制，這個涂爾幹學派（並非 Durkheim 思想的全部）奉為圭臬的概念，其實某種程度限制了人們對文化的想像。如果「整合」概念容易引起誤解（一種機械強制的整合？），那麼人們在追求什麼，似乎比較是一個「相互理解」（understanding）的過程，而這樣的過程，並沒有所謂單一的規約可言。

3. 如果對照 Clifford Geertz 在 “From the Native's Point of View: On the Nature of Anthropological Understanding”（1977）一文中對「理解」的觀點，我們會

發現其與 Barth 論述之間高度的可互相援引處——即所謂永恆地來往於雙方的詮釋循環（hermeneutic circle），而可以進一步推演 Barth 對文化的觀點，比較趨向於理解他者；透過類比、隱喻和象徵，從部分到整體，從整體到部分，接近對諺語（proverb）、暗示（allusion）或詩的理解。人類學家對他者的「理解」正類似於社會過程裡任何「自我」對「他者」的理解。

4. 雙方合意、互惠的交往模式，相當程度是人們期待之「合理」的溝通情境。在此我們可以對照哈伯瑪斯（Jürgen Habermas）的「理想的言辭情境」概念（黃瑞祺 1996：181），該情境是一個期待值，但是有可能被不平等的權力關係所扭曲、壓迫；因此我們可以進一步推演，權力的變數對文化的形塑具有很大的決定性。

（二）「界線」本身的「定義」是浮動的

筆者認為 Barth 編輯的人類學經典之作 *Ethnic Groups and Boundaries*，開啟了對族群與認同概念之論述的廣度，但卻由於族群的高度政治性，以致於其價值被過度導向族群之社會建構論的結果，而上述對文化的豐富視角反倒隱而不彰了。也因為同樣的效應，界線被凸顯為非常具有決定性的因子（determinant），「界線」接近形式（form）與結構的屬性，本來就是具高度政治意涵的面向，它隱約地被指向一種區別（distinction）的含義。然而細察該書每一篇章，社會情境和權力張力相差甚大，譬如 Harald Eidheim 對挪威境內 Lappish 族群的討論，相較於 Gunnar Haaland 所描述的 Fur 和 Baggara 人之間，前者的政經權力張力遠大於後者。因為不同的權力張力，當地人可能運用不同的認知能力去感知所謂的「界線」，那麼作為決定性因子的「界線」本身的定義顯然是浮動的。[1] 譬如旗鼓相當的交易雙方，還可以有討價還價的機會；

1 是「界線的定義為浮動的」，不是「界線是浮動的」。

而有些權力落差甚巨的例子，則幾乎要到達全面棄守的情況，連協商的心理機制都不及建立。然而「界線」作為一個不被質疑的變數，在後來許多關於族群的討論中發生作用，其中以 Cohen 在 *The Symbolic Construction of Community*（1992[1985]）中的論述更是將「界線」的概念發揮到極致。

如果我們理解了 Barth 在 Ethnic Groups and Boundaries 之前的企圖，就不難瞭解為什麼他在完成該書之後，將充滿爭議的「族群性」暫放一邊，而著手討論另一個社會文化因子——「尺度」（scale）。

（三）「尺度」——社會過程裡經驗特質的變數

Barth 集結了一群作者企圖將「尺度」概念化為社會互動之脈絡的特徵（conceptualize scale as a characteristic of context of social interaction）（Barth 1978），以作為系統的量度（a parameter of system），並瞭解它是否改變了社會互動的屬性。「尺度」因此是社會過程裡經驗特質的變數，並非一個僵硬之客觀數字的變數；而既然是經驗特質，那麼其觀察就必須是過程式的，兼具了象徵和結構的特性。

我們可以理解「尺度」之所以被放進文化形塑的討論，其實正是微觀和鉅觀連接之處，同樣地關係著和他者的接觸、社群想像規模的增減（從地球村、民族國家、族群、地方……以致於個人），以及各種規模之社會互動的特性之差異；這其間隱約地透露了一個問題：當我們的社群想像趨向於越來越大時（譬如，傳媒的流動性加劇），社會互動的特質做了什麼轉變？而筆者進一步要問，這樣的特質轉變和每個文化裡的社會人觀念（notion or concept of the person），其相容性如何？這就牽涉到認同的問題，以及個人性和集體性之互動的問題。

不管是 John A. Barnes（1978）對 R. Redfield 以降之 folk-urban 作為連續體（continuum）的批評（亦即尺度的擴增對應於 folk-urban 兩極化連續軸線的

簡單對應），或 Elizabeth Colson（1978）探討當代人雖身處快速、開放空間，仍然必須對深切互動的社會關係做出選擇（因為人有不可放棄的同理心以及對時間感最實質的把握），這些學者對於尺度之經驗特質的探討都有其重要的貢獻，而筆者認為其中以 Theodore Schwartz（1978）的討論更富發展的價值。

Schwartz 認為越是在多元化、多樣性、地區歧異性、族群複雜度高的社會裡，我們對文化概念的檢討越形重要。他反對 Durkheim 將個人性和集體性視為消長關係的看法（Durkheim 1964[1893]:129），[2] 譬如人們經常視宗教儀式為最具社會整合和一致性的場合；但是 Schwartz 發現，儀式崇拜卻同時允許甚至提供個人性呈現的場合和機會，一種個人版本的聲明（assertion of the individual's version），Schwartz 又稱其為個人的文化圖騰（cultural totemism）。我們太容易將文化視作共享的規則、信仰和實踐，其實文化的全貌不僅包括重疊的部分，也包括個人歧異的部分，個人性建構了他的那部分的文化的織紋，然而其所在（locus）分配在何處？如何與集體性共構呢？於是 Schwartz 提出建立一個文化的分配模型（a distributive model of culture）之必要性，而這樣的分配模型和尺度的漸增有一定的關係。Schwartz 也引用了 D'Arcy Thompson 強調認知和認識力與尺度的關係（cognitive or epistemological relativity of scale），認為不同的尺度有相對應的認知能力，就好像不同的尺度有不同的物理屬性一般（Thompson 1917：71）。我們不至於相信人的社會感知力能夠對等於物理性，既然連純然力學的連結力都因為尺度的變化而不成正比的改變，那麼遑論人和社會之間的互動以及來往於其間的認識力了。Schwartz 終究並未提出明晰的模型圖像，然而以上的幾點觀察卻對文化形構的個人性和集體性以及和尺度之間的關係，有一定的啟發。

2 其實就這點而言，Durkheim 的意見是紛歧多元的，後文將有討論。

（四）「象徵」的面向：文化現象或社會過程？

Cohen 在 *The Symbolic Construction of Community*（1992[1985]）一書裡，將「界線」和「象徵」當作兩個社群建構的最重要面向，其論述直接地碰觸「象徵」的議題，不管在「族群」、「地方」或任何不具地理界線的社群現象、認同和意義建構上都達到一定的廣度。但是 Cohen 的這本著作也必須放在當代的社群現象來討論，他在某種程度上反映或加強了當代大部分有關民族主義和族群文化之「象徵建構性」或所謂「文化現象」的著作與論述。然而筆者也必須強調，只有在凸顯權力落差時，社群現象中的「界線」才具有它單面向的強度。透過這本書，筆者對 Cohen 的幾項主張進行整理並加以檢討、補充：

1. 凸顯象徵在意義建構上的卓越性：Cohen 曾言，象徵是共同的符號，個人卻可以賦予其獨特的意義。正因為象徵這種不被定義的特性，社群意識因此得以保持動感與生命力。象徵乃最佳媒介，人們可以說共同的語言，卻不需向集體性全然繳械，個人性和集體性因此獲得協調；透過象徵，成員持續地轉換歧異性為相似外表的同時，仍舊保持著讓個人繼續在其中獲得認可的效力。

然而弔詭的是，Cohen 雖然歌頌象徵的生命力，卻沒有解釋個人性和集體性如何獲得「協調」的「社會過程」。協調的能力不但和象徵的轉換（transformative）能力有關，此一「社會過程」和「協調」的模式也非常可能是瞭解外部結構與在地的「意義建構力」如何接軌的所在，反而象徵的效力被單一地導向建構「界線」的目標上。或許將 *The Symbolic Construction of Community* 這部作品放在當代的脈絡中察看，便容易理解 Cohen 如此地強調象徵、揚棄結構的論述，也許是站在一個相當人道關懷的起始點，旨在歌頌在地微弱卻又強韌的意義建構能力；當面對長驅直入的結構性暴力時，也因為在這個壓力的脈絡中，社群的意義過度被化約為界線的問題，旨在區辨自我與他者，維繫可能的主體性。意義建構力翻轉成抵禦的武器，「界線」的面向因此被強力凸顯，甚至成為象徵建構的最重要目的了；也在同時，其論述弔詭地掉入結構的模式當中。

2. 強調主觀詮釋的面向：Cohen認為結構決定論被韋伯和米德學派所改變，形成後來的 interpretism、phenomenology、ethnomethodology、interactionism 等等，社會人類學的方向因此有所改變。meaning 被認為才是問題所在，社群不應該被視作社會形式（morphology），或是制度性的結構等客觀性的定義和描述，反而應該從成員對社群她的經驗中去「理解」（understand）；應該穿透結構，從社群她的核心往外看，而非從社群外面的有利地位去觀看，詮釋他者的主觀詮釋。而象徵的特性應允這樣的詮釋，並且提供給予詮釋和表現的視角（scope）。

Cohen 雖然提出主觀詮釋的視角，綜觀其論述，卻稍微遠離了社會互動論的原意，在米德的 *I* 和 *me*（Mead 1967[1934]）的互動中，自我的能動性和對外在世界的整合性是不斷的來往過程，外部結構仍然是必須面對的課題。因此研究者對事件的觀察必須是一個不斷交換觀點的過程，也是一個永不休止的詮釋，試著去詮釋別人的詮釋（Geertz 1975），而 Cohen 在這方面卻規避了相關的考量。[3]

3. 舉出機械連帶（mechanical solidarity）和有機連帶（organic solidarity）的相容性：Durkheim 和 Ferdinand Tönnies 各執一詞的分法，一直主導著社群研究的概念，「整合」也成為涂爾幹學派關懷的重心，因此文化成為社會的整合器，不管是 T. Parsons，或後來 Arensberg and Kimball（1965）所發展的社群

3 其實 Cohen 在這方面的虛弱，在社會學理論構造的歷史中，並不罕見。在個人主觀建構性和客觀存在之間的擺盪，構築了社會學理論的基調，米德因為提出了 generalized other 而免於被指責過度的將籌碼置於個人主觀建構性上面，但是其它的互動論者如 Blumer 則被批評對集體性的結構視而不見。（Alexander 1987）

理論，整合是關鍵因素和最高功能，文化因此成為成員所共有的一種思考、感覺和信仰的方式。但是如 Cohen 所言，其實 Durkheim 也指出「機械連帶」和「有機連帶」在歷史上的相容性，二者只是相反的態度傾向，共存於任何一個時代，表達在社會過程裡，個人和社會關係的不同傾向。照 Durkheim 的說法，「機械連帶」是「社會在個人裡作用」（society living and acting within us）（1964[1893]：129），乃集體性的強制要求；換言之，是從社會看個人。相反地，有機連帶是由個人組成社會，在合作當中，個人性是基礎並獲得認可；這樣的連帶允許每個人擁有一定的行動空間，即個人人格展現的地方（同上引：131）。James A. Boon 也引述了 Durkheim 這部分的說法來支持機械連帶不是某個歷史時期的社會形式，而是象徵表達群體相似性（likeness）的那一面（Boon 1982：54–55）。換言之，涂爾感學派所強調的「整合」，其實比較傾向從社會看個人，類生於機械連帶的「視點」；而有機連帶所牽涉的社會互動方式，正是本文所欲探索的模式。

筆者認為 Durkheim 將 Tönnies 的看法倒置，無非是想要強調其所身處的當代社會並不是沒有實現有機連帶的可能。重點在於這兩種態度是社會生活的兩個重要面向，有些社會傾向前者，有些傾向後者；問題也不出在社會形態和兩種連帶的歸類，而是兩種態度的分配，甚至調節的過程。這依然還是回到社會人類學的基本命題，包括對他者（包括結構）的詮釋、社會過程、集體性和個人性（或說機械與有機連帶）的調節、象徵的運用、不同尺度的社會關係對應的認知能力等。Cohen 視社群現象為「文化韌性」的一種正常表達，正當化當代的社群現象，然而所形塑的新的「自我感」依舊必須面對上述之基本命題；當代許多挪用、拼貼的說法，也只能說是現象的描述，其中喪失社會脈絡的考量，終究還是必須回到上述之基本命題來討論。

（五）生活經驗、認知模式，他者和自我的嵌合

Cohen 和 Barth 與其他學者在 1996 年一場名為「Boundaries and Identities」的研討會中共同檢討了「界線」和「認同」的概念，並出版了合集 *Signifying Identities*（Cohen 2000）。其時「界線」概念的適用性受到質疑：它是研究者心中的界線，還是當地人觀點？認識論的基礎被引入討論，和他者的相遇到底發生了什麼事？如果界線不再扮演一個決定性因子，如果界線的概念因文化不同而相異，將之看成是分類的概念是有欠妥當的。更恰當的作法，應該是從群體的社會實踐中釐清該群體對界線的觀念（notion）。個人如何「經驗」界線？是否這樣的經驗伴隨著對「自我」擴展的體驗，就好像社會群體透過關係、經濟活動以及地景和人群活動來感知其對外在世界的擴展？其中 Anne Salmond（2000）提到，毛利人對基督教文化的抗拒，其實並非單純地來自於政治覺醒，而是深沉地感受到兩種文化思考模式的差異：前者注重「連結」，後者注重「分辨」。至於對認同的看法，James W. Fernandez（2000）不論及認同的內容物，而是著眼於「知的方法」（way of knowing）；他認為中心和邊陲（centre and periphery）不是類別的描述（categorical descriptions），而意指「看」的方法和知識建構的方法，個體的視角同時既朝外又內視（outward and introspective）。Salmond 檢討了認知能力、行動和分類的關係，Fernandez 則將認同的討論從內容物轉換成視點方向的問題。Cohen 基本上認同 Fernandez 的看法，並借用 David McCrone（1998）的說法，將多重認同的問題從「根」（root）的意象轉變成「路」（routes）。這些看法都深化、細緻化以往界線和認同的觀念。

其中 Barth 為了對當年所提出的界線概念負責，認為界線之間的連結或溝通，乃是建立在「過程」，而非由先入為主的「界線」所界定和運作。他和 Maurice Bloch 相呼應，認為人類學的內涵有待「認知」理論的補

充，人群生活是由社會互動所建構，而非僅是「認知的再現」（cognitive representations）；透過互動，「社會過程」（social processes）決定認知模型（cognitive models），一如認知模式決定社會過程的一樣多。認知的分類和生活經驗（cognitive categories and lives experience）的質性不同，前者明確，後者接近陰暗（murky），人們如何「理解」（understanding）他者的世界，並非認知先行，而是使用大量的形象（images）、行動。Barth 借用 George Lakoff（1987）的觀點，認為人們並非為了活出一個結構（playing out a structure）；個人自身即是一個「所在」（locus），運用象徵、想像（imagery）來建構事實、發展理性；而這些象徵則相應於人們從日常生活中所「感知」和「經驗」的。此時「類比」（analogy）、隱喻（metaphor）和「意象」（mental imagery）扮演了重要角色，而經驗的塑形（configuration of people's experience）則影響生活和行動。

從 Barth 對界線概念的檢討，可知他重新把議題拉回到「社會過程」、經驗的塑形和認知分類能力，以及對他者的理解、象徵的運用、個人的所在和外在結構的接軌。筆者認為 Barth 這番重新論述，提供後來者在認同、文化的論述上一個更寬廣的空間，只是仍舊缺乏一個完整的「社會過程」和象徵之間相互指涉過程的例證和討論，也沒有指出更明確的個人所在與集體制約的位置和其間調節過程的詮釋，看不到認知能力與外在結構之間的互動。這裡筆者要進一步提出的就是界線不管是如何的質地模糊，除了區辨、溝通或連結的意涵，本質上是社群「整體」的一個面向。「自我」擴展的體驗伴隨對「他者」的理解，其實還包含一個「回程」的論述。如何地將「他者」變成「自我」的一部分，其過程不是一蹴可幾的「路程」，而是一連串「部分」和「全體」的辯證與和解的過程。

（六）北港媽祖進香儀式文獻

有關北港媽祖進香儀式之文獻，主要來自 P. Steven Sangren、林美容和張珣三位學者長年研究的豐富結果；其中 Sangren 認為進香研究的重要性在於它有別於人類學的傳統——亦即將地方社會視為受局限、自給自足的社會。進香研究要求人類學考量更大範疇的社會和文化複雜度對該社會的影響，透過宗教組織的社會連帶，提供對整合及分化更為複雜的圖像。因此進香應被視作文化整合的模型；作為打開文化視野的社會機制，其形式比地區系統的整合更為複雜（Sangren 1987）。Sangren 運用 Victor W. Turner 的象徵人類學來詮釋這個重複的主題，有別於 Turner 認為朝聖是脫離原先的世俗狀態和社會分類，體會 communitas 而超越對立。Sangren 認為，進香在社會結構的布置上，既有超越、也有生產，它超越原先社會環境的想像，而生產或再製了社會環境（1993）。他主張到北港進香的儀式，應視作是生產不同層次的社會認同的過程——從個人到地方社群、到北港所隱喻的臺灣認同——此乃北港的媽祖和臺灣歷史的密切關係所致。分香的觀念，則牽引個人和集體認同的建構，當朝天宮的香灰分到地方廟宇、再到個人家庭，媽祖的靈力即被視作在每一個社會層面融合（unifying force）的力量。Sangren（1987，1993，2003）企圖結合社會整合和象徵建構兩條途徑來解釋進香，視進香旅程為一整體，視進香為異質經驗的來源，從中溢出原先的社會關係，並再回來建構一個重新的「社會我」。不管是在個人的層次還是社區的層次，這個效力被貢獻在社會整合，由不同區域的人群的相會，形塑一個由媽祖所暗示的更大社群的整合。

林美容（2003）多年來對媽祖信仰的擴散、分布以及類生的民間社團組織的豐富性調查，將媽祖信仰的社會面向與臺灣漢人社會形成和發展的脈絡予以連結，來解釋臺灣的地方性和區域性的社群組織之間的關係，也解釋了這樣的社會互動所發展出來的文化景觀。此一連結當然帶著濃濃的社會整合意涵，然而筆者對於她在進香儀式上直接的直覺性觀察，亦深感同意：（1）「去」進香是為了「回來」，也就是行動者主體性位置的確立；（2）臺灣的地域社會乃由隱喻著流動性之媽祖信仰來進行聯盟和互動。

張珣（2003）從文化的角度研究媽祖信仰，企圖在社會整合的理論之外加入文化的角度。她從主觀詮釋的視角，運用象徵互動的方法，將媽祖進香的多重面向表現出來，而非只有結構功能論觀點之下的社會整合意涵。視點從整個大社會調焦至行動者——進香成員身上，去理解他們的時間觀、空間觀和人觀，並賦予主動詮釋者不下於社會性的決定性能力，反過來形塑社會形式。張珣從進香地點和親屬關係系譜位置的互相隱喻，祖居地和移民地之擬親屬關係所類生的社會關係，探討儀式如何轉換逐漸改變的社會關係（媽祖轄區的改變）所造成的衝突。

三位學者在媽祖信仰和進香儀式研究上所提供的豐富材料和在視野上的貢獻，不論是在媽祖信仰的鉅觀層面，或者是在方法論方面皆有所啟發；其中 Sangren 的研究取徑和筆者欲進行的是最為接近的模式。Sangren 已經看出「進香」和打開文化視野、不同社會認同的生產、異質經驗來源的關連性，以及它如何在回程時建構新的「社會我」的過程。種種洞見，已為臺灣的「進香」活動作為「認同」和「文化形塑」等理論之重要經驗材料，發揮了前導作用，包括：文化變遷、認同的多層生產以及「社會我」建構之論述。筆者將在此一基礎上，以一個客家地方社群的進香活動所引起的社會場域的擴展作為材料，運用前述之理論來詮釋文化形塑更細緻的過程；以象徵、經驗和認知之間的互動來補充「界線」、「認同」和「忠實性」概念的內涵，以期對全球化場域中的社群經驗（包括族群、地方等等）提供更多面向的想像。

三、大湖媽祖信仰的背景與進香儀式

本文個案為苗栗縣大湖鄉北六村社群一年一度的北港進香活動，在進入個案深度描述之前，筆者暫且將大湖鄉北六村社群的媽祖信仰放在新竹、苗栗之客家地區的媽祖信仰背景中來觀察，當有更詳盡的理解。

新竹縣的芎林鄉、竹東鎮和橫山鄉三個鄉鎮和苗栗縣的大湖鄉，分別位於兩縣境內的客家族群生活區域，也是筆者長期的田野觀察地點。芎、竹、橫三個鄉鎮地處頭前溪上游支流的上坪溪和油羅溪形成的河谷平原，也是新竹縣客家地區三山國王廟最密集的所在。該區域裡的三山國王廟都是當年客家人開發時的聚落所在，廟宇大部分是清道光至咸豐年間所建。另外苗栗縣大湖鄉是筆者觀察苗栗地區關帝爺信仰的起點，該地關帝廟建於清光緒 12 年（1886），但推測神明的輪祀組織應早於該年，並且也和當地的拓墾組織有相當的關係（林秀幸 2003）。這幾個地區的主神奉祀——三山國王信仰和關帝爺信仰大概都和該區拓墾聚落之社群組織有密切的關連，一直是筆者長期進行田野調查的對象；不管是祭祀組織或文化方面，都有許多類同之處和普遍現象，而今天要討論有關媽祖婆的進香、繞境和演戲酬神活動等主題，就是這些地區共同的現象之一。

（一）此地客庄的媽祖婆進香儀式是向外學習的

這些客家地區年度祭儀活動有著共同的韻律：一年作三次戲，[4] 包括年初媽子戲，年中若非主神生日則是作中元，或各行一次（早年作 4 次戲的機會較少，因為勞師動眾、花費較多，近年則多是合併其中二者），年尾叫收冬戲或平安戲。三個「作鬧熱」的機會，構築了當地一年的韻律，通常這三次機會是戲

4 舉凡宗教節慶有演戲、請吃盛宴的機會，客家人概稱「作戲」、「作鬧熱」，包括建醮。

班子最忙碌的時節，也是親戚好友互相請客、流動溝通的機會。無論年中那次作戲以何為名，年初和年尾的戲都是以媽祖和收冬（平安）為名，這兩個戲是當地客家習俗的共同特色，年初的媽子戲大概在開春以後，年尾的收冬戲則在農曆 10 月左右（現在新竹地區為了因應放假日，全部改成國曆 10 月 10 日）。年尾的收冬戲為了感謝神明一年來的保佑，通常會演大戲來歡慶豐收與平安，有些地方還伴有「賽閹雞」的活動。[5] 然而我們現在要討論的年初的媽子戲，[6] 另一個名稱叫「春祭」，它是客家地區唯一伴有「進香」、「繞境」、臺上大戲、街上小戲的「戲劇演出」，參與成員廣、形式也最活潑，乃伴隨以街、村為區域的比賽活動機會之慶典與祭儀。

依據筆者的田野資料，將媽祖婆當作是社區儀式的對象這一項習俗是向外學習的，並且和當地客家地區有一特殊的嵌合過程和演變。媽祖婆在這些客家庄頭裡極少是廟的主神，就算有，也是成廟較晚，且多半是在日治以後由私人堂或私人供奉轉變而成的。媽祖婆最普通的情況是「陪祀神」，通常陪祀於關帝爺或三山國王或三官大帝旁。譬如新竹縣芎林鄉、竹東鎮和橫山鄉三鄉鎮除了伯公祠（土地公廟）和萬善祠之外，計有三山國王廟 11 間、三官大帝廟 4 間、關帝廟 1 間、五穀爺廟 1 間，以及媽祖廟 1 間。在大湖地區計有關帝廟 3 間、義民廟 2 間、媽祖廟 1 間；而這間媽祖廟是由私人堂轉變而成，原先是奉祀「三恩主」的鸞堂系統，後來轉成公廟以後，有感於需要一位大湖當地所缺乏的主神來做鎮廟主神，於是到新港請了媽祖婆來鎮殿。芎、竹、橫這三鄉鎮的三山國王廟和三官大帝廟，幾乎都以媽祖婆為陪祀神，有時和觀音佛主共列，有時

---

5 一種比賽閹雞的活動，因為閹過的雞特別肥大，是比賽的好項目。有關賽閹雞的社會文化意涵，筆者將另文探討。

6 當地人有時稱媽祖為媽子婆或媽祖婆，「媽子」有母親的意思，是一種親暱的稱法，故稱媽子戲或媽祖戲。

獨坐。而在大湖的兩間關帝廟亦然，以媽祖婆作為該廟的陪祀神。

（二）早期商借媽祖的歷程

從以下的事證可以推測：此地媽祖婆在成為陪祀神之前，曾歷經一段「前來作客」的時期，後來慢慢才成為陪祀神的。竹東惠昌宮的主神是三山國王，但是竹東迎媽祖是當地三鄉鎮間出了名的盛大祭典。竹東在日治時期因為製材事業所累積的財富而繁榮，人多、錢也多，當地每年在農曆 12 月 20 日時會到北港割香，並迎回一尊媽祖。[7] 迎回來的媽祖先駐在廟裡，一直到正月十五在竹東鎮上繞境，接受信眾的膜拜。此地街、庄的陣頭非常熱鬧，老一輩的人都還記得日治時期是如何扛大鼓比賽陣頭，附近鄉鎮居民也都記得到竹東看熱鬧的情景。繞境結束之後，媽祖婆便駐在惠昌宮接受敬奉，廟方並演戲酬神。有趣的是附近山區聚落由於人力、財力較弱，比較沒有能力每年到北港迎神，因此都會到惠昌宮借這尊媽祖到他們庄頭繞境，並接受村民祭拜。這些聚落包括芎林鄉的石壁潭、王爺坑，橫山鄉的大部分庄頭（如橫山村、九讚頭等）以及竹東靠山區的聚落（如上坪聯庄），都曾經到惠昌宮借媽祖回去當地繞境，接受信眾膜拜、演戲酬神，神明在當地過夜兩天，第三天再送回竹東。竹東的媽祖在這些庄頭輪一圈回來已經是 3 月了，再將媽祖請回北港。這種情況大概在 3、40 年前就停止了，因為交通便利、經濟情況較為改善以後，這些庄頭逐漸有能力自行到北港割香，借媽祖的情形大概也在同時停止。但即使後來這些庄頭或鎮上的廟開始有了自己的神像，神明也常駐廟裡，仍舊保持年尾到北港過爐，開春以後找一天繞境並演戲的習慣。譬如芎林外七村的祭祀組織，宗教活動中心在廣福宮，過去一年演 4 次戲，包括正月媽子戲、2 月王爺生、7 月做

7 北港朝天宮目前還是保有不少神像是專門外借的。通常借方要敬奉一筆奉獻金給該廟，這種借神的情形，目前越來越少了。

中元和 10 月平安戲，媽祖婆也維持舊例在正月到北港過爐。2、3 年前為了減少一棚戲，媽祖戲和王爺戲合併，媽祖也改成 2 月進香。

大湖鄉北六村的居民透露媽祖是現有廟裡神明最晚進駐的，雖然他們已經遺忘何時開始擁有自己的媽祖，但是他們倒是會將現有的媽祖借給附近山區沒有廟或只有伯公祠的聚落。譬如大南勢聚落只有伯公祠，當地在很多祭祀事宜上和大湖鄉北六村已是不可分割的；然而由於地處邊緣，享受不到北六村「作鬧熱」的熱鬧情景，於是以自己庄頭為名，元月初二到關帝廟把媽祖婆請過去繞境並接受膜拜，也趁此演了兩天大戲，自己當了東道主，邀請街上的人到他們那邊作客看戲。另外泰安鄉的馬都安聚落本身並沒有廟，也沒有參加北六村的任何祭祀組織，而是在元月初六到大湖的關帝廟把媽祖婆請去繞境並接受信眾膜拜，也是演了兩天戲，請客看戲，當了體面的東道主。現在關帝廟裡還藏有其他神明的木牌，包括五穀大帝等，這是因為早期客庄較少神像，大多是以木牌書寫神明之名供信眾膜拜。但大湖關帝廟一些神明牌位被藏在新建的樓上，表示媽祖婆進駐之前有其他的陪祀神明（譬如五穀大帝），而後來被媽祖婆所替換了。

另外透過筆者在東勢的田野資料顯示，臺中縣東勢鎮是講大埔語的客家人聚集的地方，當地的魯班公廟（即先師廟）位於東勢最早開發的區域「寮下」，集結在那裡的祭祀組織也是在開發早期成立的。該廟裡現有兩尊媽祖婆，原因是當地早期也是在年尾時到北港請神，年初六媽祖開始「遊庄」巡境的活動，當天東勢角四個里的陣頭全部出動，比賽身手並在廟前演戲，藉著媽祖婆來臨，以戲祈求眾神保佑全境一年平安。這場戲有個專名叫「開庄戲」，意思是東勢地區開年第一場戲，只有在寮下演完了，其他庄頭才能開始演敬神戲；這個「開庄戲」的傳統，使寮下得以繼續確立其東勢「第一庄」的地位。每年這個時候親朋好友趁此走動看戲，有些女兒回娘家都刻意待到初六吃完大餐、看完戲才走，熱鬧一陣後居民在初八將媽祖婆請回北港。然而據說日治時期某一年的年尾，東勢人照例到北港請媽祖，沒想到過完年「作大水」（河水氾濫，大甲溪的「作大水」是當地有名的）將橋梁沖毀，媽祖婆回不了北港，只好常駐廟裡。當地人惦記著這尊媽祖是要歸還人家的，於是另外請人刻了一尊，因此廟裡現有兩尊媽祖，也見證了早期商借媽祖婆繞境的歷程，後來才演變成常駐廟裡的陪祀神。

（三）中介者

這些客庄本身在早期並沒有媽祖婆信仰，這個商借媽祖繞境的行為如何發生，亦即客庄的這個學習過程是如何進行的？這些客庄當地人並沒有徒步進香的記憶和記載，筆者推測，應是在日治時期南北縱貫鐵路開通之後才發生的。

曾月吟〈日據時期朝天宮與北港地區之發展〉（1996）一文詳細論述了南北鐵路縱貫線之開通是北港媽祖信仰擴散的關鍵，並從北港的角度詳載了當時北港方面的作為，包括：修廟、全臺灣進行募款、到各地出巡、日本政要之訪廟種種積極性作為，作為招攬香客以及傳播神威的方法。然而在客庄這方面的當地記憶呢？除了該文所論及的面向，筆者還發現了一常態性的商業招攬活動，即北港地區商會主動到地方上拜訪。

北港地區的商會藉著鐵路交通的便利性進行地方上的招攬拜訪，當地亦必須有中間人幫忙溝通，筆者的曾祖父就曾經是這樣的一位角色。依據筆者父親口述，日治末期他還是小孩的時候，北港地區的商會，包括賣金紙的、旅館業、肉舖等組成的商會代表會到各地去接頭，代表們來到地方上找一位在地的中介者展開在當地的接觸，這位在地人士就會開始籌辦進香的事宜，包括報名、繳錢、安排住宿、交通。至於為何和當地肉舖有關呢？原因是路途遙遠，外來團體到了北港都是向當地的肉攤子租用全豬或全羊來祭拜，通常一隻全豬可以被出租好幾次，直到肉質快壞了為止。對這些遠來的團體而言，只要付租金，就可有備好的牲儀，也不用帶回，省去很多麻煩。據說媽祖婆很慈悲地允許這樣的重複使用行為。雖然是坐火車前去割香，然而從大湖到最近的火車站也要走上半天腳程，這樣的宗教熱誠仍是相當感人的。

（四）香旗、遊街、大鼓陣

這些地區到北港迎回的媽祖，會在祭祀組織範圍內進行繞境活動，再回到廟裡接受各地信眾的敬奉，演兩天大戲，非常熱鬧。爐主或村長負責收戲金、請車，信徒家裡奉祀的媽祖婆香旗通常於割香前先請來廟裡，大家再一起拿去北港過爐。這些香旗據稱在北港有得買，通常信徒會在旗子旁邊書寫自己的姓名、住所、某年某月某時立；旗子的正面有的書有「天上聖母」字樣，有的任由空白，有些縫有流蘇，有些裝飾鑲邊，而少部分的沒有處理收邊（圖1與圖2）。

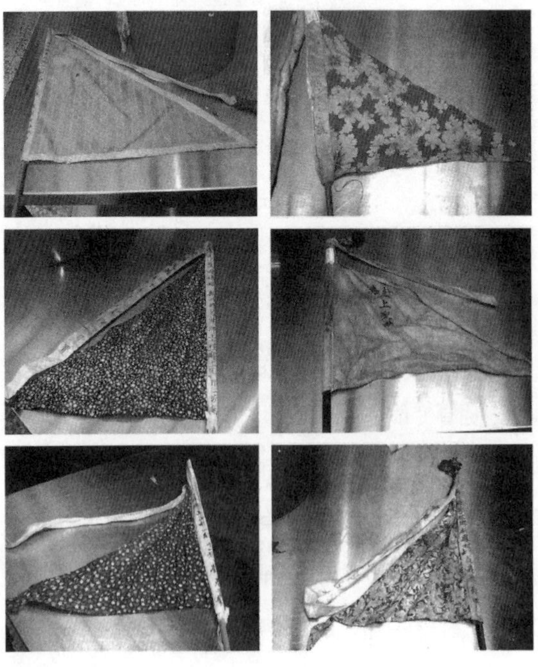

圖1：各式香旗（一）

圖 2：各式香旗（二）

若仔細觀察不難發現，這些旗子雖然有四方和三角兩種，但是其尺寸一致，布面卻五花八門。有些看得出來是在北港所購，像一般我們看到的金色絲面紋圖案，但旗面的圖案也不盡相同。大部分的旗面是客庄自己所製作，有素面的、有類似花布被單的，布面隨意，尺寸卻一定要符合，以致於這些旗子集中起來，就有如萬國旗一般熱鬧。從旗旁文字可以得知每一面旗立旗的年代，有好幾面甚至可以追溯到日治時期；在芎林地區見到的最舊的一面是於明治 41 年所立（圖 3），即 1908 年，正好是縱貫線鐵路通車那年。從北港回來之後要遊街，在日治時期和戰後初期，媽祖婆繞境是這些客庄一年當中最熱鬧的慶典，據老一輩的說有大鼓陣、老鼓班，還有老婆戲、大襖婆戲；當天大家可以出陣頭對拚，上街對下街拚，有時這庄和那庄拚。這些戲還可以互相揶揄、挖苦，譬如上街的人譏下街某人，雖然有錢卻不孝種種。有時輸人不輸陣，為了借大鼓，大湖人不惜走幾小時路程到公館的山邊聚落借鼓，遊街結束還會

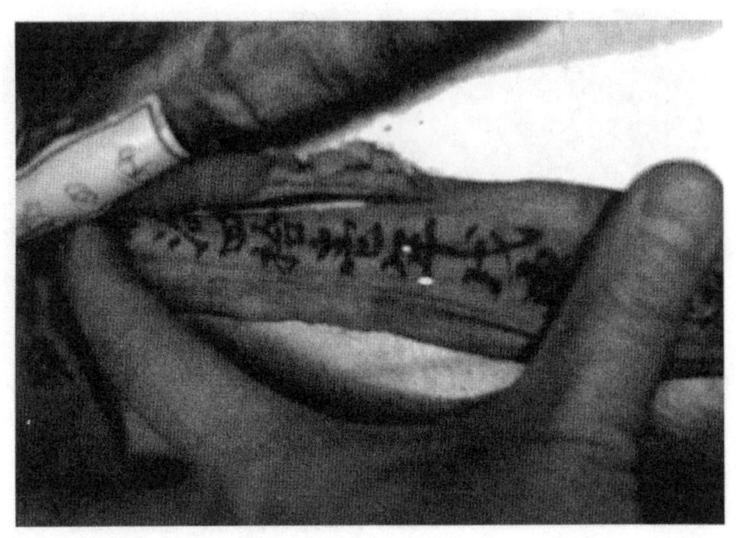

圖 3：最舊的一面香旗於明治 41 年立旗

「打等數」（比賽）並頒獎，可惜這種盛況目前已不復見。現在割香回來以後也還有遊庄，但形式已大為簡化，大概就是家家戶戶在門前擺起香案，祭拜前來保護平安的媽祖。

（五）大湖鄉北六村社群的進香旅程

以上是對芎、竹、橫新竹縣三個客家鄉鎮以及苗栗縣大湖鄉的媽祖信仰背景的大致介紹，這些地區的媽祖信仰形式和變遷過程皆具有類似的輪廓，藉此可對本文的研究個案——大湖社群的進香儀式有更為縱深和整體的理解。[8] 這些口述或留下的證據，顯示對這些客庄而言，媽祖進香儀式是客家人向福佬人

8 雖受同一潮流的影響，在類似性當中絕對有其細微的變異性，從中或許可以探討客家地區內部的差異性；然而此非本文目的，或許留待另文討論。

學習而來的。我們想要從現在仍舊可以觀察到的「進香的旅程」以及廟宇的配置和祭祀形式中，理解大湖社群的客家人是如何地將「他者」轉換成「自我」的一部分；而這個「部分」，經由每年例行性的旅程，又如何地保持其流動性，並且被一再、重複地「理解」。這樣的討論或可對前文所提出之「社會過程」的基本概念內涵有所補充，包括自我和他者、理解、個人性和集體性的協調、界線和認同、忠實性、文化的生成等等。

筆者以大湖鄉北六村祭祀組織的北港進香活動為例，觀察其細緻的旅程過程。大湖鄉位於苗栗縣，東與泰安鄉、南與卓蘭鎮、西與三義鄉、北與獅潭鄉為鄰。大湖鄉為客語族群所在，現轄區內有十二村，以南湖為界，山南的南湖、義和、東興、武榮、新開、栗林等六村俗稱南六村，山北的大湖、明湖、靜湖、大寮、富興、大南等六村俗稱北六村，為商業與行政中心集中之處，南北六村的劃界，應與歷史上拓墾區域和組織的分屬有關（林秀幸 2003）。北六村居民信仰活動的中心為建立於清代的關帝廟，其祭祀組織於清代即已形成，一年之中履行的祭祀活動和當地大部分的客家地區類同，包括三大祭典：開春媽子戲、年中關帝爺聖誕、年尾收冬戲。當地人在每年年初到 3 月間選擇一天到北港進香，稱為「到北港割香」。凡家裡有祀奉媽祖婆的居民在出發前一天，都會將他們的香旗先迎來廟裡，放進廟方準備的桶子裡；通常必須從家裡以一支香相伴，告知神明：「要去過爐咯」。到了廟裡之後，將這支香插進廟裡的主爐，而非媽祖婆的爐裡，然後把爐內的香綑綁起來，隔日隨著眾人到北港過爐。

1. 旅程開始：離廟

第二天清晨五點左右，大家陸續來到廟裡，雖然是去北港，但是當地人有一習慣，他們只要一踏進廟埕，第一件事一定是開始點香並按照廟裡原來的順序依序上香完畢，才坐在旁邊等候。5 點半左右，典禮開始，鐘鼓齊鳴，義工們依分配好的職務開始幫忙起駕，他們恭敬地傳遞著神像，首先是移動千里眼、

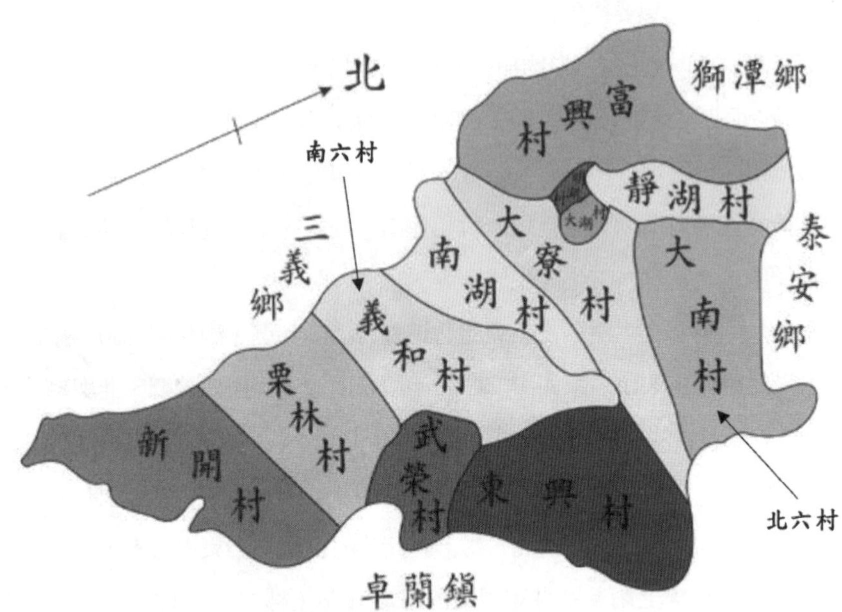

圖 4：大湖鄉行政區域圖（資料來源：大湖鄉土誌）

圖 5：神像與聖物從主爐離開大湖關帝廟

圖 6：神像與聖物從正門離關帝廟

順風耳和一個綁著紅巾、有門可以開合的神秘木盒子，繼之是媽祖婆，最後是眾人的香旗。此地媽祖婆是在神壇右首陪祀的，因此出廟的時候，這些神像和聖物都必須從右邊先到中間越過廟的主爐（圖 5），從正門出去（圖 6），[9] 再越過天公爐離廟，也就是依廟本身的形制啟程。此時旁邊的信徒低頭祭拜，恭送媽祖出門，當神像和聖物登上了第一車的前座，信徒才依序登車。

第一站到了彰化南瑤宮，依父老敘述，日治時期坐火車進香的時候，只停留三站：第一站北港，第二站新港，回程第三站是南瑤宮，並在彰化住宿一晚，第二天再回大湖，在三義下火車，再由三義步行回大湖，腳程要花半天的時間。在那個物資短缺的時代，這一趟可是花了不少財力、人力。當時只有北港和南瑤宮信徒們才有讀「表章」，原因是「北港是主要目的，南瑤宮比較大間」，

9 客家地區的廟門不同於福佬人區域，平常時節廟門不開，只有在神明進出之際才開啟。

現在則每一廟都有讀表章了。改成坐遊覽車進香之後，先到南瑤宮，依序是鹿港天后宮、新港再到北港。到了南瑤宮，千里眼和順風耳二位副將與媽祖婆依序下車，神秘木盒子和香旗並未下車，信徒則跟在後面徒步進入；對方鐘鼓齊鳴迎接來客，三座神祇越過廟裡的天公爐進入正殿，再越過主爐，由南瑤宮廟方的人接下神明，迎在主桌，並替三位神明戴上南瑤宮準備的紅色肩帶，有如授信的舉動，表示認可這尊大湖來的媽祖。大湖來的信徒此時持香拜拜，然後信徒代表用客家話跪讀表章。表章是一種敬告神明的文體，一定得用毛筆書寫，表章內容通常要載明幾件事：以本祭典團體敬告某神、此祭之名目為何、感謝神恩、信徒具名感謝，最重要的是每一位參與的信徒都要具名，沒有人可以被遺漏，名字也不可以寫錯，大部分做表章的人，[10]都喜歡誇說他們從不寫錯名字。讀完表章、燒金並把表章焚化，禮畢。這時大湖這邊敬奉南瑤宮香油錢，今年的價碼是一廟 3600 元，這個數目是幾年調漲一次，拿捏出一個夠面子的數目。然後大湖的媽祖起駕，同樣由南瑤宮廟方的人從內殿經過主爐傳出來，大湖這邊的人在爐外邊接過神明，再從正門出來，經過天公爐，回到車上。下兩站是鹿港天后宮、新港，同樣依照南瑤宮的程序，行禮一遍。

2. 到達目的地

最後一站是北港，除了神明之外，木盒子和綑綁成一束的香旗也都下了車，木盒子和香旗由進香團裡最老的兩位先生慎重地捧著，一位 90 幾歲，另一位 80 幾歲。北港朝天宮雖然接待了來自全臺各處的媽祖，但是一樣不能馬虎地對待任何一個團體，起碼在宗教儀式的禮數上面，同樣是以鳴鐘鼓來迎接這個苗栗大湖來的媽祖。神明和聖物一樣地越過天公爐、正爐到達內殿，由於

10 在過去的習慣，表章都是由祭典專業禮儀人員書寫，一般是道士或懂得作禮儀的先生；一份通常要價一、兩千元。

朝天宮已有太多各方來的媽祖，以致過於擁擠，因此媽祖神像和香旗只能坐在旁桌上。大湖的團體同樣祭拜行禮、讀表章，表達對媽祖聖誕的慶賀，其他團體如果後續到來，也得先在外面等待大湖的團體行禮完畢。進香團有集體的祭拜、燒金紙和禮金的奉獻，但是每一位香客幾乎也會同時向神明表達他們各自的祈求和奉獻，通常是先參加集體的祭拜和讀表章的儀式，但是隨後便個別向神明祈求願望，也個別地奉獻禮金。由於廟裡的媽祖和信眾的香旗都來自於北港的淵源，因此這裡才是他們真正要過爐和割香的地方。而原來神秘木盒子裡放置的是分香灰的容器（圖 7），進香團一直小心翼翼地將香灰盤藏在這個講究的木盒子裡；神明和聖物不但過爐、還要在此過一夜，明天一大早再來迎回。大湖這邊奉獻了 3600 元的禮金，北港的廟方通常會以茶相待。

當天晚上進香團和信徒到嘉義街上過夜，大家各自到處逛逛，沿途引起眾人注意的是當地農產品的價格，他們會和大湖的價格做比較，以及從價格推測當年的產量，譬如大蒜等乾物。奇妙的是越來越接近進香的目的地時，就越有

圖 7：放置香灰盤的木盒子

機會看到其他福佬庄的各式陣頭，而對這些客家人來說，這些陣頭表演幾乎是「異象」，不管是起乩、八家將、刺球、過火、配著一些呼喊等等，在客家庄都是非常罕見的現象，但是他們會讚嘆地說：「你看他們南部福佬人儘誠意咯，比我們上背人」。[11] 這裡面沒有對「非我族類」的批評，而是帶著讚嘆、以非常好奇的心情觀看，但是卻幾乎從來不進入儀式細部的描述，而將之籠統以「誠意」來解釋。易言之，他們以其對外的功效認可這樣的誠意的表現，但是對那些出神的內部技巧、服飾、行頭、身體的發揮，好像並沒有太大的學習動機。這也是為什麼從日治時期以來雖然已經歷數十年的進香觀摩，此地客家庄的「問神」儀式還大致保留鸞生的系統，一襲藍衫配上桃枝、沙盤，用詩詞表達神意，[12] 聖誕慶典也保留三獻禮和九獻禮的形式。對神明最大的奉獻是以誦經來表示，客家庄的廟裡經書特別豐富，幾乎每一位神祇都有特別相應的經典，譬如太陽、太陰、南斗、北斗，更別說那些平常就祭拜著的神。而大廟幾乎排斥個人的出神狀況，通常以冷漠相待；但縱然如此，也絲毫不減他們當場觀摩他者的興致，也不忘給予讚美。

進香團和信徒在第二天清晨早早來到朝天宮，廟方將母爐的香灰分一份到大湖的香灰盤子裡，放進木盒子，接著神像和聖物又再越過主爐、大門、天公爐而出廟（圖 8）；此時三位神明配帶著沿途各廟授與的肩帶，木盒子貼上朝天宮的符以封住木門（圖 9），神像和聖物上了車，開始了進香團的回程。

3. 回程

終於把正事辦完了，眾人在北港買了各式名產，有餅、麻油等等，此時心情比較輕鬆，筆者也比較能夠靠近神像拍攝較為細部的照片。在去程的時候，

11 相較於北港，苗栗位處北端，客家話稱較北之處為「上背」。

12 有關鸞堂更詳細的通神儀式和歷史，可參見王見川（1996）。

圖 8：神像、聖物越過朝天宮的天公爐離去

圖 9：回程時木盒子封上封條

有一種任務需要完成的緊張感，如果在那時要求拍神像的細部照，[13] 大概會被認為是不識相的行為。筆者隱約感覺被期待要隨著他們旅程的韻律而記錄，譬如去程的時候拍他們如何謹慎地抱著神像前往目的地，又如何虔誠地跪讀表章向媽祖祝壽，如何果斷而有自尊地佔住朝天宮的內殿行動，如何專注地注視他們分香火的過程。換言之，用進香團的心情來記錄他們的謹慎、榮耀與自信。

回程時經過斗南一間媽祖廟順安宮，神明也下車進廟內交流。現在因為是搭乘遊覽車，可以多繞一些地方，大家也樂於到處參拜，但是禮儀就不像前幾間媽祖廟那麼地周到，譬如沒有讀表章。大概南瑤宮、鹿港、新港、北港等地的媽祖廟都名聞遐邇，自然地透出一股威嚴感，廟宇建築也反映出這種莊嚴氣息，因此其香火的強弱確實引致對等的尊敬。回程接下來幾乎是半遊覽性質的廟宇之旅，途中也到有名的竹山鎮社寮伯公那邊，一行人採自由行方式，沒有集體的參拜，隨意地品嚐小吃名產，求一下幸運金，還順便被遊覽車載去買茶油、橄欖。

4.「落媽」

快到家了，大家在車上互相約定明年還要一起進香。[14] 然而就此互道晚安再見了嗎？不，還有一道重要的程序等待完成，稱為「落媽」，也就是媽祖如何回到祂原來的神座。遊覽車快回到廟裡的時候，廟裡已經準備好了，先鳴砲恭迎，那些未跟去進香的民眾也已在廟裡等候了。神明一下車就鐘鼓齊鳴、開大門，信徒持香跟著，神明也是依照之前的程序，越過天公爐、從大門進入、越過主爐，再被慎重地傳回到右首媽祖的座位。一落座，準備好的牲儀立刻奉上（圖 10），這時持香跟著的信徒同樣依照廟裡原有的格局，先拜關帝，接

13 由於年代久遠，神像的雕工頗具神韻，引起筆者的注意。

14 越來越多的家庭擁有自用車之後，信徒自行進香的情形也變多了。

著左首、右首、天公爐依序拜完，才齊聚媽祖前面，向神明稟告行程圓滿完成，祈求賜予平安康泰。接著就有鄉人陸續提著牲儀前來參拜從北港回來的媽祖，好似搶著沾染新落回的神力，媽祖婆座前也被布置得華麗、熱鬧，鮮花水果豐盛地點綴著燭光，開始有人準備在座前唸誦聖母經了。

圖 10：「落媽」完成，舉行祭拜儀式

那些家裡奉祀媽祖的人家，也點著一支香準備將香旗迎回家裡，他們先持香在廟裡祭拜並告知香旗——代表家裡的神「回家咯」（圖 11），接著將香旗迎回家裡，插回家裡神座旁的桶子，並燒金禮拜，祈求媽祖保佑平安。

隔天媽祖婆將繞境祭祀組織的範圍。父老口述當年陣頭表演、比賽、諷刺戲的熱鬧情景，如今已不復見；現在是由車子載著媽祖婆繞行，敲鑼打鼓一番，門前擺香案的人家也變少了。繞境完畢，住在村落遠方的人家陸續前來祭拜，接著演戲酬神。

圖 11：迎香旗回家

四、如何詮釋他們的詮釋

如果北港媽祖信仰的擴散來自於南北鐵路縱貫線的開通，以及北港方面種種以全臺灣為視野的作為，那麼當地人又是如何來面對與詮釋這個外力的進入？筆者將嘗試以行動者的視角、主觀感受與認知來詮釋媽祖婆信仰如何被「採用」與「納進」的過程，和此信仰在這些客庄的位置、展現，以及一再重複進行的旅程。

（一）「同意」如何達成？

媽祖婆在客庄經歷一段借來繞境的時期，個人家庭也在日治時期開始奉祀，並進而成為地方上的陪祀神。這個過程的開端始自北港方面的外力進入，然而當地人如何被說服持續不斷地進行這個一年一度辛苦的盛事，以及家中長期的奉祀，並進而轉變成社區陪祀神的過程，是值得深究的議題。首先中介者作為啟動者必須尋找此地客庄行動的趨力，我們可以借用 Barth 在 *Models of social organization*（1966）中提出的「交易」觀點在文化整合過程裡的意義，從單一的功能性或一次完成的論述，轉向「社會活動」——「進香」對價值的不斷「比照」和「重整」的過程（process）為觀點來理解：透過互動過程和創造性，人們如何在不同的價值之間達至「可理解性」及「文化形塑」。如果這個信仰所內含的價值在當地是「異者」，這個「交易過程」也藉此提供一個「價值」的選擇機會。

首先我們探討，這個價值雖然相異，但是當地必須有一個可接納的空間。接著將論述當「可接納」作為一個起點之後，行動者並非一次被說服，而是透過不斷的參照、理解，而不斷地拓深、拓開接納的層次和廣度。

這一帶客庄一年之宗教祭儀以上、中、下元，以及春祭和秋祭為經緯而構成（莊英章、林秀幸 2000）；上元有隆重的「天公福」，中元放水燈、賽豬公，下元還天公福，三者是最為慎重的社區祭典。大部分的祭祀組織不管有無奉祀媽祖，通常年初、年中、年尾都各做一次「鬧熱」。而當地家族祠堂的祭典也都訂在春祭或秋祭。春祭和秋祭與農作期有較直接的關係，開春是一年中農人難得清閒的時日，趁此機會酬神演戲、娛神娛人，為一年之始祈神保佑，應該是合乎時序的，那麼我們可以推測開春的時間點本來就是客庄為慶祝一年之始的「機會」。如果慶祝媽祖聖誕從年初到 3 月 23 日都被允許，那麼客庄在自身的時間節點上是可以接納這個儀式的。也就是當雙方的「意義」和「價值」在交換之前，起碼有可「比較」的前提，即是這個非常具普同性的「時序」的韻律，那麼交易過程即已啟動。媽子戲在當地的別名為「春祭」，而整個活動定名為「媽子戲」而非「繞境」。他們最在意的還是一年之始的作鬧熱、演戲酬神。在東勢「開庄戲」的意義並行於「媽祖慶典」，和南部沿海地區將媽祖、王爺出巡視作除瘟、除煞有很大的不同。當然我們也可以推測，沿海地區流動較頻繁，「動感」帶來的不安和焦慮遠較此地客庄為烈，以致於神明的「出巡」特別頻繁，有固定的也有機動的，大部分都和除煞、去穢有關。祭儀的「動感」十足，和此地客庄穩定、照年曆行止的祭儀架構是為一對比，而後者應該是和農業作息有關。

「節慶」本來就和「時間的節點」有關，當這個節點被接納之後，對方的價值和意義呢？母神的形象應是可比較的，此地客庄原來的母神信仰當屬觀音為最普遍，觀音菩薩被賦予保佑婦孺的形象，這點到目前為止並未被取代，以致於聖母的意義應不在此。筆者觀察鹿港和此地客庄地方廟宇內神明位置的格局時發現，前者由王爺、夫人媽、將軍五營和中壇太子以及下壇之虎爺所構築，幾乎每一位神祇都具有「動」的本質，每一位都驍勇善戰、讓敵人畏服。而後者以關帝或三山國王或三官大帝為主神，配以觀音、聖母陪祀，再以龍神鎮守地脈；除了聖母之外，每一位神祇都是鎮守、穩定、不動如山的形象。我們不知道這種「穩定」的基本結構或倫理是何時被打破的，但此地客庄信仰的流動性應該始自對「媽祖」的信奉，是因為移民來臺後流動的人群組合加強了這種意象和需求？還是日治時期鐵路開通後所引起的流動的必要性？或者二者皆是？但是這樣的「流動」的「價值」和「意義」確實逐漸地被接受了，是透過一種轉換的創造，以及不斷地往來的「參照」和「理解」——進香的旅程，以及隨後的社群價值的重整。

1. 三元系統的鑲嵌物

當我們再細察其接納的部分和轉換的部分，發現流動性是當地原先缺乏的元素（或許應該說原先社群的流動性可能不是以如此明顯的宗教象徵來標示，而是透過一些其他的活動形式）。被接納的原因可能是當地居民的社群感知擴大了原先的尺度，而流動性是社群擴大的必要行為，然而當居民有感於這一個更大社群結構上的要求，而必須接納這個「流動」象徵時，他們將此象徵放在什麼位置？筆者發現節點保留在原來的生產時序裡——即三元的系統並未受到破壞，當地人也以該系統來認知媽祖的節慶，他們說春祭、媽子戲主要都是把這個節慶當作一年之始來慶賀。這個節慶伴隨的是「流動」的象徵，呼應了當時外在結構的要求，然而並未代替嚴肅的三元祭典，而是三元系統的鑲嵌與附著。這種鑲嵌只要在既有結構內，是不定型的、流動的，因此具有高度可創造的彈性。這也是為何媽祖繞境在當地曾經是陣頭最熱鬧，諷刺戲、比賽等形式最活潑，最有民間參與和創造的節慶。借用了繞境的形式，卻沒有除煞的意象，外來者正好就是鬆動原先僵硬度的好媒介，這樣的活潑氣氛很可能受到進香地觀摩的啟發，也帶來一種活力。然而當地人畢竟傾向以自己原有較樸素的方式來娛樂，當時代改變時，繞境這部分也最快被省略；但是演戲是萬萬不能省的，因為它本來就是開春祭典的目的。

2. 永恆的「我」裡的「他者」

然而就整體地方社群而言，成員並不急於將此流動的象徵納入社群倫理格局的一部分，也就是廟中長期奉祀的神明，而僅先以客神的位置接納，迎接其一年一度的來訪，這種情況可能維持了 20 年以上，甚至更久。在將之接納為自己社群的一部分之後，也並未成為主神，仍舊進行一年一度送往迎來。除了維持舊例或和其原發地的習慣有關之外，若以客庄為行動的主體觀之，陪祀神的現象和進香的習慣能夠被勤勉地實踐，和以下兩點因素有關：

（1）當地人如何接納「他者」的態度，祂永遠是「我」裡面的「他」。被社群接納為自己的一部分之後，媽祖並未代替當地的主神，「流動」並未成為主體，成為那個「必要」的「部分」。祂不只是由外面流入，當地人也將之向外流出；譬如竹東請來的媽祖，會再出借到山邊的聚落，而大湖的媽祖也出借到鄰近沒有廟的村落。這個「流動性」成為自身文化的一部分，甚至擴散到新的社會群體，來加強鄰近社群的溝通，成為此地社群新的文化元素。

（2）文化既然不全然是一個跨越雙方之「原則」的確立，而是一個不斷進行的過程，繼續保持這部分的流動性，也就同時保持了向「他者」開放的一個「部分」。亦即讓「流動性」成為「自我」的「一部分」，持續不斷地「理解」這個永恆的「我」裡的「他者」，一種持續地來往於雙方的詮釋循環（hermeneutic circle）。媽祖婆象徵化為「他者」的「象徵」，畢竟社會生活裡存在一道永恆的課題——面對不斷的「他者」，因此如何奉祀媽祖婆便等於是以儀式奠下了如何面對未來不斷的「他者」，或一個更大的「自我」裡的「他者」之典型態度。

（二）如何理解「他者」的儀式

每年一度的進香旅程正是典型化當地人如何理解「我」裡的「他者」的儀式。進香的旅程開始於個人將家裡奉祀的香旗迎到廟裡，香旗代表每一個個人家裡的神之象徵，和地方社群的媽祖、也和那遙遠的北港媽祖相呼應，有如個人家裡的圖騰和地方社群、遠方的圖騰相呼應。這樣的共通性當然意味著涂爾幹學派「整合」的意義，但是筆者欲提出的正是要補充整合概念的不足之處。

在進入詮釋儀式之前，筆者將引述兩位人類學家在儀禮、美學和倫理以及象徵轉化上的論述作為支柱，一是 Edmund R. Leach，另一是 Raymond Firth。Leach 在《上緬甸諸政治體制》（1999）一書中的導言，特別有一段落解釋他對儀禮的看法：他認為儀禮經常表達個人在社會結構體系中的位置，社會行為中除了功能性要求之外，還點綴著無關緊要的花邊，這些花樣應是人類學家最重要的資料，邏輯上的美感和倫理是同一物，[15] 研究其美學，得以瞭解其社會的倫理規範，這些細節是象徵的行為、意義的表徵。儀禮性行為應視作社會體制的象徵表白，是受讚許的「正當」關係的體系，被一再提醒，雖然人們在實

15 此處他引證了維根斯坦的相關論述，在 Tractatus Logico-Philosophicus。

用性行為中不完全遵守。涉及群體互動時兩種文化的關係與接觸，Leach 認為關係之內就存在社會結構，對文化差異的維持和固守，其自身即能變形為表達社會關係的儀禮性行為（同上引：12–18）。這些洞見運用在充滿美學行動和倫理隱喻的儀式上非常具有價值，尤其以之來觀察進香儀式作為連結兩個文化群體之社會關係的表達，Leach 的看法更富啟發。

1. 香旗：「生活經驗」和「認知分類」

接下來筆者將細察當社群感越趨擴大時，微觀如何連結於鉅觀。如果不將整合過程看做是集體規約（common rule）的形塑，而是相互理解的過程，個人性和集體性是如何獲得協調的？其中香旗到地方廟裡的會合再集體到北港過爐的過程是值得深入討論之處。首先談到香旗之製作，筆者發現其尺寸必須合於規定，以致於當許多面旗一起插在香筒裡時，尺寸的一致性和每一面旗相異的織紋就造成一種既一致又熱鬧的效果；如果尺寸與織紋皆異或皆同，則都無法呈現出美感。再者旗面的織紋、顏色引發的是經驗上的、想像力的呼應，有兒時花布被單上的花色，有些像祖母身上穿的布面，有的儉樸、有的熱鬧，有些亮麗、有些破破爛爛，我們甚至可以從旗面想像這家庭的氣氛。雖然旗面勾起在地生活經驗與時間感的感知，但是卻不至於流於感官的馳盪，因為它們都被相同的尺寸所限制或塑形（configuration），旗邊不但記著這家人的住處、立旗的年代，還沾有灰撲撲的香灰。這樣的美感經驗正是來自於個人性和集體性的共存，旗面是個人的文化織紋所在（locus）、一種個人版本的聲明（assertion of the individual's version）、象徵與想像的空間，是 Barth 所言和「認知分類」（cognitive categories）相對應的「生活經驗」（lives experience）的痕跡，[16] 相對於尺寸的明確，旗面保留了不可言說的陰暗（murky）的質感。

16 經驗和意識與認知的關係，對應到社會互動、關係和形式，是現象學與社會科學結合的重要議題之一。

尺寸的一致正是集體性的制約，它是明確、單一的，是「理性」（ration）的所在，「認知」（cognition）的發生點，也是「界線」（boundary）的位置，經驗被形構（configuration）之處。二者，個人性和集體性，不見得是一種分配模式，而是互相給予形式和內涵的過程。然而筆者也發現不少旗邊有流蘇或收邊收得非常精緻，「界線」的質感接近模糊（fuzzy）的地帶，它是意識的邊界（fringe），是個人性和集體性相交之處的美學處理，迴避了直接碰觸的暴力性。家裡要奉祀神明並立旗的時候，必須稟明天公，將此旗「聖化」為神明的令旗，將其「聖化」為可持續不斷地讓他者和自我共容的「圖騰」，可以說集體性和個人性的和解，必須以「聖化」來協調，[17] 這樣的協調手續還會陸續地在「尺度」擴增的節點上出現。這是旅程中第一階段的「社會過程」：外在結構必有其要求——尺寸，在地也有其主動而不失主體的「認知」結構的方式——留下個人的織紋「空間」，並經由「聖化」的儀式轉換了個人性和集體性的衝突，於此建構意義。有如 Turner 所謂的「理想極」（ideological pole）和「感覺極」（sensory pole）的衝突和緩解（Turner 1967：28）。

2.「社會我」的轉換：「質變」的隱喻，「跨越」的美學

Firth 在 *Symbols: Public and Private* 一書中特別提及了一般社會科學比較不敢碰觸的主題，即象徵的內在真實（inner reality）的問題，包括 Turner 也迴避探討象徵那不可見又無所不在的本質（substance）（Firth 1975[1973]:405）。Firth 列舉了基督教世界熟悉的聖餐禮以及 Tikopia 著名的「聖食」為例，說明宗教上的象徵，經常經歷一道必要的「轉化」過程；利用可見的物理性轉化，指涉參與者「自我」的轉化，先融化再形塑一個新的「自我」的過程，這個新的「自我」包含了人、自然與神聖性。所以不僅是形式上的（transformation），

17 這讓我們想起 Husserl 的 transcendental subjectivity（Husserl 1966）。

也是本質上的轉化（即質變，transubstantiation）（同上引：418–428）。筆者認為 Firth 的這些見解，非常適合作為補足結構論底下的象徵論述，即象徵不僅表徵在社會過程中的結構性位置的變動，它還涉及「質變」；也就是「社會我」（persona）的轉化過程中，「經驗面」所牽扯「自我認知」轉化的問題。那麼本文中，這些牽涉到連結和過程中所使用的象徵，其質變引發的認知面的轉換，實為重要。

當信徒從家裡把香旗（又稱令旗）迎來廟裡，必須點一支香向家裡的神明稟明要去過爐了，此時令旗代表了家裡的神明，這面旗「象徵」或「隱喻」了「家」的群體作為一個「整體」（whole），一個「我的整體」，因為這支旗必須完好無缺地再回到家裡。而那支香必須沿路伴隨令旗直到廟裡，「香」具有持續燃燒的能力，不會中途熄掉是其最大功效，它的物質性的轉化是其特點。亦即香是持續的「連結者」，帶著這邊的「本質」（substance），連結到那邊的「本質」，經歷一種「質變」的過程（同上引 1973：420）——香變成灰，這裡的「香」變成那裡的「灰」，從這個「我」進入到那個「我」的質的轉換，「我」的認知轉換伴隨著「社會我」的擴展。「灰」的神聖性經常超越「香」，成為親緣關係的信物和可食用以治療的聖物，說明了其「連結性」和「轉化」的屬性。

「家」雖有界線，卻具有流動性，「流動」的能力隱含在各種尺度社群之「圖騰」的相應裡。從這個媽祖婆到那個媽祖婆，「香」象徵了界線之間的連結，因此這個文化裡的「界線感」是伴隨著「連結」的屬性，而非只是分隔或區辨；到了廟裡，香首先必須「進入」，跨越門檻進入一個新的「整體」——廟和諸神所象徵的大湖鄉北六村社群。「跨越」是當地人所要求的行為的美感，踩在門檻上將被斥責，廟的門檻通常比一般民居要高出許多，為的就是象徵化「跨越」的動作，期待的是一種果斷、行動的跨越。當成員要進入這個「整體」，必須誠心誠意地進入，尊重「他者」的「界線」，或說尊重另一個「整體」的界線，踩踏「界線」是禁忌，是不尊重「整體」的神聖性，一旦進入了這個「整體」，儀禮的最高表現是「真誠」。當行動者進入代表大湖鄉北六村社群的「整體」時，便不再能注視他手中的旗，他的行動被廟的格局所制約和牽引，持香依序祭拜主神、陪祀神、天公。[18] 行動者凝視手中的一支香合進眾人的香並被「爐」所承載，其與這個新的「社群感」的連結，必須經歷（1）「質變」——「香」已變成灰，從那裡點著的「香」，它的「灰」是落入這裡的爐；以及（2）對諸神的敬奉——亦即對諸神所形構的倫理和價值的心領神會，由這些象徵來和解這個新的「部分」和「整體」的形變（transformation），由家的「整體」形變為社群的「整體」，成員的身體、行動、感知也被這更大社群的嚴肅性所要求。每一次的祭拜都是一種「連結」的意願以及「化解」「整體」和「部分」之衝突的神會，以「質變」的暗示和宇宙論——即主神、陪祀神和天公所形構的倫理所和解；主神是中心，陪祀神是不斷擴展的社群元素，天公意味遠方的凝視、向外的連結、朝外的視野。

祭拜完畢，家裡的神納入了社群的神，原先的「我」轉換成這個新的「我」的「整體」；它不是空洞或混沌的，而是有其美學上的秩序及倫理上的含義，經由祭拜的儀式，成員同理了這個新的倫理和價值，成就了一個新的「社會我」的「整體」。

3. 同理他者的「整體」，維護自我的「整體」

第二天離廟時，鐘、鼓敲動秩序「變動」的信號，媽祖婆和其他聖物將出廟，「整體」裡的一部分將流動出去，同樣經由廟的格局出廟門。所有的變動，不管流入或流出，都必須經由敬奉「整體」的倫理或秩序之後，才能被納入或

18 新竹地方的廟宇大部分仍舊保有龍神的神位，然而在苗栗地區不少廟裡的龍神神位已被省略，大湖的關帝廟亦然。這個現象筆者將另文討論。

流出，這是維護這個「整體」的「完整性」或「界線」而做。或許這個「整體」之後可能變成「部分」，更因為如此，這個「整體化」的儀式除了維護「界線」，也是將其倫理烙印在成員的意識中。在此有雙重意義，其一，為了「反思」或「回程」時，成員必須重新啟動這個完整的「整體」；其二，任何的「變動」或面對「他者」，不能破壞原先的「我」的「完整性」。以致於這個不斷同理他者之後所形塑的「社會我」（persona）不是空洞或流動或混沌，而是一個漸增漸減的「完整的全然」的漸層圖，有如不斷擴增的四合院，不排斥流動，甚至是流動乃本身的一個元素。然而每一次的面對、理解，甚至同理他者、締結關係、建立新的「社會我」，原先那個「整體」都必須受到尊重和敬畏，有如一把宇宙的鑰匙，將之鎖緊，留待回程再予以開封啟動。這象徵性的動作同樣地在物件裡留下痕跡，那就是護送香灰的聖物是一個封緊的木盒子，其性狀像極了房子（見圖 6），有兩扇門，裡面是旅程中不能熄滅的香，「香」暗示它將進行連結的手續，從「這裡」到「那裡」。這組聖物出了廟門就由廟裡的「部分」轉變成旅途中的「整體」，帶著大湖關帝廟的印記與象徵——房子與裡面的香將與另一個「整體」——北港的媽祖廟進行交會、理解和溝通。

雖然北港有著媽祖源頭的意義，並不影響進香成員與南瑤宮、鹿港、新港等地的媽祖產生關係；因此我們可以說，大湖的媽祖婆已經代表了「大湖地方社群」的「整體」，並不隸屬於北港，而有充分之社會互動的自由。各地的媽祖婆所代表的是祂所象徵的社群，不管是地方社群或象徵性社群；譬如北港媽祖，不是只象徵北港，而是象徵那個全臺灣所隱含的流動性的必要——由鐵路所帶動的流動性。既然這一趟出來是為了認識「他者」，那麼只要時間和空間動線上允許，於圖騰有相呼應的不同的「他者」都可以是溝通的對象。不管和哪一個「他者」交往，行動者都必須以「聖物」相會，並在進入另一個整體時，禮敬他者的倫理、秩序；依照其廟的形制進入與離去，這是對他者的「整體性」

的禮敬，也是同理他者的倫理、價值、美學、秩序，而非物質性或規約的強制性。

最後到達最主要的目的地——北港，北港媽祖隱含了和全臺灣交往的溝通性，以及不外於這個溝通網絡的象徵。當象徵的類生性把這個元素擴散出去時，大湖社群將此象徵接納為自身的一部分，也就是肯定了自身納入這個流動網絡的意願。然而這樣的接納他者為自身的一部分，並非一次完成的，進香者定時來到此地理解這個「他者」，而對「他者」的溝通，也不是「元素」互換的，或僅是掠奪、簡化為單面向的規約、秩序、效率、流動或權力。這個「理解」的過程必須視「他者」為「整體」，同樣地聖物從正門經天公爐、正爐進入內殿，進香成員亦須依序祭拜完廟裡的每一位神明，這些神明及其格局都和大湖關帝廟不同，進香成員重新理解這個他者整體的倫理、秩序、美感，以行動、經驗，象徵、形象的感知，隱喻、聯想的認知方式，經過這個整體的格局他們才接近最核心的元素，即香爐裡的香灰。這個經過物質之質變的「灰」，得以化解自我和他者的扞格，而隱含的力量來自於它既連結又質變的屬性。進香成員小心地將灰藏入木盒子裡，並且加封條密封住，意圖將這個濃縮了的他者之整體，鎖在原居社群的界線或整體裡。在這樣的行動倫理中，接納的是「整體」，沒有單獨存在的元素或面向；從這個整體的經驗、感知、認知，進入另一個整體的經驗、感知和認知。代表大湖社群的團體跪拜並以客家話讀表章，表達對媽祖生日的慶賀和感謝神恩；此時雙方因為語言的相異，歧異性達到高度的反差性，然而作客的一方對他者整體格局的尊重、秩序的搭配，成為可溝通的前提，香變成灰的質變以及對神聖性的崇拜化解了衝突，香灰的分享正有如達到了類似聖餐之共享的意義。

4.「落媽」：更新的「理解」落回「自我」的格局——完成神會

所有的聖物經由越過每一個爐的手續而連結了一次這個「整體」，經由香灰的分享，進香成員即將帶回這個「整體」的感知、經驗、象徵。香灰轉換的屬性得以將這些經驗、認知與象徵轉換到大湖的社群經驗，因此，這個理解「他者」的過程，「回程」是絕不能省略的，是必須完成的手續。北港不是目的地，而是遙視他方的凝視之處，必須將視點重新循線回到自身所在，回到自身的「整體」的倫理，旅程才算完成。這也是為何媽祖回廟時，儀禮甚至比離廟時更為隆重，並且還有一個特別的儀式名稱——「落媽」——媽祖落回自身的「整體」的美學格局裡。鞭炮聲歡迎歸來的媽祖婆，接著又是鐘鼓聲敲動的變動，和「他者的整體」交會過的聖物，又一一地循本廟的格局回到媽祖婆的右首座位。信徒回廟之後的祭拜亦是循同樣的格局和動線，當媽祖和二位副將被小心地引回並安坐在右首座位時，木盒子的封條被拆除，由香灰所象徵的經過理解的「他者的整體」被小心地納入媽祖婆的爐裡，代表新的媽祖婆經歷了一次新的理解，並且將這新的「神會」納入自身。信徒以一副牲儀敬奉這象徵重新理解過「他者」的「自我中的他」，這個新的自我有著更為深層、寬闊的對他者的理解，牲儀的敬奉亦是信徒和神的相會，[19] 當信徒以本廟的格局祭拜完成，等於重新地認知有著「新的他者」的理解的「自我」，此時「他者的整體」引入了「自我的整體」，對二者的「整體」的「認知」（cognition）構成了真正的「承認」（recognition）。

令旗重新鬆綁，還原成一面一面的旗面，個人性和個人的圖騰或個人的整體性又重新開展出來，等待重新認知這個新的自我的整體。信徒同樣地祭拜完成每一位「神位」，以「香」將令旗引回自己家裡的神案，這個過程有如大湖鄉北六村社群的「承認」手續——認知到他者與自我的「整體性」，而獲得一個全新的「自我」——即一個更有生命力的家庭社群。

---

19 有關這方面的討論，筆者將另文論述。

（三）小結

這個旅程所欲實踐的是什麼？正是進行相應於各種「尺度」（scale）之社群的「圖騰」的相會，而非一昧地以大（尺度）為重的整合。其間重要的差別即在於各個圖騰完整性的維持，小社群並不在整合過程中被溶解，以及對大範圍社群的理解保留一個具有縱深與多元的整體性，而且永遠開放的彈性。Durkheim 的「宗教生活的基本形式」雖然傾向於凸顯宗教和社會分類的關係，但是字裡行間已經隱含了「認同」概念原初的意義，他說：「圖騰崇拜……並非互不相干……它們互相暗示，它們是整體中的各個部分」（Durkheim 1968[1912]：220）。在這個個案中，「地方社群」佔有最大的「明顯性」，就像 Durkheim 論及圖騰信仰中的多層次，個人圖騰、氏族圖騰和部落圖騰，其中氏族的圖騰崇拜最具有完整性和獨立性，但是這三個層次卻又互相完整化、互相暗示。同樣本文也認為地方社群是最具「明顯性」的社會實體，其信仰帶有強制性，接納媽祖牽涉全體，因此較慎重。

儀式是卓越的象徵儲存庫，提供人們經驗社群感，為社會過程、社會組織的擴展提供脈絡、媒介和模式。而「進香」這個高度象徵性的儀式行為，則給予當地人面對任何「他者」時的典型態度與溝通模式。任何一方的權力壓制性都可能改變、扭曲這樣的模式，另一方除了全面棄守，或許只能架起「界線」的藩籬，標示自我做政治宣示，爭取文化形塑的空間和時間，並重拾「詮釋他者」的權力。宗教儀禮有其特殊的倫理秩序、美學格局、「禮」的堅持，得以儘量避免集體性造成的權力壓制——即 Durkheim 所謂的機械連帶，而更接近他所謂的有機連帶。如果說「整合」的概念類生於「機械」連帶，象徵性整合容易流於權力面向的同步勾連，那麼我們所採取的「理解」的認識論，則傾向於「有機」連帶的視角，藉由「象徵」還原「自我」與「他者」的「整體性」。

這個對「他者」、「流動」的理解和承認，是永遠的現在進行式，也是永不休止的詮釋循環，藉由這個一年一度、一往一來的割香儀式，當地社群以香旗、神像、香灰等聖物為象徵或隱喻，以過爐、割香、朝拜等儀式行為進行它的理解、感知與認知的過程。香旗的呈現表達了集體性和個人性的位置和相應的認知模式，相對於前者之明確，後者經常較為幽暗；前者發生於界線上，後者發揮在個別空間。二者的互相嵌合以聖化的手續緩和（mitigate）、化解雙方相遇的衝突性，象徵不僅容許集體性和個人性的詮釋共容於一體，它還允許這個質變（transubstantiation）的過程。象徵因此擁有多音色（polysemy or multivocality）（Turner 1967）的特性，它的多音色正是呼應「社會過程」可能引發的多個面向位置和效應。

在高度象徵化的旅途軸線上，隨著尺度的漸增，當地社群的「自我」不斷地面臨和「他者」的相會，也不斷地形變（transform）「整體」和「部分」。在每一次的秩序變動或形變的過程，行動者（也是詮釋者）不畏麻煩地以「整體」來定位「自我」和「他者」，而非擴大單一面向（不管是理性或感官、精神或物質等）的交換或掠奪或臣服，拒絕「簡化」對「自我」和「他者」的認知，透過象徵、形象、類比等，詮釋者運用感知、行動、認知能力，視「自我」為一個整體──有其美學格局、倫理經驗和秩序的整體。當進香團於「自我」中流動出去時，以儀式將原先的「自我」的「整體」定格並烙印在成員的意識中；既是對「界線」的維繫，也是對「整體」的「倫理」視為價值的維護。他們將這個自我的整體以物件象徵化，因此留下回程時重新還原、啟動對每一個「整體」認知的提醒，不管是族群、地方社群或家族群體。

短暫的停留使得進香地點不可能轉化成日常生活場域，對它的理解也非一次完成；然而對其象徵性表達──即廟宇的「整體性」的尊崇，以及週而復始的儀式，則保留了對「他者」之整體性內涵更為多元的認知，以及拉長時間縱深的理解程序。強而有力的「他者」不僅有其權力面向，也有其多元、美學的內部元素。對大範圍社群的理解保留一個具有縱深、寬廣且多元之整體性的開放態度。

縱然被撿取回來的「他者」很容易被簡化或工具化為單一面向：不管是「權力」、「流動性」、「效率」、「結構」或「秩序」，然而經由每一年的重新認知「他者」，「他者」得以還原為「整體」，這個「我」得以拓深、開展更新理解的深度、廣度和活力。經由認知到「他者」和「自我」的整體性，才完成「承認」的手續，因此這是一個互相還原、互相認知以及朝外又內視（outward and introspective）的永不休止的「理解」，而整個一來一往的旅程亦構成了一個「整體」，在「朝外」與「內視」的參照中，完成「自我」與「他者」的和解，維持了「整體性」的美學。因此「整體性」不是一個被「包覆的整體」（bounded whole），而是得以重新面對、參照、可逆式關係的「整體」，它牽引出社會關係裡的當地價值：溝通、連結、反思、協調、尊重、理性與感性的昇華。

不同群體（家族、地方社群、族群）對媽祖婆的崇拜，使同樣的圖騰落於不同的社群，隱含了群體之間或界線之間的流動與溝通的潛力。圖騰不僅牽涉分類和整合的概念，圖騰作為一個象徵，更不斷地反映、調和群體之間溝通、互動所牽涉的面向和衝突，以及對衝突的調解：生與死、我與他的和解正是社群之所以為「整體」的重要面向。這個圖騰和那個圖騰縱然表徵大小不同的群體，然而其「整體性」在宗教的表達——即儀式的展演，卻是不容簡化的；正如同對每一個「社會人」（persona）的整體性的尊重，從那個圖騰到這個圖騰的整體性，「主體性」得以有文化上的例證和說明，[20] 不僅表現在自我圖騰

20 Husserl 的現象學某種程度在處理‘transcendental subjectivity’的問題，亦即個人意識面如何轉換感知為客觀真實的社會現象，個人如何利用類比、配對等技巧來擴增認知的社會集體性（Alexander 1987）。筆者認為本文所詳述的社會過程基本上與此有所對話。

（個人、地方社群或族群）「經驗面」的留存，也表現在「視野」的轉換和詮釋的主動性。如果說 Durkheim 在「宗教」的「整體」裡發展社會學的面向，宗教的「整體性」或許應該引回社會學的面向，進行縫補。

自從 Tönnies 第一次以「整體」和「部分」（whole and part）來討論社群的整合和分類，「整體性」似乎以「修辭學」的方式被引用，不管是「完整的人」（whole person）、「完整的自我」（whole selves）或「整體」（as a whole）。本文所舉之實例提供我們理解人們並非純然臣服於結構，也非恣意妄為個人的生活或感官經驗；個人自身是一個「所在」（locus），也是一個「整體」；人們運用象徵、想像（imagery）、隱喻、行動，認知自我、發展理性、理解他者，而這些象徵相應於此社會過程所牽引的面向和力量，在此宗教的轉換性有其不可取代的位置。縱然鐵路交通帶動的「流動性」本身即隱含「工具理性」的暗示，然而當地社群仍舊以宗教的儀式行為，模塑面對流動的「他者」的行為與認知模式，將「他者」還原為「整體」的美學態度，企圖避免對「他者」簡化、掠奪、利用或因此反向被簡化、掠奪甚至被吞噬。我們無法斷言這樣的整體性認知的慣性感知可否繼續維持，然而我們可用經驗來驗證，這樣的美學涵養仍舊殘存在一些地方社會的生活感之中；譬如在地方社群的價值中，最有錢的不一定是最有威望的。這樣的認知模式也是不少社群成員在面對文明利器時「觀望」態度的來源，或者僅將「工具利器」定位在純粹「使用」的層面。[21]

在旅途中進香團形變為地方社群的「整體」，當這個「整體」和「他者」相會時，「他者」亦被視為「整體」而溝通。同樣地以行動、經驗、感知來體

21 這樣的定位雖不至於造成被工具理性完全反噬，卻造成另一種的「工具性」和「整體性」認知的衝突，這需要更為深入的論述，非本文目的。

認這樣的「整體」的「他者」，「香」的延續性和質變為「灰」的特性，使其成為溝通、連結的媒介，並使得從這個「整體」到那個「整體」的衝突得以轉化，進行神聖的溝通與共享（communion）。這個「他者」經由香灰轉化的象徵，置入原先自我的整體，轉化為「自我」中的「他者」或「部分」，回程因此是「理解」的必要路程，這個被重新認知的「他者」，必須「落回」原先的「自我」，成為「整體」中的「部分」，這個理解的程序才算完成。

五、結論

經由苗栗、新竹地區客庄媽祖婆信仰形塑的社會過程，我們理解了這不是一個一次完成的創作，也不是單方面強力的權力運作所致。當時臺灣鐵路交通的擴展促成了這個福佬和客家、南部和北部等相異價值的相遇，也暗示了流動性的必要。在互動過程裡，縱然北港方面有較強大的政治、經濟強勢，然而商會的招攬商機，仍舊必須經過本地人的接納和認知的漫長過程，地方上的中介者必須找到當地人到北港割香的行動驅力。流動的必要性雖然帶有結構上的強制性，然而當地人仍舊以其傳統的儀禮，來理解、接納或回應這個要求。媽祖婆的節慶納入了當地人宗教儀典的三元系統，亦符合客庄務農的節氣時令，而成為原來結構的鑲嵌物，雖然採納了繞境和拚場的形式與氣氛，終究還是以當地原先在年初開春之「作戲」、「作鬧熱」為主要目的。陣頭仍舊以客庄的鼓陣為主，但增添了更為活潑的街庄村里間的互拚氣氛，可以說媽祖慶典提供了一個新的媒介來表達當地價值。經過多年的互相「理解」，這個「流動性」、「他者」並未成為主神，而以陪祀神的位置成為此地社群整體中的一部分，一個接納他者的窗口。在這個接納過程中，處處可見客家社群主動的詮釋行動以及合意的協商機制，正因為它不是權力單方面的強制性，而是經由互動而達致的價值變化的經驗過程，所以處處可見文化形塑過程中的創造性以及主動詮釋力。如果說哈伯瑪斯所謂的「理想的言辭情境」是一個理想型，相較於當代對工具理性帶來的結構性暴力的反應，如何面對媽祖婆的儀式模式顯然更接近這個理想型。

大湖鄉作為一個地方社群，在現代化之初以其儀禮為模式，建構了「理解」他者的「社會過程」，在此溝通過程中維持了界線和界線內的「整體性」：多元性內涵、多重的經驗感知和分類認知。雖引回新的元素增加了本身文化的多元性，卻並未替換核心主體性，對「整體性」的尊重，避免了單面向的簡化和工具性使用。在群際互動時，以神明相會的儀禮來化解群際衝突。如同 Firth 對象徵的描述：「象徵不僅有關力量，它的內部本質就是力量」（symbol is not merely about power, but in its inner substance is power）（Firth 1975[1973]：425）。我們可以說，這些儀禮所內涵的倫理和美學，不但反映了當地的文化建構模式，由此形塑了當地新的文化內容，本身也體現了當地的文化樣貌。這些或許可讓身處於當代的我們，在「不斷」地面臨「他者」的來臨時，如何面對、認知、行動，並據以建構新的文化內涵時有所啟發。

界線與整體性：當「界線」變成不被「質疑」的「變數」（variable）時，論述就會停留在界線以內和以外的區辨（Cohen 在 *The Symbolic Construction of Community* 所討論的重點即在此），當代的社群想像如果也只停留在「區辨」意識，那麼築起「界線」之後的社群，如何建構其文化內涵還是必須面對的問題。與其討論「界線」，不如討論當地人如何和他者互動的整個「社會過程」和「脈絡」所建構的文化動力：「界線」不只有區辨，還具「連結」的含義。在當地人的認知裡，和他者相會，也不僅是「界線」的跨越和連結，而是「「整體性」（wholeness）的相會，有其「整體性」的倫理和美學格局；不僅涉及理性的面向（即「界線」之所在），還包含內部空間的、經驗的、感知的、生活的面向，以及化解理性和感性之衝突共享的神會。這樣的相會建構了逐漸擴增的「整體」，有如漸層的四合院——亦即一個分化與整合的永恆循環。它的必要性在於環繞核心主體的回返線所構成的漸層的「整體」，也就是對主動詮釋力的堅持，而非因界線的建構性而產生對「認同」為虛無性的判斷。

認同，歸屬或路徑：何謂「認同」？是那個被界線包覆的「所在」，還是權力壓制之下產生的「區辨」意識？或許都是。它既帶有「界線」上的政治意識，又蘊含著「整體」內的能量。[22]「離開」是「到達」與「理解」「他者」的必要途徑，而牽引出多重的「認同」。「香」的連結性和「質變」的特質，印證了從這個「我」轉換到那個「我」的可能性，也說明了人們從這個整體進入到那個整體的潛能，以及文化變異性。然而多重認同的轉換必須以回程為依歸，因此「認同」的意涵似乎應該從「歸屬於什麼？」的問題輔以「往返的旅途」的意象，[23] 主體的詮釋力與自我脈絡化的完成。儀式上所堅持的「整體性」，貫穿代表全臺的北港媽祖廟，到大湖北六村地方社群，再到家庭社群，其中地方社群的強制性最為突出。代表族群界線的客家語言和儀式語彙的區辨性，反而並沒有被宗教儀式化，多少提醒我們對族群界線的認知，必須再回歸到地方社群的生活實踐，展現出其最真實的生活世界（life-world）。

有限的認同：然而「認同」因此可以無限擴增嗎？旅途中家庭或地方社群曾經被象徵化為香旗、置香灰的木盒子以及神明等，然而對這些象徵物的認同都必須在回程時予以重新啟動，並返回到對真實的日常生活空間的體驗和認知。身體、空間和時間的實質結合，行動的倫理和美學，面對面的感知和生活經驗的「整體性」，它們都不能被化約為被意識把玩的「物件」，那麼「回程」和返還為實質生活的必要性都不可能允許我們在「想像」的層面無限擴增「認

22 此時我們不得不想到 Durkheim 所謂的「道德威力」（Durkheim 1968[1912]）。

23 David McCrone 將多重認同的問題從「根」（root）的意象轉變成「路」（routes），然而我們認為二者都有其意義，因此將之轉換成「往返的旅途」。

同物」。「體驗」的實質性牽涉時間的長流和身體感的綿密互動，然而「視野」的轉換只需眨動雙眼的視角。除非我們寧可選擇「幻影」（Baudrillard 1981）的不斷更換，捨棄實質的生活感：面對面的合作、衝突、協調、離開與再面對的勇氣和耐心——不斷拓深的「理解」。

忠實於什麼？和他者的相會，建構了多重認同，以及文化新元素的加入。人們忠實於什麼？或許不是對界線內包覆物的堅持，而是維護整體格局，抵抗線性、簡化與掠奪的誘惑，[24] 以及對返還路徑——對「他者」的理解必須落回到自身「格局」的承諾。在回返的旅途中，族群、地方社群、家族到自我，它們不是目的，是旅程中難以放棄的中繼站。而當代正充滿著「放棄」的誘惑，匱乏的正是「回程」的允諾。

24 這讓我們想起容格（C. G. Jung）對西方理性思維和宗教之關係的批判。

參考文獻

王見川，1996，《臺灣的齋教與鸞堂》。臺北：南天書局。

林秀幸，2003，〈以社群概念探討祭祀組織與文化：以大湖鄉北六村的臺灣客家聚落為例〉。《民俗曲藝》142：55-102。

林美容，2003，《媽祖信仰與漢人社會》。哈爾濱：黑龍江人民出版社。

張　珣，2003，《文化媽祖》。臺北：中央研究院民族學研究所。

黃瑞祺，1996，《批判社會學》。臺北：三民書局。

莊英章、林秀幸，2000，〈福佬、客家民間信仰模式的比較：以鹿港及新竹廟宇神明區位配置為例〉。發表於「中央研究院第三屆國際漢學會議」，中央研究院主辦，臺北南港，6 月 29 日 -7 月 1 日。

曾月吟，1996，《日據時期朝天宮與北港地區之發展》。國立中正大學歷史研究所碩士論文。

Alexander, Jeffrey C., 1987, *Sociological Theory Since World War II*. New York: Columbia University Press.

Arensberg, Conrad, and Solon T. Kimball, 1965, *Culture and Community*. New York: Harcourt, Brace & World.

Barnes, John A., 1978, "Neither Peasants Nor Townsmen: A Critique of a Segment of the Folk-Urban Continuum". In *Scale and Social Organization*. Frederik Barth, ed. Pp. 13-40. Oslo: Scandinavian University Books, Universitetsforlaget.

Barth, Frederik, 1966, *Models of Social Organization*. London: Royal Anthropological Institute.

______, 2000, "Boundaries and Connections". In *Signifying Identities*. Anthony P. Cohen, ed. Pp. 17-36. London; New York: Routledge.

Barth, Frederik, ed., 1969, *Ethnic Groups and Boundaries: The Social Organization of Culture Difference.* Oslo: Scandinavian University Books, Universitetsforlaget.

______, 1978, *Scale and Social Organization*. Oslo: Scandinavian University Books, Universitetsforlaget.

Baudrillard, Jean, 1981, *Simulacres et Simulation*. Paris: Galilée.

Boon, James A., 1982, *Other Tribes, Other Scribes: Symbolic Anthropology in the Comparative Study of Cultures, Histories, Religions and Texts*. Cambridge, New York: Cambridge University Press.

Cohen, Anthony P., 1992[1985], *The Symbolic Construction of Community*. London; New York: Routledge.

______, 2000, "Peripheral Vision: Nationalism, National Identity and the Objective Correlative in Scotland." In *Signifying Identities*. Anthony P. Cohen, ed. Pp. 145-169. London; New York: Routledge.

Cohen, Anthony P., ed., 2000, *Signifying Identities*. London; New York: Routledge.

Colson, Elizabeth, 1978, "Redundancy of Actors". In *Scale and Social Organization*. Frederik Barth, ed. Pp. 150-162. Oslo: Scandinavian University Books, Universitetsforlaget.

Durkheim, Émile, 1968[1912], *Les Formes Elémentaires de la Vie Religiouse*. Paris: PUF.

______, 1964[1893], *The Division of Labor in Society.* George Simpson, trans. New York: The Free Press.

Eidheim, Harald, 1969, "When Ethnic Identity Is a Social Stigma". In *Ethnic Groups and Boundaries*. Frederik Barth, ed. Pp. 39-57. Oslo: Scandinavian University Books, Universitetsforlaget.

Fernandez, James W., 2000, "Peripheral Wisdom". In *Signifying Identities*. Anthony P. Cohen, ed. Pp. 117-144. London; New York: Routledge.

Firth, Raymond, 1975[1973], *Symbols: Public and Private*. Ithaca: Cornell University Press.

Geertz, Clifford, 1975, "Thick Description: Toward an Interpretive Theory of Culture". In *The Interpretation of Cultures. Clifford Geertz*. Pp. 3-30. New York: Basic Books.

______, 1977, "From the Native's Point of View: On the Nature of Anthropological Understanding". In *Symbolic Anthropology: A Reader in the Study of Symbols and Meanings*. Janet L. Dolgin, David S. Kemnitzer, and David M. Schneider, eds. Pp. 480-492. New York: Columbia University Press.

Goffmann, Erving, 1959, *The Presentation of Self in Everyday Life*. Garden City, New York: Doubleday.

Haaland, Gunnar, 1969, "Economic Determinants in Ethnic Processes". In *Ethnic Groups and Boundaries*. Frederik Barth, ed. Pp. 58-73. Oslo: Scandinavian University Books, Universitetsforlaget.

Husserl, Edmund, 1966, *Cartesian Meditations : an introduction to phenomenology*. The Hague: Martinus Nijhoff.

Lakoff, George, 1987, *Women, Fire, and Dangerous Things*. Chicago: Chicago University Press.

Leach, Edmund R., 1999, 上緬甸諸政治體制：克欽社會結構之研究，張恭啟、黃道琳譯。臺北：唐山出版社。

Mauss, Marcel, 1950, *Sociologie et Anthropologie*. Paris: Presses Universitaires de France.

McCrone, David, 1998, *The Sociology of Nationalism: Tomorrow's Ancestors*. London: Routledge.

Mead, George H., 1967[1934], *Mind, Self, and Society: From the Standpoint of a Social Behaviorist*. Chicago; London: The University of Chicago Press.

Parsons, Talcott, 1961[1937], *The Structure of Social Action*. New York: The Free Press of Glencoe.

Redfield, Robert, 1967, *The Little Community*. Chicago: University of Chicago Press.

Salmond, Anne, 2000, "Maori and Modernity: Ruatara's Dying". In *Signifying Identities*. Anthony P. Cohen, ed. Pp. 37-58. London; New York: Routledge.

Sangren, P. Steven, 1987, *History and Magical Power in a Chinese Community*. Stanford, CA: Stanford University Press.

______, 1993, *Power and Transcendence in the Matsu Pilgrimages of Taiwan*. American Ethnologist 20(3):564-582.

______, 2003, "American Anthropology and the Study of Mazu Worship." 刊於《媽祖信仰的發展與變遷：媽祖信仰與現代社會國際研討會論文集》，林美容、張珣、蔡相煇主編，頁 7-21。臺北：臺灣宗教學會。

Schwartz, Theodore, 1978, "The Size and Shape of a Culture". In *Scale and Social Organization*. Frederik Barth, ed. Pp. 215-252. Oslo: Scandinavian University Books, Universitetsforlaget.

Thompson, D'Arcy, 1917, *On Growth and Form*. London: Cambridge University Press.

Tönnies, Ferdinand., 1955[1887], *Community and Association (Gemeinschaft und Gesellschaft)*. Charles P. Loomis, trans and supplemented. London: Routledge & Kegan Paul.

Turner, Victor W., 1967, *The Forest of Symbols: Aspects of Ndembu Ritual*. Ithaca: Cornell University Press.

「社官」信仰在廣東蕉嶺與臺灣美濃的比較研究 *

洪馨蘭

一、前言：從美濃（彌濃）三座露天墓塚式里社真官壇說起

客裔舊美濃人通常自稱「彌濃人」（mi-nong-ngi），分布於今高雄市美濃區的北方平原與東方平原，約莫形成於 18 世紀初葉，所處地域本文以廣義之「彌濃」指稱。[1] 彌濃位處下淡水河 [2] 流域，為清初以禦外目的組成之武裝社群「六堆」中「右堆」之一員，稍晚於客裔武洛人形成。[3] 在武洛一地多洪患的生態限制下，彌濃隨後成為右堆統御中心。彌濃人在玉山西側餘脈——月光山系南麓平原，初期共形成三大村落，包括瀰濃（乾隆元年建，1736）、龍肚（乾隆 2 年建，1737），以及竹頭背（乾隆 3 年建，1738）。1921 年，官方以「美濃」二字作為這個區域的名稱。

根據文獻記載，粵籍客裔武洛人在康熙末年至雍正年間，自下淡水河南岸開始向河北岸更接近番界區域進行開墾，於清乾隆元年建立瀰濃庄，翌年龍肚

---

* 本文原刊登於《民俗曲藝》，2013，180 期，頁 83-130。因收錄於本專書，略做增刪，謹此說明。作者洪馨蘭現任國立高雄師範大學客家文化研究所副教授兼所長。

1 本文以下均以「彌濃人」指稱 18 至 19 世紀時即抵達此地開基建庄的客語族裔。

2 「下淡水河」為舊稱，即今天的高屏溪。

3 客裔武洛人即建武洛庄之客方言社群。武洛庄約在今屏東縣里港鄉下茄苳一地。

建庄，不僅吸引中下游六堆下庄客[4]聞訊相繼北上，亦向梅縣蕉嶺一帶招客籍同鄉來臺，十多個不同姓氏在聚落內混居，各憑本事累積經濟實力並建造伙房屋，[5]供奉祖先牌位，舊美濃人（彌濃人）[6]社群開始形成。「瀰濃庄建立後，……一些六堆各庄及大陸原鄉的客家同鄉也紛紛來此依親或發展，因此，人口漸漸增加，……其中 24 戶人家終於建立了較具規模的夥房。」[7]在這 24 戶人家中，林屋位於瀰濃庄的核心地區，正對着當時瀰濃聚落裡最繁華熱鬧的河港上岸街市：河滑街（河岸街道），也就是地方上暱稱之「美濃第一街」（包括一部分尚未被美濃河沖刷的街道，即今天的永安路 19 巷）。過去文獻中對於該條河滑街並未有過說明，2010 年筆者在粵東蕉嶺縣看到重要墟市渡口新鋪鎮與梅縣松口鎮，其沿河聚落的樣貌，即推測清時瀰濃庄亦具有一條河港通衢，街道樓屋巷弄設有通往河岸的階梯，以聯結上下岸的渡口。貨物自屏東東港上岸後，沿下淡水河逆流而上，經里港更換為較小船隻後，再沿河北運至瀰濃庄，粵東人也是依著這條河路踏上在月光山系南麓新闢出來的客裔聚落。今天瀰濃庄仍能指認出來的「舊南柵門渡船口」、「舊花樹下渡船口」亦說明瀰濃庄於六堆時期河運之盛。

歷史對於清初彌濃人社群活動的記載並不多。經兩百多年的變遷，現今可作為右堆考據之相關歷史建物，可能僅剩墾殖領導群之一的瀰濃林氏公館門樓

4 彌濃人稱右堆以外、其它位於下淡水河中下游的客方言群為「下庄客」。

5 彌濃當地的民居基本上分為「單家簷屋」或「一條龍」（僅廳下正身）、「不成伙房」（未對稱的三合院）、「伙房屋」（對稱的三合院或具有門樓的四合院）。

6 彌濃人的界限在不同的語境下有不同的界定。最早彌濃人可能只是乾隆時期居住在彌濃山南麓沿彌濃河建庄的十五姓氏及其子裔（即瀰濃庄）。在林氏兄弟以右堆大統領身分帶着各姓氏硬漢北上彌濃之後，隨着彌濃人向其四周拓展開來，右堆的中心也從武洛移轉到彌濃人手上。在瀰濃庄、龍肚庄、廣興庄於 18 世紀 30 年代建庄之後，「彌濃人」成為一個具有地域化文化社群（territorial community）的自稱與他稱。

7 李允斐，《清末至日治時期美濃聚落人為環境之研究》，頁 15。

楹柱之殘截。林屋於清代時期為瀰濃庄租館，[8]20 世紀後美濃庄役場（相當於今美濃區公所）拆除公館以徵收為美濃公學校校址，現在校園內僅存一截有模糊聯刻的石質殘柱。1998 年，地方文史社團依其形制與模糊的刻字，認為即是清初瀰濃開庄領袖林桂山、林豐山兄弟所建立的林屋遺跡，在校方的支持下，於校門內未及第一排教室前的花圃，將殘柱重新立起，並安設解說牌，可說是清初六堆文化在美濃的歷史見證。

本文想要探討的是：當代客裔美濃人的文化底蘊並非僅有六堆——那個反映臺灣南部分類械鬥的社群文化，而是還有中國原鄉文化在清初移植彌濃的殘餘。前述學者已指出，彌濃人形成之初除了有來自屏東六堆客庄的粵籍移民之外，更有來自中國大陸原鄉赴臺依親之人。本文以一個在美濃獨有、但原鄉卻泛見於鄉村的信仰文化——墓塚式社官壇信仰作為切入點，透過對原鄉社官崇拜的重建，來比對社官壇在美濃的存在、獨有、形制、地點、來源傳說等意義，呈現隱於美濃客裔文化中屬於原鄉的文化根源。

討論美濃社官信仰的相關文獻並不多，較早的資料可見於 1997 年由徐正光召集、美濃《月光山雜誌》及美濃愛鄉協進會共同協力組成編纂委員會的《美濃鎮誌》。鎮誌的〈歷史篇〉載錄一篇論及美濃人文化生活的文章，以「水口一里社神」稱之，並說明那是展現漢民族風水觀與客籍原鄉風俗的守護神信仰。解釋「水口一里社神」為一古制社壇，但現已沒落被人遺忘：

> ……漢民族聚落布局中的堅持「水口」重地，也在美濃平原上依古制建構著。「水口—里社神」爲各庄的土地保護神，把守著各庄水

---

8 最早開闢瀰濃庄的林桂山家族，自乾隆元年至道光 15 年（1736-1835）長期擔任該庄管事，並在庄中建造「濟南館」（濟南堂）作為收租藏穀的租館。參見陳秋坤，〈帝國邊區的客庄聚落：以清代屏東平原為中心（1700-1890）〉，頁 17。

> 源命脈最後的流出地。古禮的「社祭」，也被莊重的演練著。……社壇既立，各墾地的祈福神—土地伯公，依次陸續的散布平原各境。……「水口—里社神」在農業凋零、水土失去了大自然的調節之後，被人遺忘在荒蕪的水口重地，社祭的宴享也轉移至日漸盛裝的福德祠。[9]

如上將「水口—里社神」與福德祠區別出來的說法，並未被後來的學者採納；許多後續研究似乎更傾向里社真官屬於土地伯公信仰體系，即視里社真官為另一類具有專責管轄事務的福德正神。依據現有田野資料，目前在六堆其他地方另有將社官與公王一併置於夥房屋廂房處供奉的例子，但這種方式在中國原鄉卻似乎並不存在，較可能反映的是社官與公王隨移民入臺後，在詮釋上趨向被視為「神格化祖先」的情形——先佚失了社官與公王在原鄉皆屬露天設壇崇祀形式，而後融入客裔文化之祖先崇拜之中。然而這種融入祖先崇拜卻也可能具有其文化解釋：依東漢《四民月令》所載，當時貴族在二月與八月都有祭祠「泰社（太社）」並同時敬祖的風俗。祭拜儀式在時間上的重疊，或許即是提供這類將社官視為祖先而放入堂祭的文化根源之一。

本文想先針對在臺僅存之與原鄉傳統更為趨近的三座露天墓塚式社官壇，探討並詮釋在堂祭之外之獨立社官壇群出現於清代瀰濃的意義。樹德科技大學建築與古蹟維護系曾於2004年進行一項由高雄縣政府委託之社官壇調查研究，並於結案報告書中表示：目前墓塚式的露天社官壇在臺灣僅發現三座，且都在美濃境內。[10] 此調查結論突顯了今美濃境內社官壇的特殊性。該三座露天社官

9 美濃鎮誌編纂委員會，《美濃鎮誌》，頁 151-52，154。

10 樹德科技大學建築與古蹟維護系，《高雄縣縣定古蹟瀰濃庄里社真官伯公、龍肚庄里社真官伯公、九芎林里社貞官伯公、縣定級古蹟東門樓之美濃庄頭伯公調查研究規劃案》，頁 53。

壇在碑刻名稱有同音異字的情形，反映在「真」這個字的不同寫法——位於美濃河畔的瀰濃社官壇碑刻為「里社眞官」，龍肚社官壇則刻為「里社真官」，九芎林社官壇則是「里社貞官」。下文將統一採用目前形制最完整、且維持原址的龍肚社官壇「里社真官」寫法。此三座社官壇在 1998 年列入高雄縣級古蹟名單。參與上述調查的建築學者認為：三座社官壇之設置時間，與清初舊美濃三大聚落群之領域確認（18 世紀 30 年代中期），應在同一時期。

本文主張，社官並非單純是伯公之一類，而是與伯公有階層上的不同。瀰濃人習稱里社真官（社官壇）為「社官伯公」，視之為土地神中具專職之一類，然社官壇之形制規模，較之其它同屬墓塚式的伯公壇，皆更為細緻與宏偉，碑石的尺寸也有半人高（見圖 1 至圖 5）；[11] 且名稱上雖被居民稱為社官伯公，其碑石與聯刻上卻無「土地」、「伯公」或「福德正神」之稱謂，而有「里社」之稱，而也有「神位」、「香座（位）」、「官位」等與一般伯公並不一致的情形（參見表 1）。

關於美濃境內社官壇的研究，過去多為建築學者所論述，但多僅針對其物質文化方面進行實地繪製報告；其次則是文史學者的分析。基本上兩者大多傾向採納居民說法，即認定社官就是伯公之一類。[12] 但從下表及附圖可見：三座露天社官壇之雄偉形制，其背後象徵之財力支持與知識體系皆較一般土地伯公來得複雜。究竟這種形制差異是否意味着社官實際上在神格或性質上與一般土

11 以最近的一筆建築測繪數據，保存最完整的瀰濃庄里社眞官與龍肚庄里社真官，其碑石之高度／寬度分別為 3 尺 3 寸／2 尺 3 寸（約 100cm×70cm），以及 3 尺 1 寸／1 尺 9 寸（93cm×57cm），而九芎林里社貞官碑石也有 2 尺 2 寸／1 尺（66cm×30cm）的規模，這三者都比瀰濃庄頭伯公的碑石 1 尺 6.5 寸／7 寸（50cm×21cm）（見圖 5）都來得雄偉。碑石長寬測量數字，引用樹德科技大學建築與古蹟維護系，《高雄縣縣定古蹟瀰濃庄里社真官伯公、龍肚庄里社真官伯公、九芎林里社貞官伯公、縣定級古蹟東門樓之美濃庄頭伯公調查研究規劃案》，頁 92（表 3-2）。

12 相關建築學者與文史學者的研究內容回顧，續見下文。

地伯公來得高階？而社官壇所奉祀之「社官」又具有什麼樣的民俗信仰脈絡？

筆者曾在彌濃人的粵東原鄉——廣東蕉嶺進行多次田野調查，過去亦注意到在當地也有「社官」信仰的存在。當地一般福德正神稱「伯公伯婆」（並列），社官另有「社官老爺」之稱，顯然亦有本質上與土伯公有差異之處，居民卻也說不出所以然來。蕉嶺多處社官也具有獨立設置露天墓塚式壇宇且鄰近水畔邊的地理特色，且形制上亦有較之伯公伯婆小廟更為精細的展現。

表 1：當代美濃境內社官壇（里社貞官）一覽表（圖 3）[13]

	瀰濃里社真官（圖 1）	龍庄里社真官（圖 2）	廣福里社貞官（圖 3）[14]
碑石文字	承天資化育[15] 里社真官神位 配地福無疆	龍庄[16] 里社真官香座 水口	廣 庄水土里社貞官位 福[17]
內幅聯	里社千年盛 眞官萬世興	里舍民安□渥 社郊物阜沐恩	里居千載盛 社立萬民安
外幅聯	四時沾德澤 一帶沐神庥	社民有慶樂昇平 □□□□□□□	四民俱感德 萬幸沐沾恩
植樹	龍眼、楊桃樹（已不在）	龍眼樹（已不在）	芒果樹（已不在）

13 關於三座社官壇的稱呼，在縣定古蹟（因行政區域改制已列為高雄市定古蹟）登錄之名稱分別為「瀰濃里社真官」、「龍肚里社真官」、「九芎林里社真官」。見李允斐等，《高雄縣客家社會與文化》，頁 230-37；張二文，《美濃土地伯公信仰之研究》，頁 66。本文依筆者所研究，認為應為「瀰濃社官」、「龍庄社官」、「廣福社官」。相關討論請續見下文。

14 此里社眞官因位於九芎林庄頭伯公旁，因此過去研究者多名之為九芎林里社貞官；然而若依古制里社三、四村為一里之標準，該里社真官或許屬於大竹頭背（即古稱廣福）共有的里社眞官。因此筆者認為依碑刻應稱為「廣福里社眞官」較為貼近。

圖 1：瀰濃里社真官（筆者攝於 2012 年）

15 瀰濃里社真官的方形碑石上僅「里社真官神位」六字，另外的「承天資化育」與「配地福無疆」則是刻於方形碑石兩側翼石上。

16「龍庄」即龍肚庄。筆者認為，或許是為了配合「水口」二字，因此寫作「龍庄」。

17 九芎林里社真官曾於 1995 年由附近居民重建。「廣福」一詞應指的即是現在興隆、廣林、廣德三個行政里之大區域（包括竹頭背與九芎林地區）而言。

圖 2：龍庄里社真官（筆者攝於 2012 年）

圖 3：廣福里社貞官（筆者攝於 2012 年）

圖 4：瀰濃里社真官實際大小示意。本圖兒童的身高為 90 至 110 公分之間。
（筆者攝於 2007 年）

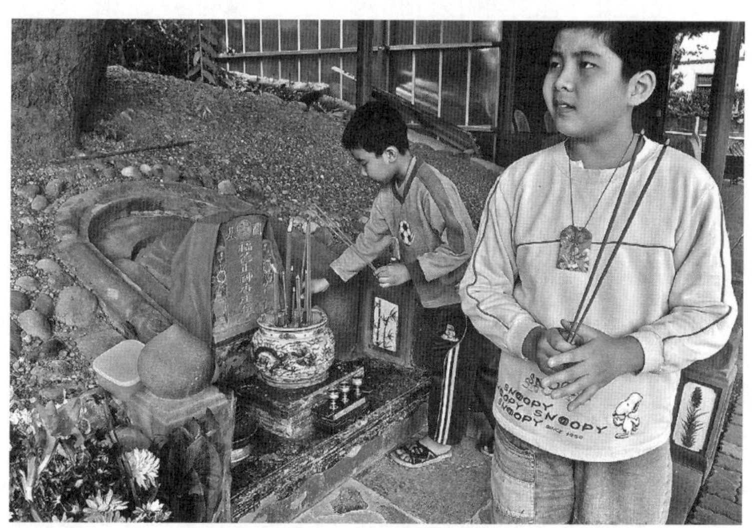

圖 5：彌濃開基伯公。本圖兒童身高約 130 至 150 公分之間。（筆者攝於 2012 年）

本文將透過歷史人類學取徑，將社官壇置於地方民俗社會範疇重新思考，透過兩地社官壇之比較研究，探討以下問題：露天墓塚制的社官信仰出現的脈絡可能為何？在彌濃人粵東原鄉之社官在形態上與移民社會彌濃有哪些異同？那些異同是否呈現出的是，不同地方社會所面對的是不同的文化會遇（cultural encounters）過程？並為求理解當代美濃社官壇所兼具的客籍粵東原鄉以及在地文化之意義，研究者再次前往廣東省蕉嶺縣實地搜集材料，重新詮釋社官壇在美濃存在之可能意義。

二、里、里社、社官、里社真官

里是人文地理概念，為中國古代劃分地方行政區域的一種制度。[18]「社」則指土地神。鄭玄注說《禮記》認為「國中之神，莫貴於社」，[19]社顯然是位階很高的土地神。古人將社神與穀神后稷合稱「社稷」來指稱擁有土地與人民統治權的政治實體。周時天子分封諸侯時，即從「社」中依方位取一塊土給予諸侯，象徵分封土地，諸侯再將天子所賜予之土，拿回自己之國，和己國之土相合築成諸侯之「社」。所以社有大小，本也有相對空間境域之意義。而社之境域除有空間意涵外，亦意謂聚落口達一定規模。如：根據《周禮》，最早祭祀土地的方式為每 25 戶共植一株當地樹種來供奉社神，因此，25 戶即為行政制度「里」及設置「社」的最小單位。

東漢《四民月令》指出，貴族們在二月與八月都有祭祠「泰社（太社）」並同時敬祖的風俗，在漢代時從中央、郡國、縣、鄉、里等各級行政單位都立

18 杜正勝，《編戶齊民：傳統政治社會結構之形成》，頁 97-139。

19 孫希旦，《禮記集解》，頁 624。〈郊特性第十一之一〉：「社祭土而主陰氣也。」鄭注：「國中之神，莫貴於社。」

有社。《禮記注疏・四十六》：「王為群姓立社曰大社，王自為立社曰王社，諸侯為百姓立社曰國社，諸侯自為立社曰侯社，大夫以下成群立社曰置社。」[20]《史記》中有：「高祖十年春，有司請令縣常以春三月及時臘祠社稷以羊豕，民里社各自財以祠，制曰，可」，[21] 蒲慕州認為由此看出漢代縣級的宗教活動尚受到政府的規範，但縣以下的地方里社則聽任人民自行處理。[22] 換句話說，縣以上（包括縣）的社由政府設置，官府置祭，鄉與里層級的社則由居民自己組織祭祀。

我們可以這樣理解「里社」：一個特定規模的社群（community）共立一個社神。在《周禮》時代，設置社神是一種禮制——鄉以上舉行「社祭」是地方行政官的權責職務，須於朝廷（中央政府）的認可與支援下舉行，鄉以下則開放民間得設壇舉行社祭。縣級以上的社所具有的「官制性格」，即便下到里這個層級，也呈現在里社之祭多由里長帶領的特點上。領頭至里社進行祭祀的是里正、父老，所以里與社在舊時原為一體不分，社的活動即是里的職司之一，並有官方對里級之認可與支援。而舉行社祭在粵東稱為「做社」，二月與八月的社祭則分別稱為「春社」與「秋社」。做社時，里內的全體里民不論貧富都會加入，祭後在社下宴飲行樂，費用由里民分攤，或也來自捐獻。

里社至少在明代初期仍相當盛行，而且曾是「唯一合法」的跨村際信仰。明洪武年間（1368-1398）曾嚴厲推行全國各里一百戶內要設立一處社壇，奉祀社稷之神，根據《明會典》記載，每年二月和八月第一個戊日須舉行祭社儀式，在祭社時亦需宣讀抑強扶弱的誓詞，內容多在倡導和睦鄉里風俗。[23] 鄭振

---

20 鄭玄注，《禮記注疏》（收錄於《四庫全書》第 116 冊），頁 258。

21 《二十五史・史記一》卷廿八，頁 545。

22 蒲慕州，《追尋一己之福：中國古代的信仰世界》，頁 126-27。

23 「凡各處鄉村人民，每里一百戶內立壇一所，祀五土五穀之神，專為祈禱雨陽時若

滿於福建莆田平原的研究亦看到，在明代法定的民間祭祀制度中，只有里社的祭祀活動是合法的，而其它宗教活動都是非法的，在表面上是中央試圖控制地方民間信仰，以避免各種帶有叛亂性質的「邪教」趁機作亂，實是把民間宗教活動整編於官方法定的祭祀制度裡。[24] 從以上可知，里社在 14 世紀中後期曾隨着行政里制遍布於管轄疆域內，成為唯一被允許存在的鄉里祭壇。

「里社」這個複合詞應該是直接援引《禮記》〈祭法〉中「大社」（泰社、太社）、[25]「王社」、「國社」、「侯社」之邏輯，里長為族人所立之社稱為「里社」。「里社」即是此一土地崇拜之神明全稱，然而，里社與「社官」之稱的差異何在，又為何變成「里社真官」？

本文認為：「社官」之名或可能自「社公」演變而來。蒲慕州曾爰引「遂能醫療眾病，鞭笞百鬼，及驅使社公」一句，認為漢代之「社公」即指一般的社神，後世民間土地公崇拜乃為社祀之流裔；[26] 只是，社公是否就等同於福德正神或土地公——清嘉慶年間鎮平縣舉人黃釗（黃香鐵，1787-1853）有不同的觀察。這個部分下文會再詳述。黃釗撰寫之《石窟一徵》因大量呈現清初嘉應州客方言群的日常生活社會史，為當代客家研究學者理解 18 世紀客家中心地的重要參考。

在此補充說明《石窟一徵》在本文研究的重要性。由於本文主要進行比較

五穀豐登。每歲一戶輪當會首，常川潔淨壇場，遇春秋二社，預期率辦祭物，至日約聚祭祀。其祭用一羊、一豕，酒果香燭隨用。祭畢，就行會飲。會中先令一人讀抑強扶弱之誓。……讀誓詞畢，長幼以次就坐，盡歡而退。務在恭敬神明，和睦鄉里，以厚風俗。」《明會典》卷八十七〈里社•洪武禮制〉（收錄於《四庫全書》第 617 冊），頁 819。

24 鄭振滿，〈莆田平原的宗教與宗族：福建興化府歷代碑銘解析〉，頁 20。

25 文獻中之「大社」、「泰社」、「太社」應皆為「王為群姓所立之社」，遺存中原古音的客話中，「大」「泰」「太」皆為同音，可作為判斷的參考。

26 蒲慕州，《追尋一己之福：中國古代的信仰世界》，頁 180-81。

的田野包括大部分彌濃人的粵東原鄉——即舊名鎮平的廣東省蕉嶺縣，因此以鎮平縣城及城郊庶民史為內容的《石窟一徵》，即是呈現蕉嶺縣距今 200 多年前的先民生活記錄。《石窟一徵》成書時間略晚於彌濃人開庄的 18 世紀 30 年代，前文曾提及彌濃人開庄之後陸續有人自原鄉赴臺依親，其中或有部分讀書人，其身上所鑲嵌的生活文化與知識體系，與《石窟一徵》書中所載之時期與類型相當。有可能在彌濃看到的三座露天墓塚式的社官壇，便是在這樣一個時空背景下，從原鄉經讀書人越過黑水溝再直接溯下淡水河，依原鄉建置在彌濃且模擬了清初禮制。因下淡水河其他客庄目前皆無同樣的露天墓塚式社官文化，因此本研究推測：此文化類型並非是六堆社群之共享，而是彌濃文化中與其他六堆客庄一項較為獨特擁有之粵東原鄉元素。

為了瞭解當時赴臺依親者鑲嵌於身上的生活與民俗文化，本文在此欲扼要回顧鎮平在當時中心客地的所在位置。梁肇廷（Leong Sow Theng）曾將贛閩粵三省交界稱為「客家中心地」（Hakka heartland），並主張該地區是在大約 16 世紀時進入客方言群的「成形期」。[27] 以彌濃人說自己祖先來自的地方：粵東鎮平縣為例，它是在 17 世紀上半葉（明崇禎 6 年，1633 年）建立縣治，亦即建立縣城之時，此處已經是客方言群形成且逐漸呈現高度發展的時期。鎮平位處嘉應州東北，北越南嶺與閩西接鄰，民國 3 年（1914）更名蕉嶺縣，舊城址在今之蕉嶺縣政府——蕉城鎮境內，該處正是鎮平地區南北交通的中央與中心地帶，也是南北貫穿鎮平縣境之石窟河的重要河港，舊城近郊至今仍留有許多嵌有「畲」字的村落名稱。

客方言群在 16 至 18 世紀間在各類分類械鬥動亂之中，進入南嶺南側，在山多田少的石窟河兩岸落墾佔地，同時發展出大小不一的家族與聚落規模。由

27 Leong Sow-Theng, Migration and Ethnicity in Chinese History: Hakka, Pengmin, and Their Neighbors.

於清初南嶺地區山區經濟的發展，戶數逐漸繁衍增多，人口與土地壓力增大，加上海外移墾的拉力形成，為數不少的鎮平男丁離村向外謀求生路，臺島即為其一之選擇。鎮平縣的第一部官修地方誌書《鎮平縣志》即扼要記載了這個過程。《鎮平縣志》完稿於清乾隆 46 至 47 年間（1781-1782 年），由歷任知縣擔任主編。半個世紀進入嘉慶年間，鎮平籍舉人黃釗認為該縣志內容涉及地方文化甚少，於是起念另撰一書，大量蒐錄地方的教養、風俗與方言，《石窟一徵》於是於咸豐 3 年（1853）完稿，黃釗亦於當年辭世。書名「石窟」兩字即指南北穿透該縣之河流──石窟河，而縣境村落幾乎都是在其狹長且陡峭的川間峽谷盆地發展起來，石窟河也就成為鎮平人前往外地時重要的河運之路。石窟河是粵東韓江上游的一條二級支流，所以鎮平也等於是位處通往韓江出海口：廣東汕頭的沿岸上游經濟。

在明代里甲制度逐漸瓦解之後，在中國南方與北方不同的地方社會，社神崇拜（包括里社、土地伯公等）似乎出現了不同的變化方向。趙世瑜指出，里甲制度瓦解的過程中，與敬社相關的禮儀制度也跟著混亂起來，「各村皆有土地，但顯然不是當初的社神」，各地開始出現「原型」不同的社神，且從其祭祀「社神」的時間互異，趙世瑜也指出「社神」恐已非一個。而這個情形尤見於南方，他認為這是因為里甲制度破壞後，若社祭仍拘泥於禮制規定，不與地方神靈信仰或家族祭祀活動相結合，則必然面對的就是衰落的命運，因此相對於北方各地，南方更採取了「不斷民間化與地方化的手段」，所以社之崇拜在民間延續的時間更久。所謂「民間化」與「地方化」，在方志文獻中即呈現出民間所信仰的人格神「喧賓奪主」甚至「鳩佔鵲巢」成為社祭主角甚或社壇主神之例，形成「正祠」（里社）與「淫祠」（聖王、仙姑、將軍等）混亂，而後在明初規定社壇制度時即以此為正統，「把原來雜亂的社神崇拜改造為一體化的禮儀制度，沿襲原來地方傳統的反倒成為淫祀」。相對地，北方則是依循禮制框架未形成結合地方或宗族文化的形式，來面對里甲制度的崩解，以致於村里的社神逐漸虛設化。[28]

南方社廟的這段「被改造」的過程，社神被賦予了更多地域、方位的意義，從一個禮制土地崇拜轉變／融合成為特定地域社群所崇祀的神：一個屬於地方社會「自己的」神。由此即可解釋何以在清初的粵東鎮平地區，「社官」的神格揉合了古制社祭與人格神的雙重性，在黃釗所著之《石窟一徵》即表現了清中葉前後，鎮平縣境客方言群社會之社神崇拜有著這樣的特性。根據該書〈禮俗〉篇記載，「社官」與「伯公」乃是不同的神明：「社官」是鎮平人對「社公」之稱，其神話來源共工氏之子后土，而稱伯公的則是土地信仰，即福德正神。「俗以土地為伯公，祠曰福德祠或曰伯公者」，「俗以社公為社官，按祭義共工氏之霸九州也，其子曰后土，能平九州，故祀以為社」。[29] 換句話說，從漢代之土地信仰到這個時期變成具體地對「能平九州」有功者的敬奉，「社官」的內涵已經有了轉變，而「伯公」則繼承了土地崇拜，但非以「里」為唯一的設置單位，更多是比「里」更小之村落或家族層級。該時期的「社官」，已非僅有看顧豐收的神性，「村有妖癘祈社官以驅之，野有螟螣祈社官以除之」，[30] 不利於人的或不利於農的，都祈求社官予以驅除。相對於「伯公」為村民在族地內外或橋頭村尾之私設土地神，從里社發展出來的「社官」，其神格與神性在清初至中葉時期在鎮平地區已見明顯轉變——民間化與地方化的出現，社官成為具有驅妖除癘的把境功能。

「社官」民間化與地方化為具有把境功能的保護神，也就是說，「社官」

28 趙世瑜，《狂歡與日常：明清以來的廟會與民間社會》，頁 106-10。

29 黃香鐵原著，廣東省蕉嶺縣地方志編纂委員會點注，《石窟一徵點注本》，頁 127。

30 同上註。

在南嶺邊區的客家中心地，形成一種由古制社神（社祭部分）與在地信仰（神格部分）的「混成」，而民間信仰巧妙地被保留在屬於正祠的里社崇拜裡，流傳後世。即便神格部分出現混成，黃釗在鎮平縣城附近所觀察的社官社祭，仍按古時社祭形式進行。他在書中提及鎮平縣境鄉野有春秋社日，民眾集資籌備以豬向社神獻祭，儀式結束後將豬肉分配，而後在社神的代表：大樹之下煮粥共享，「醵錢宰豬祭社分肉，名曰社肉，……又以祭社肉汁，即以社樹下煮粥分食，謂之食社粥」。[31]

在粵東鎮平一地，「社官」是里社與什麼樣的民間信仰相互合成的，筆者認為《石窟一徵》裡提及地方盛行之「公王」信仰，應即是其解答，後文將對此有所討論。在現在社官的碑石上出現的「里社真官」，或是即是社官（社公、社令）的原稱，而且是自「里社」衍變而來，而「真官」二字置於「里社」之後，似乎意謂著里社信仰在特定時期與特定地區道教化的影子。在唐代文學中，「真官」二字曾用以描述仙人中具有官職的人，或指稱道士。例如：唐玄宗年間詩人劉長卿（709-780）曾寫〈望龍山懷道士許法稜〉：「……空林閒坐獨焚香，真官列侍儼成行。……」[32]約同時期出家為僧的詩人皎然（720 ？ -798，俗姓謝，字清晝），也曾在其〈宿道士觀〉一詩寫到：「……幽期寄仙侶，習定至中宵。清佩聞虛步，真官方宿朝。」[33]而宋代文學中的「真官」，則是具有高階法力的術士，南宋時以筆記《容齋隨筆》、《夷堅志》聞名的洪邁（1123-1202，字景盧，號容齋），在其記述宋代諸多城市生活奇聞軼事等人文掌故的《夷堅丁志》卷第十八中〈路當可〉一文，即描寫

31 黃香鐵原著，廣東省蕉嶺縣地方志編纂委員會點注，《石窟一徵點注本》，頁 125-26。

32《御定全唐詩》卷 157 之 27。刊印於《欽定四庫全書》第 1424 冊，頁 406。

33《御定全唐詩》卷 817 之六至七。刊印於《欽定四庫全書》第 1431 冊，頁 91。

某老翁遇鬼癘而路當可（路真官）挺身除妖：「……後數聞術士至，必相與合力敵之，往往告捷，及路真官來，翁又呼謂眾曰：『吾聞路真官法力通神，非常人比，必不免。』」[34] 若就此邏輯來看，「里社真官」可能是將里社（土地神）人格化後納入道教系統的一種稱法，也許時間點是在宋代。宋末元初林靈真編輯的《靈寶領教濟度金書》卷一百九十六〈請稱法位〉，在「縣城隍」之後有所謂「當境土地里社真官」，[35] 為天地人三界中位階最貼近基層的神明。本文推測「里社真官」成為道教當境土地法稱，至晚在南宋年間已經出現。

爬梳以上脈絡筆者大致獲得這樣的理解：「里社真官」的神稱在出現後，成為「里社」的新的稱號，也出現不全然相同的性格，而是有「社官」自己的脈絡。「里社」為古時禮制下的社神之稱，「里社真官」則有道教化尊奉之當境土地神之意，用於碑刻、請神文告，民眾口語則以「社官」稱之。現在無論是在彌濃還是在蕉嶺，「社官」二字仍然相當盛行於居民對此神明之口語尊稱。雖然清初《石窟一徵》並未出現「里社真官」一詞來等同於「社官」，但是到了當代彌濃人與蕉嶺人口中的「社官」，往往指的就是刻以「里社真官」的露天神壇。

34 洪邁，《夷堅丁志》卷第十八，頁 1838-39。

35 在《靈寶領教濟度金書》卷一百九十六第二至第三，關於〈請稱法位〉一條寫到：「……謹同誠上啟太上無極大道虛無自然元始天尊，太上道君，太上老君，昊天玉皇上帝，南極天皇大帝，北極紫微大帝，南極長生大帝，東極青華大帝，后土皇地祇，九天生神上帝，三十二天上帝，五靈五老上帝，上清十一曜真皇君，南斗六司真君，北斗九皇真君，二十八宿星君，營室虛危星君，土公土吏，蓋屋土司空星君，辟土宮弧矢星君，泰玄樞機三省諸相真君，北極四聖真君，三元三官帝君，靈寶五師真君，九天諸司真君，天曹諸司真君，祖師列位真君，三洞四輔、經籙法部、諸省府院司仙靈將吏，五嶽五帝真君，五天聖帝，洞天福地、靖廬治化仙真主宰，本靖祖玄真師真人，經籍度師真人，北陰酆都大帝，水府扶桑大帝，九壘土皇君，土府五方大帝，南離北坎，東震西兌，四面方隅禁忌神君，本府本縣城隍司主者，當境土地里社真官，三界官屬，一切威靈。……」刊印於《正統道藏》第十三冊，頁 10261。

社官的把境靈力在《石窟一徵》提到驅除村中妖癘與螟螣野害，基本上其範圍是全境視野的。《禮記集解》〈郊特性〉第十一之一寫到：「社之祭，主於陰氣也。」土是指五土：山林、川澤、丘陵、墳衍、原隰，土是陰氣之主，所以說主陰氣。[36]「社」之古意涵即為五土之神，各掌管一個方位，東方青土（山林）、南方紅土（川澤）、西方白土（丘陵）、北方黑土（墳衍）、中央黃土（原隰）。但現在社官壇似乎多設於水畔（學者多曰設置於水口），推測社官似有經歷把境角色的轉變過程：從看顧五土，地方化為專管川澤水口。我的看法是：南嶺一地相對於「中原」而言屬南方之地，掌管南方之社神即負責掌管川澤。推測位處南嶺地區的社官所呈現把境水域的性格，或與其後來因混合當地民間信仰後，使其作為管水域之社神性格受到強化有關。

曾有學者表示，彌濃人是因對社官神格不瞭解，才使得一般伯公逐漸凌駕其上。[37]第二類則傾向認定里社真官與古制的里社無關，其中一說表示里社真官僅為某類土地伯公的特殊稱呼，另有一說認為里社真官就是原鄉的水口公王，其「里社真官」之名是讀書人的托古之舉。[38]清代黃釗早已寫到：「社官

36 孫希旦，《禮記集解》，頁 624。

37 例如，在《美濃鎮誌》中由高中教師執筆的〈宗教篇〉，則認為美濃的三座社官伯公乃為村民「將大陸傳統的社祭壇之里社置於此，以凸顯其（位於水源出口）的重要性」，其意義與開庄伯公神、敬字亭等人造紀念物，都象徵著農耕社會裡村民對於最早開墾之地的感恩、紀念與敬重。見《美濃鎮誌》，頁 820。第二種來自對客家伯公研究甚為深入的建築學者亦曾寫到，「美濃的三處里社眞官伯公之遺存事蹟，為古代地祇信仰有關的市街和里社守護之遺留」，見廖倫光、黃俊銘，〈六堆客家的塚信仰構築與地景圖式〉，《2007 年客家社會與文化學術研討會論文集》，頁 288。第三種即認為美濃人實際上可以區分出祂與伯公（福德正神）乃不同之神，但仍以伯公稱呼，表示村民對於其神格之瞭解相當有限，像是在瀰濃庄頭伯公建醮以及瀰濃庄年福滿年福及二月祭建醮時，里社眞官與福德正神雖各自擁有不同之神位牌，但擺置之相對位置，這似乎可以看到「福德正神似已凌駕里社眞官成為土地神的正朔，而里社眞官逐漸演變成專管『水口』的伯公」，見李允斐等，《高雄縣客家社會與文化》，頁 235。

38 以下兩種說法筆者基本上都抱持保留的看法。一說認為里社真官本即伯公，這個論

之責亦重矣哉，而世以為亭長嗇夫之職等之，謬矣！」[39]

三、廣東蕉嶺地區石窟河流域之田野調查

「里社」在各地有許多不同的稱法，不論在廣東蕉嶺還是臺灣美濃，里社都以「社官」之名存在，然而蕉嶺的社官全稱包括「社官老爺」（書面語與口語）及「里社真官」（碑石刻字，但村民無此口語），在美濃則多稱「社官伯公」（書面語與口語）及「里社真官」（碑石刻字）。筆者（本節以我稱之）在2010年6月與2011年6月兩度前往廣東蕉嶺進行田野，村民指認給我的「社官」，其碑石上多刻「社官老爺」（或諧音）以及「里社真官」。相對於臺灣美濃三座里社真官壇碑石稱謂的異同，石窟河流域邊上的里社真官壇則呈現更多的差異。在兩次的田野調查中，圍繞着石窟河中游蕉城鎮與下游新鋪鎮，以單車及徒步方式隨機透過村民引導，記錄了十數則與「社官老爺」因緣際會的不同故事（見下文表2）。

在客方言裡，「社」字古音讀上聲調〔sǎ〕，「官」字古音讀〔gúan〕；在尋訪里社的過程中，由於村落社官崇拜曾遭大規模搗毀，尋覓時必須敏銳地從與村民的對話中，聽出某些線索。例如在蕉嶺新鋪鎮一位40歲左右的溫姓男子，先是表示沒聽過有拜社官〔sǎ gúan〕的，但告訴我附近約20分鐘腳程外有個地方叫做〔sǎgóan há〕。我追問地名的寫法，他說大概是蛇崗什麼的。

點來自研究美濃土地伯公的民俗學者所提出，研究者認為正因為水源對農村社會本就非常重要，土地公當然也負責掌管水源，此為各地皆同，不過「美濃特別為掌管水源的土地公設立祭祀之處，並給祂一個特殊的稱呼，是以成了全臺獨一無二的里社眞官伯公」，見張二文，〈美濃土地伯公信仰之研究〉，頁66-67。另外，近期一篇關於美濃公王信仰研究的會議論文則提出，美濃的三座里社真官乃是具有原鄉「水口公王」功能的神祇，美濃先民託古將里社觀念以之命名，以賦予這三座「水口公王」更高的力量。參閱吳連昌〈美濃客家夥房內「公王信仰」之初探〉一文。

39 黃釗原著，廣東省蕉嶺縣地方志編纂委員會點注，《石窟一徵點注本》，頁127。

根據田野直覺，客方言習慣稱某個場所稱「下」，例如伯公壇即稱「伯公下」，廚房就稱為「灶頭下」，因此我猜測村民是指一個稱為「蛇崗下」的地方。經實地探訪，繞進「蛇崗下」的小山崙聚落，找到供奉有「社官老爺之神位」之社官壇，再與鄰近陳姓一大戶人家確認，該處實為舊稱「社官下」——社官壇之意。另外，在新鋪鎮同福村則見到 1980 年代重建之「沙官老爺」，村民指認老人家依零碎的記憶重建神明壇，合祀多位地方神明，耆老紛紛過世後，就沒多少人知道正確的神明稱謂，依據其鄰近圳水以及位處聚落邊緣的特性，我認為其即為重建的社官壇，奉祀也是社官，但誤植名稱為「沙官」。

相對於社官壇，伯公伯婆與阿彌陀佛（通常同祀一壇）的存留與重建數量則多出數倍。依前節所述，我特別留意那些被誌為「水口伯公」的伯公壇，詢問鄰近村民其有沒有「別的講法」。依脈絡判斷，水口伯公並非皆為社官，但社官往往會以水口伯公祠的形式奉祀於近水處。例如位於蕉城鎮西郊的興福鎮，我騎着單車在村子裡繞著，向一名年長的阿姨詢問附近有無「社官老爺」，她一開始對於協助指出這種舊社會封建迷信感到排斥，之後輕描淡寫地說「妳要尋社官老爺，那個電廠旁邊就有一個」。再請教清楚關於前往電廠的路線之後，在石窟河畔電廠旁的駁棚（堤防）邊看到的是奉祀「本境水口伯公伯婆之神位」的小祠。幾位無視禁止戲水告示的中學生嬉鬧地跳下水玩，我則靜靜坐在一旁，其中一名在下水前還繞到駁棚頂向「水口伯公伯婆」雙手合十拜了幾拜，我的目光鎖定這名同學，待他們都結束了今天的戲水活動揹上書包準備起返時，我趨近他開口問：「那是拜什麼神的呢？」男同學回頭望了一下，只說「拜神」。「拜什麼神呢？」「不知道，就游泳或玩水保平安。」下表扼要歸納粵東蕉嶺縣蕉城鎮周邊與新鋪鎮周邊之社官蹤跡，為下文分析之便亦予以大寫英文字編號。除註明其所在地點與碑石上所刻之字之外，在「位置•形制」欄則說明社官壇之周圍地理及相對位置，並說明社官壇的形式為墓塚式或祠廟制。另外，「說明與注釋」欄大致敘述與該社官壇相遇的經過，或與其相關的口述傳說。附帶一提，由於出發點在梅州市，因此亦將梅州市文化公園旁香火鼎盛的「三坑鄉社官壇」亦收入列表中。

表 2：廣東省蕉嶺縣蕉城鎮周邊與新鋪鎮周邊的社官蹤跡 [40]

	地點	碑石字	位置・形制	說明與注釋
A	梅州市東郊月梅	三坑鄉里社貞官神座	此處舊名三坑里。現於梅州市文化公園旁。無廟門之祠，配祀「福德伯公婆神座」。	三坑里社拜亭楹聯有兩對，其一「社官臺前三叩首／財丁興旺福壽來」，表示此處社官具有應求福祿壽之性質。三坑里社每逢初一、十五香火鼎盛，社官壇外聚集多位算命施擺攤，地方盛傳來此求官者絡繹不絕。鄰近張姓返鄉讀書表示，社官香火鼎盛反映清官難求，老百姓只好請社官施展神力，為自己隔小人、避邪、保平安。
B	興福鎮湴竹村	湴竹里社真官神位	山腰溪水邊。小廟塚式。形制與黃土社官類似。	在湴竹的雜貨店打聽到當地有人知道「社官老爺」，一些正從田裡要回家午休的婦人跟我說「社官老爺是上片靠山那邊的人在拜的」。然後一位嫁入這裡徐屋的阿姨，先帶我將她車上的肥料帶回家後，就引領我爬上一層層的梯田，到山腰處一個密竹林下的溪流邊，找到她說的社官壇。她告訴我，「社官老爺」是保佑小孩子平安的。

40 本表資料為筆者之田野調查記錄。

表 2：廣東省蕉嶺縣蕉城鎮周邊與新鋪鎮周邊的社官蹤跡（續）

	地點	碑石字	位置・形制	說明與注釋
C	興福鎮上村村沙尾	本境水口伯公／婆之神位	石窟河畔電廠旁駁棚上，為新建式及腰高度之路邊小廟。	在「本境水口伯公婆」（當地人表示這是社官老爺）處，身穿華僑中學制服的中學生下課後一群人到電廠旁戲水。有位同學在玩水前先去水口伯公雙手合十拜拜。我問：那是拜什麼的呢？男同學回答：拜神。「拜什麼神？」「不知道，就游泳或玩水保平安。」
D	蕉城鎮黃土村	黃土龍坑口社令真官	黃土村位於蕉城鎮西郊石窟河邊，社官為小廟塚式。	在蕉城西郊重要渡口「艾壩街」（舊艾壩渡口旁市街）附近，遇到一個其父自五華縣落腳艾壩的魏姓人家，她們告知往南不遠有社官老爺。我在進入黃土村農田區裡迷路甚久後，終於在一位路邊阿姨的指引下，看到窩居於坡旁的社官壇。社官壇的設置地點現在看起來是相較於農田稍高一尺左右的坡坳處。黃土村古氏子裔於乾隆年間遷至臺灣新竹霄裡。
E	蕉城鎮楊屋	社官老爺之神位	楊屋位於蕉城鎮南郊近石窟河邊，社官老爺新建於堤防路上，為小廟式，旁另有伯公婆小廟。	此社官所在位置為石窟河東岸圍堤路上，因重立之故，應與原地點、原朝向都有了改變。碑石上的文字寫的是「社官老爺」。小廟形制應為 1980 年信仰解禁後之重做。一旁配祀之伯公／婆壇，形制亦相同。高樹東振楊屋之祖籍即為蕉城鎮楊屋。

表 2：廣東省蕉嶺縣蕉城鎮周邊與新鋪鎮周邊的社官蹤跡（續）

	地點	碑石字	位置・形制	說明與注釋
F	蕉城鎮陂角村	社官之神位公王（之神位）	一個石碑上同時刻寫社官與公王，為合祀之墓塚式小廟，後方有一株大榕樹。	這個自然村為李田，其同屬陂角村的鄰村即為霞黃村，有黃氏宗祠。清代六堆首位進士黃驤雲（彌濃人）為該霞黃姓之裔孫。霞黃亦為《石窟一徵》作者清代舉人黃釗之故居聚落。我依手上僅有的「下黃」這個地名的資訊，後來終於找到「霞黃」（客語發音與「下黃」同）。近午時分，由黃氏宗祠族人帶我到李田去找到「社官老爺」。
G	新鋪鎮金沙村	社官老爺之神位	位於金沙村大塘面一矮丘上，新建一人高之小廟，內有三個神位，中為「公皇老爺」，其左側為「社官老爺」，其右側為「福德伯公婆」。	新鋪鎮原名金沙鄉，金沙村就在離新鋪墟不遠之處，為新埔墟越過象嶺的村子，全村多姓陳。此處為新鋪鎮往梅縣的主要道路旁。尋找此社官時迷路多次。先是新鋪鎮上有人告知在大塘面有一個叫做「蛇崗下」的地名。然後在大塘面遇到許多外地來做事的也沒聽過。之後是在金沙國小附近問人，才知道那個小丘地方上就叫做「社官下」，也就是敬奉社官之處。此地小地名為大塘面，過去是一佔地 5、60 畝，後來在 1960 年代「圍塘造田」之後，塘就不見了。在這個新建的小廟以公王為中心，左右為社官與伯公婆。六堆萬巒林氏即來自金沙。

表 2：廣東省蕉嶺縣蕉城鎮周邊與新鋪鎮周邊的社官蹤跡（續）

	地點	碑石字	位置・形制	說明與注釋
H	新鋪鎮 矗嶺村	社官老爺神位	位於矗嶺山腳下與石窟河之間整大片溪埔地（現已是良田）中央。神牌上同時敬刻社官老爺神位及盤古大王神位。	這個地方是在石窟河河堤內的低窪區，後來全部被改成良田。這個地區是矗嶺與塘福嶺交界區域，這兩處分別有鍾姓與陳姓宗祠，六堆地區有許多後裔其祖先是來自於此。例如萬巒本庄鍾屋來自矗嶺。
I	新鋪鎮 同福村	沙官老爺	位於矮車近山圳水山腳下，一共收納供奉了包括沙官老爺、四路伯公伯婆、南無阿彌陀佛、○○伯公伯婆、公王老爺、彌陀爺爺等六個神位。	此處為新鋪街上前往徐溪鎮的路上山腳邊。我判斷在 1980 年代重立神位時，刻上之字為「沙官老爺」，應該即為「社官老爺」之音誤。重建時一共重立了六個神位，依當地之俗，可能主要就是重立「社官」以及「公王」，因為在當地社官與公王旁通常都會隨祀伯公／婆以及南無阿彌陀佛（一般伯公婆旁也會隨祀阿彌陀佛）。同福村有曾氏於清同治年間渡海遷至臺灣新竹。
J	新鋪鎮 同福村	沙官老爺	位於石岡坪（烏石下）山腳下，一大塊碑石上同時刻有本堂□公、沙官老爺、諸王老爺、公王老爺、勝佛老爺、大樹伯公伯婆等六位稱號。	面向圳水與一大片田坵。此處亦為新鋪街上前往徐溪鎮的路上山腳下。距離矮車社官約 10 分鐘腳踏車車程。與其相當類似都是 1980 年新建。在這個神牌上，社官與公王都被歸類為「老爺」，配祀伯公伯婆。

表 2：廣東省蕉嶺縣蕉城鎮周邊與新鋪鎮周邊的社官蹤跡（續）

	地點	碑石字	位置・形制	說明與注釋
K	徐溪鎮徑口村	溪口社社官貞母神位	為於徐溪電排（電廠排水系統）旁。露天墓塚式，一旁另有福德伯公／婆及南無阿彌陀佛壇，亦為露天墓塚式。	自新鋪鎮街上往徐溪鎮的路上，一路皆為溯溪的上坡路段，田野時正逢修路，連騎腳踏車都感到崎嶇。進入徐溪鎮徐溪村大河背（也就是在大河後面的村子），也是依靠村民指引，得知往旗形村的路上，有個社官老爺。此社官壇為前往徑口村村道之入口，應為該村與鄰村之村際之處。此處社官名稱又與其它不同，為「社官貞母」，重建之形制相當典雅，且維持露天的樣貌。難得的是，在石碑上刻有「溪口社」，可以推測這個區域以前大字地名就是溪口。距離此處不遠的旗形村，龍肚有相當鍾姓子弟其先祖原鄉即來自於此。
L	新鋪鎮尖坑村	尖坑社里社眞官爺位	位於謝晉元紀念館後方山嶺之山坡腳下，面對一大片農田，為由「眾姓信士」於 2006 年重修，小廟塚式。	彌濃陳氏中有一支即從新鋪尖坑而來。此地同時也是著名的謝晉元將軍之故居及紀念館。在紀念館附近種地的一名阿姨指引我。她跟我說：「越過矮山就看到了，新做的喔，很漂亮！」地點稍遠離尖坑聚落，應在其邊緣地帶。此社官壇之「里社眞官」四個字的寫法與彌濃里社眞官相同，唯此處不寫「神位」而是「爺位」，我推測應是受當地稱社官為「社官老爺」有關。據說碑石大小仿之前的原始大小，高有一公尺高，與彌濃里社眞官碑石大小亦相仿。

表 2：廣東省蕉嶺縣蕉城鎮周邊與新鋪鎮周邊的社官蹤跡（續）

	地點	碑石字	位置・形制	說明與注釋
M	白渡鎮江南村	（字跡完全模糊，僅約略辨識出「社」字）	位於江南村村道外溪流旁一丘陵山腳下，特別設置一約三尺高台，兩側有階梯可走上墓塚式的里社眞官。	社官所在位置在深入小徑以及村民的果園，我曾因路旁有個指標「江南村水口伯公」而猜測可能有社官。後來經村民指引，但說的是社官老爺。設置地點距離江南村主要聚落區有些距離，應為該村近山溪處的村際邊緣。該村為六堆首領之一的鍾麟光祖祠所在；也是六堆領導抗日的中堆新北勢人鍾發春之原籍，而自高樹大路關人文學家鍾理和，其祖先原籍亦是白渡江南村。
N	新鋪鎮南山村	（無碑，僅存香爐）	位於小地名龍陂的村子裡。僅留有石材的小廟型制，隱約可見其曲手樣式。	萬巒四溝水林屋之祖籍即為新鋪鎮南山下。
O	新鋪鎮下南村	（僅可見「社眞官」三字）	下南村亦屬於南山村管轄。為露天墓塚式社官壇，位置在下南電排站附近，面對石窟河提防內側之低窪農田。	此社官壇之位置與白渡鎮江南村社官壇相仿，都是在面對溪水（河水）低窪處的矮嶺山腳下，闢出一約三尺高的平臺，並於兩側鋪設石階，村民可拾級而上。根據附近村民告知，社官壇下的這片屬於南山村靠河岸較近的低窪地，過去常常淹水氾濫，後來圍堤築起後才比較沒事。此處離下南村村民居住之處有些距離，接近大河邊且明顯位於村際邊緣。

收錄上表的社官壇田野紀錄，是我在沿着石窟河隨機走訪幾個臺灣南部客方言群遷臺祖先原籍村後製成。地點包括進士黃驤雲[41]的父親黃清泰（字淡川）的原籍：霞黃村（今蕉嶺縣蕉城鎮陂角村）——此處亦是《石窟一徵》作

者舉人黃釗的故居，當地仍存頗具規模的黃氏宗祠。美濃《龍庄古記》一書作者鍾世充其家族之原鄉祖居：旗形村（今蕉嶺縣徐溪鎮旗形村）。六堆首領之一鍾麟光、中堆抗日領袖鍾發春、右堆當代文學家鍾理和等家族之祖祠所在地：江南村（今梅縣白渡鎮江南村）。另外還有包括後裔目前居於六堆萬巒的原鄉居地：鍾屋村（今蕉嶺縣新鋪鎮靄嶺村）以及林屋村（今蕉嶺縣新鋪鎮金沙村南山下）等。從上表也表達出一件事：儘管六堆客裔之原鄉祖居地不乏社官壇之設置，但令人不解的是目前六堆僅右堆彌濃存有形制完整的三座社官壇，其它下庄客地區均不見墓塚式社官壇的設置。此部分在後文中將提出一些推論。

四、里社真官與公王、伯公信仰叢

關於社官形制與名稱，蕉嶺地區社官壇呈現不同時代與地區上的差異。受到政治影響，或因道路規劃而遷址重建，或在路邊廟壇中與另外多位神祇共享奉祀，但位處較偏遠或近丘陵邊緣的社官壇，尚存有露天墓塚式或甚至是官廟式的形制。部分在原址維持舊式樣貌的社官壇保留「里社真官」名稱，但也有如「社令真官」、「社官老爺」、「沙官老爺」，亦出現「社官貞母」之稱。

蕉嶺的社官信仰在性質上與「公王」或「伯公」呈現混合，也使民間信仰研究在處理社官崇拜時，不可避免地也有詮釋上的混淆難清。例如：在上文表

41 關於黃驤雲與彌濃人的關係，當代美濃鄉土作家鍾鐵民回憶，其實美濃人對黃驤雲的記憶很有限。「美濃唯一的進士是竹頭角人黃金團。金團是他的小名，他考上進士時用的是「黃驤雲」，甚至他考試時也是用福建省舉人的名義去考的。不過他的家族現在仍在美濃，他小時候或許也在竹頭角的老家生活過。有關黃金團的傳說很多，真實性如何？實在無從考起。」見鍾鐵民，〈黃進士的故事〉。徐正光等編纂，《美濃鎮誌（上）》，頁 531-532。另外，根據國史館臺灣文獻館電子報第 39 期（2009/10/2），黃鑲雲榜名龍光，生卒年不詳，出身仕宦之家，嘉慶 24 年（1819）以閩籍高中舉人，其父早先居住於彌濃竹頭角地區，應是彌濃人後代。參見 http://www.th.gov.tw/epaper/view2.php?ID=39&AID=502（擷取日期 2013 年 4 月 19 日）

2中，地方上在復廟時將「社官老爺」與「公皇老爺」並祀（見例G），其中，「公皇老爺」屬公王信仰系統，[42] 將社官以「老爺」稱之且並祀，似即呈現居民將之視為公王之一種的認知。又如：社官被誌為「水口伯公」（見例C／例M），即明顯地將之納入伯公崇拜體系之中。

前文曾述及明代將「社」視為鄉里唯一合法的民間信仰。然而，民間信仰亦有春風吹又生的強韌生命力，即便南方巫覡文化在制度下化歸耕戶，但巫覡文化深入當地，在朝廷強控制力減弱的時期，或能以另種形式保留或復活。

在蕉嶺，公王在村民口中常以「老爺」稱之。公王所在位置並不一致，有時與社官類似設於水邊，但亦有設於山丘頂上的——例如蕉嶺縣新鋪鎮區旁丘陵上的射獵公王，村民還鋪設了一條水泥平坦山路通往山頂稜線。蕉嶺一地對公王有「老爺」或「公王」之稱，書面語則亦有「老爺」或「公王」的寫法。社官通常以老爺尊稱。

根據文獻記載，「公王」至少在清代中期已復甦於蕉嶺當地，為普遍存在的民間信仰，但廣讀經學的讀書人未必知曉這套信仰知識體系。例如，黃釗在《石窟一徵•禮俗》裡說到，當地俗民多敬奉「漢帝公王」，並指出其為一種露天祭壇，「每祭必椎牛餉之，不知何神」。[43] 黃釗認為，漢武帝相當信奉南越之巫覡，曾令巫覡擺置祭台敬奉「天神上帝百鬼，而以雞卜」，[44] 只要能夠駕馭大災患的各種靈力，漢武帝都命令立台敬拜。似乎黃釗自己亦認為「漢帝公王」即此泛靈信仰的延伸，不同稱呼的公王對應不同的靈力範疇，但多有重疊。黃釗舉了自己的例子說，他家後方是石窟河的提防，地方稱黃獵角（我在田野時亦曾造訪過），每逢河水氾濫漫過土堤時，淹至公王壇就會退去；又說

42 關於公王信仰系統部分，下文中將有段落進行說明。
43 黃釗原著，廣東省蕉嶺縣地方志編纂委員會點注，《石窟一徵點注本》，頁126。
44 同上註。

對岸的居民每逢大水氾濫眼見家屋不保時，就會看到騎著馬的紅衣人來巡護。黃釗在文中表示，此令人嘖嘖稱奇之事，他覺得殺牛祭之實是有道理。[45] 曾在當代總修《蕉嶺縣誌》時擔任編輯委員的退休教師林清水，亦詳細記錄過在蕉嶺縣新鋪鎮某公王信仰的活動。這表示直到民國時期，公王信仰在蕉嶺仍相當活躍。林清水描述老家新鋪鎮上南村的「接公王」活動，指出該儀式為十年一次的大祭典，每次從農曆四月十八至五月初四，幾個村子在這為期半個月的祭典活動中，所有男丁幾乎都動員來抬轎子、敲鑼鼓，相當熱鬧。[46]

黃釗對於當地公王敬拜儀式的描述，突顯了公王信仰具備之南越巫覡文化特徵，或許我們可以就此認定，公王信仰即為南越文化之遺存。《石窟一徵》也記載到公王並不設壇，是由巫設置祭台於戶外祭祀，換句話說，有巫之處始有公王；但當代人們在蕉嶺所見之公王信仰多有己屬壇廟，極可能是一個「文化混成」的結果。嘉應學院客家研究院多位學者對梅縣境內公王的研究中即表示，公王擁有突出其土地神把境功能和大王（王爺、國王）地位，具強烈領域宣示的象徵，而民間咸視其神格大於土地伯公。[47] 筆者認為，當人們將社官與

45 同上註。

46 關於「接公王」的習俗，林清水補充，該俗只是一種迎神活動，並沒有「福首」在組織，也沒有和尚或道士參與。林先生記錄，位於下南村東一公里的石窟河岸邊有一個五顯宮，宮內供奉華光大帝，分身為東、西、南、北、中 5 個公王，統稱這 5 個分身為「五顯公王」，由東方公王坐正位。每年 4 月 18 公王出宮繞境，先至某一個村中男丁迎至祖堂裡停留一日，次日鄰村男丁即以鑼鼓前導，高舉大紅旗與鑲邊三角黃龍旗，到此祖堂內將停放一日的公王轎迎至自己的村子祖堂，接受各戶敬備祭品，上香祈求公王保佑平安。公王停轎一晚，次日又被另一個村子抬去，最後到 5 月初 5 凌晨才返宮。時間在五月節（5 月 5 日端午）之前，正是當地稻苗結穗的時節，非常怕遭遇病蟲害或雨季，因此每年此時抬公王出巡，即是期待公王保佑農作。另外，接公王的時間點正好是農閒時分，大家也藉此機會「走親戚」，宴請來訪親友，接公王期間也就成為在農村勞動苦中作樂的一種調劑。參閱林清水，《蕉嶺縣新鋪鎮上南村民俗調查》，頁 199-200。

47 房學嘉等編著，《客家文化導論》，頁 349-50。

公王並列奉祀且賦予社官「王爺」之尊稱，亦表達至少在梅縣與蕉嶺地區，社官神格乃大於伯公，而將公王與社官混成的結果，是社官擁有如公王般神力，公王如社官般擁有常設露天祭壇。如前所述《周禮》中本即指出社神主陰氣，或許也正因為這種屬性特徵，社官遂巧妙地與公王信仰的巫覡崇拜相互鑲嵌。

這種露天墓塚制的公王祭壇，似乎並未隨着入臺客裔子孫落腳於六堆地區，多僅見於族人置於家族神之列或在祖堂廂房一側予以崇祀，抑或在敬拜天公三獻禮時所邀請奉饗的神明名單中。也就是說，公王信仰從原鄉帶到彌濃，經過兩百多年來的不斷演變，並沒有朝向獨立設置廟壇的形制發展，當代多僅在為數不多的夥房屋內，或伴隨阿公婆牌位，或與其它神明（在六堆地區亦有伴隨里社真官神位）共祀，變成家族的保護神。黃釗指出，客方言群在原鄉時期的公王信仰是「有巫之處始有公王」，筆者認為：或許彌濃社會在成形之初，並不存在懂巫之人，缺乏知悉奉祀或獻祭公王的管道，因此形成家祀神，並未發展成聚落神。反倒是因彌濃有着蓬勃的伯公信仰，[48] 因此部分供奉公王神位的家族，連其後代亦將之視為為伯公之一種，[49] 目前看來這可能是一種誤認。

從彌濃人將公王視為伯公一事衍伸來說，我們對於何以彌濃人將社官視為伯公，也可詮釋為是受到伯公信仰在當地高度發展的結果。由前述可知，里社真官的奉祀帶有官方色彩禮制，即便最底層的村里，其設置與祭祀亦有官階對應的地方行政主管組織規劃，一旦禮制失傳，一般村民恐亦無力（不知）如何祭祀。彌濃人就常說「不曉得怎麼拜（社官）」，使得三座典雅的里社真官壇幾無多少香火，同時亦被當地伯公信仰吸收，成為專管水口的伯公。被彌濃人視為專管水域的里社真官，與原鄉蕉嶺一樣有「水鬼升社官」的諺語與傳說。

---

48 張二文，〈美濃土地伯公信仰之研究〉，頁 66。

49 吳連昌，〈美濃客家夥房內「公王信仰」之初探〉。

由此亦可證明，早在彌濃人祖先自蕉嶺遷台之時，里社真官在原鄉地區已於禮制之外，混成具有相對靈力的水神類公王信仰內涵。由此角度說明，社官的公王性格最晚在明末清初已在蕉嶺部分地區成形，反映的或許是偏遠山區禮制之淡微，更可能是山區公王信仰的熱絡，因此人們將弄不清楚由來的社官，賦予「老爺」之稱，並賦予驅除祆癘之把境靈力。我們可以說：清初從蕉嶺原鄉引入彌濃的社官，是一種從儒學禮制中的里級官設社神，經混入公王靈力崇拜與道教思想體系的演變，而成為我們當代看到的這種墓塚式露天里社真官壇。

里社真官從由里長帶領祭拜社稷的禮制，其神性及管域從清朝中葉以來，在粵東演變成一種具有神威力量的水官（水神），我們可將之視為官方里社制度與嶺南少數民族巫覡文化之「混成」（hybridization, creolization）。[50] James Watson 曾在其相當著名的論文中，討論華南地區的媽祖信仰叢結（belief complex）特徵，說到媽祖信仰在中國信仰系統由下往上升級、由上往下加封的過程中，政治菁英僅負責儀式形式的正確性，實際上並不介意這些儀式的詮釋，因此許多儀式是容許各個階層的人民去進行詮釋，補註內容；因此，口傳故事與官方正統說法相互採借，共構了這個叢結，並建立一種「標準化」媽祖的文化體系。[51] 從這個說法中可得到的啟示是：我們或許可以藉以想像，里社真官在原鄉粵東的混成，也是在朝官頒布各里須建社官壇的政策下，地方政治菁英以禮制方式組織人民建置社官，但容許人們以自己理解的方式去詮釋它，因此使得粵東原鄉的社官呈現出後來我們所聽聞到的這種面貌。

50 「混成」概念見 James Clifford,"Introduction: The Pure Products Go Crazy,"in The Predicament of Culture: Twentieth-century Ethnography, Literature, and Art, pp. 1-17.

51 James Watson, "Standardizing the Gods: The Promotion of T'ien Hou (Empress of Heaven) Along the South China Coast, 960–1960," in Popular Culture in Late Imperial China, pp. 292-324.

五、里社真官見證的古地理的變遷

祖先來自粵東的臺灣瀰濃人，帶來了這種混合著里社禮制與水神性格的「里社真官」信仰以及露天墓塚式社官壇形制，只是這個移植的過程或許是透過直接從粵東至瀰濃依親的少數讀書人而來，所以在下淡水溪其它客方言群居地並未發現有類似形制社官壇的存在。若進一步探討這種帶有把境靈力性格的墓塚式里社真官壇之地理區位，將可發現：正因為具有地理區位上的選擇性親近，社官壇的設置所在，恰恰亦反映出當地聚落地理的變遷史。

里社真官壇在具備水神性格之後，民間便出現了關於其相關傳說。最典型的莫過於解釋里社真官乃是「由鬼變神」而來，也就是「水鬼做社官」。一般說法是，一名原本欲找替死鬼投胎的水鬼，後因善心而放棄了在期限內最後一次機會，後被天庭得知，遂將之扶為管理水域與水鬼的社官。在蕉嶺與瀰濃都有相似的版本。例如：關於瀰濃里社真官的起源，地方上傳說是為了壓制瀰濃河水患，請地理師勘定後設置。又如：廣福里社真官（九芎林或竹頭角里社真官）則傳聞是一名英勇救人卻不慎溺斃之人，因成水鬼後仍暗中幫助村民安全過河，所以當玉皇大帝在瀰濃河上游段設置里社真官時，這位好心牽人渡河的人／鬼，就成為不二人選。[52] 分析耆老的口述文本，其中對於里社真官性質的描述，同時包括具壓制水患作怪的「水神」神格，同時亦有「由人變鬼再變神」的過程。這兩說符合了社神在天地陰陽觀念中屬（地）陰的邏輯。《淮南子》所說聖人死而為社，也就是對人間有貢獻的鬼而後成為社神，此亦與蕉嶺以及瀰濃「水鬼做社官」的傳說，在邏輯上是相通的。傳說故事後來變成一句

52 這段口述歷史紀錄於樹德科技大學建築與古蹟系，《高雄縣縣定古蹟瀰濃庄里社真官伯公、龍肚庄里社真官伯公、九芎林里社貞官伯公、縣定級古蹟東門樓之美濃庄頭伯公調查研究規劃案》，頁 243-46。口述者為溫德壬先生（1919 年出生）。

反映世間倫理的俗諺：「水鬼仔升社官」。根據田野訪談報導，一般會把這個諺語用在三種情形：一是祝賀別人由小職升上大官；另一則是揶揄某人有了一官半職就神氣起來；最為負面的是第三種，諷刺一個本事不大的人竟爬到大官之位。[53] 里社真官的起源傳說對應人間的政治生態。

里社真官在傳說中是一個專管水域的「官」，已不是護衛泛指的土地。依據傳說文本來分析，里社真官之管轄範圍包括「水域」（自然資源／河川／財源）與「水鬼」（陰間人事／人間水域交通）。地方俗諺「水鬼升社官」也突顯了一種關於「升官」的象徵——不論是原本官職小還是本事小，畢竟還是升了官。位於梅州市東北郊月梅一地的「三坑鄉里社真官」，地方人報導對想求官祿或功名者，甚至是在上位者想要防小人，頗為靈驗。梅州市里社真官壇旁的算命師就鄭重表示，該座社官壇吸引了許多人專程前去上香求願。

因社官發展出水神特性，筆者在蕉嶺的田野調查中注意到，社官壇設置的地點以及村民指出何以設置社官壇，往往與水患的發生或預防有關，而與其他學者認為里社真官位於水口是為了攔阻象徵財氣的水流出，有所出入。[54] 本文表 2 列出的里社真官，經與附近村民攀談，理解社官的地點有兩個特色：第一是位於曾經是常有洪水氾濫之處。包括在接近矮丘山腰面對溪圳處的一個較高平台（見例 M/O）、面對溪水或大河（見例 B/C/E/I/J/K/L）、面對早期溪埔低窪地或曾經的濕地（見例 A/D/F/G/H/N），由此可見社官壇確實與「水」（河流、湖泊、陂塘、低窪濕地等）有相當程度的關係。「水口」應該是後來的概念，最早可能是水的「匯集處」，亦即較易受到淹水的區位。筆者在好幾個不

53 感謝蕉嶺縣誌資深編委林清水老師，及新鋪鎮新鋪中學校長曾佛元先生，在筆者進行田野期間熱心提供關於「水鬼升社官」俗諺的相關訊息。

54 關於水口伯公具有守住水口留住財氣的觀點，還包括將水口視為一個決定村庄風水地理命運的關鍵地點。見徐正光等編纂，《美濃鎮誌》頁 820-21，亦見李允斐等，《高雄縣客家社會與文化》，頁 235。

同地點都曾聽說，在社官附近較低平的那些田地，都是在 1960 年代「圍塘造田運動」時才改成農田，以致於現在都只看到片片稻田，不見「水」。村民口述說，過去常傳說每逢大雨，湖水高漲／河水暴漲一時不察，田地房舍即遭滅頂，此即目前幾處位於原址的社官壇，明顯設置於丘陵平台望向低窪處之因。

另外，關於社官壇位置的第二個特色就是：祂們通常位於自然村的邊際；當然這也使得筆者在尋訪時常誤以為村民說錯了路，怎麼照著走卻是離村子越來越遠。表2裡的里社真官，除去後來在築堤之後直接重立於圍堤上的社官壇，在舊聚落中的社官壇位置幾乎都位處於自然村際的邊緣。何以人們不在聚落中心設置「里社」，而是選擇在聚落邊緣？筆者認為這應與社官到了南嶺之後轉為具「水神」性格有關，它守護著聚落最易遭受水患，形成人命財產損失的地方；而通常河流、陂塘或溪流密竹，這些也多是村的邊緣。兩、三百年來地景變遷太大，慶幸的是在原鄉的偏遠小村，我們還可以從村民的記憶口述裡，拼湊出這個關連。

在經過與原鄉的比較之後，筆者對臺灣僅存的彌濃三座里社真官有了更為清晰的認識。首先是關於名稱。新鋪鎮「尖坑社里社真官」及徐溪鎮「溪口社社官貞母」，均保留古制「以里名為社名」的方式，在碑石見得其社名，反映出該地舊時「里」的名稱。用此角度來看，對於彌濃三座里社真官的碑石也應如下解讀：「瀰濃里社真官」即舊時「瀰濃里」的社官壇；「龍庄里社真官」為「龍庄里」社官壇（今多被說為龍肚里社真官）；而「廣福里社真官」乃「廣福里」社官壇（今多被說成九芎林里社真官）。依據漢制與後來又擴大里戶數的明制，每里百戶應要設置里社，且社的名稱由里名定之，由此來看彌濃境在清初擁有三個社官壇，見證的正是彌濃的三個聚落群，瀰濃里、龍庄里與廣福里，每個「里」底下涵蓋為數不等的自然村。這對我們復原清時彌濃人所建立的三大聚落，有相當大的幫助。

第二，由於社官演變成里社真官後的水神性格，彌濃人的三處社官壇同樣見證三個大聚落在二百多年前的水文地理，亦即設置之處就是當初最易蒙受淹水之苦或河流暴漲易捲走人命的地方。當地人表示，瀰濃里社真官壇最早的位置比當代所見，應更接近彌濃河，為彌濃河流經上庄、花樹下、柚仔林、下庄的洪患區邊緣，位於瀰濃本庄的西緣；龍庄里社真官壇位於「龍闕」，該位置正是傳說中龍渡湖遇大雨氾濫崩堤之處，亦在龍庄的村際南緣；廣福里社真官壇位於竹頭角庄的東緣（在小地名九芎林裡），其面對著它北方上游的「大埤頭」——從大埤頭這個舊地名即可知該處過去曾是一個規模頗大的水塘，設置社官壇於此即是希望壓制雨季來臨暴漲的埤水對竹頭角庄可能造成的傷亡。

里社真官至今在彌濃仍是一種未能確實其來源與神格的謎樣社稷之神，長期被置入於伯公信仰叢中，重新研究祂的來源、神格與神性、設置位置等，對於我們理解一個地方社會其原鄉傳統、文化會遇與生態適應，是重要的參考座標。

六、《瀰濃二月祭》應是社官祭在現代的遺存：代結語

如前文所述，里社真官在粵東原鄉時即已是一個「里社」（古代禮制）與「水神」（嶺南巫覡信仰）加上進入道教知識系統（真官）的混成。這樣的混成體在 18 世紀 30 年代從粵東原鄉直接移植來到彌濃，由繼承理學禮制且熟悉勘輿的讀書人，在當時三個重要的聚落邊緣，建置了壓制水患的里社真官壇，並延續傳統春秋兩次社祭的進行。清代蕉嶺縣籍舉人黃釗所著的《石窟一徵》一書中，曾描述了「社祭」的進行，許多特徵在當代的瀰濃開基伯公新年福（春祈）與滿年福（從秋報改為冬報）的祭典之後，仍可看到其「分有社肉，社肉汁煮粥分食」[55] 之俗，而目前每年在彌濃河岸邊舉行的《瀰濃二月祭》（又稱二月戲），本文認為或可視為瀰濃里社真官春季社祭的遺留，如此我們更能理

解《瀰濃二月祭》裡各自然村輪流舉辦（幾個自然村合祀一處社官）以及地方行政長官投入等特色的來源。

關於在粵東原鄉地區的社祭，人類學者謝劍與房學嘉曾合作記載並分析了梅縣丙村黃坑溪畔的社祭，指出社祭與村中婦女社交生活的關係頗為密切。[56] 筆者在粵東的田野調查，也有一段關於社祭的訪談紀錄。在蕉嶺縣新鋪鎮金沙大塘面有一個小土墩，村民們稱其「社官下」，村子都姓陳，就在鄰近陳家祠堂不遠出有個重建過的社官壇。村民陳先生（1946 年出生）回憶幼年時曾見過社官「起鬥」（起醮）、人們去「鬥鬧熱」（簇擁參加祭典活動）的情形。陳先生表示，他的父親在民國時期曾擔任意見領袖與小學校長，童年時也見過父親張羅社官起鬥等相關事務。他童年記憶中社官壇的碑石很高，當他還是小孩時，那塊碑石跟他一樣高，過年前後總有很多人到社官下來還願、許願，2 月與 8 月都有祭典。祭典期間連演大戲，而小孩子會有很多東西可以吃。他站在自家門樓旁表示：並非每個村子都有社官，社官是鄰近的幾個村子——大概三、四個左右共同祭拜的，所以平日村內的人會去拜，但社祭時附近村子的人也會來，就在社官下擠得人山人海，三牲祭品排到路上去，各戶辦流水席，景象非常熱鬧。

蕉嶺新鋪金沙的社（官）祭讓我們對瀰濃庄在每年農曆 2 月初舉辦的《瀰濃二月祭》有新的看法。《瀰濃二月祭》每年舉行的地點在過去是採輪流方式，分別在上庄東門橋下（即舊聚落東柵門外）、中庄瀰濃橋下（舊聚落南柵門外）、下庄西門橋旁（舊聚落西柵門外）的瀰濃河床上，輪流舉行。根據文史口述，一直到 1970 年代都還有連演三日或三日以上客家大戲的傳統。瀰濃人

55 黃釗原著，廣東省蕉嶺縣地方志編纂委員會點注，《石窟一徵點注本》，頁 125-26。
56 謝劍、房學嘉，《圍不住的圍龍屋：記一個客家宗族的復甦（增訂本）》，頁 101。

對《瀰濃二月祭》的來源並沒有很清楚的說法，地方上根據耆老口述認為《瀰濃二月祭》是農閒時演大戲酬謝瀰濃庄內各個伯公與河神伯公，並祈求彌濃河不要氾濫的歲時祭儀。[57] 祈求河水不要氾濫是非常貼近於原先清初里社真官壇的設置目的的。

從《瀰濃二月祭》的儀式內容，我們也可以嗅出其非常可能是轉變於里社真官壇的「社（官）祭」或原初由里社真官引導而來的社祭殘餘。根據在地民俗學者紀錄，《瀰濃二月祭》始於〈請伯公〉，依序邀請包括瀰濃庄開基伯公、德勝公爺、里社真官等在內的 13 座「伯公」至主祭場看大戲。[58] 之後是〈祭河江〉，在彌濃河畔擺設祭壇進行祭典，香爐內安奉以紅紙書寫的「河江伯公里社真官暨列諸尊神香位前」神牌，供奉五牲祭品，並由禮生帶領福首行祭拜禮。隨後〈做大戲〉3 天（現已縮為兩天）。首夜舉行〈還神〉（拜天公）並向十三位伯公行三獻禮祭。還神三獻禮之後進行〈送福首〉，即將福肉、新丁

57 《瀰濃二月祭》之起源與歷史已無可考。一般咸認為伴隨着開庄即已存在。在傳統農業社會時期，二月戲與祭河江的日子，是委請勘輿師就農曆 2 月擇定佳期良辰舉行。勘輿師引用傳說，表示耆老們聽說二月祭的來源，是清朝時一位老阿伯在河邊走失了一頭牛，非常焦急，向河神發願說若找得到丟失的牛，將年年祭拜做大戲，結果牛竟然自己跑回來。老阿伯從此信守諾言，祭河神並演大戲，美濃庄人認為河神有靈，二月戲逐漸變成美濃庄傳統祭典。但此傳說故事之真實性尚須再求證。舊時瀰濃庄與柚仔林庄，隔着美濃河，河面既寬且深，不似今日河道窄且水淺。由於兩庄往來密切，中壇、龍肚入美濃庄皆須渡美濃河。旱季時，就在東門樓下和花樹下分別搭竹橋通行，雨季水深時期，就在南柵門的渡船口，乘義渡竹筏往來。由於夏季雨量豐沛，雨季河水暴漲，常有意外發生。於是在每年農曆二月，美濃人掛紙（掃墓）時舉行，一則酬謝瀰濃庄各伯公及河神伯公，一年來護佑瀰濃庄合境平安，再則祈求來年美濃河莫生水患，冤死河中之無祀男女孤魂，不再奪走人生命。同時請戲班演出，以酬謝各伯公及河神伯公。見謝宜文，《美濃地區客家「還神」祭典與客家八音運用之研究》，頁 93。

58 瀰濃庄耆老稱該十三座「伯公」為「老伯公」，是拓墾初期即建立的伯公壇，為各個聚落的代表。見樹德科技大學建築與古蹟維護系，《高雄縣縣定古蹟瀰濃庄里社真官伯公、龍肚庄里社真官伯公、九芎林里社貞官伯公、縣定級古蹟東門樓之美濃庄頭伯公調查研究規劃案》，頁 72。

粄、金、香、鞭炮、寬紅布等，由當值福首在八音團的引導下，送至各行政里推出的兩位福首家中，旋即回返祭壇恭請各伯公回壇。舊時整個儀式進行時，中午或晚上各家會辦桌邀請外庄人客，請大家去看戲，但現在會辦桌請客的已不多。[59]

關於《瀰濃二月祭》的討論並不少，但至今仍無研究將其與里社真官社祭連上直接關係。《瀰濃二月祭》裡的〈祭河江〉一般認為僅作為序幕，但有研究者提出〈祭河江〉很可能是當地開庄以來最嚴肅的祭儀之一，也是《瀰濃二月祭》中最隆重且最為精髓的部分。[60] 地方文史報導認為《瀰濃二月祭》表面上是祈求河神伯公能夠護祐兩岸無災，實際上是祈求冤死在河中的男女孤魂，來年不要再奪走人命。[61] 這個部分與筆者在蕉嶺田野中得到關於社官信仰中的「水鬼／社官」已相當接近。另外，《瀰濃二月祭》的福首組織是以現在的行政「里」為單位，通常里長為當然的福首成員，而里長會另外找一人搭檔協助，[62] 這一點與文獻中早期里社制度頗能呼應；若我們扣除 30 年前才加入的埤頭下（今中圳里），《瀰濃二月祭》祭祀圈包含 6 個自然村，共有庄頭（今東門里）、上庄（上安里，後併入東門里）、中庄（泰安里）、橫街（永

59 關於二月祭的相關細節，可參閱謝宜文，《美濃地區客家「還神」祭典與客家八音運用之研究》，頁 95-102；樹德科技大學建築與古蹟維護系，《高雄縣縣定古蹟瀰濃庄里社真官伯公、龍肚庄里社真官伯公、九芎林里社貞官伯公、縣定級古蹟東門樓之美濃庄頭伯公調查研究規劃案》，頁 77。

60 見樹德科技大學建築與古蹟維護系，《高雄縣縣定古蹟瀰濃庄里社真官伯公、龍肚庄里社真官伯公、九芎林里社貞官伯公、縣定級古蹟東門樓之美濃庄頭伯公調查研究規劃案》，頁 74。

61 黃森松，《今日美濃》，頁 37。

62 正因為二月祭由里長擔任福首的特色，吸引了研究生以二月祭裡的地方菁英為論文主題，探討日治至國民政府時期走過兩個時代的地方菁英（保正與里長）如何投入伯公信仰的推動與實踐，並透過參與落實地方公眾服務，藉以建立社區網絡關係。見黃美珍，《聚落、信仰與地方菁英：以美濃二月戲為例》。

平里，後併入瀰濃里）、下庄（瀰濃里）以及柚仔林（合和里），從地理上來看，這六個自然村都是緊鄰瀰濃河兩岸發展出來的村庄，而瀰濃里社真官壇就設置於這個聚落群的下游邊緣處，這個範圍應與清初里社制度下「瀰濃里」相互重疊。

從《瀰濃二月祭》進行的時間、目的、形式、內涵、範圍，及由地方里長擔任福首的傳統等面向來看，筆者認為《瀰濃二月祭》應該就是瀰濃里社真官每年例行的春季社祭，包括做大戲、各家戶宴客、分福肉（趨近古代禮制社祭中的「分社肉」）等都是傳統社官進行社祭的活動內容。不過由於彌濃人的伯公信仰相當活躍，因此在社官信仰淡微之後，有著豐富社祭內涵的「食社粥」，在許多伯公祭儀仍留下來。

目前南臺灣僅見此三座露天墓塚式社官壇，《瀰濃二月祭》可視為社官祭之殘存，或許亦為來臺客裔僅存的社官信仰叢結。從這個例子，筆者推測南臺灣客家社會中的彌濃一地，在其地方社會形成之初，「原鄉文化」即曾平行輸入，並建構早期彌濃人的精神世界。另一方面，彌濃三座露天墓塚式里社真官壇見證了原鄉與移居兩地文化在清初時期的銜接。由此亦可看到彌濃早期是一個開放且流動的社會。彌濃人先民從下淡水溪南岸帶著六堆的拓墾精神與武裝文化渡河北上，邂逅後來自原鄉越海來臺的讀書人，建置三座已在原鄉混合著官社禮制與南嶺巫覡的里社真官，經過歲月的沖刷，社官信仰與彌濃的伯公信仰系統揉合在一起。當代的彌濃（美濃）就是這些「傳統」相互流動、邂逅、混成的呈現。「傳統」並非固著不變，它的流動性亦表達了彌濃的地方性，自 18 世紀開始，客裔彌濃人所建立的就是一個活潑且充滿創造力的民間社會。

參考文獻

一、史料

《二十五史•史記一》，[1747] 1972，藝文印書館據清乾隆武英殿刊本景印。

《正統道藏》，1977，白雲霽；施博爾（Kristofer Marinus Schipper）；李殿魁。臺北：藝文印書館。

《石窟一徵》，[1882] 1970，黃釗，清宣統元年重印本景印。臺北：臺灣學生書局。

《石窟一徵點注本》，2007，黃釗原著，廣東省蕉嶺縣地方志編纂委員會點注。廣東省蕉嶺縣：蕉嶺縣地方志編纂委員會。

《夷堅丁志》，[約 1176] 1981，洪邁。臺北：臺灣商務印書館。

《明會典》，[1502] 1987，徐溥等奉敕撰；李東陽等重修，《欽定四庫全書》。上海：上海古籍出版社。

《御定全唐詩》，[1709] 1987，清聖祖（1654-1722）御定，《欽定四庫全書》。上海：上海古籍出版社。

《禮記注疏》，[約 1192] 1987，鄭玄（127-200）注；孔穎達（574-648）疏；陸德明（約 550-630）音義，《欽定四庫全書》。上海：上海古籍出版社。

《禮記集解》，[約 1771] 1972，孫希旦。臺北：文史哲出版社。

二、論著

吳連昌，2009，〈美濃客家夥房內「公王信仰」之初探〉。發表於「第六屆客家學術研討會：六堆客家聚落的形成與海峽兩岸的交流」，美和科技大學客家社區研究中心主辦。屏東，2009 年 11 月 25 日。

李允斐、鍾永豐、鍾秀梅、鍾榮富，1997，《高雄縣客家社會與文化》。高雄：高雄縣政府。

李允斐，1989，《清末至日治時期美濃聚落人為環境之研究》。中原大學建築研究所碩士論文。

杜正勝，1990，《編戶齊民：傳統政治社會結構之形成》。臺北：聯經出版社。

房學嘉、宋德劍、周建新、蕭文評編著，2002，《客家文化導論》。梅州：花城出版社。

林清水，2008，《蕉嶺縣新鋪鎮上南村民俗調查》。廣東：蕉嶺縣地方志辦公室。

徐正光等編纂，1997，《美濃鎮誌》。高雄：美濃鎮公所。

張二文，2002，《美濃土地伯公信仰之研究》。國立臺南師範學院鄉土文化研究所碩士論文。

陳秋坤，2009，〈帝國邊區的客庄聚落：以清代屏東平原為中心（1700-1890）〉。《臺灣史研究》16（1）：1–28。

黃美珍，2008，《聚落、信仰與地方菁英：以美濃二月戲為例》。國立交通大學客家社會與文化碩士在職專班碩士論文。

黃森松，2001，《今日美濃》第293期（2001年4月）。高雄：今日美濃週刊社。

楊欽堯，2009，〈六堆進士黃驤雲〉，《國史館臺灣文獻館電子報》第39期。http://www.th.gov.tw/epaper/view2.php?ID=39&AID=502（擷取日期2013年4月19日）。

廖倫光、黃俊銘，2007，〈六堆客家的塚信仰構築與地景圖式〉。頁279-95，收於《2007年客家社會與文化學術研討會論文集》。國立高雄師範大學客家文化研究所編。臺北：文津出版社。

蒲慕州，2004，《追尋一己之福：中國古代的信仰世界》。臺北：麥田出版社。

趙世瑜，2002，《狂歡與日常：明清以來的廟會與民間社會》。北京：生活•讀書•新知三聯書店。

鄭振滿，2006，〈莆田平原的宗教與宗族：福建興化府歷代碑銘解析〉。《歷史人類學學刊》4（1）：1-28。

樹德科技大學建古系，2004，《高雄縣縣定古蹟瀰濃庄里社真官伯公、龍肚庄里社真官伯公、九芎林里社貞官伯公、縣定級古蹟東門樓之美濃庄頭伯公調查研究規劃案》。高雄：高雄縣政府。

謝宜文，2007，《美濃地區客家「還神」祭典與客家八音運用之研究》。國立臺南大學臺灣文化研究所碩士論文。

謝劍、房學嘉，2002，《圍不住的圍龍屋：記一個客家宗族的復甦（增訂本）》。廣東：花城出版社。

鍾鐵民，1997，〈黃進士的故事〉。頁531-32，收於徐正光等編纂，《美濃鎮誌（上）》。高雄：高雄縣政府。

Clifford, James, 1997, *Routes: Travel and Translation in the Late Twentieth Century*. Cambridge, Mass.: Harvard University Press.

______, 1998, "Introduction: The Pure Products Go Crazy". In *The Predicament of Culture: Twentieth-Century Ethnography, Literature, and Art.* Cambridge, Mass.: Harvard University Press, 1-17.

Leong Sow-Theng, 1998, *Migration and Ethnicity in Chinese History: Hakka, Pengmin, and Their Neighbors.* Stanford: Stanford University Press. Taipei: SMC Publishing Inc.

Watson, James, 1985, "Standardizing the Gods: The Promotion of T'ien Hou (Empress of Heaven) Along the South China Coast, 960-1960". In *Popular Culture in Late Imperial China.* Edited by David Johnson, Andrew J. Nathan, and Evelyn S. Rawski. Berkeley: University of California Press, 292-324.

臺灣中部紅頭司與客屬聚落的醮儀行事 *

李豐楙

臺灣的道教派別及其宗教活動，研究者習常使用地區作為區分標準，認為有南部型的王醮、瘟醮，與北部型的清醮、福醮等兩種主要類型。[1] 這是從醮事的舉行程度所作的分類，其中還涉及不同祖籍、族群的道教派別問題，與臺灣移民史中不同族群的分類聚居有關。然則臺灣中部的醮事又如何歸屬？如果以為是南、北交錯地帶，而呈現南部與北部型的交錯，就是一種機械的推論。其實形成交錯現象，乃源於移民群的分類萃居結果，乃是歷史的原因。在此即針對中部地區探討四個問題：

（1）中部醮型與族群分類聚居的關係為何？

（2）中部客屬聚落至今存在的道壇究屬何種派別？

（3）客籍道士常行的醮儀如何？

（4）目前客屬紅頭司面臨的問題何在？

在此從文獻及田野資料解說，其中涉及信仰習俗與族群生活的關聯，從祭儀中使用語言、音樂與社會環境的關係，解說中部道壇的客籍道士與移民聚落的互動關係，此乃研究信仰習俗值得關注的問題。

---

* 本文原刊登於《臺灣文獻》，1998，49 卷第 4 期，頁 187-206。收錄於本專書時略做增刪，謹此說明。作者李豐楙現任中央研究院中國文哲所兼任研究員。

1 劉枝萬，《中國民間信仰論集》（臺北：中研院民族所，1974）。

一、中部客家族群中的紅頭司

（一）紅頭司的活動區域是否與客屬聚居區有關

臺灣中部地區的開發，包括臺中縣市、彰化縣，及相鄰中南部地區兩個縣市——雲林縣及嘉義縣、市的一部分，清領時期從康熙中葉以後，在當時所設的諸羅縣轄區內，曾湧入為數可觀的粵籍客民，即為「潮之饒平、大埔、程鄉、鎮平、惠之海豐」。[2] 客民分布的區域及其聚居的情況，「自下加冬至斗六門，客庄、漳泉人相半」；且「斗六以北客庄愈多」。[3] 也就是今嘉義縣境內約有半數曾有客庄，而雲林、彰化兩地及以北地區則客庄人多於漳泉人。當時客庄中萃居數量龐大的客民，所擔任的佃丁工作就是開墾漳、泉籍莊主的莊園，以此賺取錢財；等歲末或積蓄已足之後，即歸返廣東或福建原籍以養家，因此居民人數不穩定、流動性大。對於這種流移的生活，施添福認為即「季節性或週期性的移墾方式」，乃造成地區內客家人變動特大的主因。[4] 所以在後來的方志資料中，只是遺留了許多客家的庄名、粵籍原鄉的地名；並保存了為數不少的三山國王廟。其中部分即殘存操客語的「方言島」地區，厥為歷時一、兩百年粵客移民的歷史遺跡。[5]

清廷將臺灣割讓日本之前，整個中部的客家族群到底經歷多大的變動？關鍵就是在清中葉以後，整個族群曾歷經重新整合的趨勢，地區內同樣也經過一

2 陳夢林負責主持撰修《諸羅縣志》，在「水陸防汛」中有段附語敘及此事（臺北：臺灣銀行文叢四一，1962）。

3 同註 2，卷二規劃志「總述」的一段文字。

4 施添福，《清代在臺漢人的祖籍分布和原鄉生活方式》（臺北：師大地理系，1987），頁 64。

5 詳參拙撰，〈臺灣中部「客仔師」與客家移民社會〉，刊於《臺灣經驗》（二）（臺北：東大，1994），頁 121-158。其中曾引述《彰化縣志》、《嘉義管內采訪冊》、倪贊元《雲林縣采訪冊》。

段時期族群的分類械鬥，原本人數過半甚或逾於漳泉人的客民，由於移墾退出或被迫他遷等諸多狀況，使得原本存在較多的客屬人士變成相對少數，在族群對立與合作的衝突、矛盾關係中，形成漳、泉籍村莊中的少勢族群。而迫使客庄、客民採取的適應方式，就是愈形集中「萃居」於部分地區，形成語言學家所說的「方言島」現象。[6] 類此借由語言、風俗形成的文化認同，在不同族群分類鬥爭激烈之際，也將民俗作為一種文化「認同」，使得不穩定的族群在抗爭的危機中，成為凝聚、整合地緣、血緣及文化緣的力量。唯一旦「在地」分類萃居逐漸定著後，不同族群間又會基於需要彼此交往，在自然的接觸中相互融合，導致居於少數、弱勢的族群逐漸被同化。這一種情況早在光緒 20 年（1894）以前，也就是一百年前，倪贊元既已明白指出，雲林縣境內客庄：「籍本粵東，俗尚互異，因與土著雜處既久，言語起居多效漳人」。[7] 類此「效漳」的漳屬化過程乃是緩慢而自然的融合，乃因雜處既久，為了生活、工作需要發展而成，既是嘉義、雲林縣境內，也是彰化、臺中縣內同樣發生的同化現象。

語言學家注意到方言的消失，在晚近百年、尤其近 50 年來愈形嚴重，消失的原因包含諸多複雜的因素：諸如政治的干預，日本殖民政府及國民政府厲行的文化政策；交通便利後萃居型態的改變、弱勢族群的不自覺，以及將語言視為人際關係的工具等，凡此都加速了本地客語區的孤立、侵蝕乃有消失之虞。相較之下，信仰習俗就較具韌性的存在能力，其中臺灣方志一再敘及的「客仔」、「紅頭司」即是顯例。在族群遷移過程中，與信仰有關的儀式，是否也會隨社會變遷而與時俱變？由於這類從事祭祀工作的，乃以「紅頭司」身分從事「進錢補運」儀式，只是針對私家中的個人從事民俗性醫療，因此屬於個別

---

6 黃宣範曾提出《中部客家方言島的消失》問題，文中即引述並解說「方言島」與客籍族群的關係，《語言、社會與族群》（臺北：文鶴，1993），頁 294-314。

7 倪贊元前引書。

問題；而所處理的身心醫療，隨著科學技術的引進，所受到的衝激較大。在日本統治期間既已引入進步的醫技，到國民政府時期推行了衛生醫療政策，使客民面對重病原本倚賴紅頭法改運的習慣，在根本上產生劇烈的改變。所以這類花費較多的「進錢補運」習俗快速消失。即可從民眾在醫療觀、生命觀的改變，理解盛極一時的信仰習俗為何隨著衰落、消失。[8]

由於「紅頭司」的「紅」字在顏色象徵上，乃與閭山派、三奶派的巫法傳統有關，在作法時的儀式打扮及動作，除了以「紅巾」象徵其形象，還意指「度生」的吉祥、吉慶性質，也就是與寺廟、祠堂的祭祀活動有關，都被視為是「紅事」。因此紅頭司除了具備「進錢補運」等小法的法術本領，如有能力或有機會的話，通常還會學習道教的正一派科儀，成為具有「道士」的身分，民間仍稱作「師公」、「司公」。類此兼習道、法傳統的，通常稱為「道法二門」；平常從事小法，諸如改運性質的翻土、出煞、安神位等，就如道壇的廣告板上、或道士使用的名片，經常強調其「專門吉事」，表示與烏頭司公從事的喪葬超度有所不同；至於其他業務的項目，凡有禮斗三獻、酬神消災、煮油淨宅、祭關押煞、收魂安胎等。而少作卻能彰顯道法修為的則是「祈安建醮」，在道士行內被認為有本事的表現。凡能夠參與、尤其主持建醮的——也就是所謂的「福醮」、「清醮」，即為中部客籍「正一派」道士中的傑出道長，乃為寺廟慶成舉行的科儀行事，此即正一派紅頭道士所專擅的「吉事」典型。

紅頭法在中部的客籍族群中，修志士人印象特深的，雖然有「鼓角喧天，竟夜而罷」的改運收魂習俗，乃為個別的生命危機進行消災解厄，唯僅是一人、一家的私事；而與族群集體有關的宗教行事，則是祈安建醮、禮斗三獻之類，既是與寺廟的興建完成有關，也是寺廟對聚落居民進行宗教性的祈福活動。客

---

8 詳參註 5 拙撰中有關「客仔師」的歷史性分析。

家族群在中部地區興建的寺廟、奉祀的主神，都有客籍社會、信仰文化的特徵，乃反映原鄉信仰在移民社會的精神面：如三山國王廟就是客屬聚居區的信仰，從臺灣省的寺廟統計來看，中部地區縣市正是重要的集中分布區：彰化縣境內所占的比例最高，其次為嘉義、雲林及臺中。[9]即是興建寺廟奉祀原籍鄉土神，從建成後隆重的醮典到年例的禮斗，均需專行吉事的道士擔任宗教事務。由於事屬集體性的宗教行為，道士在人、神之間擔任中介者的角色，代為溝通、祈求，就成為聚落內不可或缺的神職者。在中部地區現存客籍族群的萃居區內，寺廟慶成的醮儀行事是否由客籍道士主持？就涉及是否擁有相同的信仰，及支持的宗教觀。在區內紅頭司公與聚落居民基於同一鬼神觀，才能互相配合進行祀神的祈福活動，因此彼此之間存在密切的依存關係。在這層神緣、文化緣的關係上，正一派道壇勢必存在於客家聚落內，縱使語言表達工具隨著居民的生活習慣而「福佬化」；唯一旦涉及與鬼神界有關的溝通、虔奉行為，其儀式習慣並不易完全改變，族群仍習慣委由同一地緣文化緣的道士，進行祭祀鬼神的活動，即是基於宗教觀所表現的「文化認同」。

二、中部客籍紅頭司的淵源及其特色

日治前清朝官方採訪、修撰的史志，都可證明只要是客籍移民區就有紅頭司公的活動遺跡，在當時應是普遍存在於客庄內，其道壇的數量既多，宗教活動也頗為活躍。不過歷經日治時期採行的宗教政策、尤其是皇民化階段，對道教及民間巫術信仰採取壓抑、禁制的手段。根據在田野調查中所訪問的，年長道士曾經歷日本政府殖民統治的，都一致表示：在統治初、中期，日本官方採取勸導、改良的柔性政策，想以「進步」的文明方式勸使改變；到了太平洋戰

9 劉枝萬〈臺灣省寺廟教堂名稱主神地址調查表〉，《臺北文獻》11：2（1960）。

爭末期日本連年戰敗，在全臺發起了皇民化運動，對道教象徵的中華文化，則是採行壓制方式。由於戰時體制使當時的經濟艱困，不僅寺廟的集體性祭祀遭受壓抑，就是私人在家中的祭神、作法活動也頻遭禁制，此乃臺灣「光復」前的實況。相較之下，戰後則可自由活動，寺廟的整修、改建也出現一波波興盛的風潮，尤其近十餘年（-1998）來經濟繁榮後，每一聚落的大事就是改建或新創寺廟，成為興盛的一波建廟潮，中部地區面對這一潮流亦復如此。因此客籍居民的集中區，每逢寺廟慶成建醮時道壇間都會相互支援，就形成不同於海線泉籍烏頭道士——即「靈寶派」道士的活動情況。

根據江南地區龍虎山正一派的文化傳統，龍虎山以上清宮、天師府為中心，統領三山（茅山、閣皂山、龍虎山）符籙，除了道觀內的大法師，大多以在家的火居道士為主，在自家內設治壇靖。根據天師門下的傳籙規則，依據「天壇玉格」代代傳承其壇號，成為伙（火）居道士的宗教傳統。乃因道教教團古來即形成的傳授方式，道壇內部以父子相傳與師徒相授為傳承制，雖有家傳也例需尋求明師拜師深造。所以道教的經、訣與科法，在秘傳傳統下維續其道脈傳續的精神，經歷時間雖則久卻不致中斷。福建、廣東兩省既與江西相鄰，正是傳續龍虎山的正一派，在早期既有老道壇也有資財的道士，常以親往龍虎山受籙為榮，直至來臺之後也仍傳承此一教內傳統。由於道教的科儀乃由前場的道士演法與後場的音樂伴奏相與配合，因此道壇行科、道樂風格就與地方音樂有密切的關係。除了道教內部傳承的道樂，也會廣泛吸納地方音樂；並使用各地的「正音」——不同於方言的讀書音，或較文雅的語言表達，被認為接近「官話」，或使用子弟戲所用的「子弟腔」。此乃緣於道教使用的道經，都是傳承久遠的經典文字，為異於儒家經典、佛教經藏的道經傳統。因而在壇上也需使用文雅的讀書音，配合莊嚴而優美的音樂，構成道壇上的科儀行事。中部地區這一支脈道教，相較於臺灣北部地區臺北縣市及相鄉宜蘭縣，特別是桃、竹、苗三地的客屬優佔區，大多屬於正一派紅頭道士的同一傳統，無論科儀書及書中所列的師派傳承譜系，或在演法的前場科介、口白及唱腔，與後場的曲牌彈奏吹打，其實多有相近的淵源。只是歷經「在地化」之後，北部與中部道壇演法的唱腔、動作已有華麗與簡樸之別，但大部分與中部地區仍有地緣、或師派關係，確是傳承了廣東東部、福建南部的正一派，在移民前既與當地客籍及閩客混居區既有深厚的歷史關聯。

由於臺灣正一派道壇的建置與傳授，乃以家族、家庭為核心，不像大陸全真派、茅山派等的道觀制，原本就有出家的道眾。因此平常小型的法事儀式猶可由家族內部承擔，一旦面對大型的建醮勢需聘請夙有交陪的同道協助。從東漢末以來道治與道治之間，即是同一教團的同道關係；而在爭取奉道者前往投集本治時，也常是相互競合的對象。[10] 類此情況千百年來，就在基層社會的聚落組織，形成文化生態的均衡、分布狀態，彼此之間既合作也競爭，也就形成道壇在各自的聚落內活動，從而出現擬似教區的情況。在適當距離內的道壇間，基於師承關係或因合作需要，形成道士行業的關係網絡，這種道士團體的聯絡網就是一種「行業圈」型態。臺灣各地形成的道士網分布，也就與各籍移民的分布相重疊，這種情況就成為固定組合的「道士行業圈」，表現道壇道士與聚落間的文化生態。[11] 中部客籍區域內的萃居形式，就出現不同於其他地區的道士行業圈，既異於濱海的鹿港、清水等泉、漳籍「靈寶派」，也與北部的正一派道士較少交往。由於在當地既需與強勢的烏頭道士勢力競爭，同樣顯現類似語言「方言島」的孤立情況，形成同一籍屬、派別道士相互支援、合作的關係。故從道壇分布與聚落關係言，就成為中部客籍道士的交往圈。

10 詳參陳國符〈南北朝天師道考長篇〉，《道藏源流考》（北京：中華書局，1985）。

11 有關道士行業圈的研究，可參註 5 前引文。

目前中部客民的「萃居」地區，在雲林縣、彰化縣及臺中縣都集中於少數村鎮。因此即以這三個區域為範圍，選擇具有代表性的為例，其標準約有三點：

1. 歷史較久的老壇傳統

道士都因師徒授受而有抄寫科儀本、經書的傳統，老壇通常會留存舊抄本，註明年代、師派。目前所見客籍道士保存的清抄本，有些甚至是從原鄉帶來的。其中《靈寶正一清晨啟請玄科》以及午朝科儀，在啟請祖傳道派宗師時依例傳述其師派傳承，尤以渡臺前的師派均會明確交代，抵臺之後的世代傳承也需述明，從中顯示了道法流傳的譜系關係。

2. 影響力較大的宗師地位

在道士行業圈內被公認為傑出的高功，常成為其他同道拜師、請益的對象，尤其家族內世傳道法的世業道士，由於保存的科儀、法事較完備，常被視為大道長。在教派內即被認為一代宗師，都會留存於「宗師表」上，在建醮行科時安奉於道士房內供同道祭拜。因此門下弟子較多、影響力較大的，就成為倍受矚目的道長，故可作為調查的主要目標。

3. 道學精湛的道長名望

在同一聚落內的居民、尤其寺廟的執事人員，都熟悉各道壇掌壇者的能力與修為，其道德行為、任事態度及人際關係等，都會決定道壇興旺與否。因此掌壇者本身的條件是否具有公信力？與地方關係良好與否？就成為判斷掌壇者及其道壇地位的標準，也具體影響該壇的衍變、發展，進而可據以推知其社會角色的扮演。

從社會行業的分類及其社會形象言，這些被選擇調查的道壇道士，都被列入「上九流」；[12] 在當時社會具有一定的身分地位；特別是在道士行業內屬於「階

---

12 鈴木清一郎曾記錄當時的社會，分為上九流與下九流。《臺灣舊冠婚喪と年中行事》（臺北：古亭書屋，1984），頁 12-24。

位」較高的高功道長。主要原因就在過去的農業社會，讀書認識字的士人不多，在聚落內能擁有主持禮儀的能力者只是少數，而祭祀活動則是社區內的公共事務，自需委由熟稔禮儀者主持。一般來說優秀的道長大多受過較高程度的藝文（如漢文、音樂）訓練，才能掌握經書的讀誦、疏文的撰寫，在村鎮內成為儒生之外的另一類讀書人，也被鄉村居民稱為「先生」，這一稱謂也保存了傳統社會對識字者的尊重、尊敬。從清領到日治時期能夠具有這種能力的，在鄉鎮社會中所占的比例不高；尤其光復後，能夠有機會再受到較完整的現代教育的，在道士行業中這類人並不多。所以凡符合上述三條件，大多經由家庭教育、道壇內部教育及自我修習的教育過程，也就是當時年五十歲以上、光復前出生的一代，正是傳承道法的關鍵世代，將日治末期的道法傳統傳續到戰後，因而能理解時代變遷中的諸般面貌。由於這一世代所受的傳統訓練，雖則日本官方也曾想加以壓制，唯於這類異族的教育方式及其文化，反而促使他們選擇接納道教傳統的養成教育。但是戰後成長的一代，在面對 50 年來的社會變遷中，由於社會價值觀的劇烈變化、特別是教育環境的改變，道士人才的培育養成也有較大的改變，刺激了道教界文化生態的環境變化。從目前一些夙有名氣的道壇及掌壇者的敘述中，即可驗證中部地區紅頭司公在前後百餘年的發展、衍變大勢。

三、三個紅頭司道壇的分布與聚落

從目前活躍於中部客家聚落的紅頭司中，選擇其中三個符合標準的道壇，就可發現這三個縣市確是自成一個區域性道士行業圈，其業務範圍部分還擴及相鄰的嘉義和南投，符合清康熙年間諸羅縣的「客仔師」分布區。這一區域內的道士也知道桃、竹、苗及臺北縣市地區也有正一派道士，在過去就較少來往，也少有一起合作從事醮事的經驗。因為中部客籍道士在面對不同籍屬的漳、泉語言、文化時，都有明顯的「福佬化」傾向，在一般用語中逐漸改變其語言習慣，也可使用閩南語系從事科儀；也就是在習俗的習染上，接受了一部分的漳州風俗。也就方便融入另一族群的語言、信仰習俗中，使自己能為地方人士所倚重；故信仰習俗在臺灣發生的「在地化」現象——即一般所說的「土著化」現象，[13] 在此也可透過三個道壇案例獲得證明。

從採訪的三個個案中，在雲林縣境內的客語方言島內，可以發現目前尚存一個典型的道法世家「威振壇」，根據家譜所載：田家祖籍為漳州府詔安縣頂社鄉中社，在原鄉既為閩客混居區，中社即是使用詔安客語的區域。在遷臺前既已是世代祖傳的道法世家，至今尚保存了早期抄本，其中《啟請科儀》既流傳了祖師表，可以看出與詔安、平和、秀篆一帶操漳州話的法脈為同一系。撰譜當時即說是渡臺後至今十九代，也就是來臺後已有七至八代，開臺祖田若珍（譜載第十三代，渡臺首代）偕妻及二子（水保、水城）於乾隆 33 年遷雲林二崙鄉三塊厝。從臺灣漢人移民史言，正是清廷接受在臺官員的建議，改變禁制政策而漸行開放，故在乾隆中葉前後既有一波移民潮。在田家移居之前本地已有大量同籍的鄉民前來，為了因應鄉人在信仰習俗之所需，這類世業道士在審度形勢後才會移居立壇，這是道壇與聚落間具有依存關係的遷移原則。定居以來其間雖經數度遷移，基本上未曾逾越同一籍屬地區：本壇仍在二崙鄉，由長子田學藤（來臺七代）主持；分壇則在虎尾鎮，由次子（領養者）田貴湘主持。這是基於道場的習慣，兄弟或同門儘量不在同一地區發展，但又相距不遠，如此既不會競爭又可相互合作，乃是成立分壇的準則。田家即依父子相傳制，傳給二十代榮字輩，家族中也有十數人在道場前後場擔任法務，乃是世傳道法的典型家族。一般中、小型的慶成福醮都由家族內自行承擔，平常也獨立從事道

13「土著化」的觀念，在陳其南《臺灣的傳統中國社會》中有清楚的闡述（臺北：允晨，1989）。

教的相關事務。由於在福建詔安既已是世業道士，至今仍保存了家傳抄本，其中就有道教醮典的諸多科儀書及口教符咒秘訣，其傳授方式較為保守，除了宗族之人較少向外收徒。田貴湘在當地被視為傑出的道長，才會有臺中市的年輕道士遠來拜師。除了道場科事，在法場方面也能作「打天羅地網」的大改運，故為「紅頭司」的宗教文化遺存。[14]

雲林的西螺、二崙及港尾一帶的25個村落，在諸多族姓中，較大宗的廖姓族人散居於廣大地區。根據廖姓族譜所載：原籍是漳州府詔安縣二都官陂，清康熙40年（1701）渡臺乃由廖朝孔率其族人，先到二崙發展；隨後數十位同姓族人也陸續渡海而來，散居於二崙、西螺及港尾一帶，與巴布薩平埔族的西螺社、貓兒于社先住民雜處。[15]此外從二崙以西至濱海的崙背一帶，又有李姓號稱大族，也是詔安籍的客民，分別萃居於雲林沿海的村莊內，就與陳夢林所載的情形相符：斗六門以北為「番」漢雜處而客屬居多。在同一區域內接近平陸地區的是漳籍分布區，所以詔安客早在百年前既已兼習漳州話，族人即經歷「效漳」的同化階段，至今有些福佬化較深的地區使用客話已有困難；唯在二崙鄰近的村莊內，老一輩之間仍能使用詔安客話彼此交談。由此再往西則是崙背，李姓為大姓，人數眾多，也是詔安客的分布區。因為同屬詔安客區，在這一區域內的寺廟，凡是慶成舉行祈安福醮，或一般的禮斗祈福，仍習慣委請客籍移民的田家擔任。目前田家族人在西螺及虎尾也有分壇，也能以閩南話在漳籍族群中從事道法業務。可見田家居於既多漳籍又有客籍雜處的移民社會，經歷長期的「效漳」後已發展出符合「在地」需求的道壇作法，這正是土著化、在地化的必然現象。

14 田家威振壇的道法傳承，多蒙田貴湘道長解說，並以族譜、抄本印證。田道長已於民國78年過逝，誌此以資紀念。

15 詳參雲林縣元子公張廖姓宗親會編，《雲林縣廖氏大族譜》，1992。

第二個個案在目前客語正在消失的彰化縣「方言島」中，如員林鄰近的埔心、永靖、田尾、溪湖、埤頭及竹塘，正是與崙背、二崙及西螺隔著濁水溪相望的村莊，成為目前仍有客籍居民雜居的村莊分布區。此地存在典型的「道法二門」，即埤頭竹圍村的蔡家鎮興壇。蔡氏籍本漳州南靖，從四代前蔡屯學法之後，經傳蔡楊柳，再傳子老大聯捷、老二聯瑞，後來傳到蔡開啟，即在西螺立壇。蔡屯一代被公認為專擅道法，因而又傳田尾黃國行，黃家傳到黃奇楠、黃奇焜後得以發揚，一般行內道士都認為黃奇楠較為傑出，在前後場方面都頗為當行，可惜早逝；其弟奇焜也傳續道法事務，從事與寺廟相關的宗教活動。目前由奇楠長子黃叔銘掌壇，也以「埤腳鎮興壇」的壇號在鄰近地區活動；其餘諸子雖也曾學習，唯多已轉行從事他業，只在需要人手時才回來幫忙。蔡、黃二家曾經外傳的，有蔡聯瑞傳授竹塘黃錦昌、黃國行傳授竹塘詹秋明，都是相鄰區域內的客籍鄉人。目前蔡家與黃家由於專習道法的漸少，遇到特殊需要時就一起合作舉行醮事，都由黃家任前場，蔡家則因蔡開啟有一腳行動不便，只在後場演奏。在結壇時所用的三清聖像，以及天京、地府、水國、陽間的四府朝元圖，也是蔡家所祖傳的，他們認為既同屬「鎮興壇」壇號，就需要一同發揮，才不辜負前代的道法傳承。平常在自家壇內都以小法為主，也作一些補運法事，只有大型的三獻或建醮合作，才能完成繁複的醮儀。黃家年輕一代的黃叔銘，平常則從事神像的雕刻，開設佛具店；在父親過逝後才剛當完兵，曾隨田貴湘學習道法。可見這種傳承譜系所形成的「行業圈」，其距離既符合不近不遠的原則，而仍在客籍分布區內，至今鄉人依俗仍接受這種信仰，因此屬於紅頭司的道法傳統。

在彰化地區內福佬客，由於與濱海的泉籍相鄰，後者的勢力較大，在各籍分類自保的時期，促使勢力較弱的漳、客族群分類聚居又需相互聯合，以此對抗泉籍移民。這種情況頗為複雜，當時客屬人數少、勢力較弱，在族群械鬥時被迫退出，聚居於埔心、永靖及部分員林地區的村莊，其他鄰近的田尾、埤頭、溪州、竹塘等，則為閩（漳）客混居區，因此也較易發生「效漳」的現象，使方言也逐漸在消失中。在濁（水）、大（甲）流域的區域研究中，根據豐富的族譜及日治時期的在籍資料，即可發現埔心等地的居民分布，正是祖籍粵東潮州府饒平縣的黃娃與張姓。[16] 因此蔡、黃兩家所傳授的道法傳承，都不出這片客語方言島的區域，縱使目前大多習慣使用福佬話從事醮壇演法，其口音仍殘存客家話的腔調。在福佬化的客屬區域內，仍會彼此邀請幫忙從事隆重的建醮事務（如加走村），也因能使用福佬話，被邀到臺中縣市幫忙建醮。這種促使客仔師使用非客家話的結果，使原本不同族群基於語言的一致，客家道壇道士也會被漳籍族群所接受。

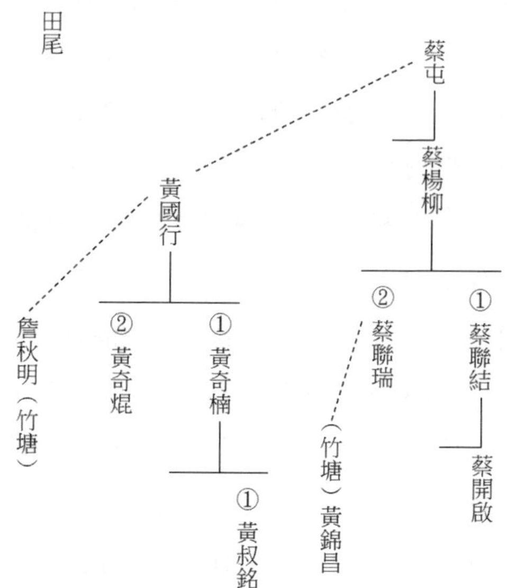

圖 1：彰化埤頭鄉竹圍村鎮興壇（作者根據家譜製表）

16 陳其南，《家族與社會》第二章〈臺灣漢人移民社會的建立及其轉型〉（臺北：聯經，1990），頁 81-84。

第三個個案則是豐原市的曾姓道法世家「廣應壇」。曾家祖籍為廣東潮州揭陽（現歸大埔），家譜顯示其渡臺時間約在乾隆年間，先曾遷往東勢角——目前祖祠也仍在東勢，後來遷居葫蘆墩（豐原）之後，就沒有再遷往他處；在地發展道法的業務，乃從東勢遷往豐原的主要原因，由於該地為同屬客籍移民的活動區，顯示道壇的宗教業務與社群有密切的關係。曾家從曾和週（俗稱高校仙）起，即以擅於符咒著稱於客屬社會，臺中西屯黃贊臣（廣安壇）、北屯徐慶祿（應生壇）曾前來拜師；其子榮結也曾傳授曾子鈺（臺中市人，為另一曾姓，非屬豐原曾姓）、賴雲塔、羅阿墩，前後兩代都是專擅道法的行家，廣為當時行內的同行所推崇，成為拜師學道的重要道壇。在豐原市掌壇的曾滄溪，即為傳續曾榮結的法脈，目前仍完整保存其家傳道法，臺中縣市行內道士習稱為「社口派」。他們所在的豐原市，因處於閩客接壤的市區，光復後由客家人優佔區轉變為閩南人占多數的情況。所以目前曾家在語言上已福佬化，既能操流利的閩南語，並與社區內寺廟的北管戲相結合，在節慶、廟會中曾家人多會參與社區的文娛活動。

曾家所世傳的道法，根據壇內珍藏的抄本，如《靈寶正一清晨啟請玄科》，從啟請的「祖傳道派宗師」中，可知其先祖至少已有十一代從事道士行業，時開早在渡臺之前。所傳承的正是流傳於粵東、閩南與廣東接界的道教正一派，既連接閩南漳州府的平和、秀篆及詔安一帶，又接近粵東潮州、嘉應州等地。在這片廣大區域內所流傳的，即是江西龍虎山正一派道法的支派，其科儀書及誦詠的語言、音調都配合後場音樂，乃是與當地語言、音樂及民俗相一致的區域，而有別於泉州及其他漳州系，這可從目前在福建、廣東殘存的道壇獲得證明。基本上在福建、廣東原鄉，到遷臺後臺中縣東勢、豐原等地，乃是道壇與聚落均為同一屬籍，形成一個獨立的道士行業圈。[17] 類似曾家先祖在清朝乾隆中葉前後隨著移民潮渡臺，其道法符合當地的信仰習俗，乃是與客家人的遷移有關：其間凡經歷乾隆 47 年的漳、粵械鬥；在 51 年的林爽文事變中，牛罵頭（清水）一帶占少數的粵籍客民被迫遷往南坑（今豐原市）、葫蘆墩、東勢角。在道光 24 年漳泉拚時，又迫使北莊（今在神岡）、神岡的粵人遷往葫蘆墩、東勢角。在這種族群紛爭、遷移的行動中，使葫蘆墩、東勢角一帶近山的丘陵地，成為粵籍客人的主要聚集區；而與大雅、潭子、內埔一帶的漳人，及神岡、近海的泉人，明顯區隔為分籍聚居的聚落形態。[18] 比對客家族群的遷移，即可理解曾氏道壇的搬遷一直在這一區域內，以往曾以客語服務同籍鄉人，到豐原市區後族群融合混居，也就隨著福佬化，且能使用閩南語在閩籍社會中從事宗教業務。由此可知客仔師在社會文化的變遷中，其變與不變確是與整個環境的變化有密切的關係。

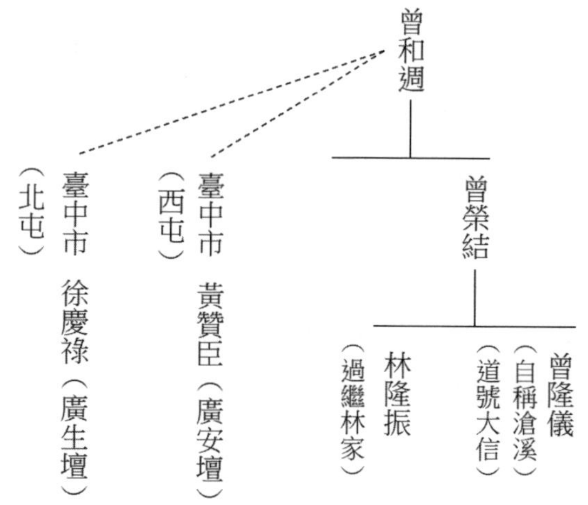

圖 2：臺中縣豐原市：曾氏廣應壇（作者根據家譜製表）

17 筆者曾在 1995 年 8 月前往漳州南部一帶進行田野調查。

18 有關臺中平原的開發，從日治以來有數種加以論述，近期則有洪麗完《臺中開發之研究》（東海大學歷史研究所碩士論文，1985）。

四、中部道壇在醮典中的合作關係

目前在臺灣各地活躍的道壇流派，從道教正一派的歷史發展而言，雖是同樣屬於從事宗教事務的火居道在家傳統，由於這些業務與地方居民的日常生活息息相關，因而表現出類似「普化」的宗教性格。且能因應各地的信仰習俗、歲時行事需求，形成同派道士共同活動的行業區，也就是在同一派別內出現地域性的合作關係。中部客籍道士具有代表性的三個道壇目前仍在活動中，平常進行小法事可以獨立行事，一旦需要主持大型醮典時，就需要集合平常交往的道壇道士，才能合作完成醮儀的所有行事。中部地區的寺廟數並不算多，寺廟慶成所舉行的祈安福醮，常間隔甚久才會有一次。在這種建醮機會較少的情況下，十餘年來所記錄的醮典中，每一道士團組成的機會，即是道壇合作關係的表徵，足可說明其間道士在人際關係網絡的互動情況。

在戊辰年 10 月 26 日至 11 月 2 日（民國 77 年 12 月 4 日至 12 月 10 日），臺中縣大甲鎮瀾宮舉行慶成祈安的五朝醮，乃聯合大甲鎮、大安鄉、外埔鄉一起舉辦的大醮，由於醮區遼闊，依照建醮慣例，大甲鎮本地為主要的醮區，需要設置多處壇場：鎮瀾宮所設主壇為「內壇」；其餘為外壇，在鎮內凡有三座：玉皇壇、觀音壇、媽祖壇；另一座北極壇則在鎮外較遠的日南幼獅工業區。這次參與的大安鄉在福興村設一座神農壇；外埔鄉則在大東村設三官壇，屬於六大壇的規模。按照地理環境，大甲鎮居中，外埔鄉在東、大安鄉在西，其南以大甲溪與清水鎮相隔，因此醮區內三鄉鎮均屬大安溪流域。移民群較早為康熙年間的閩、粵籍，從大安溪上岸後東移，或從鹿港地區上岸北進，成為一個共同開發的區域——本來后里（在外埔之東）以往也曾參與，這次因故（地震災情較重，說是媽祖未能庇佑）並未加入。在行政區劃上，外埔也曾隸屬苗栗三堡，不過從移民族群言，在民國以後施行街庄制度，大多屬於大甲郡外埔庄，直到戰後才改為鄉。大安鄉早就隸於大甲堡所轄六十三村，日治期曾一度改隸苗栗支廳，從移民關係言乃與大甲有密切的地緣關係。

建醮的醮區大小，從建醮委員會所組成的頭人代表，即是共同開發經驗的重現，也是寺廟主祀神表現其「神威顯赫」的靈威力。而就主持醮局的道長言，由於醮區大，所設置的外壇既多，所需的外班道士也較多，這是緣於道教傳統的「外供」規矩。內壇由道士進行科儀，同時外壇也要另班道士前往獻供，依例也要前往「四大柱」等會首家中獻供。由於大甲鎮瀾宮的組織龐大，會首人數較多；加以醮區遼闊、外壇分散，主壇者籌組醮局、聘定道士組成道士團時，就要考量這些必備條件。其次就是主壇的道壇也需要考慮諸多因素，邀請中部的同行，使相關道壇都有參與感，即牽涉師派傳承的道壇倫理，並反映道教內部的傳授規矩。

由於大甲鎮瀾宮是中部有名的媽祖廟，所舉行的又是 53 年來才一次的五朝醮，建醮消息一傳出之後，自是引起道士行內人的多方注意。本來大甲鎮內如果有夙負盛名的道壇，應基於地緣關係及地方習慣，順理成章地由當地的道壇承擔，不過大甲當地缺少這類有能力主持五朝醮的道壇。而與大甲相鄰的清水地區，則原有兩壇有名的泉州籍烏頭道士（即靈寶派），分別是蔡家，由蔡茂雄主持壇務；另一則是廖家，由廖忠廉主持世傳的職務。蔡、廖二家都是世業道士，在當地也都擁有令譽，所以在大甲籌備初期確有傳聞，會請兩家中的一家擔任。不過由於蔡茂雄與廖忠廉兩位道長的子弟都轉行而有高就，目前的弟子以專擅超拔事務為多，如積極組織本來也可組成道士團。問題是其他臺中縣、市的道壇也在積極爭取。

臺中市城隍廟旁即是道壇集中的所在，原因是拜城隍爺後需要改運的較多，如賴雲塔所主持的即是此類職務，另一個由林梯燦（道號大龍）主持的「廣安壇」，傳承其父林位南的道法業務，所專擅的原是紅頭小法，而對醮儀道務並無傳授，故栽培長子瑞東（道號羅統）以符合「道法二門」的才能，被認為是正一派或客仔師的進階之道。為了精進，林瑞東先從臺中市曾子鈺（大揚）學習，大揚曾從豐原曾榮結（法遠）學法，早先林大龍有意請曾滄溪傳授其子羅統，唯曾滄溪以其子嗣尚未有人嗣法前，不再傳授外姓；林瑞東雖也算是社口派傳人，在譜系關係上卻非屬於直接傳授者。故在曾大揚過逝後，又前往員林拜黃奇楠為師，也同樣屬於正一派道法；唯黃奇楠較早過逝，後來又前往虎尾威振壇從田貴湘學習。基於道法的傳授秘禁，在師徒制中能夠傳習多深，端視道壇內授法者的機緣。林大龍在其子歷經諸師後，有意突顯其道法成就，就使用目前道門常見的方式，由他本人積極出面爭取，其子羅統則以「嗣男」身分實際演法，故決定爭取大甲鎮瀾宮的五朝大醮，成為其主壇的道士。

廣安壇組成的道士團，就表現了這一師授制傳統：內外壇的壇務，需與廟方接洽的即由林大龍出面，醮局的安排則是林羅統本人，並實際負責整個醮程的「高功」職務。由於多年辛苦才習得道教醮儀，自是期望有所表現，凡朝科等重要科儀事都由他自己擔任，並與弟（瑞典）及大龍徒弟等負責所有的內壇科事。而內壇的後場則請豐原曾家第六代過繼給林姓的林隆振（家住東勢），以示社口派的傳承，正是後場所需的音樂人才。虎尾田家則其師田貴湘道長由於身體欠安，僅在建醮期間前來探班；而田學藤及其子弟則與當地後場組成外班，只負責外壇的「外供」；另外彰化的黃叔銘、蔡開啟及其後場也被邀前來，同樣只負責另一班外供。從大型醮務所組成的道士團，既可知實際所需的人手，也藉此顯示其學道過程，故依禮數都要請來贊助，此乃道門重「師授」的傳統規矩。縱使如此安排，在田貴湘前來探視時，就傳出一些不同的說法：為何蔡、黃與田家都只擔任外壇的外供事務？按理應該也讓受邀的師輩同門也有機會在內壇表現，不應獨由林羅統一人享有「高功」的榮譽！

林大龍的安排，即有意栽培「嗣男」，讓他演練所學以光門楣；另一理由則是黃、田二家的子弟還年輕，未便勝任高功的職務。按照道壇內部的傳承制，乃是以父子相授制為主，在中部地區面對的是烏頭道士，由於正一派紅頭法的主要業務，平常均以小法為主，而醮壇的道教科儀則傳者謹慎、習者也少，故形成保守的風氣。由於目前 60 歲上下的一代仍多嫻習道法事務，只要有關建醮的事務，仍可讓 40 歲左右的新一代承接道脈。道壇對於醮儀的行儀較關鍵的影響因素，就是區分城市型與鄉村型：城市型如豐原、虎尾及臺中市，由於經濟繁榮之後，城市人在生活有餘裕的情況下，安太歲、改運等小法即被視為年中行事，成為持續性的收入，故「道法二門」的紅頭法雖則減少，「進錢補運」的大改運法事甚或可能消失，卻仍能以經常性的小改運維持日常生活。而鄉村型則在埤頭、二崙等村落，由於鄉村人口嚴重外流，連小改運等法事都大為減少，根據黃奇焜的說法：類似「打天羅地網」的大改運偶而才有人請去作，他們雖曾有心傳習這些法事，卻因較少機會合作演法，新一代也少有學習傳續的意願，這是當前社會變遷後「客仔師」傳統會沒落的原因。

在臺灣近十年來的寺廟改建、新建風尚中，除了林羅統在其父大力扶助下，能夠跨越區域到相鄰縣分承擔醮典事務；其他三個老壇在區域內仍然保守其醮典事務：豐原曾家的曾滄溪之子，原是基隆海洋學院的高材生，在擔任一段時期的助教後，仍決定返回原籍承續祖傳的道法業務，並以「嗣男」身分在地區內主持醮務。基於曾家在當地道士行內仍擁有尊崇的地位，一旦曾滄溪有意安排受過高等教育的兒子接續壇務，就決定開放再收徒弟。從這一件事可以理解道教的道法傳承，並非一般理解的只是知識或技術傳授的機密，而關聯祖傳或師傳的道脈傳續，在何種情況下才能正常傳續的問題。類似曾家既有「嗣男」願意接掌壇務，老掌壇者就會積極接辦醮典，故壬申歲（民國 81 年）在豐原相鄰的新社「萬和宮」主持慶成三朝醮，就由曾家新掌壇者來負責，除了新收的徒弟外，原在林大龍「廣安壇」習法，經允許後又到老壇精進的，此外又有多位同出曾家的同道前來幫忙，曾家這個世業道士就有再度振興之勢。

類似萬和宮在新社的小聚落內，只要是以內壇為主，外壇的外供所需就較少，故不必組成龐大的道士團。這一情況同樣也出現在黃叔銘主持彰化加走（加錫）村靈濟宮的建醮，由於只是一處兩百餘戶的小村，區域不大，故只在廟內設內壇，在普度時也只使用一處外壇（觀音壇）。由於醮區不大規模較小，所需的道士人數也較精簡，主要即由黃氏本家的成員組成：黃奇焜的經驗較為豐富，重要朝科的高功都由他獨挑重任；主壇的黃奇銘則是得其父蔭，因為加錫村頭人認為其父黃奇楠的為人可靠及經驗豐富，按情論理應由其嗣男主持醮務。這是緣於當地也是福佬化聚落的習慣，從地緣、文化緣言，這類涉及鬼神的醮典，最好仍由同一籍屬的道長擔任比較放心。一般而言，鄉村型的宮廟與聚落，重要的廟務即由村中的長老決定，比較看重傳統情誼、交陪（交往）關係，也不會受到外來競爭的影響。

黃奇銘道長的活動都以彰化一帶的原客家區為主，也就是所謂客語「方言島」區域，並不像都市型的廣安壇林壇主，在學會醮典科儀後就作為一種「事業」，爭取接辦其他地方的醮務。相較之下，「鄉村型」道壇比較素樸、保守，也完整保存了醮儀原有的精神。從組成道士團的前、後場來看，主要成員全部來自鄰近的村落，也就是員林、竹塘和埤頭等地。這些福佬化客籍道士都在自己的宮內設壇服務，也都明白表示：小法性質的改運、安胎及安座等，仍是鄉人需求的法術，而大型的「進錢補運」已較少機會舉行；建醮則是一、兩年才有機會參與一次，不過他們仍是儘量學習，並肯定這才是較高層次的道壇能力。一般說來，這些客家村落中的從業者，仍能掌握北管曲牌，並學過子弟戲，尤其是年紀在 60 以上的後場人員，有些都屬於彰化、員林一帶民俗技藝團的優秀藝人，長期以來傳承了信仰習俗與民俗藝術，從而結合使用於地方的文化傳統中，也讓鄉村的社區生活與民俗技藝保持較好的互動關係，而在都市則民俗藝術的傳承變動較大。

基本上在村鎮發展的道壇，由於戶口數較少，而人口則較集中，對於宮廟一類公共事務，不管是廟內的歲時祭典，諸如三獻、拜斗、安太歲；或經常性的改運等；抑是活動性的民俗技藝，諸如繞境、進香之類。道壇與宮廟、聚落民眾的日常或非日常生活，其關係網絡的建立，都足以考驗道士在當地奠定基業的能耐。而一旦關係建立後，除非遭遇外力的強力介入（如有力人士介紹、收受回扣等商業行為），通常道壇與地方關係相對穩定。在日常生活中，宮廟的祭祀活動或所附著的信仰行為；或是聚落居民對信仰習俗的基本需求，都是需要仰賴道士，故具有宗教神職者的諮詢、服務性質。村鎮型的道壇如此，都市型道壇在城市各角落也不例外，只是較為多元化而不易凸顯而已。平常如此，如有改建或新建後的慶成祈安醮，也會穩定地由該一道壇負責，黃家之於加錫村即為顯例，這一情況也見於田家。

丙子年雲林大埤鄉三山國王廟改建後慶成，雖則也有其他道壇在爭取，但當地頭人仍維持舊傳統，請同一籍屬的田學藤道長出面主持，實際的科儀、經誦也由新一代田家子弟擔任，甚至連後場人員除了少數經常配合的，也多由自家人承擔。從整體的配合度而言，田家在道法傳承堅持少傳外姓，除了林羅統例外，由於距離較遠、又依拜師條件奉禮，才在有條件的情況下接受，此外就較少傳授外姓。由於雲林縣，除了西螺及虎尾以西直至海邊，有一帶狀的客、漳混居區；而北港一帶至濱海地區，則為漳、泉籍道士分布區，其業務平常都是以功德的超拔儀或吉慶的拜天公為主，一般宮廟的建醮事務均由他們掌領。[19] 所以田家的道教業務就相對萎縮，大抵在客籍方言島區域內活動，其他漳籍或「效漳」的福佬化客區，如西螺廣安宮，雖崇祀三山國王，在慶成時卻委請竹山名道士陳清標的嗣孫陳東成主持。

19 有關此一地區的道法傳承，可參拙撰《金湖港文化祭：舊金湖港萬善祠一百五十週年祀典紀念專輯》（口湖鄉：金湖港萬善祠管理委員會，1996）。

在中部至中南部一帶，正一派紅頭道士維繫了早期「客仔師」的傳統，直至2、30年前尚能舉行大型的「進錢補運」，目前5、60歲以上的也仍能操作、偶而也還會作，平常則在自家壇內進行較小的「吉事」，或兼營其他的專業以維生計：如黃叔銘會雕刻神像、經營佛具行；田家則成功轉行經營農藥批發，特別是4、50歲以下一代。在當前的社會、經濟變遷中，兩家的子弟中，除了少數有一兩位仍經常掌壇，其餘的多需兼營他業；就是臺中市廣安壇林家，也只有長子是專業；豐原曾家的獨子也先就學、就業，後因家族所需才重回道壇，總算維繫了曾家光榮的世業道士傳統。由此可知這些老壇的傳承，既有傳統世業的傳承壓力，也有現實生活的生存壓力，在都市地區還容易維持，而鄉村道壇就需適應社會始能生存。

從這三至四個個案的考察可知，在當前的社會變遷中，道壇所面臨的社會轉型，根據行內人報導的近況：在彰化市區及市郊原本存在的道壇，目前幾乎少有出來承接醮典事務的，大多已「成功」地轉型他業，不再傳續祖傳的道業，有些子弟甚至曾擔任民選的地方首長。但是另一個值得注意的現象，則是歷史長久的老壇仍在堅持中：曾家的獨子毅然放棄教職而返家掌壇，並有意兼學算命等術數，轉化為多元化的宗教服務業。其實就都市的道壇收入言，據稱不會比當公務員差、甚且過之，因此傳承下去是一種道業的責任。田、黃、蔡三家則維持由老一輩出面，而由「嗣男」、長子掌壇，期使道壇傳承不致中斷；其餘子弟平常各有事業，一旦有大型的三獻或醮典，大多仍會被請回或樂於回壇幫忙，基本上也仍是基於道業的傳續，不完全是為了現實生活。從中部地區「客仔師」的流傳，可以理解父子相傳制仍是主要的傳承方式，師徒相授制則屬於精進性質。原則上目前仍以家族式活動為主，道壇相幫為輔，從這些道壇道士的傳承情況，可見在臺灣的行業分類中，道士一行既穩定又浮動。這就是中部客仔師的社會文化生態，雖則歷經社會型態的轉變，至今仍能在「方言島」的環境中持續存在。

五、醮典祭儀與聚落的祈求與秩序重建

道教正一派道壇所演法的醮典科儀，之所以在聚落居民的信仰習俗中，長久以來仍有強韌的傳統，主要原因就在科儀行事的安排，都涉及鬼神幽明的他界，這是人力無法完全操控的：因為面對諸天仙聖及本地、當境神明，在醮典期間均需進行一連的啟請祈求，以表示「崇德報恩」的報謝精神，並祈請諸神降賜福群；而對於境內的孤幽等眾，則基於怖懼與悲憫兼有的複雜情緒，需要進行水陸召請，使之有所憑依，並獲得祭祀、施食。正是面對「無形」的鬼神世界，地方頭人多依古例，委請道士作為中介者進行連串的溝通、虔奉。這種專業的神職職能，正一派道士即以此「吉事」作為專業。又由於兼有法派的專長，也擅行法事性質的儀式，諸如安龍送虎、煮油淨宅及鍾馗出煞之類，藉此重建宮廟「動土」之後被破壞的土地秩序，在祭儀中經由共同的祈願，以之凝聚、整合社內的居民。這是醮典被視為公的集體事物，所有儀式的象徵行為無不彰顯「以社會民」，乃是古來社祭活動的社會、宗教性格的具體表徵。

中部諸老道壇在兩百餘年來雖已在地發展，也有順應地方習俗之處，但其科儀程序則一直維持一致化的內在結構，主因既是緣於經典、文字的固定性，也是基於尊重傳統的師派傳承。由於規模大小有三、五朝之別，也有依仿泉籍烏頭道士排出水、火醮的（如林羅統），而主要的科儀行事則至今未有大變動，只有繁複與簡略的差異而已。比較三種道壇的科儀程序，說明整體程序的結構，並擇其與聚落全體有關的儀式，從儀式動作中解說與祈安有關的象徵意義。正一派醮事即是千百年來結構完成的儀式程序，既為了祈求「風調雨順，國泰民安」，也為了謝恩施幽、合境平安。所有的科儀都是經由一定的程序，如經文的唱誦、疏表的呈奏，以及訣咒的施行，透過儀式不斷地面向神明，表達溝通、虔奉的宗教行為。基於道教內部秘傳的傳統，道士即因擁有專業的職能，才能接受民眾的託付，在訓練有素的動作中完成任務。而醮主人等只要手

持手爐隨從跪拜，表達其敬奉神明的虔誠心意。因此道士與社民間存在的相互理解，乃建立在文化共識上，即是醮典行事有共同的象徵體系，也就是雙方對醮典的舉行，乃基於同一信仰文化的認同，在同一宇宙觀、神聖觀下，始能一起完成敬事神明的神聖任務。

在醮典的主體結構上，首日子時的「發表啟請」與末日夜晚的「謝壇」，為整個醮事科儀的起始，其他開出的朝科則平均分配：凡有首日（或次日）上午的早朝（並誦唸《度人經》）、二或三日近午進行午朝（並誦唸《玉樞經》）；同日傍晚則進行晚朝；到末日下午則排出宿朝。類此四大朝科較為費時，只在五朝醮時才會全部排出，也就成為每日的主科。由於這些都是科事的重心所在，所以主壇道長親自主持「發表」儀式，而朝科都由有經驗的高功擔任。從道壇的科儀行事中，可見道士團內部講究輩分地位及專精技術，乃具有嚴格的階序，也可見其科儀水準及整體表現的美學風格。由於正一派以北管樂及道樂為主，後場音樂較為高亢有力，也適合搭配科介動作較多的科事。

中部客籍道士在平常的廟會慶典中，即以演奏北管及演出子弟戲參與社區的文館活動，在實際演法時，一方面將北管曲牌（牌子）作為後場的音樂，也利於前場上壇的誦唸；另一方面則融合使用演戲的聲腔、動作，大有助於科儀中的整體表現。所以縱使醮典事務較少舉行，屆時也可配合，而醮程則在傳授的三壇中，都有程式化的科儀表。

在整個醮局的結構中，「發表」之後的「啟請」，乃是每場醮典安排在開頭的必行節目，發表的時刻需由日師選擇良辰吉時。在三界壇前舉行時，所有的醮主人等都要持香隨拜，例由掌壇的道長自任高功，帶領多位高功及道眾進行儀式。發表之後接著進行「啟請」，先在三清壇前再到三界壇。在科儀中需先敬禮三清及道經師三寶，然後轉到三官大帝及師（張天師）、聖（玄天上帝）壇前，主要在啟請三界神明。儀式進行前先上一封牒文請九鳳破穢大將軍，以之破穢除氛、清淨壇宇，供奉真香，先伸至誠。之後就奉請天、地、水三官及眾神，最後再請道法二門的前傳口教歷代宗師，並有護壇神將及眾神降臨監壇，奉安寶座，接受信眾的敬禮，即為典禮之始，從啓請科儀中最易表現的，就是所屬的道教法脈譜系。首日請神後，又需到道場內外，為諸位官將、大士爺及山神、土地開光；又為寒林所、同歸所安奉香位，之後在壇外豎立燈篙，祭拜燈篙神、男女無祀孤魂等；最後回到廚房為監齋使者及香官典者奉安寶座，以便接受善信人等的膜拜。民俗所說的「豎燈篙」就是鄭重升起燈、旛，並張掛天布、地布，凡有天燈、七星燈，以喻上界七星及天廷，燈篙正是中央聖山信仰的文化遺跡；又有召魂燈，乃以太乙救苦天尊的法力，「陰光普照」後召請陸上孤幽。為「非常」性神聖時刻之始，配合先前的「封山禁水」，齋戒禁屠，使全社進入聖潔的祭典氣氛。

早朝、午朝、晚朝與宿朝在科儀的結構上雖有相近處，所朝謁的尊神則各有不同：早朝朝禮的是度人三十二上帝、午朝所朝的是九天應元雷聲普化天尊、晚朝所朝為中天大聖北斗九皇上道星君、宿朝則是朝天曹泰皇萬福真君，四大朝科的演法分別在兩個場地。早朝是在三清壇前，一班進行「靈寶正一建醮早朝玄科」；另由一位在三界壇前進行「早朝行道」誦念上品度人經，所以兩班相互配合。三界壇前的道士，「轉詠度人上品妙經」，乃為醮主除殃滅罪、度厄延生，高功等則在三清壇上，要先入戶朝禮度人三十二天上帝。高功在朝科中的演法，乃是傳統帝制時代朝臣謁見皇帝禮儀的宗教化，通常由高功在師、聖位前，敬禮宗師保舉天尊（張天師）後捶仰；又在金容玉相天尊（玄天上帝）座前戴珠珠仰，而後先具職，再轉回三清壇前「入戶」，以下有許多默念、存想的動作，正是道教正一派的存想諸神法，既可感應也可養生，在繁複的手訣、密念中，表現正一派演法的神聖、神秘；儀式後半即象示嚴裝顯服進行「飛罡進表」，也是模擬巡行於星宿（北斗、二十八宿）、九宮、八卦，以便昇入天界，將一封心詞上達帝前。這是高功代眾醮主所關所啟所謝的，所以高功的身分即是人神之間的中介者。「宿朝」一科也就是正醮，乃是表示醮事完週，禮謝諸神；如有醮事，旋當再請。像「太上靈寶正一宿朝主科」就寫明可用宿朝，也可用正醮，高功道眾就在最後的「萬事大吉」聲中，完成禮告諸天的任務。

晚上的行事通常較為熱鬧，由於醮主人等通常在夜晚較有時間，因而也有較多的主會首事前來參拜，故通常會特別安排大節目，諸如祝燈延壽、解冤釋結、清夜開啓與敕水禁壇之類。「祝燈延禱」科儀乃為醮主祈命延壽的一科，藉由紅燭穿燈繞行，祝點明燈，以祝醮主斗首等元辰光彩。「解冤釋結」主要是在三界壇前進行，道士一面誦念《三十六大解結玄科》的積怨構仇，總共合計為「三十六結」的名目；另一邊由道士兩人帶領醮主人等，將改連紙錢焚燒後，置於水桶上橫擺的鐵夾上，讓焚化的紙錢及銅錢一起落入水桶中；最後醮主人等由排在前面的第一位，用手拉直一團打結的黑線或五色線，其他人也順序用手拉直線頭，故有解除各種冤結、改伏連運之意。「敕水禁壇」先進行「清夜開啟」，所用的科儀書是《太上正一清夜大伸開啟玄科》，安排在晚上舉行誦經以此祈請，按照道教傳統的程序就是「文開啟、武禁壇」，乃以一文一武搭配行科。禁壇則是進行五方結界，掃蕩妖氛，清淨壇場，故先請四靈固守壇域使邪穢不干，例由年輕有力的道士獨演此一武齣。依科存想變現四靈，即以動作模擬變出東方青龍、南方朱雀、西方白虎及北方玄武，以其真形鎮守四方；然後再用雙鐧分打五方，完成五方結界，也藉此表現驅祟之意，這些動作具有象徵性的意涵。

慶成祈安醮中必有「安龍謝土」科儀，乃是專為落成的廟宇等建築物舉行的，目的在奠安龍神並禮謝土地。在這場科儀中，正殿桌案底下或前方，需用白米排出一條龍形，上綴錢幣充當龍鱗，並以雞蛋、米碗及香枝等物模擬龍形，象徵其眼、口、鬚之類，造成形象化的龍神。掌壇道長在禮謝諸神，上香叩首後，即敕劍、敕水、敕雞及五雷令，然後筆沾白雞冠血，分別敕點米龍的頭、眼、鼻、耳、口、鬚、頷、肚、爪及尾等，表示開光賦予靈性，以示奠安五土龍神以固廟基。然後又以桃弓柳箭或細長香枝所製成弓、箭，分射五方（東、南、西、北、中）；由於從前的木結構建築最怕蟲蛀，故以箭射之，象徵驅除五方蟲煞，其氣氛緊張而嚴肅，屬於一種戲劇性象徵動作。這時旁觀者必須避開箭所射的方位，以免衝犯。此時即將預先備妥的米斗，內裝五穀（五穀豐登）、鐵釘（添丁）、銅幣（發財）等，分給醮主人等帶回家供奉，祈保合家興旺、五穀豐收及多子多祿。最後才將白色黑紋的紙虎送出，表示送白虎歸南山，從此「合境平安」。送出白虎煞神時，有時外面還配合人扮鍾馗的「出煞」儀式，一般中部地區較少用傀儡戲「跳鍾馗」。所以安龍奠土儀式乃是為了重建被破壞的土地秩序，重新完成神聖的境域，神明鎮坐後庇佑合境，故能驅祟納吉、以求平安。

三或五朝醮的最後一天，在子時開齋之後，民眾在各自的家中即可殺豬宰羊，並準備雞隻魚肉等牲禮。上午即由醮主及會首人等在廟前參與「拜天公」儀式，這是五天中醮主、會首參與人數最多的一場，道士團依例由掌壇道長親自主持。拜謝天公的隆重儀式，用意在稟告上蒼：此次建醮的因由、過程，並表達祈求的心願。按照傳統禮謝天地諸神，所有參與醮典的都藉由供品獻上最高的敬意。因此各家宰殺全豬全羊，就是用至敬之儀奉獻至尊的天公，整個廣場的供桌上，都擺滿獻祭的供品，香煙裊裊，水陸俱備。道士在這場科儀中，就要唸丁口疏：將所有參加醮典的家家戶戶各丁各口一一誦唸，不能遺漏。因為所有參贊醮事者，都是一心誠敬，功德圓滿，期望能獲得上蒼的庇佑。在讀丁口疏時，醮主人等均虔誠下跪，道士代為祝告上蒼，祈求賜福。所以這場登壇拜表，入丁敬天，民間通稱「拜天公」，期望虔誠禮敬後咸能得福。

在整個醮典期間，最為群眾性的儀式就是普度，乃是灑孤淨筵、施食救苦的大活動。普度前一天要先行「放水燈」，照引水中的孤魂前來享用祭品，在廟旁所矗燈篙上的召魂燈，先召請了陸上十方孤魂，如此水陸均召之後，才能舉行普施水陸的大普。放水燈回來後，晚上在廟前舉行「小普」。道士常說：放水燈後先行小普，就是普度出家、吃素之人，故供祭的是素品。一邊為有祀者，一邊為無祀者，同一時間進行。末日夜晚則舉行大普施，所用的才是「大普」儀式，由於三、五朝醮召請的水陸孤幽眾多，因此需要特別隆重地舉行，不僅備辦的孤筵要山珍海味、祭品豐厚；而且還特別搭建了一座普施臺，眾道士俱參與這場普施孤幽的大普。掌壇道長即上救苦臺登座說法，以手訣變食，並召請四生六道萬類孤魂前來。高功特別戴上五嶽冠，變身為「東宮慈父太乙救苦天尊」，以天尊不可思議的功德力變現衣、食，使孤寒之魂咸得開喉得食，乃結合了傳統的厲祭與佛教的放燄口，從而形成普度的科儀。在高功、道眾施放食物時，參與的民眾都會在臺下搶食，因為大家相信吃了施給孤幽的食物即可保平安，尤其是五佛手，可以插在香爐內作為供物，乃是醮主人等及民眾最重視的普施物。在整個醮典中，可說與「放水燈」一樣，均為大眾參與的集體活動。

整個三、五朝醮的科儀，除了朝科及晚上所排的，其間所安插的諸多經懺，不外是消災解厄，增福添祥：諸如《三官經》、《三元懺》；《北斗經》乃至《五斗經》之類；五朝醮必定排出的就是《朝天懺》十卷，由於卷帙浩繁，通常需二至三天才能誦竟。在經、懺的配合上，《三官經》與《三元寶懺》常一起搭配，在建醮時一定配合使用，乃是與三官大帝在道壇上的重要性有關：從東漢末蜀中張天師既有上章於天、地、水之儀，此後天官、地官、水官與上元、中元、下元結合，至少隋末唐初既有記載，元明時期三元懺形成後，就成為天官賜福、地官赦罪、水官解厄的信仰習俗。所以道壇內特設三界壇，上供三官大帝像，因此將三官經、懺排入醮程中，完全符合道教的傳統。按照法事表實際進行時，還有一些常見的科儀，就是「香廚妙供」、「逢午妙供」、「午陳再供」及「午敬化財」，都是同一「十獻妙供」科儀的變化，有時也作七獻，為醮主或壇主供獻香、花、燈、茶等物，午供乃是常行的科儀，表示對奉請的諸神獻敬之意。

整個科儀行事中，作為主體結構的程序安排，主要的精神都在首尾完具的大架構內，每日都有重點的行科，均需均勻分配，按照科儀除舊布新，逐日分請諸天聖眾，重建新秩序，這是祈請與報謝兼具的儀則。為了表現農業民族敬謝天地的報謝精神，道教即依據教義完成儀式，此種典型的祈報意識，形成大週期的循環規律。由於奠安具有「安鎮」的意義，中部客仔師既有法派的傳統，故擅於配合使用法術儀式，其法物及動作就有濃厚的法術意義：如法繩有驅邪逐煞的作用，龍角為吹角作法之用；其他還採用桃弓、柳箭的桃、柳諸物，自古以來就是生發陽氣的避邪植物，可以驅除陰祟。在使用類似的法器時，也需配合表現便捷的動作、宏亮的聲腔及嫻熟的唱唸，其中的戲劇性成分，正是「道法二門」融合巫俗、民俗及地方戲於一，乃盛行於閩南、粵東一帶，道教與民俗音樂、戲劇結合的一大特色。這三個道壇即是「道法二門」，既有道教的經典性科儀，莊嚴朝聖或慈悲度幽；也有法術性的出煞逐祟、奠安祈福。在象徵性的演法動作中，幫助聚落內的鄉社之人，均能達成共同的心願：人與神、人與鬼都經由溝通而獲得平安；人與自然、人與土地也在「非常」性的神聖期間，回復渾沌的齋戒以得聖潔，如此才能重建一個新宇宙秩序。在末日圓滿完成醮事後，為了慶功，表示「合境平安」之願已經達成，就依俗舉行盛宴，觀賞野臺戲、藝陣及現代歌舞。這種流水席的集體性飲宴，在一鬆一弛的情緒中「一國之人皆若狂」，類此狂歡正是週期性的宗教性休閒，獲致非日常性休閑，因而具有不可或缺的社會功能。這類大週期性的祈求與重建，乃是正一派道士與社民共同傳承的宇宙觀、鬼神觀，故在此界與彼界的神聖、神秘關係中，客仔師乃是中介者，在祈求者與需求者間完成神聖的任務。

六、結語

臺灣中部縣市存在著複雜的道壇分布，在這種情況下，既有泉籍的烏頭道士，主要活動於鹿港、清水一帶，也有漳、粵客籍的紅頭道士，臺灣早期方志上所載的「客仔師」，曾經在此一區域內普遍分布，至今也仍然活動於區域內。由於史志所載的只是補運性質的法事，讀史者所獲得的刻板印象，以為這些「非僧非道」者的宗教性格近於巫，其形象也是頭繫紅巾、口操粵東客語，使用的法器只是牛角之類。從現存的田野資料則可發現，確有客仔師仍然遺存於客籍移民活躍的區域內，有關金鼓交鳴、竟夜而罷的改運法事既已逐漸消失，平常偶而為之，而大多是從事祭改的小法。真能表現其與聚落鄉人的關係，則是醮典中的祭儀，這是傳統「社會」中較為隆重的宗教事務，乃屬公眾性、集體性的神聖活動，「道法二門」的客仔師在中部所保存的，正是這種從「內地」傳來又「在地」保存的信仰文化遺跡。

從三個道壇與當地社會的關係，可以發現彼此之間相互依存的互動關係，乃是基於同一宇宙觀、鬼神觀，在信仰文化中成為深沈的底層，卻關聯宮廟作為神聖中心點的重建，乃是人與他界、人與自然間的神秘關係：經由儀式行為所完成的，即為被破壞的宇宙秩序的重建，調整此界與他界的關係。由於事涉神聖與神秘，乃是非理性因素，並非人力所能完全操控，故為常民在精神世界中的核心信念，因此能夠歷經千百年而不易完全改變，這種現象所表現的文化心理，正是一種深沉而穩固的結構。中部客籍居民緣於遷移不定，成為區域內的少數，但置身於不同族群圍繞的聚落內，信仰習俗卻仍能一直堅持不致於消失，而不像語言一類實用工具，常會隨著社會變遷而消失；信仰習俗則相對具有韌性而得以存在。原本為數眾多的客仔師，至今能夠保存下來的雖則不多，不過從三個道壇能夠持續存在，表示能經得起社會變遷的衝擊；乃因道壇既有傳承的責任，又有道教規矩的內在支持，故仍然承續至今，可知祭儀中的神話與儀式，有足夠支持其存在的力量。這種力量借由象徵性器物（禮具）、動作（禮文），得以維繫其宗教意涵（禮意），所以類似醮典的舉行，在儀式中遺存的語言與動作，在聚落內對全體居民具有凝聚、整合功能。故這種信仰習俗的宗教、社會功能及意義，就在維繫整個社會和文化的象徵體系，這是臺灣中部地區所傳承的客仔師，其醮儀具有歷史的價值及意義。

國家圖書館出版品預行編目 (CIP) 資料

客家民間信仰 / 羅烈師主編 .
-- 初版 . -- 新竹市 : 交大出版社 , 民 108.01
面； 公分 . -- (臺灣客家研究論文選輯 ; 7)
ISBN 978-986-97198-4-1(平裝)

1. 民間信仰 2. 客家 3. 臺灣

272.097 107020676

臺灣客家研究論文選輯 7

客家民間信仰

主　　編：羅烈師
叢書總主編：張維安
執行編輯：陳韻婷、程惠芳
封面設計：萬亞雰
內頁美編：黃春香

出版者：國立交通大學出版社
發行人：陳信宏
社　　長：盧鴻興
執行長：陳永昇
執行主編：程惠芳
編務行政：陳建安、劉柏廷
地　　址：新竹市大學路 1001 號
讀者服務：03-5736308、03-5131542 （週一至週五上午 8:30 至下午 5:00）
傳　　眞：03-5731764
網　　址：http://press.nctu.edu.tw
e-mail：press@nctu.edu.tw
出版日期：108 年 1 月初版一刷、109 年 7 月二刷
定　　價：350 元
ISBN：978-986-97198-4-1
GPN：1010800019

展售門市查詢：
交通大學出版社 http://press.nctu.edu.tw
三民書局（臺北市重慶南路一段 61 號））
網址：http://www.sanmin.com.tw　電話：02-23617511
或洽政府出版品集中展售門市：
國家書店（臺北市松江路 209 號 1 樓）
網址：http://www.govbooks.com.tw 電話：02-25180207
五南文化廣場臺中總店（臺中市中山路 6 號）
網址：http://www.wunanbooks.com.tw　電話：04-22260330

本書獲客家委員會補助出版